Conozca todo sobre cómo dominar Microsoft Office 2013

Conozca todo sobre cómo dominar Microsoft Office 2013

Francisco Pascual

La ley prohíbe
fotocopiar este libro

Para mi buen amigo Fernando Peces,
que es, incluso, más grande
que lo que refleja su propia estatura;
y para toda su familia:
Pepa, Alex, Guille y Quique.

ÍNDICE

INTRODUCCIÓN

Podrá observar que hemos detallado el método de trabajo de Office con Windows 8. Sin embargo, debe tener en cuenta que, en lo que se refiere al manejo, el programa funciona de forma idéntica en cualquier otro Windows, aunque algunos elementos de las figuras que iremos mostrando a lo largo del libro puedan estar colocados de una forma ligeramente distinta o con colores diferentes.

A día de hoy, resulta impensable disponer de un ordenador que no tenga instalado un paquete ofimático como Office. Es debido a que estos paquetes ofrecen varias aplicaciones muy prácticas para todas las facetas de gestión de una empresa u oficina.

El sistema Microsoft Office al que este libro está dedicado es uno de los programas que proporcionan varios tipos de utilidades para el trabajo completo con un ordenador:

1. **Procesador de textos**: Word.

2. **Hoja de cálculo**: Excel.

3. **Base de datos**: Access.

4. **Sistema de presentaciones**: PowerPoint.

5. **Organizador**: Outlook.

CÓMO USAR ESTE LIBRO

Vamos a comenzar por ver el funcionamiento básico de Windows para los menos expertos. Si domina el manejo de Windows, no será necesario que lea los primeros capítulos. Sería recomendable seguir todos los capítulos progresivamente sin saltarse nada, ya que el libro está pensado para que pueda consultarse casi cualquier capítulo sin necesidad de haber leído los anteriores, aunque es aconsejable leerlos secuencialmente.

Si dispone de ordenador, también le recomendamos que vaya comprobando paso a paso todo lo que vaya viendo en el libro, de modo que se familiarice con el programa, sus cuadros de diálogo y su manejo. Recuerde que toda práctica que realice siempre es buena.

Por otra parte, tenga presente que algunos botones que hemos mostrado a lo largo del libro podrían verse en su pantalla con tamaño o forma distintos, dependiendo de la resolución que asigne a su monitor. Sin embargo, podrá reconocer los botones por su icono, que siempre es el mismo.

Por otra parte, hemos utilizado dos tipos de iconos para atraer su atención sobre algo:

En lugares en los que se deba tener en cuenta un dato importante.

En lugares en los que le facilitamos un truco que pueda resultarle útil o que facilite su trabajo.

Hemos confeccionado una serie de prácticas para que domine el manejo de Office según vaya estudiando los capítulos del libro. Puede descargarlas de Internet accediendo a la dirección:

http://www.ra-ma.es

WINDOWS
Y PARTES COMUNES EN
OFFICE

Capítulo 1

NOCIONES BÁSICAS SOBRE EL MANEJO DE WINDOWS

Windows contiene una serie de funciones estándar que trabajan del mismo modo en todas las aplicaciones que hayan sido diseñadas para este entorno gráfico. En este capítulo, destinado a los usuarios menos experimentados en Windows, detallaremos algunas de las funciones estándar más empleadas en este sistema operativo.

1.1 TERMINOLOGÍA ACERCA DE WINDOWS

Esta es la nomenclatura que emplearemos a lo largo del presente libro y que se utiliza habitualmente para definir elementos y acciones de Windows:

1. **Pantalla de Inicio**. Es la pantalla principal de trabajo de Windows, sustituta del botón Inicio en las versiones anteriores. Contiene iconos temáticos (noticias, tiempo meteorológico, mapas, tiendas, etc.), iconos de acceso a las aplicaciones (Word, Excel, Access, etc.) y el icono de acceso al Escritorio. Para acceder a esta pantalla se puede pulsar el botón **Windows** (lo distinguirá en el teclado porque suele llevar impreso en la tecla el logo distintivo del propio Windows), o bien, llevar el ratón hasta la esquina inferior izquierda de la pantalla y hacer clic ahí.

2. **Escritorio**. Se trata del fondo de pantalla que está disponible tras las ventanas de aplicación que vamos activando (como el navegador de Internet, la ventana del Explorador de Windows o Microsoft Word). Contiene iconos de acceso rápido a ciertos programas y carpetas como la Papelera de reciclaje. También permite mostrar un color o una imagen de fondo que mejore su aspecto y lo haga más agradable a la vista.

3. **Hacer clic**. Pulsar y soltar el botón izquierdo del ratón sobre un elemento.

4. **Hacer doble clic**. Pulsar dos veces el botón izquierdo del ratón con rapidez sobre un elemento de la pantalla. Es necesario no mover el ratón en el instante en que se hace el doble clic.

5. **Arrastrar**. Pulsar el botón izquierdo del ratón sobre un elemento y moverlo sin soltarlo. Cuando se libera el botón del ratón, dicho elemento queda depositado en el punto de la pantalla en el que se encuentre el ratón en ese instante.

6. **Menús contextuales**. Son aquellos que aparecen cuando hacemos clic con el botón secundario del ratón sobre un elemento de pantalla.

En cuadros de diálogo y ventanas en general, encontraremos los siguientes elementos:

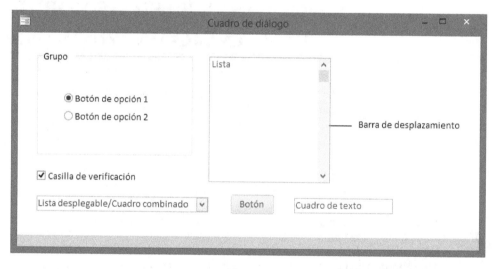

1. **Barra de título**. Suele mostrar el nombre del programa y del documento con el que estemos trabajando en ese instante. En nuestra figura de ejemplo *Cuadro de diálogo*.

Se puede emplear para desplazar la ventana por la pantalla: se hace clic en cualquier parte de su superficie y, sin soltar el botón del ratón, se arrastra en la dirección deseada.

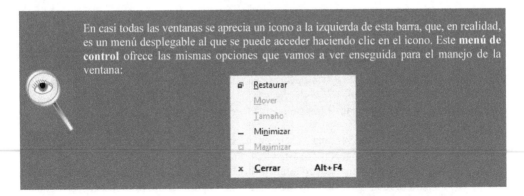

En casi todas las ventanas se aprecia un icono a la izquierda de esta barra, que, en realidad, es un menú desplegable al que se puede acceder haciendo clic en el icono. Este **menú de control** ofrece las mismas opciones que vamos a ver enseguida para el manejo de la ventana:

🗗	Restaurar	
	Mover	
	Tamaño	
—	Minimizar	
🗗	Maximizar	
x	Cerrar	Alt+F4

2.   Botón   **Botones**. Se utilizan para activar una tarea. En los cuadros de diálogo solemos ver siempre uno con el nombre *Aceptar* y otro con el nombre *Cancelar*.

3.   **Botón de minimizar**. Se utiliza para plegar totalmente la ventana. Lo único de esta que queda visible al minimizar es su botón en la barra de tareas de la parte inferior de la pantalla. Al hacer clic en ese botón, la ventana vuelve a desplegarse mostrando su tamaño anterior.

4.   **Botón de maximizar**. Amplía el tamaño de la ventana hasta que abarca toda la pantalla automáticamente. Si la ventana está maximizada, el botón presenta este otro aspecto: 🗗, por lo que bastará con pulsarlo para que la ventana recupere su tamaño anterior.

5.   **Botón de cerrar la ventana**. Se utiliza cuando se necesita abandonar un programa.

6.   ⦿ **Botones de opción**. Se utilizan para seleccionar una sola opción en una lista que ofrece varias. Estos botones son excluyentes entre sí, es decir, si activamos uno, se desactivan automáticamente todos los demás del mismo grupo (solo puede haber uno activado).

7.   ☑ **Casillas de verificación**. Se utilizan para seleccionar una o más opciones. Pueden ir solas o en grupo, pero a diferencia de los botones de opción, podemos activar más de una. De hecho, podemos activar una, varias a la vez, todas o ninguna según nos interese.

8.   Cuadro de texto . Se utilizan para teclear valores que el programa utilizará con alguna finalidad.

9.   **Barras de desplazamiento**. Suelen aparecer cuando el contenido de una ventana supera el tamaño de la superficie de esta. Gracias a estas barras podemos desplazarnos por dicho contenido, ya sea poco a poco (mediante los botones de sus extremos), a grandes saltos (pulsando entre los botones de los extremos), o bien a

medida, arrastrando el cuadro que hay en su interior. Las hay verticales y horizontales.

10. **Listas** y **Listas desplegables** (también **Cuadros combinados**). Contienen listados de datos para que el usuario pueda seleccionar uno. Las listas que son desplegables (como Lista desplegable/Cuadro combinado ☑) ofrecen un botón en su extremo derecho para poder abrir la lista haciendo clic en él.

11. Los **bordes** de la ventana se emplean para ampliar o reducir manualmente su tamaño, si bien algunas no lo permiten. Para cambiar el tamaño, se hace clic en el borde de una ventana y, sin soltar el botón del ratón, se arrastra hacia dentro de esta para reducir su tamaño, o bien, hacia fuera para ampliarlo. Cuando se suelta el botón del ratón, la ventana adquiere el tamaño que se vea en ese instante.

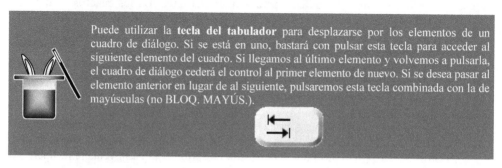

Puede utilizar la **tecla del tabulador** para desplazarse por los elementos de un cuadro de diálogo. Si se está en uno, bastará con pulsar esta tecla para acceder al siguiente elemento del cuadro. Si llegamos al último elemento y volvemos a pulsarla, el cuadro de diálogo cederá el control al primer elemento de nuevo. Si se desea pasar al elemento anterior en lugar de al siguiente, pulsaremos esta tecla combinada con la de mayúsculas (no BLOQ. MAYÚS.).

1.2 TERMINOLOGÍA INFORMÁTICA

A continuación, vamos a describir otros términos de uso común relativos a la informática en general para aquellos lectores que se estén iniciando:

- **Archivo** (o **fichero**). Grupo de datos almacenados en el disco. Es la forma más común que utilizan los programas de ordenador para almacenar información. Por ejemplo, cuando se graba en el disco un texto escrito con Word, este queda registrado como un fichero que tiene un nombre y una extensión para identificarlo. En Windows se puede escribir un nombre de hasta 255 caracteres. Es recomendable que el nombre del archivo esté relacionado con los datos que contenga, ya que de esa manera reconoceremos rápidamente el contenido de un archivo.

- **Carpetas**. Se emplean para mantener organizados los datos dividiendo el disco en apartados con nombre propio. Las carpetas se comportan como áreas del disco en las que podemos almacenar archivos por temas. Por ejemplo, si escribimos varios textos y los grabamos en el disco, resulta aconsejable crear una carpeta cuyo nombre sea **Textos** (o similar) para almacenarlos ahí; de este modo, cuando sea necesario buscar un texto, sabremos rápidamente cómo encontrarlo. Cada carpeta puede dividirse en otra infinidad de subcarpetas para hacer la organización más efectiva. Por ejemplo, si hemos creado la carpeta **Textos**, podríamos crear dentro de ella otras carpetas con tipos de textos como **Cartas, Apuntes, Formularios,** etc. Windows crea una carpeta denominada **Mis documentos** a la que nos lleva cada vez que vayamos a guardar un documento inicialmente.

Los nombres de los archivos y carpetas, así como los de sus extensiones, no necesitan construirse con letras necesariamente, sino que pueden utilizarse números y otros caracteres como guiones o paréntesis; no obstante, **no** es recomendable utilizar caracteres no alfabéticos o no numéricos para los nombres, ya que ciertos caracteres no serán aceptados por el ordenador, como, por ejemplo, símbolos de interrogación o asteriscos. Por otro lado, pueden utilizarse espacios en blanco para los nombres, así como puntos, comas y otros signos de puntuación.

- **Unidades de disco**. Representan los discos disponibles del ordenador. Las unidades tienen un nombre para identificarlas que consiste en una letra seguida de dos puntos (:). Se nombran alfabéticamente del siguiente modo: las unidades de disco flexible (dos como máximo) tienen los nombres **A:** y **B:**; el resto de las unidades de disco (duros, de red o CD-ROM) tendrán letras a partir de **C:**. De modo que siempre que se vaya a trabajar con un disco situado en una unidad será necesario especificarla primero con el fin de que el ordenador utilice esa unidad y no otra. Si se especifica una unidad errónea, el ordenador consultará una unidad en la que no se encuentra la información que se busca, o bien no la grabará en el sitio deseado, con lo que puede producirse cierta confusión en el usuario al pensar que la máquina no ha trabajado correctamente.

1.3 LA PANTALLA DE INICIO DE WINDOWS 8

A partir de la versión 8 de Windows, cuando arrancamos el equipo, no se nos lleva directamente al Escritorio, sino que accedemos a la llamada Pantalla de inicio.

Esta pantalla funciona a modo de portal de bienvenida, mostrando iconos de acceso rápido a diferentes temas: noticias, meteorología, redes sociales, correo electrónico, etc. También se encuentran ahí algunos iconos de acceso a las aplicaciones instaladas en nuestro sistema, como Word, Excel, Access, etc.

Entre todos los iconos, también dispondremos de uno para acceder al Escritorio de Windows.

En esta pantalla podemos desplazarnos a izquierda y derecha con las teclas del cursor en el teclado, o con el ratón.

Con este último, haciendo clic con su botón secundario, aparecen opciones en la parte inferior, entre las que se encuentra **Todas las aplicaciones**. Si se hace clic en ella, se obtiene un listado completo de todos los iconos que permiten acceder a todos los programas instalados en el equipo.

Podemos desplazarnos por ellas con las teclas del cursor hasta encontrar la que nos interese, si bien tal vez sea más fácil escribir su nombre ahí, ya que el sistema nos mostrará los iconos cuyo nombre coincida con aquello que vayamos tecleando, filtrando la lista para hacer más fácil localizar nuestro objetivo.

Una vez hallado, haciendo clic en él con el botón secundario del ratón aparecen varios iconos más en la parte inferior. Entre ellos podemos elegir **Anclar a Inicio** para que este aparezca en primera instancia en cuanto se muestre la pantalla de inicio. De la misma forma, aquel icono que ya esté ahí puede dejar de mostrarse así haciendo clic en él con el botón secundario del ratón y, de nuevo en la parte inferior, seleccionando el icono **Desanclar de inicio**.

Se puede acceder a esta Pantalla de Inicio rápidamente mediante la tecla Windows del teclado, o bien, llevando el cursor del ratón a la esquina inferior izquierda de la pantalla y, cuando veamos la miniatura de la Pantalla de Inicio, haciendo clic.

1.4 BARRA DE TAREAS

Como hemos dicho antes, la barra de tareas es el elemento distribuidor del trabajo en el Escritorio de Windows. Vino a sustituir al administrador de programas que existía en las versiones anteriores a Windows 95. El aspecto que presenta la barra de tareas al arrancar Windows es el siguiente:

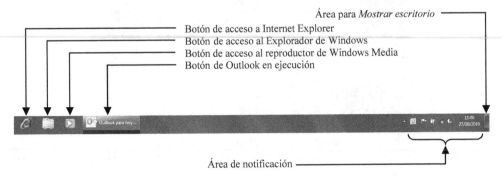

Área para *Mostrar escritorio*
Botón de acceso a Internet Explorer
Botón de acceso al Explorador de Windows
Botón de acceso al reproductor de Windows Media
Botón de Outlook en ejecución

Área de notificación

A la derecha de la barra podemos ver el área de notificación en la que aparecen ciertos iconos habituales de Windows junto con la hora y fecha actuales. También podrán aparecer iconos que añaden ciertos programas ajenos a Windows.

Cuando ponemos en marcha algún programa o aplicación, obtenemos un nuevo botón con el nombre de esa aplicación añadido en la barra de tareas. Por ejemplo, si en el caso que hemos expuesto en la figura anterior activásemos la opción **Panel de control**, su referencia se añadiría a la barra de tareas de este modo:

Al mismo tiempo podremos ver una ventana que contiene todos los elementos del panel de control.

Supongamos que hemos abierto varios programas y que nuestra barra de tareas contiene lo siguiente:

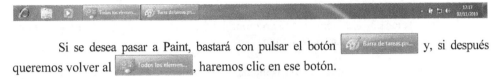

Si se desea pasar a Paint, bastará con pulsar el botón [Barra de tareas.pn...] y, si después queremos volver al [Todos los elemen...], haremos clic en ese botón.

Otra forma de pasar de un programa a otro consiste en pulsar las teclas **ALT** y el **Tabulador**:

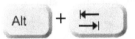

Si tenemos en marcha varias aplicaciones, una de las posibilidades es pulsar las teclas **ALT + TABULADOR** para pasar de una a otra. Se pulsa **ALT** y, sin soltarla, se pulsa el **Tabulador**. Debemos mantener la tecla **ALT** pulsada, ya que, si lo hacemos así, obtendremos un recuadro en el centro de la pantalla con los iconos de todas las aplicaciones abiertas. En nuestro ejemplo obtendríamos:

Si soltamos **ALT**, pasaremos al **Panel de Control**, puesto que es el que se ha elegido. Pero también podríamos volver a pulsar el **Tabulador** (sin soltar **ALT**) para acceder al **Escritorio** o a **Paint**.

De este modo podríamos ir pasando de programa en programa pulsando el **Tabulador** varias veces sin soltar **ALT**. En el momento en que soltemos **ALT**, accederemos a la aplicación que esté marcada en el recuadro.

1.5 MENÚ DE CONTROL

Algunas de las funciones que más se utilizan con Windows están en el **Menú de control** de cualquier ventana Windows. Como vamos a ver, este menú se utiliza para controlar la ventana de cualquier aplicación. Podemos obtenerlo al activar el icono situado a la izquierda del título en cualquier ventana estándar de Windows. La apariencia de este icono varía dependiendo de la ventana, ya que lo que aparece es el icono del

programa. Una vez que se hace clic en el menú de control de una ventana, suele presentar el aspecto que puede verse en la figura junto al margen:

1. **Restaurar** devuelve a una ventana en su tamaño normal. Solo estará disponible si una ventana ha sido maximizada o minimizada. Si en una ventana aparece el botón 🔲 y lo pulsa, restaurará la ventana.

2. **Mover** permite desplazar una ventana por la pantalla hasta colocarla en un lugar concreto. Cuando seleccione esta opción, el cursor del ratón cambiará mostrando este aspecto: ✛. Entonces usaremos las teclas del cursor (flechas) en el teclado para mover la ventana. Cuando la hayamos situado donde deseemos, pulsaremos la tecla **INTRO** y la ventana quedará situada en ese punto.

3. **Tamaño** permite cambiar las dimensiones de la ventana. Si se activa esta opción, el cursor del ratón cambiará de aspecto: ✥. Entonces, utilizaremos las teclas del cursor (flechas) en el teclado para ampliar en una de las cuatro direcciones que ofrecen según las veamos en la pantalla. Una vez ampliada o reducida en tamaño, pulsaremos la tecla **INTRO** y la ventana adoptará el nuevo tamaño.

4. **Minimizar** reduce automáticamente el tamaño de una aplicación al mínimo, es decir, a un botón en la barra de tareas. Minimizar una aplicación equivale a ponerla en estado de espera, dejándola abandonada momentáneamente pero con todos sus datos aún activos. También se minimiza una ventana con el botón ⊟.

5. **Maximizar** amplía automáticamente el tamaño de una ventana al máximo posible, generalmente toda la pantalla, aunque si se trata de una ventana dentro de un programa se amplía hasta abarcar la del programa. También se puede maximizar una ventana Windows haciendo un doble clic en su barra de título o pulsando sobre su botón ⧠.

6. **Cerrar** abandona un programa hasta que vuelva a ser ejecutado. Obsérvese que, a diferencia de **Minimizar**, cuando cerramos una aplicación esta ya no sigue abierta y, por tanto, todos los datos que estuviesen manejando se perderán (salvo que se graben antes). En la mayor parte de los programas para Windows, una ventana puede cerrarse igualmente pulsando la combinación de teclas **ALT + F4** o pulsando su botón ⧆.

A lo largo del libro podrá ver combinaciones de teclas representadas con el signo (+) entre ambas, como ocurre ahora con **ALT + F4**. En estos casos será necesario pulsar la primera tecla que aparezca y, sin soltarla, la segunda.

1.6 PORTAPAPELES DE WINDOWS

Windows suministra a sus usuarios una función para intercambiar información entre las aplicaciones. Se trata del portapapeles. Es una herramienta capaz de almacenar cualquier tipo de información soportada por Windows: texto, imágenes, sonido y mezclas de todos ellos. Para trabajar con él solo hay que seleccionar la información, pasarla al portapapeles y pegarla en la aplicación de destino.

La mayor parte de las aplicaciones Windows poseen un menú (o una pestaña de la cinta de opciones) con el nombre **Editar**, **Edición** o **Edit**. Este elemento tiene como mínimo tres opciones para el manejo del portapapeles: **Cortar** (o *Cut*), **Copiar** (o *Copy*) y **Pegar** (o *Paste*).

Particularmente en el caso de los componentes de Office como, por ejemplo, Microsoft Word, se encuentran en la ficha **INICIO** (grupo **Portapapeles**).

He aquí sus funciones:

1. **Cortar** elimina del original la información seleccionada y la pasa al portapapeles (mueve la información al portapapeles). También puede realizar la misma operación pulsando las teclas **CONTROL + X**. Una vez que se encuentre la información en el portapapeles, podrá agregarse a cualquier documento que la necesite (incluido el mismo desde el que se cortó) mediante la opción **Pegar**.

2. **Copiar** pasa un duplicado exacto de la información seleccionada al portapapeles. En otras palabras, hace lo mismo que **Cortar**, pero sin eliminar el bloque de información seleccionada del original. También puede realizar la misma operación pulsando las teclas **CONTROL + C**. Una vez que se encuentre la información en el portapapeles, podrá agregarse a cualquier documento que la necesite (incluido el mismo desde el que se cortó) mediante la opción **Pegar**.

3. **Pegar** extrae los datos del portapapeles pasándolos al programa activo. Dicho de otro modo, nos permite pasar al documento en el que nos encontremos la información que hayamos depositado antes en el portapapeles con **Cortar** o **Copiar**. También se puede realizar la misma operación pulsando las teclas **CONTROL + V**. Después de **Pegar**, la información seguirá estando disponible en el portapapeles por si es necesario pegarla en algún otro lugar más y ahí permanecerá hasta que se corte o se copie nueva información.

Los pasos que hay que seguir para llevar datos de un programa a otro serían estos:

1. En primer lugar, deberá seleccionar la información que desea trasladar a otro programa para indicar exactamente qué datos vamos a utilizar. Esta tarea depende del tipo de información que necesite trasladar:

   - Si se trata de un texto, podrá hacer un clic con el ratón al principio del bloque y, sin soltar el botón, podrá arrastrar de manera que irá viendo claramente en pantalla el texto que va seleccionando. Cuando termine, libere el botón del ratón. También se pueden utilizar las teclas del cursor (flechas) manteniendo pulsada la tecla de **MAYÚSCULAS** durante el proceso.

Haga clic en el lugar inicial del texto...   *...y arrastre hasta completar la selección*

- Si se trata de una imagen en formato de mapa de bits, en ciertos casos basta con hacer clic en ella —por ejemplo, en un procesador de textos en el que haya una imagen—; sin embargo, en otras ocasiones deberá utilizar alguna función del programa para seleccionar imágenes y, después, englobar la imagen haciendo un clic fuera de ella y arrastrando hasta abarcarla completamente, momento en el que podremos liberar el ratón —por ejemplo, en el sistema Paint que ofrece el propio Windows—.

 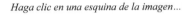 

Haga clic en una esquina de la imagen...   *...y arrastre hasta completar la selección en la esquina opuesta*

- Si se trata de figuras vectoriales, se seleccionan haciendo clic en una. Si se trata de seleccionar varias, suele ser necesario mantener pulsada la tecla de **MAYÚSCULAS** mientras se hace clic en cada figura.

2. Una vez que haya seleccionado la información que desea trasladar, es necesario indicar si va a moverla (eliminándola, por tanto, de su posición original), o bien, si va a copiarla (duplicándola). Si va a moverla, deberá activar **Cortar**, mientras que si va a copiarla, deberá activar **Copiar** (o emplear los botones equivalentes en la cinta de opciones).

3. Una vez que la información está cortada o copiada en el portapapeles, deberá acceder al programa que la recibirá y situarse en el lugar en el que deba aparecer. En ese sitio se utiliza la opción **Pegar** del menú **Edición** (o se emplea el botón equivalente en la cinta de opciones), con lo que los datos aparecerán ahí.

 Cuando tenga datos seleccionados y pulse cualquier tecla, desaparecerá todo lo que estuviese seleccionado y obtendrá en su lugar la tecla que pulse. Esta función resulta muy útil para reemplazar parte de un texto erróneo por otro que vaya a teclear en ese momento; no obstante, puede resultar "peligroso" si selecciona algo y, sin querer, pulsa alguna tecla, puesto que dicha tecla sustituirá todo lo seleccionado.

1.7 OLE: OBJECT LINKING AND EMBEDDING

OLE (enlace e incorporación de objetos) es una función que incorpora Windows cuando se llevan datos de un programa a otro, de modo que si esa información se modifica en el programa original, cambia igualmente en el documento que ahora la contiene. El trabajo con esta función puede realizarse mediante varios métodos:

1. La opción **Pegado Especial** del menú **Edición** (o de la pestaña correspondiente).

2. La opción **Objeto** del menú **Insertar** (u otra equivalente).

3. Arrastrar datos de una ventana a otra.

1.7.1 Pegado especial

Cuando se ha cortado o copiado una información en el portapapeles, está disponible para ser pegada en cualquier otro programa. Sin embargo, el pegado puede realizarse no solo con la opción **Pegar** del menú **Edición** (o de la pestaña correspondiente), sino también mediante la opción **Pegado especial** del mismo menú (o pestaña).

Nos ayudaremos con un ejemplo. Supongamos que deseamos incorporar una imagen creada con el programa Paint (del mismo Windows) a un texto escrito con WordPad (también de Windows). Para realizar esta tarea activaremos Paint y crearemos (o abriremos) el dibujo, seleccionando la parte que de este nos interese y pasándolo al portapapeles con **Copiar** o **Cortar** de la pestaña **Inicio** de Paint (grupo **Portapapeles**).

Una vez hecho esto, el dibujo queda almacenado en el portapapeles. Acto seguido, pasaremos a WordPad y desde allí utilizamos la opción **Pegado Especial...** (desplegando el menú **Edición** o el botón **Pegar** de la pestaña **Inicio**). Al hacerlo, obtenemos un cuadro de diálogo en el que aparece una lista etiquetada con el título **Como**, cuyo fin es indicar la forma en la que deseamos pegar el dibujo en WordPad:

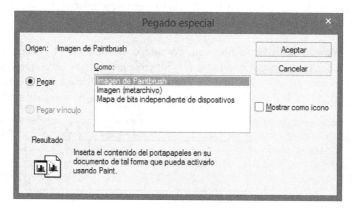

Podemos utilizar cualquiera de las tres opciones de la lista para pegar la imagen, aunque, si desea que se pegue siguiendo las normas de OLE, deberá elegir **Imagen de**

mapa de bits independiente de dispositivos. Después pulsamos el botón [Aceptar]. Ahora ya tenemos una imagen OLE incorporada en WordPad, ya que el dibujo ha quedado incorporado al texto con su correspondiente reseña hacia Paint. Bastará con hacer un doble clic en el dibujo en WordPad para que se abra automáticamente Paint (dentro del mismo WordPad) con el dibujo preparado para ser modificado. Cualquier cambio que hagamos en el dibujo quedará registrado igualmente en el texto de WordPad.

1.7.2 Insertar objetos

En la mayor parte de los programas de Windows existe un menú (o pestaña) **Insertar** entre cuyas opciones o botones se encuentra **Objeto** (en las aplicaciones de Office tiene este aspecto: ☐ ▾). Si no es así, muy probablemente pueda encontrar la opción **Insertar objeto** en el menú **Edición**.

Cuando se selecciona una de las opciones mencionadas se suele obtener un cuadro de diálogo similar al siguiente:

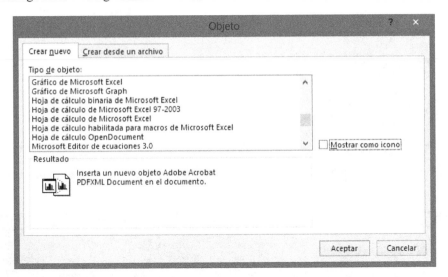

Este cuadro ofrece dos pestañas con las que podremos establecer si el objeto será incorporado desde un programa cuando aún no está construido (pestaña **Crear nuevo**), o bien, si el objeto ya está terminado y almacenado en un disco y deseamos recuperarlo desde ahí (pestaña **Crear desde un archivo**).

Si vamos a crear un nuevo objeto, la ficha que acabamos de mostrar es la correcta y, en ese caso, debemos elegir en la lista el **Tipo de objeto** que vamos a incorporar a nuestro documento. Así, podremos añadir cualquiera de los tipos de objetos de esa lista: clips multimedia, imágenes, sonidos, tablas de datos, etc.

Debe tenerse en cuenta que la lista que ofrece el cuadro depende de los programas que haya instalado en Windows. Por ejemplo, en la lista aparecerá **Grafico de Microsoft**

Excel (para poder incorporarlo a cualquier documento) siempre y cuando Excel esté instalado en el equipo.

Cuando haya seleccionado un elemento, pulse [Aceptar]. Dado que es necesario diseñar el contenido del objeto (la imagen, el gráfico de Excel, etc.) aparecerá el programa en cuestión listo para que así lo hagamos.

Si por el contrario vamos a incorporar datos de un archivo ya creado, activaremos el botón **Crear desde archivo**:

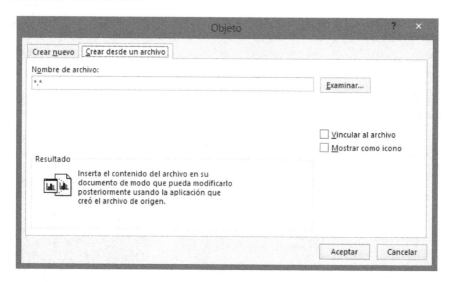

En ese caso, puesto que el archivo ya existe, solo habrá que localizarlo mediante el botón [Examinar...].

La casilla **Vincular al archivo** se activa si el objeto no debe formar parte físicamente del documento que lo contiene, sino que únicamente habrá una referencia que indica el archivo que se coloca en el documento. Este ocupará menos espacio, puesto que no contiene la información del objeto, pero si es necesario copiarlo a otro equipo, será necesario trasladar una copia de ambos: documento y archivo.

1.7.3 Arrastrar datos

Otra posibilidad para llevar datos de un programa a otro consiste en arrastrar la información, seleccionándola previamente.

Seleccione los datos que desea duplicar, haga clic en ellos y, sin soltar el botón del ratón, arrastre hacia la ventana que deba recibirlos. También puede arrastrar hacia un icono que represente el programa o hacia el botón del programa en la barra de tareas.

1.8 CONTROL DE LA IMPRESORA CON WINDOWS

Con Windows existe la posibilidad de controlar un **trabajo**, o lo que es igual, un texto que se está imprimiendo o esperando a ser impreso. Esta tarea pertenece al propio Windows y no al programa que ordene la impresión, puesto que Windows dispone de unos administradores de impresión que se encargan de gestionar todas las salidas impresas.

Cada programa se encarga siempre de enviar a la impresora la información completa con el formato adecuado para que el administrador de impresión lo pase por la impresora sin ningún problema. Dicho proceso de impresión y el propio administrador de impresión se ponen en marcha automáticamente al ordenar la impresión de cualquier documento (imagen, texto, ambos, etc.).

Para controlar lo que imprima la impresora debemos acceder al administrador, para ello aparecerá un icono en el área de notificación indicando que la impresora está en marcha: 🖶. Haremos doble clic en él y obtendremos la ventana siguiente:

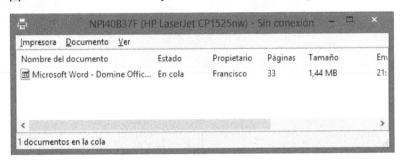

En ella veremos una lista con el trabajo que se está imprimiendo y los que aguardan para ser impresos. Algunas de las funciones útiles de esta ventana son las siguientes:

1. Usando el menú **Impresora**:

    - **Establecer como impresora predeterminada**. Indica que esta impresora será la que reciba automáticamente los datos a imprimir en las ocasiones en que no se especifique con qué impresora se va a trabajar.

    - **Cancelar todos los documentos**. Anula todos los trabajos de impresión de la lista, vaciándola.

    - **Compartir**. Permite que otros usuarios de la red utilicen esta impresora. Para poder compartir la impresora es imprescindible disponer de los permisos necesarios.

    - **Propiedades**. Permite modificar las características de la impresora (puerto al que está conectada, tiempo de respuesta antes de dar error, tipo de papel, nombre del controlador, etc.) que están distribuidas por varias fichas en el cuadro de diálogo. Dicho cuadro también contiene una función de prueba para comprobar si la impresora trabaja correctamente (para ello pulse el botón Imprimir página de prueba en la ficha **General**).

2. Usando el menú **Documento**:

- **Pausa**. Detiene temporalmente la impresión del documento con el que esté trabajando la impresora. Basta con seleccionar la opción **Reanudar** del mismo menú para proseguir el trabajo.

- **Cancelar**. Anula un trabajo de impresión de la lista. Será necesario seleccionarlo primero.

Capítulo 2

SISTEMA DE AYUDA

Esta función puede resultar muy práctica cuando olvidemos algo y deseemos consultarlo rápidamente y sin recurrir a un manual.

La ayuda de cualquier elemento de Microsoft Office permite varias posibilidades por tratarse de un método muy flexible. Dicho método, por otra parte, es estándar para todas las aplicaciones Windows, por lo que si aprende a manejar la ayuda de Office, lo aprenderá para cualquier otro programa que funcione bajo Windows.

Para empezar, en cualquier momento podremos pulsar la tecla **F1** con el fin de obtener ayuda sobre un tema concreto. Al pulsar esta tecla, aparecerá una ventana con la que podremos acceder a la información. Con ello solicitaremos la ayuda tecleando lo que necesitemos. De esto hablaremos en el apartado *Ayuda en Office* dentro de este mismo capítulo.

Primero veamos el sistema de ayuda general de Windows, con lo cual conocerá el sistema de ayuda para (casi) cualquier programa diseñado para este entorno.

2.1 AYUDA EN WINDOWS

El sistema más común para entrar en la ayuda es seleccionar la aplicación **Ayuda y soporte técnico** de la pantalla de Inicio (por ejemplo, tecleando ese nombre ahí) o elegir el menú **Ayuda** en cualquier programa de Windows que lo tenga.

La ventana de ayuda posee siempre varios elementos. Veamos el aspecto general al entrar en el sistema de ayuda:

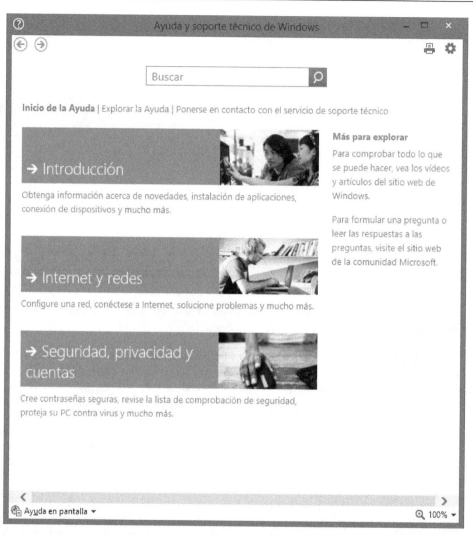

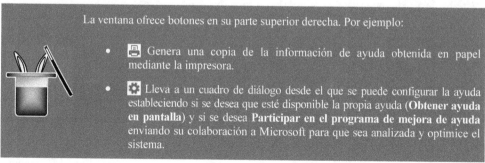

La ventana ofrece botones en su parte superior derecha. Por ejemplo:

- Genera una copia de la información de ayuda obtenida en papel mediante la impresora.

- Lleva a un cuadro de diálogo desde el que se puede configurar la ayuda estableciendo si se desea que esté disponible la propia ayuda (**Obtener ayuda en pantalla**) y si se desea **Participar en el programa de mejora de ayuda** enviando su colaboración a Microsoft para que sea analizada y optimice el sistema.

Como puede apreciar, estas ventanas del sistema de ayuda se asemejan a una página web.

Por ejemplo, dispone de enlaces a lugares interesantes del sistema de ayuda que pueden asistirle a la hora de informarse acerca de qué aspectos cubre el sistema de ayuda (**Explorar la ayuda**).

Por otra parte, dispone del cuadro de texto **Buscar** encabezando la parte superior de la ventana de ayuda. Se trata de teclear en él aquel tema sobre el que buscamos ayuda y pulsar **INTRO** y Windows le proporcionará una lista de coincidencias (datos encontrados en la lista que coinciden con lo que haya escrito).

Por ejemplo, si se teclea la palabra *icono* en el sistema de ayuda de Windows, se obtendrá un listado como el siguiente:

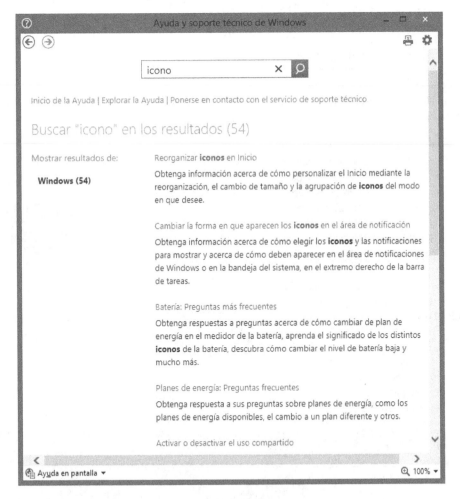

Cuando se localiza el dato que busca en la lista resultante, se hace clic en él y la información correspondiente aparece en la misma ventana.

1. La barra de herramientas contiene otras opciones cuyas funciones son muy similares a las del navegador:

-  (←) Vuelve al anterior tema de ayuda consultado.

- (→) Con él puede volver de nuevo al tema posterior, si utilizó el botón (←).

2.2 AYUDA EN OFFICE

La ayuda de Office 2013 se solicita mediante la tecla **F1**, o bien, mediante el botón **?** situado en la parte superior derecha de la ventana de cada programa de Office. Se obtiene una ventana como la que mostramos junto al margen.

Al igual que en el sistema de ayuda de Windows disponemos de varios enlaces en la ventana para consultar temas concretos (como **Novedades**, **Métodos abreviados**, etc.); con todo, también disponemos de un cuadro de texto de búsqueda en la parte superior de esta ventana (Buscar en la ayuda en línea). En él se teclea aquello que se busca del modo más específico posible y se pulsa **INTRO**.

Una vez que se ha hecho esto, la ventana muestra los temas relacionados esperando que hagamos clic en uno para poder acceder a la información solicitada.

En la parte superior de la ventana principal de ayuda dispone de una sencilla barra de herramientas con funciones similares a las que hemos detallado para el sistema de Windows. Por ejemplo, podrá desplazarse atrás o adelante entre los temas de ayuda ya visitados:

Capítulo 3

FUNCIONES ELEMENTALES Y COMPARTIDAS DE OFFICE

Existen ciertos elementos que se manejan de forma idéntica o similar en todos los componentes de Office. Vamos a dedicar este capítulo a verlos, ya que la mayor parte de ellos son realmente útiles e incluso básicos para el manejo de cualquiera de dichos componentes.

3.1 ARRANQUE DE LOS PROGRAMAS DE OFFICE

Cualquier aplicación Windows se pone en marcha seleccionando su correspondiente icono. Para acceder a él se puede pulsar la tecla **Windows** del teclado, o bien, llevar el cursor del ratón a la esquina inferior izquierda de la pantalla y, cuando se ve la miniatura de la Pantalla de Inicio, hacer clic en ella.

El sistema de instalación de Office se encarga de colocar iconos de acceso rápido a sus aplicaciones en la Pantalla de Inicio, con lo cual solo es necesario hacer clic en una (Word, Excel, Access, etc.) para ponerla en marcha. Sin embargo, si no dispone de esos iconos, un modo rápido de poner en marcha cualquiera de esos programas es acceder a dicha Pantalla de Inicio y, sin más, teclear su nombre (por ejemplo, *Word*). Enseguida aparecerá su icono y podemos pulsar **INTRO** o hacer clic en él para activarlo.

3.2 SALIDA DE LOS ELEMENTOS DE OFFICE

Igualmente necesario es saber cómo salir de los programas de Office. En Windows la mayor parte de las ventanas tienen un botón para cerrarlas: . Si pulsamos este botón, también podremos salir de la ventana en cuestión. También se pueden cerrar las aplicaciones pulsando las teclas **ALT + F4**.

Si hemos añadido datos al programa (como, por ejemplo, texto en Word), al intentar salir se nos preguntará si deseamos almacenar en el disco dicha información añadida. Para ello, se nos ofrecerá el siguiente cuadro de diálogo:

Como puede verse, hemos puesto el ejemplo según el cuadro que ofrece Word.

Si el archivo en que se va a almacenar la información posee un nombre, este aparecerá en lugar de *Documento 1* (en caso de Word, ya que los demás elementos de Office mostrarán mensajes parecidos aunque no ese mismo). Bastará con pulsar el botón Guardar para grabar el texto y salir, No guardar si desea salir sin grabarlo y Cancelar para regresar al texto sin salir del programa, ya que esta última opción anula la petición de salida.

3.3 LA CINTA DE OPCIONES

La práctica ausencia total de menús desde la versión 2010 de los programas de Office hace de la cinta de opciones el elemento principal con el que se accede a todas las funciones de cada programa.

Desde dicha versión es necesario que el usuario "cambie el chip" y olvide los menús como elemento principal de acceso a las funciones. Microsoft apuesta en este caso por una evolución de las barras de herramientas de forma que un usuario pueda ver diferentes grupos clasificados por pestañas con los que acceder a las funciones cotidianas. Aun así, el nuevo método exige una adaptación que lleva cierto tiempo. Sin embargo, el acceso a las funciones de la cinta de opciones, sin el uso del ratón, resulta realmente simple y es recomendable que sea este el método habitual de trabajo de todo aquel usuario que sea un mecanógrafo razonablemente rápido.

Cuando se pulsa la tecla **ALT** aparecen varias letras resaltadas superpuestas a las pestañas y elementos de la cinta, al pulsar la tecla de esa letra se activa la pestaña, momento en el cual aparecerán más letras o números, incluso a pares, que al ser pulsadas activarán la función correspondiente. Por ejemplo, en Word, si se pulsa **ALT** y luego las teclas **O** (letra *o*) y **1** (número uno) se activa la letra **Negrita** (aunque los atajos antiguos siguen estando vigentes, por ejemplo, también puede activar y desactivar la negrita pulsando **CONTROL + N** como siempre).

Hay un modo sencillo de acceder a los botones de la cinta. Consiste en pulsar y soltar la tecla **ALT**. Luego, se emplean las teclas del cursor para desplazarse por las pestañas y los botones hasta que se alcanza el que se desea activar, momento en el que se pulsa **INTRO**.

Además, al llevar el ratón sobre un botón u otro elemento de la cinta y mantenerlo ahí detenido unos instantes, aparece un cuadro de ayuda que informa sobre la función de ese elemento.

3.3.1 Personalizar la cinta de opciones

Desde la versión 2010 la cinta de opciones puede modificarse, si bien existen algunas limitaciones.

Para acceder a la función que permite realizar estos cambios, se recurre a la pestaña **Archivo**, donde se seleccionará **Opciones**.

En la ventana que aparece, nos decantamos por la categoría **Pesonalizar cinta de opciones**.

Básicamente se dispone de dos columnas para la tarea. La izquierda muestra aquello que se puede incorporar a la cinta, mientras que la derecha muestra lo que la cinta ya contiene. Entre medias se pueden ver los botones `Agregar >>` y `<< Quitar`, que permiten el intercambio de botones y funciones en la cinta.

Se empieza inspeccionando la columna derecha. Si existen funciones que desea quitar de la cinta, seleccione una y pulse el botón `<< Quitar`. Tenga en cuenta que en las pestañas originales no se pueden quitar botones aislados, sino grupos enteros de ellos. Por ejemplo, en la figura anterior puede ver que la pestaña **Inicio** contiene varios grupos: **Portapapeles**, **Fuente**, **Párrafo**, etc. Aunque puede desplegar estos grupos para ver las funciones que contienen, estas no pueden quitarse solas, sino que han de ser retiradas en grupo. Así, podrá quitar, por ejemplo, el grupo **Párrafo** completo.

Esto último solo se aplica a los grupos y pestañas originales del programa. Si se trata de grupos o pestañas creados por nosotros, podremos quitar sus elementos con independencia de los demás.

Tampoco podremos agregar funciones a los grupos y pestañas originales, sino a los que son personalizados o, lo que es lo mismo, los que agreguemos nosotros a la cinta.

1. Para agregar una nueva pestaña, se dispone del botón `Nueva pestaña` bajo la columna derecha. Al pulsarlo, la nueva pestaña aparece detrás de aquella en la que nos encontremos y el sistema espera a que le se le dé un nombre.

2. Dentro de una pestaña se pueden añadir grupos mediante el botón `Nuevo grupo`. También se deberá dar nombre al grupo.

3. Si este es incorrecto, podremos cambiarlo pulsando el botón `Cambiar nombre...`.

4. Una vez que se dispone de un grupo, se le pueden agregar botones seleccionando las funciones una a una en la columna izquierda y pulsando el botón `Agregar >>`.

5. Tanto para quitar grupos como pestañas, debe seleccionarse uno y pulsarse el botón `<< Quitar`.

6. Puede limpiar la cinta dejándola como estaba originalmente desplegando la lista `Restablecer ▾` y seleccionando **Restablecer todas las personalizaciones**. En esta misma lista puede optar por **Restablecer únicamente la pestaña de cinta seleccionada** para restaurar solo la pestaña que haya elegido en la lista de la columna derecha.

7. Puede guardar en el disco la cinta de opciones tal como se encuentre (incluyendo nuevas pestañas, grupos, etc.), desplegando la lista `Importar o exportar ▾` y seleccionando **Exportar todas las personalizaciones**. Esto lleva a un cuadro de diálogo en el que se selecciona la carpeta y el disco en el que se guardará el archivo con la información (al que también habrá que dar nombre). En la misma lista se dispone de la opción **Importar archivo de personalización** para abrir uno exportado

anteriormente. Esto es útil cuando se necesita instalar el programa en otro equipo y se desea configurar rápidamente la cinta de opciones.

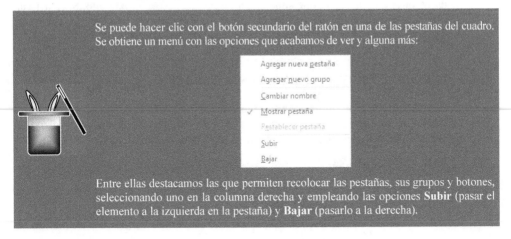

Se puede hacer clic con el botón secundario del ratón en una de las pestañas del cuadro. Se obtiene un menú con las opciones que acabamos de ver y alguna más:

Agregar nueva pestaña

Agregar nuevo grupo

Cambiar nombre

✓ Mostrar pestaña

Restablecer pestaña

Subir

Bajar

Entre ellas destacamos las que permiten recolocar las pestañas, sus grupos y botones, seleccionando uno en la columna derecha y empleando las opciones **Subir** (pasar el elemento a la izquierda en la pestaña) y **Bajar** (pasarlo a la derecha).

3.4 BARRA DE HERRAMIENTAS DE ACCESO RÁPIDO

Desde la versión 2010 de los programas más representativos de Office (Word, Excel, Access y PowerPoint) se dispone de la barra de herramientas de acceso rápido, que inicialmente aparece en la barra de título, junto a la pestaña **Archivo**.

Esta barra también puede personalizarse y llevarse a un sitio en el que su contenido pueda ser más amplio.

El botón que se encuentra en el extremo derecho de la barra despliega varias opciones útiles para trabajar con la barra:

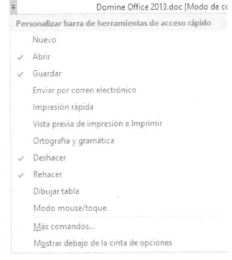

1. Las opciones del primer grupo que ofrece este menú permiten activar o desactivar ciertas funciones (las más comunes) del programa. Las que ya están marcadas representan aquellos botones que se ven en la barra actualmente. Estos se pueden desactivar, igual que se pueden activar las otras.

2. La opción **Más comandos** permite agregar todo tipo de botones a la barra, ya sean funciones procedentes del programa o generadas con macros.

3. La opción **Mostrar debajo de la cinta de opciones** sitúa la barra por debajo de dicha cinta. Resulta especialmente interesante si piensa añadir una gran cantidad de botones a la barra, ya que situada ahí ofrece más espacio para ello. Si se activa, esta opción cambia, mostrando el mensaje **Mostrar encima de la cinta de opciones**, con lo que podemos situarla en su lugar original.

3.4.1 Agregar y eliminar botones a la barra

Como veíamos hace un instante, desplegando el botón de la barra y seleccionando **Más comandos** se agregan o eliminan botones a la barra. El procedimiento para realizar el trabajo pasa por manipular el cuadro de diálogo que se ofrece cuando se activa esa opción:

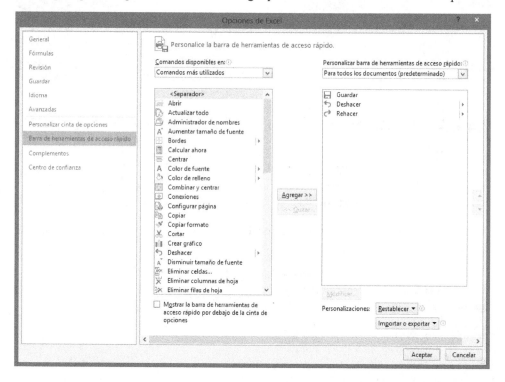

1. El primer paso consiste en desplegar la lista **Comandos disponibles en**, para seleccionar el origen en el que se encuentran las funciones que deseamos añadir a la barra (**Comandos más utilizados**, **Macros**, las opciones de la pestaña **Archivo**, funciones de las pestañas de la cinta de opciones, etc.). Esto rellena con funciones diferentes la lista que hay debajo.

2. En esa lista ocupada ahora con funciones del programa, macros u otros elementos, se selecciona uno haciendo clic en él y se pulsa el botón Agregar >> , lo que lo sitúa en la barra de herramientas de acceso rápido, y lo añade también a la lista de la derecha.

3. Una vez ahí se puede seleccionar para recolocarlo en la barra mediante los botones ▲ y ▼ o para eliminarlo de la barra con el botón << Quitar .

4. También puede asegurarse de que la configuración que diseñe para su barra de herramientas esté disponible para cualquier documento, o bien, solo para el documento actual. Para ello, despliegue la lista **Personalizar barra de herramientas de acceso rápido** situada en la parte superior derecha de la ventana y seleccione una de las dos opciones.

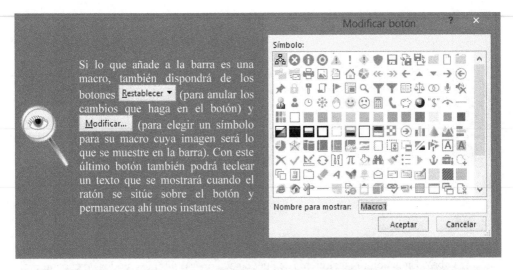

Si lo que añade a la barra es una macro, también dispondrá de los botones Restablecer ▼ (para anular los cambios que haga en el botón) y Modificar... (para elegir un símbolo para su macro cuya imagen será lo que se muestre en la barra). Con este último botón también podrá teclear un texto que se mostrará cuando el ratón se sitúe sobre el botón y permanezca ahí unos instantes.

Si se utiliza Word en diferentes equipos o si se necesita instalarlo de nuevo con una configuración limpia, resulta muy interesante el botón Importar o exportar ▼ . Con él podemos guardar la configuración de botones que hayamos creado (a veces puede ser una tarea tediosa) desplegando el botón y eligiendo **Exportar todas las personalizaciones**. Luego, en la versión de Word a la que necesitemos incorporar los mismos botones, desplegaríamos el mismo botón y elegiríamos **Importar archivo de personalización**.

3.5 ARCHIVAR Y ABRIR DOCUMENTOS

Algo esencial en cualquier sistema informático es el almacenamiento de datos. Gracias a esta operación, los datos permanecen en un disco o en cualquier otro sistema de soporte, esperando a que posteriormente los utilicemos de nuevo, ya sea para modificar su contenido, para consultarlo o para imprimirlo.

Todos los programas de Office (Word, Excel, PowerPoint, etc.) permiten almacenar en disco la información que se desarrolla con ellos. De este modo, podremos grabar textos, hojas de cálculo, etc., para, posteriormente, abrirlos y continuar trabajando con ellos.

3.5.1 Abrir documentos

Para abrir un documento se selecciona la opción **Abrir** de la pestaña **Archivo**. El sistema despliega la ficha en la que se establecen los datos del documento que deseamos abrir:

Como se puede apreciar, se ofreden dos columnas para localizar el documento que se desea abrir. En la columna izquierda se pueden accionar diferentes modos de encontrar el documento, mientras que la derecha ofrece el contenido que haya en el lugar seleccionado en la izquierda.

1. **Libros recientes** es una opción que varía según el programa que estemos empleando. Así, en Word la opción se llama **Documentos recientes** y en PowerPoint **Presentaciones recientes**. En cualquier caso, al ser seleccionada, ofrece una lista de aquellos documentos con los que hayamos trabajado últimamente. Por probabilidad, esos son los que más posibilidades tienen de ser empleados de nuevo y de ahí que tengan un apartado propio.

2. **SkyDrive de...** permite acceder a documentos que estén almacenados en el servicio SkyDrive de Microsoft. Se trata de espacio disponible para los usuarios en el que pueden alojar sus documentos en la nube, de modo que estén disponibles en cualquier parte sin tener que llevar una copia guardada en el disco de su ordenador. De este modo, en cualquier lugar donde haya conexión a Internet, esos documentos estarán disponibles.

3. **Equipo** es la opción más tradicional. Muestra las diferentes carpetas del equipo en las que se suelen almacenar documentos de uso común, así como un botón **Examinar** para localizar documentos en cualquier otra carpeta o disco.

4. **Agregar un sitio**. Permite añadir otras posibles localizaciones de documentos.

Cuando se opta por **Equipo**, sus opciones llevan a un cuadro de diálogo como el siguiente:

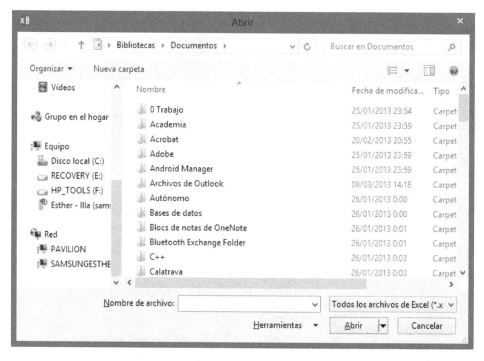

5. Se utiliza el panel izquierdo para indicar la situación actual del documento. Gracias a esta lista podremos elegir la unidad de disco o carpeta en que se encuentra el documento. Al hacerlo se mostrarán los archivos y carpetas encontrados ahí. Las carpetas puede distinguirlas porque aparecen junto al icono ▓. En las carpetas puede hacerse un doble clic para acceder a su interior y ver, a su vez, los archivos y carpetas que haya en ellas.

6. Puede utilizarse cualquier nombre de la lista para abrir el documento. Para ello, haga clic sobre el archivo deseado. Recuerde que si el elemento que seleccione tiene el icono ▓, no está seleccionando un documento sino una carpeta.

7. Si no se utiliza ningún nombre de la lista, deberá utilizarse **Nombre de archivo** para escribir el nombre del documento que se desea abrir. En este caso, puede desplegarse la lista para obtener los últimos nombres de documentos archivados. De este modo, si se desea abrir uno de esos documentos, bastará con elegirlo en la lista.

8. Se puede indicar el formato en que está grabado el documento si se utiliza el botón `Todos los documentos de Wo ▼`. En la lista aparecen los nombres de otros programas cuyo formato es soportado por el programa (documentos diseñados con versiones anteriores del programa o con otros sistemas como WordPerfect, Lotus 1-2-3, dBase, etc.).

9. Una vez seleccionados esos datos se emplea el botón `Abrir ▼` para mostrar el documento y manipularlo (añadirle datos, modificarlos, borrarlos, etc.). El botón se puede desplegar y ofrecerá varias funciones extra, que difieren dependiendo del programa que se esté manejando. Por ejemplo, en la figura junto al margen puede ver las de Word:

- **Abrir**: únicamente abre el documento.

- **Abrir como de sólo lectura**: abre el documento pero sin permitir grabar los cambios que hagamos en él (aunque sí podremos grabarlo con otro nombre).

- **Abrir como copia**: hace una copia del documento y la abre de modo que podremos modificar su información sin alterar el archivo original.

- **Abrir en el explorador**: se emplea únicamente con textos HTML, ya que abre el documento en Internet Explorer.

- **Abrir con transformación** permite abrir un documento XML que tenga transformaciones XSL sin emplear aquellas que no utilice. Esta función solo está disponible al abrir un archivo XSL.

- **Abrir en Vista protegida** permite abrir el documento sin permitir modificarlo inicialmente, si bien el sistema ofrece un botón en la parte superior que posibilita las modificaciones: `Habilitar edición`.

- **Abrir y reparar**: se emplea para abrir un documento reparando, dentro de lo posible, los errores que contenga.

- **Mostrar versiones anteriores** trata de localizar copias previas del mismo documento para abrirlas y realizar modificaciones o consultas en ellas.

Otra posibilidad más es la de seleccionar más de un documento para abrirlo:

1. Una de las formas de seleccionar varios archivos es hacer varios clics con el ratón sobre algunos textos manteniendo pulsada la tecla **CONTROL** (o **CTRL**).

2. Puede realizarse de una segunda forma si los textos que se van a seleccionar aparecen contiguos en la lista. En este caso, se selecciona el primero que se desea utilizar y, con la tecla de **MAYÚSCULAS** pulsada, se selecciona también el último.

Quedarán seleccionados automáticamente todos los que se encuentren entre ambos (incluidos).

3. La tercera forma de seleccionar varios archivos consiste en emplear el ratón. Haga clic sobre cualquier parte vacía de la lista y, sin soltar el botón del ratón, arrastre abarcando tantos documentos como desee abrir.

3.5.2 Opciones de Abrir

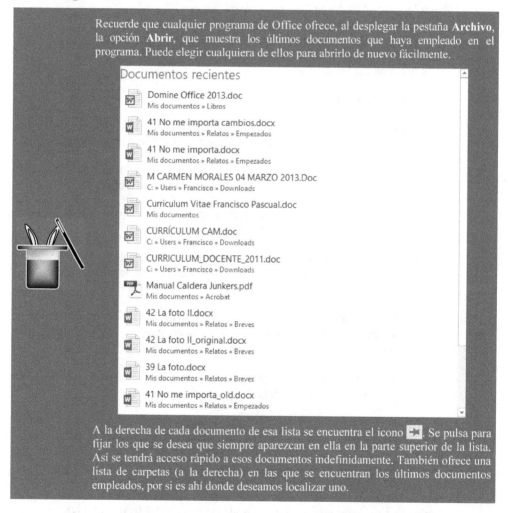

Recuerde que cualquier programa de Office ofrece, al desplegar la pestaña **Archivo**, la opción **Abrir**, que muestra los últimos documentos que haya empleado en el programa. Puede elegir cualquiera de ellos para abrirlo de nuevo fácilmente.

A la derecha de cada documento de esa lista se encuentra el icono ⊞. Se pulsa para fijar los que se desea que siempre aparezcan en ella en la parte superior de la lista. Así se tendrá acceso rápido a esos documentos indefinidamente. También ofrece una lista de carpetas (a la derecha) en las que se encuentran los últimos documentos empleados, por si es ahí donde deseamos localizar uno.

En el mismo cuadro de diálogo anterior hay otras funciones disponibles para esta operación:

1. El botón [Organizar ▼] (solo con Windows 7 y Vista) despliega varias funciones útiles como crear carpetas, borrar archivos, cambiar su nombre, etc.

2. Puede emplearse el cuadro [Buscar en Mis documentos ⌕] para localizar fácil y rápidamente un archivo si conoce su nombre. Solo hay que teclearlo ahí e incluso es innecesario pulsar la tecla **INTRO** (la búsqueda se realizará en la carpeta en que se encuentre y en las que haya dentro de ella).

3.5.3 Archivar documentos

Con todos los programas de Office, se puede almacenar cualquiera de sus documentos en disco con el objetivo de poder abrir posteriormente un documento determinado y modificarlo, sustituyendo parte de su contenido, añadiendo nueva información o borrándola. Para ello se pulsan las teclas **CONTROL + G**, se utiliza el botón 🖫 de la **Barra de herramientas de acceso rápido** o se activa la opción **Guardar** de la pestaña **Archivo**. Esto lleva a un cuadro de diálogo como el siguiente:

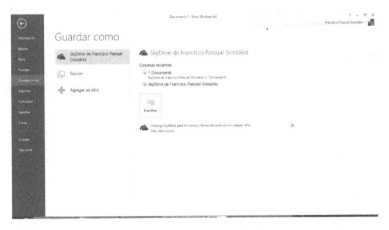

Al igual que a la hora de abrir un documento, se ofrecen varias posibilidades para guardarlo.

1. Se puede guardar en la nube, optando por las alternativas relativas a **SkyDrive**. Por ejemplo, si elegimos **SkyDrive de...** obtenemos un cuadro de diálogo para guardar el documento en el servidor remoto al que tendremos acceso desde cualquier equipo que tenga conexión a Internet y Microsoft Office (o posterior) 2013 instalado. En la siguiente figura que ofrecemos como ejemplo, observe que la ruta para almacenar el documento comienza por *https*, es decir, el protocolo seguro de hipertexto que permitirá almacenar el documento en la nube de forma protegida.

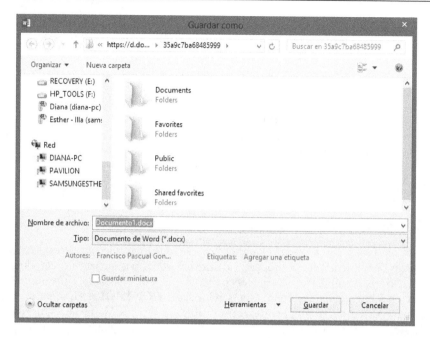

2. Se puede guardar en nuestro **Equipo**, seleccionando la opción que lleva ese nombre. Para ello obtendremos una lista con las carpetas recientemente utilizadas (para guardar el documento haciendo clic en una de ellas) y el botón **Examinar** para acceder al cuadro de diálogo tradicional de guardar documentos:

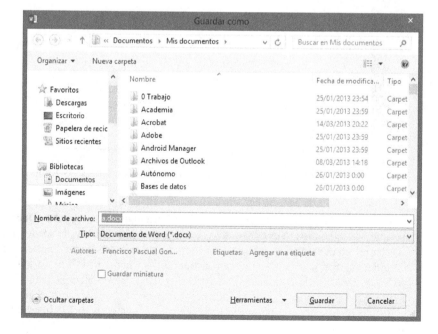

3. Se puede optar por **Agregar un sitio** para especificar más localizaciones en las que guardar el documento.

En cuanto al manejo del cuadro de diálogo:

1. Si no es la primera vez que se archiva el documento, no es necesario hacer nada más: el documento se almacenará en el disco con el nombre que tuviera asignado la primera vez que se grabó (de hecho, ni siquiera aparecerá el cuadro de diálogo).

2. Si es la primera vez que se archiva, hay que asignarle un nombre. Para ello, puede utilizarse cualquiera de la lista para grabar el documento, pero si se hace así, el contenido del que ya estuviese grabado con ese nombre se perderá y en su lugar obtendrá el que vaya a grabar ahora. Si no se utiliza ningún nombre de la lista, se emplea el elemento **Nombre de archivo** para teclear el nombre del documento. Al tratarse de una lista, puede desplegarse para obtener los últimos nombres de documentos archivados. Así, si desea utilizar uno de esos nombres para almacenar el documento actual, bastará con elegirlo en la lista.

3. Se puede indicar el formato en que se almacenará el documento si se utiliza la lista **Tipo**. En la lista aparecen los nombres de otros programas cuyo formato es soportado por Word, por ejemplo, WordPerfect.

4. Para elegir la unidad de disco o la carpeta especial en la que se quiere almacenar el archivo se ha de desplegar la lista que en nuestro ejemplo se muestra como « Documentos ▸ Mis documentos ▸   ∨ ↺ , o bien, las diferentes opciones del panel izquierdo de la ventana.

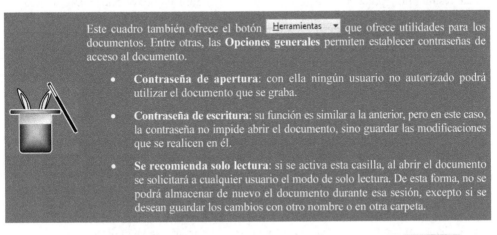

Este cuadro también ofrece el botón Herramientas ▼ que ofrece utilidades para los documentos. Entre otras, las **Opciones generales** permiten establecer contraseñas de acceso al documento.

- **Contraseña de apertura**: con ella ningún usuario no autorizado podrá utilizar el documento que se graba.

- **Contraseña de escritura**: su función es similar a la anterior, pero en este caso, la contraseña no impide abrir el documento, sino guardar las modificaciones que se realicen en él.

- **Se recomienda solo lectura**: si se activa esta casilla, al abrir el documento se solicitará a cualquier usuario el modo de solo lectura. De esta forma, no se podrá almacenar de nuevo el documento durante esa sesión, excepto si se desean guardar los cambios con otro nombre o en otra carpeta.

5. Una vez señalado todo lo necesario, bastará con pulsar el botón Guardar para que se almacene el documento en el disco.

Existe otra modalidad de almacenamiento del documento en el disco que ofrecen los programas integrantes de Office en la pestaña **Archivo**. Se trata de la opción **Guardar como**, que puede utilizarse cuando se desea almacenar un documento con alguna variación respecto al modo en que se estaba grabando hasta ahora (por ejemplo, grabarlo con un nombre distinto).

A excepción de Access, el documento que se va escribiendo se guarda cada 10 minutos automáticamente. De ese modo, si se produce un error que fuerce al programa a terminar o nos quedamos sin suministro eléctrico inesperadamente, sabemos que como máximo hemos perdido los últimos 10 minutos de trabajo. Sin embargo, esta función se puede desactivar así como alterar la cantidad de minutos que han de transcurrir para que el sistema guarde el documento. En ciertos documentos largos, no resulta muy interesante tener que esperar una gran cantidad de tiempo a que se guarde el documento constantemente.

Para trabajar con esta función se accede a la pestaña **Archivo** y se selecciona **Opciones**. En el cuadro de diálogo que se obtiene se accede a la categoría **Guardar** y encontramos la casilla **Guardar información de Autorrecuperación cada** que nos permite activarla o desactivarla, así como un cuadro de texto junto a ella en el que podemos establecer los minutos que deseemos.

3.6 PLANTILLAS

Cuando se va a emplear un mismo documento varias veces con ligeras variaciones suele resultar muy práctico crear una plantilla. Así al abrir un nuevo documento basado en esa plantilla únicamente necesitaremos modificar los cambios para terminar el nuevo documento sin tener que crearlo todo de nuevo. Imagine, por ejemplo, una factura. La factura siempre tiene la misma estructura y solo varían los datos que añadamos sobre aquellos productos que nos compran. En este caso podríamos crear una plantilla de una factura vacía y grabarla como plantilla, de modo que, cuando fuésemos a rellenar una factura abriríamos un nuevo documento basado en esa plantilla y solo tendríamos que rellenarlo con los datos de los productos que nos vayan a comprar.

Para crear una plantilla tendremos que empezar por diseñarla, es decir, tendremos que crear ese documento con la estructura básica (en nuestro ejemplo, la factura vacía). Luego accederemos a la pestaña **Archivo** y seleccionaremos **Guardar**, como si fuésemos a grabar el documento en el disco. En el cuadro de diálogo que obtenemos manejamos sus elementos como vimos en el apartado anterior: sin embargo, desplegaremos la lista **Tipo** y seleccionaremos **Plantilla de Word** (o **Plantilla de Excel**, etc.). De este modo, el nombre que le demos al documento quedará como un archivo de plantilla en el disco.

A partir de entonces, cuando vayamos a crear un documento similar al de la plantilla (en nuestro ejemplo, una factura), en lugar de utilizar la opción **Abrir** de la pestaña **Archivo**, seleccionaremos **Nuevo** en ese mismo menú. Se obtiene un cuadro de diálogo en el que se elige la categoría de plantillas (en su panel izquierdo) y el modelo de plantilla (en el panel central más grande):

3.7 DESHACER Y REHACER

Los programas de Office permiten anular las operaciones que se vayan desarrollando. Puede utilizarse para casos en los que, por equivocación, se realice una operación incorrecta o no satisfactoria. En ese caso pulse el botón ↩ ▾ de la barra de herramientas de acceso rápido. Al activarla, lo último que haya hecho será anulado como si nunca lo hubiese realizado. Si a pesar de todo decide que lo primero estuvo bien, podrá volver a reactivarlo con el botón ↻ de la misma barra de herramientas.

El primer botón es desplegable. Si se despliega, aparecerá una lista de las últimas funciones que hemos realizado en el texto para poder deshacerlas. Si, en la lista que aparezca, se elige alguna función intermedia, se anularán todas ellas desde la primera hasta esa que se selecciona en la lista.

Existe una discrepancia entre los programas de Office a la hora de emplear la función de deshacer:

1. Word permite deshacer todas las acciones que se realicen durante una sesión desde que se abre un texto hasta que se cierra.

2. En Excel existen ciertas acciones que no pueden deshacerse, por lo que este comando está más limitado.

3. En PowerPoint no hay limitación y funciona como en Word.

4. En Access según la situación, se pueden deshacer varias operaciones o solo una.

3.8 EL BOTÓN SECUNDARIO DEL RATÓN

En todos los componentes de Office existe la posibilidad de acceder rápidamente a las funciones más comunes relacionadas con un elemento pulsando el botón secundario (el derecho) del ratón sobre él (si es zurdo y así lo ha hecho notar a Windows, en su caso, será el botón izquierdo).

Al situar el puntero sobre una imagen del texto y pulsar ese botón del ratón en ella, aparece un menú en el que elegir opciones relacionadas con las imágenes.

Igualmente podremos utilizar el botón secundario sobre texto o, incluso, sobre los elementos que no pertenezcan al propio documento, como, por ejemplo, la cinta de opciones.

Siempre que desee realizar alguna función de las más comunes para algún elemento de Office, antes de decidirse a utilizar la barra de menú o la barra de herramientas, pulse sobre el mencionado elemento con el botón secundario del ratón, ya que obtendrá la correspondiente lista con las funciones más comunes para ese elemento. Esta sencilla operación puede ahorrarle el tiempo de búsqueda de opciones en el menú o en la barra de herramientas, sobre todo si aún no ha memorizado con la práctica la posición de las opciones en la barra de menú o en la de herramientas.

3.9 PORTAPAPELES DE OFFICE

Aunque Windows proporciona un portapapeles con el que podemos llevar información de un sitio a otro, los programas de Office incorporan una mejora que permite memorizar varias cosas para colocarlas donde sea necesario.

En realidad no es necesario hacer nada especial, ya que en el momento en que seleccionemos más de un elemento informativo y utilicemos **Copiar** o **Cortar** (repetimos, solo dentro de los elementos de Office) el portapapeles especial se activa automáticamente y podremos **Pegar** el elemento que deseemos.

Al pegar la información del portapapeles, esta aparece en el lugar del documento en el que se encuentre el cursor. En Excel aparecerá dentro de la celda en la que nos encontremos (o, si se trata de varios datos, pueden aparecer en varias celdas a partir de aquella en la que nos encontremos).

A veces aparece el panel de tareas mostrando aquellos elementos que el portapapeles de Office ha memorizado y que están listos para ser pegados en cualquier parte de un documento de Office. Sin embargo, podemos mostrar en cualquier momento dicho panel de tareas para ver el contenido del portapapeles. Para ello, acceda al grupo **Portapapeles** de la pestaña **Inicio** (en la cinta de opciones) y pulse el botón 🗔 que se encuentra en su parte inferior derecha. Cuando haga esto, el panel ofrecerá varios elementos.

Se dispone de un total de **24** elementos para memorizar con el portapapeles de Office y, en el ejemplo, tenemos **3** memorizados: dos de Excel y uno de Word. Al hacer clic en uno de ellos dentro del panel, su contenido aparecerá dentro del documento en el que nos encontremos.

Dentro del panel de tareas del portapapeles disponemos de tres botones:

1. Pegar todo : pega todos los datos del portapapeles de Office en el documento en el que nos encontremos.

2. Borrar todo : vacía el portapapeles de Office.

3. Opciones ▾ : ofrece varios datos para que concretemos el trabajo del portapapeles de Office:

- Active **Mostrar automáticamente el Portapapeles de Office** para que el panel de tareas del portapapeles aparezca por sí solo cuando comience a **Copiar** o **Cortar** datos en cualquiera de los programas de Office.

- **Mostrar Portapapeles de Office al presionar Ctrl+C dos veces**, realiza, evidentemente, esa tarea.

- Active **Recopilar sin mostrar el Portapapeles de Office** para que el panel de tareas del portapapeles no aparezca nunca cuando copiemos o cortemos datos.

- **Mostrar el icono del Portapapeles de Office en la barra de tareas** visualiza ese icono (📋) en el área de notificación (la parte derecha de la barra de tareas de Windows) cuando el portapapeles está activo.

- Active **Mostrar estado cerca de la barra de tareas al copiar** para que se muestre el mensaje de los elementos reunidos al copiar o cortar.

Cuando pegue información en un documento, aparecerá el icono del portapapeles (una etiqueta inteligente) cerca del lugar en el que pega. Puede desplegar este icono y obtener aún más opciones. Aunque en la figura junto al margen le ofrecemos las opciones que aparecen cuando se pega un texto normal en un párrafo normal, podrían variar según lo que se pega y el lugar en el que se hace:

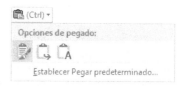

1. El botón **Mantener formato de origen** (🖌) se encarga de mantener el formato del dato original (tipo de letra, tamaño, color, etc.) cuando lo pegue en el documento.

2. El botón **Combinar formato** (📋) se encarga de que el dato que pegamos adquiera el formato (tipo de letra, tamaño, color, etc.) que tenga el texto del lugar en el que lo pegamos.

3. El botón **Mantener solo texto** (📋A) elimina todos los formatos del dato que pegamos dejándolo con el tipo de letra normal y sin ninguna otra característica especial.

4. Si activamos la opción **Establecer Pegar predeterminado** el sistema recordará el modo que elijamos con uno de los tres botones anteriores para utilizar su función de ese momento en adelante (hasta que se indique otra cosa).

3.10 CORRECTOR ORTOGRÁFICO

Los programas de Office que contienen el corrector pueden comprobar el texto escrito, deteniéndose en aquella palabra que no figure en su diccionario (en principio porque esta no estará bien escrita) y proporcionando una lista de posibles palabras correctas, de las cuales habremos de seleccionar la adecuada (si la hay) para sustituirla por la errónea.

En la versión de Office que estamos estudiando, el cuadro para corregir la ortografía varía según la aplicación. Así, en Word y PowerPoint se muestra el panel de tareas, mientras que en Excel y Acces es un cuadro de diálogo (y ligeramente distinto para cada uno).

Para activar el corrector se accede a la pestaña **Revisar**. En su grupo **Revisión** se pulsa el botón **Ortografía**.

 En Access, el corrector ortográfico se pone en marcha desde la pestaña **Inicio**, mediante el botón **Revisión ortográfica** del grupo **Registros**.

Cuadro del corrector en Excel

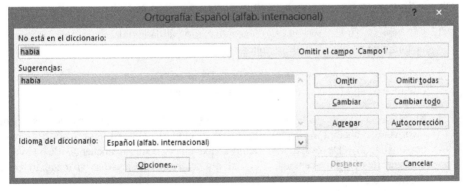

Cuadro del corrector en Access

Panel del corrector en Word y PowerPoint

Si el corrector encuentra una palabra escrita de forma incorrecta, aparecerá el cuadro de diálogo o el panel de tareas mostrando la palabra que es posiblemente incorrecta. Se puede escribir otra que la sustituya en caso de que en la lista de sugerencias no aparezca ninguna adecuada. Por el contrario, si alguna de las que aparecen es aceptable, se hace clic en ella y se pulsa el botón [Cambiar]. Más aún, si en su lugar se pulsa [Cambiar todas] (o [Cambiar todo]), el corrector intercambiará ambas palabras en todo el texto.

Puede darse el caso de que el corrector ofrezca como errónea una palabra bien escrita ortográficamente debido a que esta no conste en el diccionario de palabras del idioma que se esté empleando, en cuyo caso disponemos de varias posibilidades:

1. [Omitir] (u [Omitir una vez]) acepta como válida la palabra en cuestión, pero se detendrá de nuevo si vuelve a encontrarla.

2. [Omitir todas] acepta como válida la palabra en todo el texto (pero solo en el documento en el que se encuentre, mientras no se cierre).

3. Si pulsa el botón [Agregar] (o [Agregar al diccionario]), la palabra supuestamente incorrecta se añadirá al diccionario (no al diccionario general sino a un diccionario personalizado). De ese modo, siempre que el corrector la encuentre de nuevo en cualquier texto será aceptada, al igual que el resto de las que ya estaban en el diccionario.

El sistema de corrección ortográfica también contempla el caso en el que se hayan escrito en el texto dos palabras iguales seguidas. En este caso, el corrector también se detendrá informándonos de ello, y en el cuadro de diálogo obtendremos que el botón [Cambiar] es sustituido por [Eliminar], que borra automáticamente la segunda de las dos palabras repetidas.

Para terminar, en las versiones con cuadro de diálogo disponemos de dos botones más con otras tantas funciones:

- El botón [Autocorrección] lleva a otro cuadro de diálogo en el que se puede modificar el sistema de corrección de texto según se escribe. Este tema lo detallamos enseguida.

- El botón [Opciones...] se emplea para establecer datos relativos al diccionario y la corrección en general, como, por ejemplo, la selección del diccionario al que irán a parar las palabras que se añadan mediante el botón [Agregar al diccionario]. El diccionario al que van a parar estas palabras es PERSONAL.DIC, de forma predeterminada.

3.11 AUTOCORRECCIÓN

La autocorrección se encarga de comprobar aquellas palabras en las que es más frecuente equivocarse al teclear según se escribe, de modo que si es así, la palabra errónea se corregirá automáticamente. Si existía anteriormente en el texto alguno de los casos que vamos a exponer, **no serán corregidos**, ya que solo se ejecutará la corrección automática a partir del momento en que esta se active.

Para manipular esta función se accede a la pestaña **Archivo** y se selecciona **Opciones**. Esto lleva a un cuadro de diálogo en el que hay que localizar la categoría **Revisión**, lo que cambia el contenido del cuadro ofreciendo, entre otros, el botón [Opciones de Autocorrección...]. Lo pulsamos y obtenemos el cuadro de diálogo siguiente:

Mostramos el cuadro que ofrece Word. En los demás programas es muy similar, aunque con algunas funciones sencillas diferentes.

1. La casilla **Mostrar los botones de las opciones de Autocorrección** activa una función automática que muestra un cuadrito azul (═) cada vez que se autocorrige algo en el texto. Si esto ocurre, puede llevarse el ratón hasta dicho cuadrito, con lo que aparecerá un botón (ℬ ⁻) que, al ser desplegado, ofrece algunas opciones relativas a la corrección que se ha realizado en ese lugar (por ejemplo, podremos anularla con la opción **Deshacer...** o **Volver a...**).

2. **COrregir DOs MAyúsculas SEguidas**. Un error tipográfico bastante común es comenzar una palabra escribiendo con mayúsculas sus dos primeras letras. Si esto ocurre pero está activada esta casilla, el autocorrector pasará automáticamente a minúsculas la segunda letra.

3. **Poner en mayúscula la primera letra de una oración**, como es de esperar, escribe automáticamente en mayúsculas la primera letra que se escriba detrás de un punto. También disponemos de la casilla **Poner en mayúscula la primera letra de celdas de tablas**, que realiza la misma tarea pero en las celdas de cualquier tabla.

4. **Poner en mayúscula los nombres de días**, cambia la primera letra de texto de cualquier día de la semana que tecleemos.

5. **Corregir el uso accidental de bLOQ mAYÚS**. La tecla **BLOQ MAYÚS** permite escribir en mayúsculas automáticamente. Pero, si se escribe en este modo y se mantiene pulsada la tecla de mayúsculas mientras se escribe, el resultado es que el texto aparece al revés de como se pretende. Al activar esta función, el autocorrector estará preparado para corregirlo e, incluso, para desactivar la tecla **BLOQ MAYÚS**.

El cuadro de diálogo ofrece esencialmente dos funciones: permitir la modificación de las características del autocorrector y activar y desactivar el autocorrector en sí, así como la posible adición de palabras que pueden autocorregirse.

La primera ya está descrita. Veamos ahora la segunda. Para activar el autocorrector hay que mantener activada la casilla de verificación **Reemplazar texto mientras se escribe**.

En el mismo grupo aparece una lista de consulta que contiene todas las palabras o símbolos que serán sustituidos si son mal escritos. A esta lista se le pueden añadir otros que no figuren utilizando los cuadros de texto **Reemplazar:**, para escribir la palabra errónea, y **Con:**, para escribir la palabra correcta que sustituirá automáticamente a la errónea (es necesario pulsar el botón [Agregar] una vez escritos ambos términos). También se pueden eliminar casos de la lista seleccionándolos y pulsando [Eliminar].

Para terminar, el botón [Excepciones...] permite establecer casos específicos en los que no debe autocorregirse el texto, de modo que todo lo expuesto en este apartado no tendrá efecto para los casos concretos que establezcamos. Cuando se pulsa este botón, aparece un cuadro de diálogo para manejar las excepciones y en él debemos indicar los casos en que no se debe hacer la autocorrección.

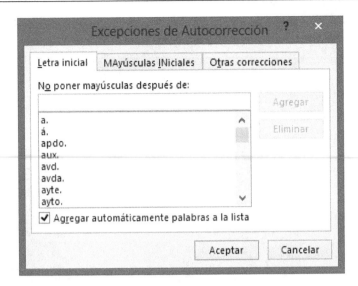

Se escribe la palabra que se desee que no se autocorrija y se pulsa el botón [Agregar] (esta palabra se añadirá a las que ya pueden verse en la lista). Si por el contrario se necesita borrar una excepción, se hace clic en ella y se pulsa [Eliminar].

Puede emplearse el autocorrector como un sencillo sistema de abreviaturas. Si necesita escribir una palabra larga frecuentemente, acceda al autocorrector y teclee la palabra abreviada en el cuadro de texto **Reemplazar** y la palabra completa en el cuadro de texto **Con**. A partir de entonces al escribir la palabra abreviada, el autocorrector la cambiará por la palabra completa automáticamente. Por ejemplo, si necesitáramos escribir en un texto la palabra *Otorrinolaringólogo*, podemos teclear *Ot* en **Reemplazar** y *Otorrinolaringólogo* en **Con**. Desde ese momento, al teclear *Ot*, el autocorrector lo cambiará por *Otorrinolaringólogo* automáticamente.

Si desea que una abreviatura sea sustituida por una imagen, en lugar de una palabra, se selecciona esa imagen en la página y luego se accede a la Autocorrección. Podrá teclearse la abreviatura y Word la sustituirá automáticamente por la imagen en el texto.

3.12 AÑADIR IMÁGENES

Word, Excel y PowerPoint permiten añadir imágenes al texto de varios modos, todos ellos accesibles desde el grupo **Ilustraciones** de la pestaña **Insertar**.

1. **Imágenes**. Permite incorporar al texto una imagen que esté almacenada en una carpeta de cualquier disco. Para poder elegir la imagen se ofrece el clásico cuadro de diálogo para abrir documentos.

2. **Imágenes en línea**. Permite incorporar imágenes desde diferentes localizaciones. Para ello, ofrece el siguiente cuadro de diálogo:

Podemos obtener imágenes de ejemplo que ofrece Microsoft con **Imágenes prediseñadas de Office.com**, imágenes procedentes del buscador Bing con **Búsqueda de imágenes de Bing** e imágenes particulares del usuario mediante **SkyDrive de...**

Solo es necesario establecer una palabra o palabras que definan la imagen que estamos buscando en el cuadro de texto de uno de esos tres orígenes y pulsar **INTRO**.

Se obtiene una lista con miniaturas de las imágenes disponibles:

Al superponer el puntero del ratón sobre una imagen, aparece una pequeña lupa en la que, al hacer clic, nos mostrará una versión de la misma en tamaño mayor. Para incorporar la imagen al documento, se hace clic en su miniatura y luego en el botón Insertar .

3.13 EDITAR IMÁGENES

Siempre que se incorpora una imagen a un documento (que no haya sido dibujada con el propio programa, como Word), puede modificarse hasta cierto punto. Gracias al sistema de edición podremos modificar características de la imagen como el brillo o el contraste.

Cuando se selecciona una imagen de este tipo —haciendo clic en ella—, aparecen automáticamente a su alrededor, en las esquinas y los laterales, ocho puntos manejadores con los que podemos cambiar el tamaño de la imagen. Así, arrastrando uno hacia fuera de la imagen, esta se ampliará, y viceversa.

En realidad aparece un manejador más de color verde en la parte superior que permite girar la imagen haciendo clic en él y arrastrando en una dirección.

También aparecerá una nueva pestaña en la cinta de opciones, **Formato**:

Su función es que se pueda configurar la imagen para que se muestre en el documento con el aspecto que deseemos:

1. En el grupo **Ajustar** disponemos de las siguientes funciones:

   - El botón **Quitar fondo** se emplea para eliminar partes no deseadas de la imagen. Para ello hay que seleccionar qué partes una vez se pulsa el botón.

   - El botón Correcciones ▾ se emplea para ajustar la nitidez (enfoque) el brillo (la cantidad de luz de la imagen) y el contraste (el nivel de diferencia entre colores claros y oscuros) de la imagen.

   - El botón Color ▾ ofrece una lista de coloraciones que pueden aplicarse a la imagen. Así podemos volver cualquier imagen del documento azulada, verdosa, rojiza, escala de grises, sepia, etc. El botón despliega esas opciones y, además, permite definir un color transparente para la imagen (que permitirá ver a través de él lo que haya al fondo).

   - El botón Efectos artísticos ▾ permite aplicar filtros a la imagen que generan diferentes efectos (acuarela, película granulada, desenfoque, plastificado, etc.).

   - El botón Comprimir imágenes lleva a un cuadro de diálogo en el que se puede establecer si la imagen se guardará comprimida en el documento (ocupando menos espacio en el disco) o no. Se puede aplicar a todas las imágenes del documento (dejando desactivada la casilla **Aplicar solo a esta imagen**) y establecer su nivel de compresión (mediante los botones del grupo **Destino**). Tenga presente que, a cambio de reducir el tamaño del archivo, suele haber también una pérdida de calidad que será proporcional al nivel de compresión.

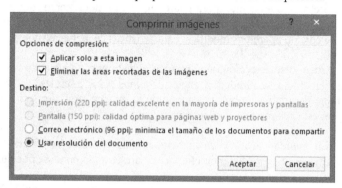

- El botón  Cambiar imagen se emplea para cambiar la imagen por otra que deberá elegirse en ese momento. La nueva imagen se coloca en el documento con su tamaño original (no se adapta al tamaño de la imagen que se sustituye).

- El botón 🖺 Restablecer imagen ▾ restaura el tamaño y características originales de la imagen. Suele utilizarse si se ha cambiado tanto la imagen que es preferible rectificar comenzando de nuevo que cambiando las funciones manualmente. Este botón es desplegable para que se pueda seleccionar de qué forma se desea restablecer la imagen con sus dos opciones.

2. El grupo **Estilos de imagen** ofrece varios efectos de cambio de forma para la imagen. Se puede optar por elegir entre los estilos ya diseñados o se puede construir uno propio.

- Para elegir uno de los estilos ya diseñados se lleva el ratón hasta uno de la lista (que se puede desplegar para ver más) y se hace clic en él:

- El botón 🖊 Contorno de imagen▾ se emplea para elegir el color, grosor y tipo de línea que bordea la imagen. Al pulsar el botón, se despliega y ofrece los colores y las opciones necesarias. Entre ellas también disponemos de la función **Sin contorno**, que elimina el borde de la imagen.

- El botón ◕ Efectos de la imagen▾ se emplea para aplicar a la imagen diferentes aspectos de borde, sombra, giro tridimensional, etc.

- El botón 🖼 Diseño de imagen▾ se emplea para que la imagen esté contenida en una figura no necesariamente rectangular. Al pulsar el botón, se despliega y ofrece varias formas en las que se alojará la imagen si se hace clic en una.

3. El grupo **Organizar** proporciona funciones de colocación para la imagen:

- Con los botones **Posición** y **Ajustar texto** podemos establecer cómo se distribuirá el texto alrededor de la imagen y cómo se situará esta en la página.

   a) **En línea con el texto** permite emplear la imagen como si se tratase de una letra más del renglón.

   b) **Cuadrado**. Ajusta el texto alrededor del recuadro que contiene la imagen. Este cuadro no muestra borde alguno, a menos que se lo asignemos nosotros.

   c) **Estrecho**. Ajusta el texto alrededor del contorno de la imagen. Esta función pierde su utilidad si hemos colocado un borde alrededor de la imagen.

   d) **Transparente**. Es similar a **Estrecho**, pero el texto también se ajusta al contorno de aquellas partes externas de la imagen que aparezcan abiertas.

   e) **Arriba y abajo**. La imagen solo puede tener texto por encima y por debajo.

Hipervínculo. Básicamente se trata de un tipo Texto especializado en contener enlaces de Internet. Un hipervínculo es un enlace con cualquier parte de la red. Un campo de tipo **Hipervínculo** tiene como finalidad contener una dirección de la red de Internet, de modo que cuando el usuario haga clic sobre

él, el enlace le llevará hasta la dirección que contenga. Cuando se está en una tabla que contenga algún campo de este tipo, puede generarse un enlace utilizando el botón de la barra de herramientas. El protocolo de hipertexto (Web) en Internet es el más popular de la red. Muestra todo tipo de datos

f) **Detrás del texto**. Sitúa la imagen de modo que el texto parezca estar sobre ella.

Hipervínculo. Básicamente se trata de un tipo Texto especializado en contener enlaces de Internet. Un hipervínculo es un enlace con cualquier parte de la red. Un campo de tipo **Hipervínculo** tiene como finalidad contener una dirección de la red de Internet, de modo que cuando el usuario haga clic sobre él, el enlace le llevará hasta la dirección que contenga. Cuando se está en una tabla que contenga algún campo de este tipo, puede generarse un enlace utilizando el botón de la barra de herramientas. El protocolo de hipertexto (Web) en Internet es el más popular de la red. Muestra todo tipo de datos imaginables (texto, vídeo, sonidos,...) en un formato potente y muy flexible. Es la parte más comercial de Internet, ya que se utiliza incluso como un tipo de publicidad. El tipo hipervínculo muestra los datos en color azul y subrayados. Al hacer un clic, Access intentará llevarnos a la página Web en cuestión. En un campo de este tipo puede teclear todo tipo de datos puesto que se trata del tipo Texto pero especializado en direcciones de la red. Puede ver cómo se construyen en el apartado *Direcciones de Internet* del capítulo 11 *Nociones básicas sobre Internet* (sobre todo en *Direcciones para hipertexto*, ya que éstas son las que funcionan correctamente para el tipo

g) **Delante del texto**. Sitúa la imagen de modo que parezca estar sobre el texto.

Hipervínculo. Básicamente se trata de un tipo Texto especializado en contener enlaces de Internet. Un hipervínculo es un enlace con cualquier parte de la red. Un campo de tipo **Hipervínculo** tiene como finalidad contener una dirección de la red de Internet, de modo que cuando el usuario haga clic sobre él, el enlace le llevará hasta la dirección que contenga. Cuando se está en una tabla que contenga algún campo de este tipo, puede generarse un enlace utilizando el botón de la barra de herramientas. El protocolo de hipertexto (Web) de la red. Muestra todo tipo de datos imaginables (texto, vídeo, sonidos potente y muy flexible. Es la parte más comercial de Internet, ya que se utiliza do de publicidad. El tipo hipervínculo muestra los datos en color azul y subraya hacer un clic, Access intentará llevarnos a la página Web en cuestión. En un cam este tipo puede teclear todo tipo de datos puesto que se trata del tipo Texto pero especializado básicas sobre Internet (sobre todo en apartado *Direcciones de Internet* *Direcciones para hipertexto*, ya que éstas son las que funcionan correctamente para el tipo

h) **Modificar puntos de ajuste**. Permite cambiar los puntos por los que se rige Word para ajustar el texto.

Antes del cambio

Después de cambiar los puntos a la izquierda de la vaca

i) **Más opciones de diseño** lleva a un cuadro de diálogo con el que podemos establecer las mismas opciones anteriores y algunas más.

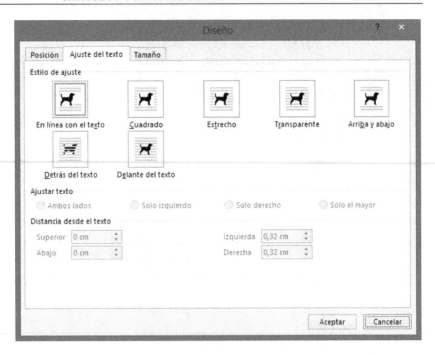

- El botón `Traer adelante` sitúa la imagen por delante de las otras (como colocar una carta por delante de la baraja o de otras cartas).

- El botón `Enviar atrás` sitúa la imagen por detrás de las otras (como colocar una carta por detrás de la baraja o de otras cartas).

- El botón `Panel de selección` facilita la selección de imágenes, ya que en ocasiones es difícil conseguirlo, por ejemplo, si una figura tapa completamente a otra. Para ello, el sistema abre el panel de tareas a la derecha de la ventana y ofrece un listado de imágenes en las que únicamente hay que hacer clic para seleccionar una. A la derecha de cada imagen se puede apreciar el icono que permite mostrar u ocultar la imagen en cuestión.

- El botón (**Alinear objetos**) permite colocar la imagen a la misma altura que otras o que los márgenes de la página. Este botón se despliega para ofrecer todas sus posibilidades.

- El botón ⊞▾ (**Agrupar objetos**) reúne varios objetos para tratarlos como uno solo. También permite realizar la operación inversa, es decir, separar varios objetos que estaban agrupados (**Desagrupar objetos**). Ninguna de ellas funciona con imágenes normales, pero sí lo hacen con figuras dibujadas con el propio programa.

- El botón ◩▾ (**Girar objetos**) permite rotar una imagen 90° en una dirección. También permite reflejarla horizontal y verticalmente.

4. El grupo **Tamaño** permite cambiar las dimensiones de la imagen:

- El botón **Recortar** permite eliminar zonas de la parte exterior de la imagen. Cuando se activa, los puntos manejadores cambian de aspecto y, al ser arrastrados hacia el interior de la imagen, se va recortando esa zona. Se puede arrastrar hacia fuera para recuperar la zona recortada. Este botón se puede desplegar, en cuyo caso ofrece varias opciones relativas al recorte:

Con ellas podemos dar forma al recorte (**Recortar a la forma**) eligiendo uno de los diferentes modelos, cambiar las proporciones de la imagen una vez recortada (**Relación de aspecto**) y si se debe o no adaptar la imagen a la forma del recorte (opciones **Relleno** y **Ajustar**).

- Los cuadros de texto **Alto de forma** y **Ancho de forma** permiten teclear un tamaño vertical y horizontal para la imagen, respectivamente. Cambiando uno de ellos, el otro se modifica igualmente para mantener las proporciones. Cuando se teclea un nuevo valor hay que pulsar **INTRO** para fijarlo.

En el grupo **Tamaño** podemos pulsar el botón ▣ para acceder a un cuadro de diálogo en el que se pueden establecer los tamaños de un modo más completo, incluyendo porcentajes:

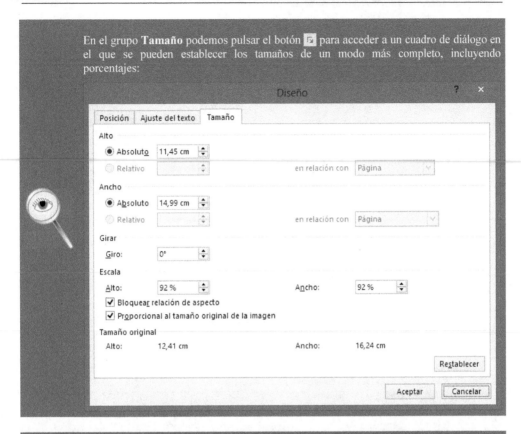

Haciendo clic con el botón secundario del ratón en una imagen aparece un menú entre cuyas opciones se encuentra **Formato de imagen**. Esta opción lleva a un cuadro de diálogo que clasifica las opciones que hemos ido detallando a lo largo de este apartado por categorías.

No olvide que, una vez seleccionada una imagen haciendo clic en ella, se puede eliminar pulsando la tecla **SUPR**.

3.14 DIBUJAR

Para crear una imagen nueva con Word, Excel o PowerPoint se accede a la pestaña **Insertar** y, en el grupo **Ilustraciones**, se despliega el botón **Formas**. Esto genera una lista de figuras en la que solo hay que elegir una y luego trazarla en la página.

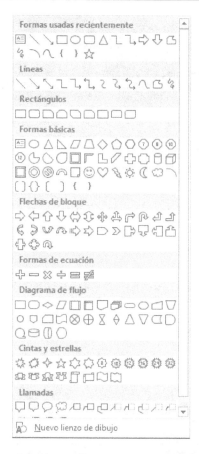

Para realizar el trazado se hace clic y se arrastra, generalmente en diagonal, hasta el extremo opuesto, dando así forma y tamaño a la figura. Cuando se suelta el botón del ratón, se dispone de una figura preparada para que se le aplique alguna función de aspecto que le dé una presencia atractiva.

Cuando se dibuja una de las figuras, se obtiene una nueva pestaña en la cinta de opciones para mejorar su aspecto: **Formato**. Ofrece varios grupos de elementos que permiten cambiar la figura por otra, elegir un estilo ya prediseñado, asignar un estilo propio, aplicar efectos de sombra o de tres dimensiones y cambiar la posición y tamaño del objeto.

Algunas figuras de la lista anterior son especiales. Por ejemplo, la figura **Forma libre** del grupo **Líneas** no se dibuja como las demás, sino que se hacen varios clics para definir los vértices de la figura, o bien se hace un clic y se arrastra dejando rastro como un lápiz. Además se debe terminar en el mismo punto en el que se empezó para cerrar la figura, o bien hacer doble clic en cualquier punto para terminarla sin cerrar.

1. El grupo **Insertar formas** permite añadir más figuras al documento. Tenga en cuenta que diseñando varias figuras puede generar otras más complejas. Por ejemplo, si se dibujan un círculo y un rectángulo por separado son solo figuras aisladas, pero si se dibujan conjuntamente se puede diseñar una figura más compleja como una señal de dirección prohibida. También contiene otros dos botones:

- El botón [icono] (**Editar forma**) permite retocar el perfil de una figura que se haya seleccionado previamente haciendo clic en ella. No se puede utilizar esta función con cualquier figura. Por ejemplo, podemos hacerlo si dibujamos una figura de tipo **Forma libre**.

- El botón [icono] (**Dibujar cuadro de texto**) permite añadir un cuadro de texto al documento. Se dibuja como cualquier otra figura, con la diferencia de que ya permite contener texto inicialmente.

2. El grupo **Estilos de forma** contiene varios diseños ya definidos para nuestras figuras y elementos para que construyamos los nuestros propios.

- Si se trata de elegir uno ya diseñado, solo hay que desplegar su lista y hacer clic en el que se desee.

- Con el botón [Relleno de forma ▾] se aplica un tipo de efecto de fondo a la figura, es decir, un tipo de relleno. Podremos elegir entre un único color, un **Degradado** entre dos colores, una **Textura**, o una **Imagen**.

    Para aplicar un color solo hay que elegir uno en la lista (o la opción **Más colores de relleno**, que ofrece una paleta más amplia). También podemos elegir **Sin relleno** para dejar hueca la figura (aunque a partir de entonces solo se podrá seleccionar la figura haciendo clic en su borde puesto que su relleno ya no existirá).

Un **degradado** es un relleno que oscila entre dos colores y sus variantes.

Una **textura** es un relleno que pretende dar la sensación de que una figura está fabricada con un determinado material.

- Con el botón ✎ Contorno de forma ▾ se aplica un tipo de borde a la figura. Podremos elegir entre un único color, un **Grosor**, un tipo de línea (**Guiones**), o un tipo de **Flechas** (aunque solo aplicables a líneas rectas y otras flechas).

  Para aplicar un color solo hay que elegir uno en la lista (o la opción **Más colores del contorno**, que ofrece una paleta más amplia). También podemos elegir **Sin contorno** para dejar la figura sin rodear.

- Con el botón ☁ Efectos de forma ▾ se aplican diferentes funciones que pueden ofrecer la sensación de que la figura proyecta sombra, provoca reflejos, dispone de volumen y otras similares. El botón despliega una lista de esos tipos de efectos para que se pueda elegir uno de entre los que ofrece cada opción.

3. El grupo **Estilos de WordArt** contiene funciones especiales para el diseño de rótulos. Hemos detallado su uso ampliamente en el apartado *WordArt*, más adelante en este mismo capítulo.

4. Los grupos **Organizar** y **Tamaño** funcionan de forma idéntica al modo descrito para las imágenes en el anterior apartado *Editar imágenes*, por lo que si desea recordar su manejo, le sugerimos que lo repase ahí.

3.14.1 Seleccionar figuras

Para seleccionar figuras dibujadas, solo hay que hacer clic en ellas. Es fácil reconocer cuándo una figura está seleccionada porque aparecen a su alrededor, en los vértices y laterales, los ocho puntos manejadores que habitualmente usamos para cambiar el tamaño de la figura.

Algunos detalles más:

1. Si se trata de seleccionar varias figuras se hace clic en la primera y, con la tecla de **MAYÚSCULAS** pulsada, otro clic en cada figura que se desea seleccionar.

2. Si ha seleccionado figuras de más, puede deseleccionar una manteniendo pulsada la misma tecla de **MAYÚSCULAS** y haciendo clic de nuevo en ella.

Para borrar una figura basta con seleccionarla, según acabamos de ver y, a continuación, pulsar la tecla **SUPR** del teclado.

3.14.2 Mover figuras

Para mover un objeto a través del texto con el fin de colocarlo en otra parte, se hace clic en él y, sin soltar el botón del ratón, se arrastra. Para depositarlo, libere el botón del ratón, con lo que el objeto queda situado en ese punto. Si hay texto a su alrededor, este se redistribuirá según le afecte la nueva posición de la imagen.

3.15 WORDART

Mediante esta utilidad podrá dar forma a pequeñas secciones de texto para crear rótulos. Permite diseñar efectos como añadir sombra, contorno, perspectiva, o escribir el texto con un relleno especial.

Para acceder a estas funciones, se pulsa el botón ⁴⁻ situado en el grupo **Texto** de la pestaña **Insertar**. Este botón despliega una lista de aspectos para que elijamos uno:

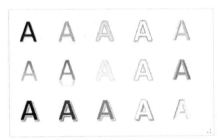

Cuando se elija el formato general, se obtiene un cuadro dentro del documento en el que se teclea el texto del rótulo:

Una vez que se ha hecho esto aparece el rótulo con el estilo elegido y una nueva pestaña en la cinta de opciones: **Formato**. Se trata de la misma pestaña para ajustes que hemos estudiado en el apartado *Dibujar* para modificar las figuras añadidas al documento. Le sugerimos que lo revise si desea repasar su manejo.

3.16 DIAGRAMAS *SMARTART*

Otra herramienta gráfica disponible es la de creación de diagramas. Para crearlos acceda a la pestaña **Insertar** y, en el grupo **Ilustraciones**, pulse el botón 📊 SmartArt . Obtendrá el cuadro de diálogo siguiente:

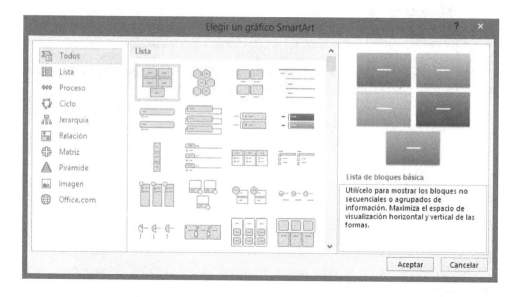

El cuadro muestra los distintos tipos de diagramas que es capaz de generar clasificados por categorías (**Lista, Proceso, Ciclo**, etc.). Cada una ofrece una **Lista** de diagramas a su derecha de entre los que debemos elegir uno haciendo clic en él.

Cuando se pulsa Aceptar el sistema crea el diagrama en un recuadro que lo contendrá, aunque, al no estar aún terminado, esperará a que tecleemos los datos adecuados:

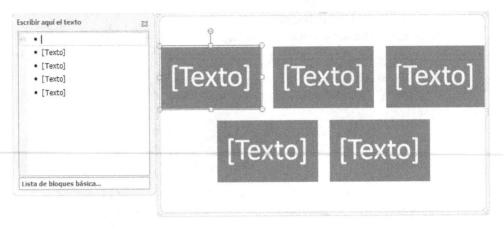

En el panel de texto (a la izquierda) podrá teclear los mensajes de texto que deban aparecer en los bloques del diagrama. Este aparece rodeado de una línea azul doble que contiene los puntos manejadores habituales para cambiar el tamaño a las figuras. Esos manejadores también aparecen en cada bloque para poder cambiar su tamaño, e incluso girarlo con el controlador superior de color verde.

También se obtienen dos nuevas pestaña en la cinta de opciones, **Diseño** y **Formato**, que contienen elementos para configurar el diagrama. Empecemos por la de **Diseño**:

1. Los elementos del grupo **Crear gráfico** permiten modificar las características básicas del diagrama:

    • El botón ⬜ Agregar forma ▾ se emplea para añadir más elementos al diagrama del tipo que contenga (cuadros, círculos, etc.).

    • El botón ⊞ Agregar viñeta se emplea para añadir viñetas a uno de los elementos de texto del diagrama.

    • El panel en el que se teclea el texto se puede activar o desactivar mediante el botón ⊞ Panel de texto .

    • Los botones ← Promover y → Disminuir nivel se emplean para sangrar las viñetas del diagrama en mayor o menor medida.

    • El botón ⇄ De derecha a izquierda se emplea para cambiar la dirección de los elementos del gráfico (como, por ejemplo, las flechas que contenga).

2. Los elementos del grupo **Diseños** permiten elegir un aspecto genérico diferente para todo el diagrama.

Diseños

3. Los elementos del grupo **Estilos SmartArt** permiten elegir un aspecto genérico para los bloques del diagrama o pulsar el botón **Cambiar colores** para seleccionar aquellos que deseemos.

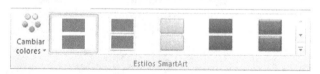
Estilos SmartArt

4. El grupo **Restablecer** contiene el botón **Restablecer gráfico**, con el que se restaura el aspecto y las características originales del diagrama.

La pestaña **Formato** ofrece este aspecto:

1. El grupo **Formas** contiene funciones para modificar los bloques del diagrama:

   - El botón **Editar en 2D** modifica el bloque para que muestre un aspecto bidimensional o tridimensional. Esta función no está disponible para todos los tipos de bloque.

   - El botón **Cambiar forma** se emplea para cambiar el tipo de objeto del bloque que se haya seleccionado. Este botón despliega una lista muy variada de figuras que podemos elegir para cambiar la forma de la actual por una de ellas.

   - Los botones **Aumentar** y **Reducir** permiten, respectivamente, ampliar o reducir el tamaño del bloque o bloques que se hayan seleccionado previamente.

2. Los grupos **Estilos de forma** y **Estilos de WordArt** contienen estilos ya diseñados y funciones para que diseñemos los nuestros propios para los bloques y el texto, respectivamente. Las funciones son las mismas y solo se diferencian en que unas se aplican al bloque del diagrama que esté seleccionado o a su texto.

   - Para elegir uno de los ya diseñados solo hay que desplegar la lista y hacer clic en él:

De forma   *De WordArt*

- Con los botones 🖌 Relleno de forma ▾ y 🅰 ▾ (**Relleno de texto**) se establece el efecto de relleno del bloque seleccionado o de su texto, respectivamente. Funcionan del mismo modo que hemos detallado para las figuras en el apartado *Dibujar*.

- Con los botones 🖉 Contorno de forma ▾ y 🅰 ▾ (**Contorno de texto**) se establece el tipo de borde del bloque o de su texto, respectivamente. Funcionan del mismo modo que hemos detallado para las figuras en el apartado *Dibujar*.

- Con los botones 🅰 Efectos de forma ▾ y 🅰 ▾ (**Efectos de texto**) se establece un efecto para el borde del bloque seleccionado o de su texto (plano, con relieve, con sombra, etc.), respectivamente.

3. El botón **Organizar** despliega opciones para colocar los bloques, girarlos, etc. Sus funciones ya las hemos visto para las figuras en el apartado *Dibujar*.

4. El botón **Tamaño** permite asignar las dimensiones a los bloques del diagrama.

Haga doble clic fuera del diagrama para terminarlo y recuerde que podrá volver a acceder a él para modificarlo haciendo clic dentro del área de dicho cuadro.

3.17 CAPTURAS

Word, Excel y PowerPoint incorporan una herramienta de captura de pantalla. Gracias a ella se pueden registrar como imagen las ventanas que estén en marcha (textos, hojas de cálculo, ventanas del Explorador de Windows, etc.). Su aspecto queda capturado como imagen y se puede incluir en un documento y luego recortar la parte que interese.

La tarea se realiza desde la pestaña **Insertar** de la cinta de opciones, desplegando el botón **Captura** del grupo **Ilustraciones**. Este botón ofrece una miniatura de las ventanas que están en marcha y se puede seleccionar una haciendo clic en ella con el ratón para agregarla automáticamente al documento actual.

El sistema no solicita nada más, sino que deja la imagen en el documento lista para ser empleada como se desee.

WORD

INTRODUCCIÓN A WORD

Los procesadores de textos se encuentran entre los programas más populares y empleados en la actualidad. Microsoft Word es, posiblemente, el más utilizado.

Microsoft Word ha ido ganando usuarios por sus excelentes prestaciones y sencillez de manejo. Las diferentes versiones de Word aparecidas últimamente presentan características nuevas muy potentes que lo sitúan entre los mejores procesadores de texto del momento.

Con un sistema como este, se pueden crear y administrar textos de todo tipo, desde un sencillo documento pequeño como una carta hasta un libro completo.

COMIENZO

Una vez que hemos accedido a Word, presentará un aspecto similar al siguiente. En él disponemos de los siguientes elementos:

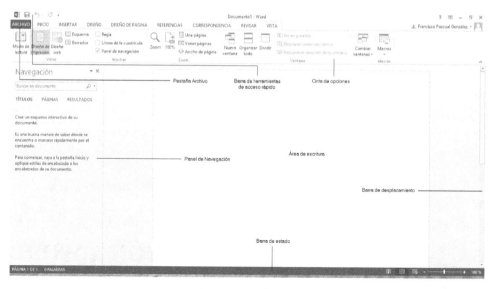

1. **Pestaña Archivo**. Contiene las opciones principales para trabajar con el documento completo (**Abrir**, **Guardar**, **Imprimir**, etc.).

2. **Barra de herramientas de acceso rápido**. Contiene botones con las funciones más utilizadas. Podemos añadir y eliminar los botones que deseemos a esta barra.

3. **Cinta de opciones**. Contiene botones con las funciones del programa organizadas por pestañas. Al pulsar sobre los botones, las tareas que tengan asociadas entran en funcionamiento. Haciendo clic en las pestañas se cambia de cinta para acceder a otros botones y, por tanto, a otras funciones.

4. **Área de escritura**. Superficie donde se desarrolla el texto. Simula el papel sobre el que normalmente se escribe. El área de escritura puede presentarse en varios modos, como se verá más adelante.

5. **Panel de navegación**. Se trata de un panel que facilita la búsqueda y organización de información contenida en el documento con funciones como, por ejemplo, desplazarse entre distintos títulos del documento, plegar y desplegar niveles de esquema, arrastrar títulos del documento para recolocarlos, etc.

6. **Barras de desplazamiento**. Permiten desplazarse por el texto.

7. **Barra de estado**. Muestra en todo momento la situación en que se encuentra el usuario en el texto: la página y sección, la posición actual del cursor, etc.

Inicialmente, la regla no está a la vista, aunque, si se activa, Word lo recordará para futuras sesiones. Para mostrarla se puede acceder a la pestaña **Vista** y marcar la casilla **Regla**. También puede pulsar el botón 🔲 que está localizado sobre la barra de desplazamiento vertical, a la derecha de la ventana de Word.

TECLADO Y DESPLAZAMIENTO POR EL TEXTO

Además de las teclas alfabéticas con las que tecleamos el texto, Word ofrece otras que añaden funcionalidad y agilizan el desplazamiento por el texto:

Funciones del teclado

El **TABULADOR** se utiliza, al igual que en las máquinas de escribir, para generar una serie de espacios en blanco. Suele usarse, por ejemplo, en el inicio de un párrafo. Si nos encontramos en un cuadro de diálogo de una aplicación Windows, la tecla de tabulación se utiliza para pasar de un elemento a otro de dicho recuadro. Si el párrafo ya está escrito y pulsamos la tecla delante de él varias veces, el párrafo se sangrará (hablaremos de la sangría de los párrafos más adelante).

La tecla **BLOQ MAYÚS** fija las mayúsculas, de modo que si está activa, las teclas alfabéticas aparecerán automáticamente en mayúsculas al ser pulsadas. Esta tecla funciona como un interruptor, es decir, si se vuelve a pulsar esta tecla, se desbloquean las mayúsculas y se vuelve a escribir en minúsculas.

La tecla **INSERT** funciona como un conmutador que activa el modo *inserción* o el modo *sobrescribir*. Con el modo inserción, al escribir, las letras que haya detrás de lo que tecleamos se desplazan haciendo hueco a lo que vamos escribiendo, de modo que lo que se teclea queda situado en medio. Con el modo sobrescribir, el texto que se teclea va reemplazando una a una las letras que ya hubiese escritas en el texto.

La tecla de **BORRAR IZQUIERDA** elimina el carácter que esté situado inmediatamente a la izquierda del cursor.

La tecla **SUPR** (suprimir) elimina el carácter que esté situado a la derecha del cursor.

Desplazamientos por el texto

La tecla **INICIO** nos lleva al principio de la línea de texto en la que nos encontremos.

La tecla **FIN** nos lleva al final de la línea de texto en la que nos encontremos.

Para retroceder aproximadamente el número de líneas que quepan en ese instante en la ventana, pulsamos la tecla **RE PÁG**.

Para avanzar aproximadamente el número de líneas que quepan en ese instante en la ventana, pulsamos la tecla **AV PÁG**.

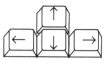 Las teclas del cursor (flechas) desplazan el cursor una posición en la dirección indicada por la flecha de la tecla que se pulsa. Por ejemplo, al pulsar la tecla **Cursor Arriba** (↑) el cursor se desplaza a la línea superior a aquella en la que este se encontrara.

 Para desplazarnos al principio del texto pulsamos las teclas **CONTROL + INICIO**.

Para desplazarnos al final del texto pulsamos las teclas **CONTROL + FIN**.

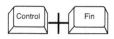 Para desplazarnos al principio de la página siguiente pulsamos las teclas **CONTROL + AV PÁG**.

 Para desplazarnos al principio de la página anterior pulsamos las teclas **CONTROL + RE PÁG**.

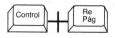 Para desplazarnos al principio del párrafo anterior pulsamos las teclas **CONTROL + CURSOR ARRIBA**.

 Para desplazarnos al principio del párrafo siguiente pulsamos las teclas **CONTROL + CURSOR ABAJO**.

 Para desplazarnos al principio de la palabra siguiente pulsamos las teclas **CONTROL + CURSOR DERECHA**.

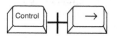 Para desplazarnos al principio de la palabra anterior pulsamos las teclas **CONTROL + CURSOR IZQUIERDA**.

El cuadro *Ir a*

Resulta muy cómodo, sobre todo en documentos grandes, acceder a un lugar concreto del texto de una forma rápida y sencilla.

Para ello se dispone de la función **Ir A**, que se localiza desplegando el botón ⚲ Buscar ▾ de la cinta de opciones **Inicio** (grupo **Edición**) y que se puede activar igualmente mediante las teclas **Control + I**. Se obtiene un cuadro de diálogo con el que se accede rápidamente a cualquier parte del texto que se especifique. Para ello, se decide a qué elemento se desea llegar en la lista **Ir a:**, pudiendo elegir entre **Página**, **Sección**, **Línea**, **Marcador**, etc.

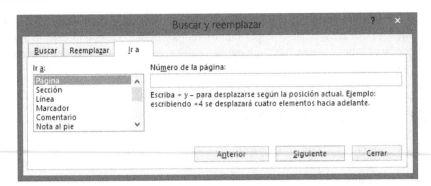

Una vez seleccionado el elemento en la lista (**Página**, por ejemplo), en el cuadro de texto **Número de la página** se especifica el número de aquella a la que se desea acceder. Word llevará al principio de la citada página. La tarea se lleva a cabo igualmente con secciones, notas a pie de página, etc.

Podemos ayudarnos de los botones [Anterior] y [Siguiente], con los que podremos acceder a otras partes seleccionadas de la lista.

Desplazamiento por el texto sin el uso del teclado

Podemos desplazarnos a través del texto mediante las **Barras de desplazamiento**. Cuando nos encontramos en Word, aparece a la derecha de la ventana una barra de desplazamiento vertical y, así mismo, en la parte inferior, una barra de desplazamiento horizontal.

El funcionamiento de las barras de desplazamiento es el mismo, tanto si hablamos de las horizontales como de las verticales.

Los botones que contienen las flechas se utilizan para desplazarse en la misma dirección que indican las flechas. Según los utilizamos para desplazarnos, el rectángulo azul del interior de la barra se va moviendo en su interior indicando nuestra posición relativa dentro de la ventana, cuya totalidad representa la barra completa. La barra de desplazamiento puede usarse de tres modos distintos:

1. Llevando el puntero del ratón sobre uno de los botones de las flechas y haciendo un clic sobre él. El desplazamiento que se produce es escaso (equivalente aproximadamente a una línea de texto en el caso de las barras verticales de desplazamiento).

2. Utilizando el propio rectángulo. Se pulsa sobre él y se arrastra en cualquier dirección de la barra. Al soltar el botón del ratón, nos desplazamos a la posición relativa de la información en la que hayamos situado el cuadrito.

3. Utilizando la barra en sí, pulsando en el espacio existente entre el rectángulo y una de las flechas. El espacio desplazado es, aproximadamente, el equivalente al número de líneas que es capaz de contener la ventana; aunque, de nuevo, nos referimos al caso en que utilicemos la barra de desplazamiento vertical.

HERENCIA DE LAS LÍNEAS

Algo importante que debe tenerse en cuenta al desarrollar textos con Word es que cada vez que se pulsa la tecla **INTRO** para pasar a una nueva línea, esta hereda las funciones que existan en la anterior.

Aunque aún no hemos visto funciones como tabuladores, bordes o alineación de texto, vamos a adentrarnos ligeramente en ellas para que quede claro lo que deseamos exponer.

Supongamos que, en la línea de texto en la que nos encontremos, creamos un tabulador a dos centímetros del margen izquierdo y que activamos el centrado de líneas. Cuando terminemos de escribir el párrafo y pulsemos **INTRO** para pasar al siguiente, este contendrá el mismo tabulador en la misma posición y el mismo tipo de alineación, es decir, el texto centrado.

Capítulo 4

ARCHIVOS Y DOCUMENTOS CON WORD

En este capítulo vamos a estudiar cómo trabajar con un documento completo de Word. Las tareas que vamos a contemplar son:

1. La creación de textos nuevos.

2. Opciones al archivar.

3. Ver previamente el texto antes de imprimirlo.

4. Imprimir el texto.

4.1 CERRAR Y CREAR NUEVOS DOCUMENTOS

Si desea abandonar el documento actual sin salir del programa, puede cerrarlo. Para ello, basta con seleccionar la opción **Cerrar** en el menú de la pestaña **Archivo**, o bien pulsar el botón  que aparece en la parte superior derecha de la ventana del texto.

Si el documento en cuestión fue modificado, Word le preguntará si desea grabar esas modificaciones antes de cerrar el texto.

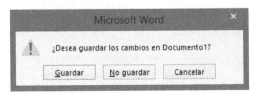

4.1.1 Nuevos documentos

Para acceder a un nuevo documento vacío y trabajar en él, hemos de utilizar la opción **Nuevo** de la pestaña **Archivo**:

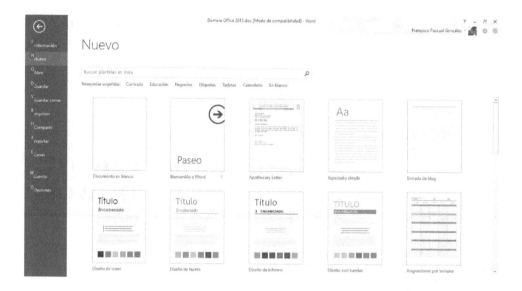

Con esta ventana podremos especificar qué clase de documento nuevo deseamos crear. Permite elaborar uno con formato específico para un determinado trabajo, ahorrándonos la tarea de tener que definirlo nosotros.

Por ejemplo, si vamos a crear un currículum, debemos seleccionar **Currículo**, que nos ofrecerá varios tipos.

Para crear un documento vacío active el icono **Documento en blanco**.

4.2 VISTA PRELIMINAR

Se puede saber cómo aparecerá impreso un texto (o parte de él) antes de imprimirlo. Para ello, se accede a la pestaña **Archivo** y se elige su opción **Imprimir**. La parte derecha de la ventana mostrará el documento a imprimir.

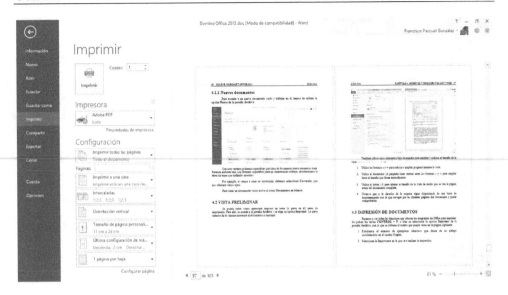

También ofrece unos elementos bajo la muestra para ampliar y reducir el tamaño de la vista: 49 % — ——|— ——— + ▣.

1. Utilice los botones – y + para reducir o ampliar progresivamente la vista.

2. Utilice el deslizador (la pequeña línea vertical entre los botones – y + para ampliar hasta el tamaño que desee manualmente.

3. Utilice el botón ▣ para ajustar el tamaño de la vista de modo que se vea la página actual del documento completa.

4. Observe que a la derecha de la muestra sigue disponiendo de una barra de desplazamiento con la que navegar por las distintas páginas del documento y poder comprobarlas.

4.3 IMPRESIÓN DE DOCUMENTOS

Pasemos a ver todas las funciones que ofrecen los programas de Office para imprimir. Se pulsan las teclas **CONTROL + P**, o bien se selecciona la opción **Imprimir** de la pestaña **Archivo**, con lo que se obtiene el cuadro siguiente:

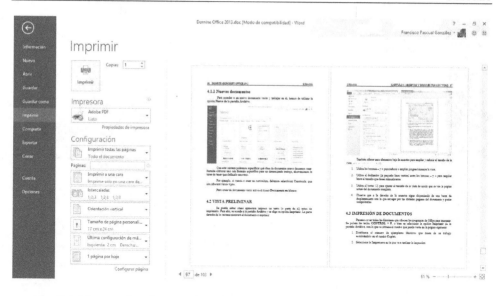

1. Establezca el número de ejemplares idénticos que desea de su trabajo escribiéndolo en el cuadro **Copias**.

2. Seleccione la **Impresora** en la que va a realizar la impresión.

3. Utilice la lista desplegable que en nuestro ejemplo aparece como **Imprimir todas las páginas** para establecer qué parte del texto se va a imprimir:

   • **Imprimir todas las páginas**: imprime el documento completo.

   • **Imprimir selección**: imprime solo el bloque de texto que se haya seleccionado.

   • **Imprimir página actual**: imprime solo la página en que nos encontremos cuando solicitamos imprimir el texto.

   • **Impresión personalizada**: imprime las páginas del documento en curso que se especifiquen:

     a) Si escribimos las páginas que deseamos separadas por comas, imprimirá tales páginas.

     b) Si escribimos una página, un guión y otra página, se imprimirá desde la primera página especificada antes del guión hasta la última. Ejemplo: **5-18** imprimirá desde la página 5 hasta la 18, ambas inclusive.

   • Otros elementos integrantes del documento como sus propiedades, sus estilos o una selección de impresión de páginas impares o pares únicamente.

Si necesita imprimir un documento por ambas caras de cada hoja, imprima primero las impares y luego, dando la vuelta a las hojas, las pares. Así se ahorrará el dar la vuelta a cada hoja para imprimir por sus dos caras.

4. La lista desplegable **Imprimir a una cara** permite elegir si la impresora trabajará por ambas caras del papel a la vez, siempre y cuando lo permita, o no.

5. La lista **Intercaladas** se emplea para determinar el orden en el que se imprimirán las páginas si se van a imprimir varias copias. Si se activa y opta por que estén **Intercaladas**, y se han establecido varias copias para imprimir, Word imprimirá la primera copia completa antes de pasar a la siguiente (página 1, página 2, página 3, etc., y vuelta a empezar). Si, por el contrario, se opta por la opción **Sin intercalar**, Word imprimirá la página 1 de cada copia, después la 2, etc.

6. Establezca la orientación del papel para imprimir del modo habitual (**Orientación vertical**) o apaisado (**Orientación horizontal**).

7. Establezca el tamaño del papel en el que va a imprimir, por ejemplo **A4**. Si necesita emplear un papel especial que no se encuentre en la lista una vez desplegada, seleccione **Más tamaños de papel**, lo que le llevará a un cuadro de diálogo en el que podrá establecer el **Ancho** y el **Alto** del papel en cuestión.

8. Establezca los márgenes que deberá emplear la impresora para separar el texto de los bordes de las hojas; por ejemplo, **Márgenes normales**. Si una vez desplegada la lista no encuentra los márgenes que desea, seleccione **Márgenes personalizados**, lo que le llevará a un cuadro de diálogo en el que podrá establecer la distancia de los cuatro márgenes.

9. Despliegue la lista **1 página por hoja** para indicar cuántas páginas de las que haya escrito deben entrar en cada página de papel. Esa misma lista ofrece la opción **Escalar al tamaño del papel**, que permite indicar un tipo de hoja al que Word ajustará el texto escrito. Por ejemplo, si ha creado un texto para un DIN-A4 y va a imprimir en un DIN-A5 (una cuartilla), Word reducirá el tamaño del texto automáticamente hasta ajustarlo al nuevo tipo de hoja.

10. El resto de las especificaciones pueden modificarse mediante el ítem **Opciones** de la pestaña **Archivo**. Cuando se activa se obtiene una lista de categorías en la que se ha de activar **Avanzadas** y desplazarse hacia abajo hasta llegar a la sección **Imprimir**:

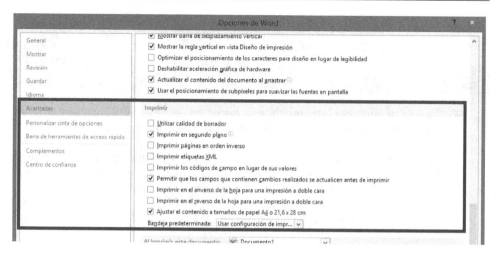

De todo esto, comentaremos algunas de las casillas de verificación con las funciones más importantes de este cuadro:

- **Utilizar calidad de borrador**. Realiza una impresión más sencilla y rápida que permite echar un primer vistazo a los resultados que se obtendrían al imprimir el texto. La calidad que se obtiene no es muy buena, pero se imprime con más rapidez y la impresora empleará menos tinta para mostrar los resultados.

- **Imprimir en segundo plano**. Si se mantiene activa esta casilla, podrá imprimir un texto mientras sigue trabajando con Windows. Si la desactiva, conseguirá imprimir más rápido, pero el sistema se mantendrá ocupado en la impresión y no podrá continuar trabajando hasta que se termine el proceso de imprimir.

- **Imprimir páginas en orden inverso**. Imprime las páginas en orden descendente, es decir, comenzando por la última hasta terminar en la primera.

4.4 LA PESTAÑA *VISTA*

La pestaña **Vista** de la cinta de opciones ofrece varios modos con los que trabajar con el texto en la ventana de Word:

1. El grupo **Vistas** permite indicar el modo de edición del texto.

- **Modo de lectura** permite ver y modificar las páginas como si de un libro abierto se tratase. Además, hace desaparecer la mayoría de los elementos de edición (cinta de opciones, barra de estado, etc.) dejando únicamente los necesarios para guardar el documento, navegar por sus páginas y el botón **Cerrar** que permite volver al modo de trabajo anterior.

- **Diseño de impresión** trabaja con el documento tal y como aparecerá impreso (aunque con pequeñas excepciones). Se trata del modo de trabajo más completo.

- **Diseño Web** es un modo especial para la creación de páginas web. Cuando se activa este modo de trabajo, también se activa el mapa del documento que permite ver un esquema básico de este (muy útil si se trata de un texto largo).

- Con **Esquema** se trabaja, como su nombre indica, en un modo más esquemático.

- **Borrador** es un modo rápido de trabajo, si bien algunos elementos del texto, como los encabezados, no se muestran.

En la parte inferior derecha de la ventana de Word dispone de varios botones para cambiar el modo de trabajo sin necesidad de acceder a la pestaña **Vista**.

2. El grupo **Mostrar** contiene elementos de trabajo que pueden exponerse a la vista o no. Por ejemplo, la casilla **Regla**, cuya función es, como su nombre indica, mostrar la regla que nos facilita la colocación de elementos en el texto. También tiene otras funciones como permitir el cambio de márgenes, la colocación de tabuladores y la disposición de sangrados. La regla horizontal posee este aspecto:

- Para modificar los márgenes bastará con hacer clic en ellos y, sin soltar el botón del ratón, arrastrar el puntero hasta donde se desee. Al soltar el botón, el margen se fijará en la posición correspondiente.

El tamaño del texto en pantalla puede modificarse también desde la barra de herramientas. Para ello, utilice los deslizadores que aparecen en la parte inferior derecha de la ventana de Word o sus botones de los extremos:

3. Los elementos del grupo **Zoom** en la ficha **Vista** nos facilitan la ampliación y reducción de la vista del texto en pantalla con el fin de percibir con mayor o menor detalle el texto que se escribe. Cuando se hace clic en el botón **Zoom**, se obtiene el cuadro de diálogo que mostramos junto al margen:

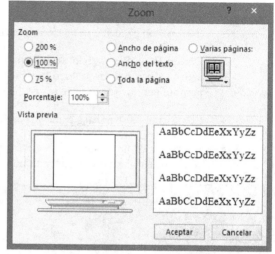

- Los botones del grupo **Zoom** permiten modificar el tamaño de visualización. Dentro de él tenemos seis botones de opción que nos mostrarán el texto el doble de grande (**200%**), normal (**100%**), más pequeño (**75%**), según el **Ancho de página** que tengamos, el **Ancho del texto**, la página completa (**Toda la página**), o bien **Varias páginas** en un tamaño más pequeño (de modo que quepan todas las que se elijan). Y, por último, puede ajustar el tamaño según el **Porcentaje** que desee (200 % es el doble de grande, mientras que 50 % sería la mitad).

4. En el grupo **Ventana** se encuentran las opciones para la distribución de las ventanas de texto en la pantalla:

- **Nueva ventana** abre otra ventana con el mismo texto en que se esté trabajando. Se podrán realizar cambios en ambas.

- **Organizar todo** divide la pantalla equitativamente en tantas ventanas como documentos tengamos, permitiendo mostrar una pequeña parte de cada uno.

- **Dividir** muestra en la misma ventana dos partes distintas del mismo documento dividiéndola en dos mitades, de forma que podrá ver dos partes distintas del mismo documento simultáneamente. Si se activa esta opción, cambia su nombre en el menú por **Quitar división**, cuya función es volver a dejar la ventana como estaba antes de la división.

- **Ver en paralelo** divide la ventana de trabajo en dos para mostrar al mismo tiempo dos documentos de forma que se puedan comparar visualmente. Cuando se activa este botón y el usuario se desplaza por uno de los documentos, el otro también se desliza a la par. De eso es responsable el botón **Desplazamiento síncrono**, que se activa por sí solo cuando se pulsa en **Ver en**

paralelo. Si el botón de desplazamiento síncrono no se activa, disponemos también del botón **Restablecer posición de la ventana**, que iguala las posiciones de ambos documentos de modo que veamos la misma zona de ambos.

- **Cambiar ventanas** despliega una lista de documentos abiertos para que, al seleccionar uno, pasemos a él.

Cada documento de texto es colocado en una ventana independiente de Windows, por lo que también podrá utilizar la barra de tareas para pasar de un texto a otro.

El trabajo con las **Macros** lo detallaremos en un capítulo posterior.

Capítulo 5

FUNCIONES BÁSICAS
DE TRABAJO CON WORD

En este capítulo comenzaremos a adentrarnos en funciones de Word que resultan fundamentales en cualquier tipo de escritos.

5.1 SELECCIÓN DE BLOQUES DE TEXTO

Seleccionar texto es imprescindible para aplicarle posteriormente funciones de mejora: fuentes, formatos, etc.

Para seleccionar un bloque de texto se pueden emplear el ratón o el teclado.

1. Una vez que el cursor esté situado al principio o al final del bloque que se va a seleccionar, se mantiene pulsada la tecla de **MAYÚSCULAS** y se utilizan las teclas del cursor (flechas). Al hacerlo, el bloque se irá marcando en la pantalla. Mientras se mantenga pulsada la tecla de **MAYÚSCULAS** también se podrán emplear otras teclas como **INICIO, FIN, RE PÁG** y **AV PÁG**.

2. Con el ratón se hace clic en un punto del texto y se arrastra.

Después de haber seleccionado el texto (marcado claramente porque cambia de color), se puede realizar la operación que se desee aplicar a ese texto.

Si se desea seleccionar solo una imagen, el trabajo es mucho más fácil, ya que solo es necesario hacer un clic en ella. Al hacerlo, la imagen aparece rodeada por los puntos de control (o manejadores), que indican que ese elemento está seleccionado.

Aquí tiene algunas sugerencias para seleccionar texto:

1. Si se necesita seleccionar una sola palabra, se pueden hacer dos clics en ella.

2. Si se necesita seleccionar un párrafo completo, se pueden hacer tres clics en él (en cualquier parte dentro de él).

3. Si se necesita seleccionar una línea de texto completa, se hace clic a su izquierda fuera del margen.

4. Si se necesita seleccionar todo el texto, se pulsan las teclas **CONTROL + E**, o bien se activa **Seleccionar todo** en el menú **Edición**.

5. Si se necesita seleccionar zonas salteadas de texto, se mantiene pulsada la tecla **CONTROL** mientras se seleccionan más bloques de texto.

Cuando se selecciona texto en Word con el ratón, aparece sobre él la minibarra de herramientas. Contiene las funciones de uso más común con Word para que podamos emplearlas fácil y rápidamente sin necesidad de recurrir a ningún otro sitio.

5.2 MOVER Y COPIAR BLOQUES

Para mover un bloque se emplea el botón  del grupo **Portapapeles** en la pestaña **Inicio** de la cinta de opciones. Hace desaparecer el bloque de texto de su posición actual y lo sitúa en el portapapeles. Después, se lleva el cursor al lugar del texto en el que va a colocar el bloque y se activa el botón **Pegar** del mismo grupo de la cinta de opciones.

Si se trata de realizar una copia del texto seleccionado en otra parte del documento, se ha de utilizar el botón 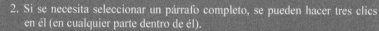 del grupo **Portapapeles** en la pestaña **Inicio** de la cinta de opciones. El bloque de texto se copia en el portapapeles, pero al contrario de lo que ocurría en la función anterior, no desaparece de donde está. Después, hay que situarse en la parte del texto en la que se desea que aparezca el bloque y se activa el botón **Pegar** del mismo grupo de la cinta de opciones.

En la cinta de opciones puede encontrarse el botón [Copiar formato] que permite replicar el aspecto de una parte del texto en otra.

Para **mover** un bloque que se haya seleccionado, se vuelve a hacer clic sobre él y, sin soltar el botón del ratón, se arrastra en la dirección deseada. Se podrá ver cómo, según se mueve el ratón con el botón pulsado, aparece el cursor del texto en color gris indicando la posición en la que aparecerá el bloque de texto si libera el botón del ratón. Cuando, efectivamente, se suelte, el bloque de texto se alojará en ese punto del texto, desapareciendo del lugar original en el que se encontrase.

Para **copiar** un bloque mediante este sistema, el proceso es el mismo que para moverlo (vea el truco anterior), salvo que se deberá mantener la tecla de **CONTROL** pulsada antes de hacer el clic sobre la selección para arrastrarla.

Estas dos utilidades solo resultan útiles si el lugar de destino del bloque seleccionado está cercano al original.

5.3 BORRAR BLOQUES

Para hacer desaparecer el bloque de texto, ha de pulsarse la tecla **SUPR** (suprimir) una vez que se haya seleccionado el bloque. Acto seguido, el bloque desaparecerá del texto.

5.4 FUENTES

Se utilizan para mejorar el aspecto del texto dando forma a las letras que contiene.

Existen algunos estilos de la letra que son utilizados con mayor frecuencia, por lo que son fácilmente accesibles desde la pestaña **Inicio** de la cinta de opciones (grupo **Fuente**):

Se selecciona el texto y se activan los botones correspondientes. Para desactivarlos, se selecciona de nuevo esa parte del texto y se vuelve a pulsar el mismo botón.

Observe, sin embargo, que la esquina inferior derecha del grupo ofrece un pequeño botón. Cuando se pulsa, se obtiene un cuadro de diálogo:

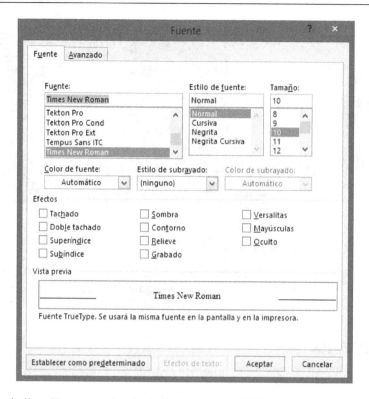

En la lista **Fuente** puede elegir el tipo de letra básico para el texto. A su lado, el **Estilo de fuente** le permitirá modificar el aspecto de ese tipo de letra añadiendo atributos al texto, como negrita, cursiva o subrayado. Con **Tamaño**, podrá utilizar una letra más o menos grande según su necesidad. El cuadro de **Vista previa** le ofrecerá una muestra con el efecto resultante. Veamos la lista del resto de las posibilidades de este cuadro:

1. La lista desplegable **Color de fuente** le permitirá dar color a su texto. Al pulsar el botón correspondiente, se nos ofrece una lista con los colores disponibles.

2. La lista desplegable **Estilo de subrayado** podrá indicar qué tipo de subrayado quiere que aparezca en el texto. También podrá elegir un color para ese tipo de subrayado mediante la lista **Color de subrayado**.

3. Se pueden añadir **Efectos** al texto utilizando el correspondiente grupo (excepto **Oculto**, que esconde el texto):

   - ~~Tachado~~
   - ~~Doble tachado~~
   - Superíndice
   - Subíndice
   - VERSALES
   - MAYÚSCULAS

4. Con el botón [Establecer como predeterminado] puede indicar que el tipo de letra, el tamaño, el aspecto, color y efectos elegidos sean los iniciales para cualquier texto nuevo que se inicie posteriormente.

5.4.1 Espacio entre caracteres y alineación vertical

Veamos de nuevo el cuadro de diálogo de fuentes, pero con la ficha **Avanzado** activada:

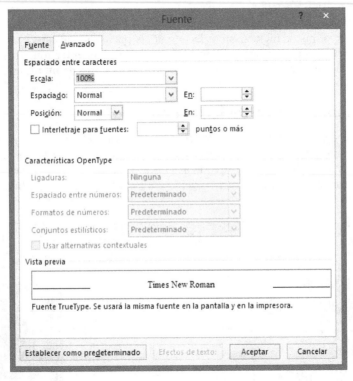

1. El grupo **Espaciado entre caracteres** ofrece:

   - **Escala**. Permite establecer el porcentaje de la anchura de la letra: **100 %** es el tamaño normal, por lo que **200 %** es el doble y **50 %** la mitad.

   - **Espaciado**. Permite establecer la separación entre los caracteres del texto. Se mide en puntos: un número negativo de puntos aproxima los caracteres entre sí, mientras que un número positivo de puntos los separa.

   - **Posición**. Permite establecer la alineación vertical del texto: un número positivo coloca el texto más arriba en el renglón, mientras que un número negativo lo coloca más abajo.

- **Interletraje para fuentes**. Permite establecer el tamaño que ha de tener un tipo de letra para que Word aplique sobre él el espacio entre caracteres. Si se establece el dato 12, un tipo de letra menor que ese no se verá afectado por el espacio entre caracteres. Esta función solo actúa si se trata de un tipo de letra TrueType o Adobe Type Manager.

2. El grupo **Características OpenType** ofrece la aplicación de características de este sistema de mejora de fuentes. La mayor parte de las fuentes que empleamos en Windows son de diseño TrueType de Microsoft. El sistema OpenType ha sido desarrollado por ellos conjuntamente con Adobe y contiene mejoras de calidad, edición y peso (lo que ocupan en memoria o disco). Si tiene instaladas fuentes de este tipo, puede mejorar su aspecto con las opciones que ofrece este grupo. Por ejemplo, puede establecer diferentes tipos de **Espacio entre números** escritos con una fuente de este tipo, así como su formato (**Formatos de números**).

5.4.2 Cambiar el tipo de letra a un bloque

Si se desea cambiar el tipo de letra de una parte del texto que ya esté escrito, bastará con marcar como bloque el texto que se va a modificar, o lo que es lo mismo, seleccionarlo y después indicar el tipo, tamaño o aspecto de letra que deseamos para ese bloque mediante los diferentes elementos del grupo **Fuentes** en la pestaña **Inicio** de la cinta de opciones.

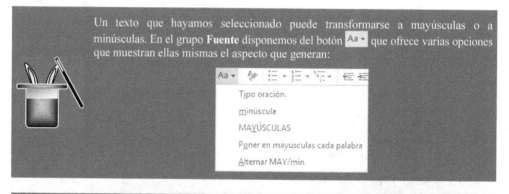

Un texto que hayamos seleccionado puede transformarse a mayúsculas o a minúsculas. En el grupo **Fuente** disponemos del botón Aa ▾ que ofrece varias opciones que muestran ellas mismas el aspecto que generan:

Tipo oración.
minúscula
MAYÚSCULAS
Poner en mayúsculas cada palabra
Alternar MAY/min

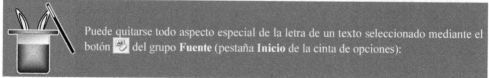

Puede quitarse todo aspecto especial de la letra de un texto seleccionado mediante el botón del grupo **Fuente** (pestaña **Inicio** de la cinta de opciones):

5.5 SECCIONES

Un texto escrito con Word suele dividirse en partes para un manejo más sencillo y estructurado de los documentos. Esto ocurre, sobre todo, en documentos grandes cuyo manejo resulta más cómodo si se fracciona en partes. Estas partes reciben el nombre de *secciones*.

Por ejemplo, para escribir un texto con capítulos suele ser recomendable que cada capítulo del texto lo conforme una sección.

En principio, cada sección es independiente de las demás, aunque existe la posibilidad de relacionarlas a la hora de utilizar ciertas partes del texto como, por ejemplo, encabezados, pies de página o la numeración de páginas.

Cuando se comienza a escribir un texto nuevo, este está formado por una única sección, que el mecanógrafo se encargará de reproducir en más secciones dependiendo de sus necesidades, así como del tamaño del texto. Un ejemplo: si se está escribiendo un libro o un documento en capítulos, resulta realmente cómodo asociar cada capítulo a una sección.

5.5.1 Creación de secciones y saltos de página

Para definir una nueva sección se sitúa el cursor en el lugar del texto en el que se quiere añadir la división de la sección, se accede a la pestaña **Diseño de página** de la cinta de opciones y, en el grupo **Configurar página**, se despliega el botón ⊟ Saltos ▾ :

1. Si se necesita terminar una página sin rellenarla por completo y continuar en la siguiente, puede utilizarse salto de **Página** (o las teclas **CONTROL + INTRO**).

2. Igualmente, si se selecciona salto de **Columna**, se dejará incompleta la columna actual y se saltará a la siguiente.

3. Para controlar el modo en que el texto se ajusta a un objeto (por ejemplo, una imagen), se activa el **Ajuste de texto**. Esta finaliza la línea de texto actual y lleva al cursor debajo del objeto.

4. **Página siguiente** realiza un salto de página y crea una nueva sección a partir de la siguiente página. A partir de ese instante ya se dispone de dos secciones en las que podrá alterar funciones como márgenes, encabezados o columnas de forma distinta en cada sección.

5. **Continua** crea una nueva sección justo en el lugar de la página en que se encuentre el cursor **sin** llevar a cabo un salto de página.

6. **Página par** ejecuta saltos de página hasta la próxima página par. En ese mismo lugar comienza la nueva sección.

7. **Página impar** ejecuta saltos de página hasta la próxima página impar. En ese mismo lugar comienza la nueva sección. Se utiliza, por ejemplo, cuando un capítulo ha de comenzar forzosamente en una página impar. En ese caso, se crea una nueva sección con esta opción, con lo cual el capítulo anterior se da por terminado.

Capítulo 6

FORMATOS CON WORD

Los formatos permiten dar forma a nuestros textos: alinear el texto, numerar párrafos, realizar sangrías, aplicar bordes a los párrafos, crear columnas automáticas, etc. La flexibilidad de Word permite que el formato que le demos al citado texto se realice solo en un párrafo, en varios párrafos, en varias páginas, en una sola línea, etc.

Estas funciones se encuentran principalmente en las pestañas **Inicio** y **Diseño de páginas**.

6.1 FORMATO DE PÁRRAFOS

En este apartado se van a estudiar funciones relacionadas con el formato que puede aplicarse a un párrafo o a varios.

1. Si el formato se va a aplicar a un solo párrafo, bastará con situarse en él (por ejemplo, haciendo clic en cualquiera de las letras que lo compongan).

2. Si el formato se va a aplicar a varios párrafos, necesitaremos seleccionarlos con el fin de indicar a Word exactamente aquellos en los que debe trabajar.

6.1.1 Alineación y justificación

La justificación puede conseguir en gran medida la buena presentación deseable para cualquier texto. Gracias a ella, los renglones quedan perfectamente colocados por cualquiera de los márgenes o por ambos a la vez:

1. **Alinear a la izquierda**: el texto queda perfectamente alineado en el margen izquierdo, pero no así en el derecho. Para aplicarlo se activa el botón ☰ del grupo **Párrafo** (pestaña **Inicio**).

2. **Centrar**: las líneas del texto quedan centradas entre los márgenes izquierdo y derecho. Para aplicarlo se activa el botón ☰ del grupo **Párrafo** (pestaña **Inicio**).

3. **Alinear a la derecha**: el texto queda perfectamente alineado en el margen derecho, pero desordenado en el izquierdo. Un uso típico para este tipo de justificación se presenta a la hora de escribir una fecha o la reseña de la firma en una carta, ya que suelen escribirse junto al margen derecho. Para aplicarlo se activa el botón ☰ del grupo **Párrafo** (pestaña **Inicio**).

4. **Justificar**: el texto queda alineado perfectamente tanto en el margen izquierdo como en el derecho. Para aplicarlo se activa el botón ☰ del grupo **Párrafo** (pestaña **Inicio**).

Estas cuatro funciones pueden activarse desde el cuadro de diálogo que aparece al pulsar el botón ⌧ del grupo **Párrafo** (en la cinta de opciones) desplegando su lista **Alineación**:

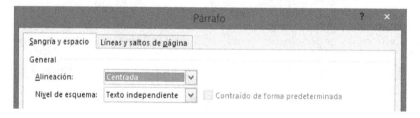

6.1.2 Sangrados

El sangrado de párrafos consiste en desplazar el margen del escrito hacia el interior de la página en un párrafo del texto.

La sangría del margen izquierdo se obtiene utilizando los botones ☰ (**Aumentar sangría**) y ☰ (**Reducir sangría**) del grupo **Párrafo** en la pestaña **Inicio** de la cinta de opciones. Al pulsar el primer botón sobre un párrafo, se activa la sangría, y si se pulsa el segundo, la sangría desaparece. También se puede activar en el grupo **Párrafo** de la pestaña **Diseño de página** en la cinta de opciones.

Un modo más completo de generar el sangrado es el que ofrece el botón ⌧ del grupo **Párrafo** (en la cinta de opciones). Se obtiene un cuadro de diálogo en el que se puede indicar tanto el tipo de sangría como las medidas que pueden aplicarse al párrafo.

Sangría

Izquierda: 0 cm ⬍   Especial: En:

Derecha: 0 cm ⬍   (ninguno)   ⌄   ⬍

☐ Sangrías simétricas

Con el grupo **Sangría** puede indicar el tipo que desea:

- **Izquierda** permitirá realizar el sangrado con el número indicado de centímetros a partir del margen izquierdo del texto.

- **Derecho** permitirá realizar el sangrado con el número indicado de centímetros a partir del margen derecho del texto.

- **Especial** permitirá escoger entre dos sangrías más: **Primera línea**, que solo sangra la primera línea del párrafo, y **Francesa**, que sangra todas las líneas del párrafo excepto la primera. Si se utiliza el cuadro de texto que hay a su lado (**En**) se puede especificar cuántos centímetros (incluidos decimales) se desea sangrar los párrafos de estilos *Primera línea* o *Francesa*.

- La casilla **Sangrías simétricas** se encargará de asignar la misma distancia de sangría a ambos márgenes cuando se establezca una.

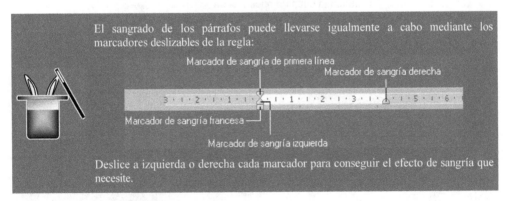

El sangrado de los párrafos puede llevarse igualmente a cabo mediante los marcadores deslizables de la regla:

Marcador de sangría de primera línea

Marcador de sangría derecha

Marcador de sangría francesa

Marcador de sangría izquierda

Deslice a izquierda o derecha cada marcador para conseguir el efecto de sangría que necesite.

6.1.3 Espacio entre líneas

Esta función permitirá elegir tanto la separación entre las líneas de un párrafo como entre el párrafo y los párrafos anterior y siguiente. Para llevar a cabo esta operación, se pulsa el botón ⌧ del grupo **Párrafo** (en la cinta de opciones) y se utiliza el grupo **Espaciado**:

1. **Anterior** le permite indicar el espacio que desea entre el párrafo anterior y el párrafo en cuestión.

2. **Posterior** le permite indicar el espacio que desea entre el párrafo en cuestión y el párrafo siguiente.

3. **Interlineado** asigna un espacio entre las líneas del párrafo: **Sencillo, Doble**, etc. Se utiliza el cuadro de texto situado a su derecha para especificar una distancia (medida en puntos) entre líneas diferente a las que se listen en **Interlineado**.

4. Se puede activar la casilla **No agregar espacio entre párrafos del mismo estilo** para que no se separen con un espacio extra aquellos párrafos que tengan el mismo estilo.

Como siempre, el cuadro de vista previa ofrece una imagen aproximada de cómo quedará el texto con las características actuales. También la cinta de opciones ofrece un método rápido de trabajo para esta función, consiste en desplegar el botón del grupo **Formato** en dicha cinta y seleccionar una de sus opciones (también se puede activar en el grupo **Párrafo** de la pestaña **Diseño de página** en la cinta de opciones).

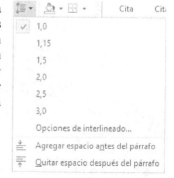

6.2 TABULACIONES

Un tabulador crea un espacio en blanco de mayor o menor tamaño en la línea de texto. Las tabulaciones suelen emplearse para colocar pequeñas columnas de datos en el texto.

Una vez que se han seleccionado los párrafos a los que desee aplicar tabulaciones, se puede trabajar utilizando un cuadro de diálogo. A él se accede mediante el botón del grupo **Párrafo** (en la cinta de opciones) y el botón Tabulaciones... , que muestra dicho cuadro (puede verlo en la figura junto al margen).

1. Si lo que se desea es cambiar la posición de los tabuladores que ya aparecen fijados inicialmente

en su documento, se indica la separación que debe haber entre ellos en el cuadro **Tabulaciones predeterminadas**.

2. Para fijar una sola tabulación se teclea su distancia (medida en centímetros) con respecto al margen en el cuadro de texto **Posición**.

3. Después se podrá especificar el tipo de tabulación que se necesita mediante el grupo **Alineación**:

- **Izquierda**. El texto que se escriba asociado a un tabulador de este tipo aparecerá alineado a su izquierda. En la regla, su marca es **L**.

- **Centrada**. El texto que se escriba asociado a un tabulador de este tipo aparecerá centrado en él. En la regla, su marca es **⊥**.

- **Derecha**. El texto que se escriba asociado a un tabulador de este tipo aparecerá alineado a su derecha. En la regla, su marca es **⌐**.

- **Decimal**. Se utiliza para alinear números en columnas. Con este tipo, las cifras que se escriban (en varias líneas) quedarán colocadas por unidades, decenas, centenas, etc., tomando como referencia la coma decimal. En la regla, su marca es **⊥·**.

- **Barra**. Añade una línea vertical en el texto justo en la posición en que se fije. En la regla, su marca es **ı**.

4. Si el espacio que genere el tabulador debe aparecer **Relleno**, se utilizan los botones de ese grupo. Inicialmente, un tabulador genera un espacio vacío; no obstante, se podrá rellenar ese espacio con puntos (botón **2**), una línea discontinua (botón **3**) o una línea de subrayado (botón **4**).

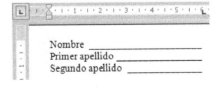

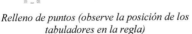

Relleno de puntos (observe la posición de los tabuladores en la regla)

Relleno de subrayado (observe la posición de los tabuladores en la regla)

5. Una vez establecida la posición, la alineación y el relleno deberá pulsarse el botón Establecer para que el tabulador quede insertado en el texto. De este modo se podrán añadir más tabulaciones antes de salir del cuadro de diálogo.

6. Si se necesita borrar un tabulador, se selecciona en la lista (o se teclea en **Posición**) y se pulsa ⬚ Eliminar . Se pueden borrar todos los tabuladores que aparezcan ya fijados mediante el botón ⬚ Eliminar todas .

Para generar los tabuladores con la regla, se utiliza el ratón sobre ella: basta con hacer clic en el lugar adecuado de la regla para que aparezca uno. Si este no se ha situado en la posición correcta, se puede volver a hacer clic sobre él y, sin soltar el botón del ratón, arrastrarlo hasta colocarlo en el sitio apropiado. Si se desea eliminar un tabulador, se puede arrastrar fuera de la regla. También puede elegirse la clase de tabulador que se desea (izquierdo, centrado, derecho, decimal o de barra) en la parte izquierda de la regla, mediante el botón ⬚ haciendo clic en dicho botón hasta que aparezca el que necesite.

No debe olvidarse que cada una de las tabulaciones que se coloquen funcionarán siempre y cuando en el texto se pulse una vez la tecla del tabulador para cada tabulación (a excepción del tabulador de **Barra**).

6.3 VIÑETAS

Las viñetas aportan un símbolo a la izquierda de cada párrafo al que se aplican. Word ofrece un sistema automatizado que añade ese símbolo a los párrafos que se seleccionen previamente.

El modo más sencillo de aplicar esta función consiste en pulsar cualquiera de los botones que la activan y desactivan en el grupo **Párrafo** de la pestaña **Inicio** (en la cinta de opciones): ⠿ ▾ (**Viñetas**), ⠿ ▾ (**Numeración**) o ⠿ ▾ (**Lista multinivel**). Estos botones se despliegan y ofrecen varias posibilidades.

Empecemos por las viñetas:

Si ya ha utilizado alguna viñeta antes en el documento, esta también aparecerá en la lista.

1. Haga clic en cualquiera de los símbolos de muestra para aplicarlo a los párrafos que haya seleccionado. El cuadro **Ninguno** desactiva las viñetas.

2. Si necesita otro símbolo, utilice **Definir nueva viñeta**, que lleva a un cuadro de diálogo como el que mostramos en la figura junto al margen.

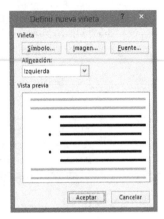

- Con el botón **Símbolo...** se puede elegir otro carácter. Para seleccionarlo, se ofrece otro cuadro de diálogo.

- Con el botón **Imagen...** se puede elegir una imagen como viñeta para los párrafos. Ofrecerá una lista de viñetas diseñadas por Microsoft. En ese cuadro de diálogo se puede optar por la opción **Desde un archivo** para elegir cualquier imagen que tenga grabada en un disco.

- El botón **Fuente...** permite establecer el tipo de letra que tendrá la viñeta o la numeración que se elija. Con él accederá al cuadro de **Fuentes** para seleccionar lo que se desee con él.

6.4 PÁRRAFOS NUMERADOS

Si desea que los párrafos aparezcan encabezados con números, despliegue el botón ▼ (**Numeración**) para elegir el tipo de numeración.

Si ya ha utilizado alguno antes en el documento, también aparecerá en la lista.

1. Haga clic en cualquiera de los modelos de numeración para aplicárselo a los párrafos seleccionados. El cuadro **Ninguno** desactiva la numeración.

2. Si necesita otro símbolo, utilice **Definir nuevo formato de número**, que le lleva a un cuadro de diálogo:

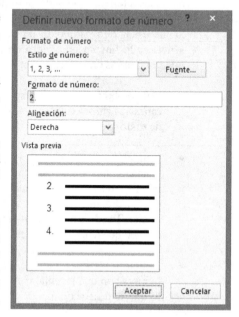

- Elija un tipo de numeración en la lista **Estilo de número** (arábigo, romano, alfabético, etc.).

- El botón [Fuente...] permite establecer el tipo de letra que tendrá la numeración. Con él accederá al cuadro de **Fuentes**.

- En el cuadro de texto **Formato de número** se añaden a la numeración aquellos símbolos o caracteres que deban acompañarla. Por ejemplo, si se desea que detrás del número aparezca un paréntesis, un punto u otro carácter.

- En la lista **Alineación** se indica la forma con la que deben colocarse los números a la izquierda de cada párrafo.

6.5 LISTAS MULTINIVEL

Si los párrafos han de aparecer encabezados con varios niveles y números, despliegue el botón ⁛▾ (**Lista multinivel**) para elegirlos.

Si ya ha utilizado alguno antes, también aparecerá en la lista.

1. Se hace clic en cualquiera de los tipos de numeración para aplicarlo a los párrafos que se hayan seleccionado. Con la opción **Ninguno** se desactiva la numeración.

2. Cuando se necesita que algunos párrafos aparezcan con otro nivel y numeración, se utiliza la opción **Cambiar nivel de lista**, que ofrece varios para elegir. Esto se puede hacer manualmente seleccionando los párrafos y pulsando la tecla del **TABULADOR** tantas veces como se desee. Si se pulsa esa tecla combinada con la de **MAYÚSCULAS** se consigue el efecto contrario.

3. Si necesita otro símbolo, utilice **Definir nueva lista multinivel**, que lleva al siguiente cuadro de diálogo:

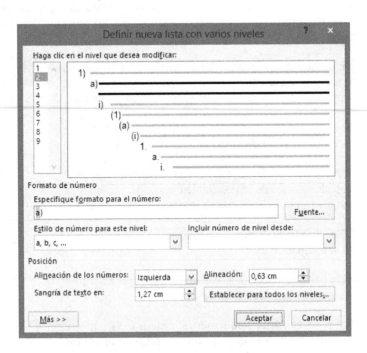

Se dispone de los mismos elementos que para la personalización de la numeración de párrafos, aunque además se puede emplear la lista **Nivel** para alterar cada nivel del esquema. También podrá separar o acercar el número al margen, así como el texto con los cuadros de texto **Alineación** y **Sangría de texto**.

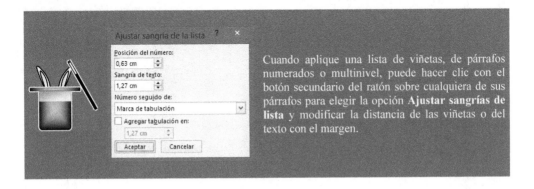

Cuando aplique una lista de viñetas, de párrafos numerados o multinivel, puede hacer clic con el botón secundario del ratón sobre cualquiera de sus párrafos para elegir la opción **Ajustar sangrías de lista** y modificar la distancia de las viñetas o del texto con el margen.

6.6 BORDES

El botón  ▾ que se encuentra en el grupo **Párrafo** de la pestaña **Inicio** (en la cinta de opciones) permite elegir y definir recuadros para los párrafos del texto. Existen dos posibilidades:

1. Si se activa un borde alrededor de un párrafo sin marcarlo, aparecerá un recuadro en la página que irá ampliándose conforme se escriba el texto en su interior.

2. Si se selecciona un párrafo (o más) antes de utilizar esta función, todo lo seleccionado quedará enmarcado o sombreado (o bien ambas cosas). En este caso, el sombreado o el borde tendrán una anchura horizontal que abarcará desde la posición en la que se encuentre la sangría izquierda hasta la posición de la sangría derecha.

Si se despliega el botón se obtiene la lista que puede verse junto al margen.

Solo hay que seleccionar una de las opciones de la lista para que se rodee un párrafo con líneas.

La opción **Bordes y sombreado**, al final de la lista, lleva a un cuadro de diálogo con el que se pueden construir recuadros personalizados.

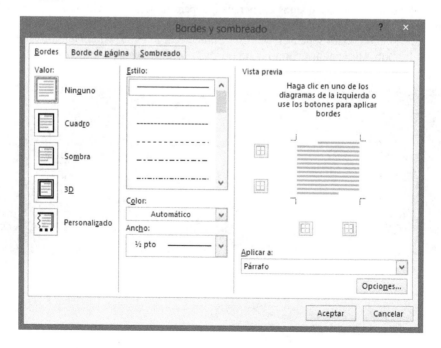

1. Con el grupo **Valor** se puede elegir un borde prediseñado con el aspecto que puede ver ahí mismo.

2. Con la lista **Estilo** se podrá especificar el tipo de línea que se desea para recuadrar.

3. Se podrán elegir el **Color** y el **Ancho** del borde.

4. Se pulsan los botones correspondientes en **Vista previa** para establecer la parte del marco que debe mostrar borde (izquierda, derecha, superior o inferior).

5. La lista **Aplicar a** permite indicar el elemento del texto al que se asignará el marco: al **Párrafo** completo, al **Texto** seleccionado, a una imagen, etc.

6. El botón [Línea horizontal...] permite trazar una línea recta horizontal en el texto. Para ello, ofrece una lista de líneas en un cuadro de diálogo.

Debe tenerse en cuenta que el borde (y también el sombreado) abarca desde la sangría izquierda hasta la derecha, con lo cual se puede conseguir que un borde alcance un mayor o menor tamaño horizontal variando la sangría del párrafo en el que ese borde existe. Por ese mismo motivo, si se seleccionan dos o más párrafos que tengan la misma sangría y se les aplica un borde, este los englobará a todos ellos, pero en cuanto se modifique la sangría de uno de esos párrafos este quedará enmarcado con un borde propio y separado de los demás por tener una sangría diferente.

6.6.1 Bordes para páginas

En el mismo cuadro de diálogo está disponible la ficha **Borde de página** que puede utilizarse para generar un marco que ocupe toda la página siguiendo los márgenes. Sus opciones son idénticas a las de los bordes de párrafo y, por tanto, se manejan igual. Sin embargo, existe una excepción: la lista desplegable **Arte**, que permite seleccionar un sencillo dibujo con el que trazar el marco.

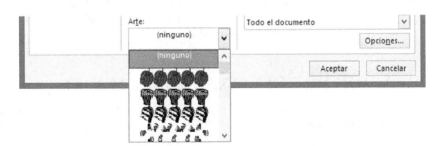

6.7 SOMBREADOS

En el mismo cuadro de diálogo podremos elegir rellenos para los párrafos. Si selecciona la ficha **Sombreado**, el cuadro de diálogo mostrará este aspecto:

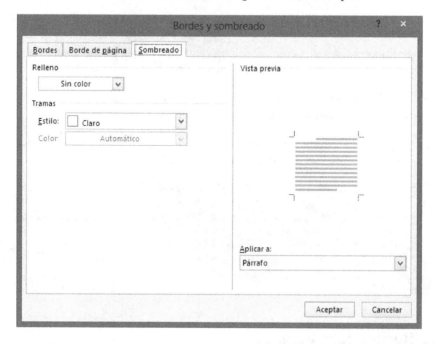

1. Se elige el color en la lista **Relleno**. Si se necesita un color que no se ve en la lista, se selecciona **Más colores**, con lo que aparecerá otro cuadro de diálogo con dos fichas (**Estándar** y **Personalizado**) en el que se podrá elegir cualquiera de los colores que se encuentran. También se puede elegir **Sin color** para eliminar uno ya elegido.

2. El tipo de relleno se selecciona en la lista **Estilo** con su correspondiente porcentaje de intensidad de sombra, que podrá mezclar con el **Color** para el fondo, observando el resultado en la **Vista previa**.

6.8 CREACIÓN DE COLUMNAS EN UN TEXTO

Word ofrece la posibilidad de escribir el texto en columnas. Se pueden crear mediante el botón **Columnas** que se encuentra en el grupo **Configurar página** de la pestaña **Diseño de página** (en la cinta de opciones).

En ella se selecciona uno de los modelos de columnas que se ofrecen, o bien, la opción **Más columnas**, que lleva al siguiente cuadro de diálogo:

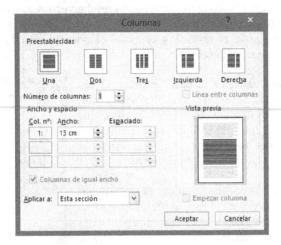

1. Para empezar, se puede elegir cualquiera de los tipos de columnas más comunes en el grupo **Preestablecidas**, siempre que alguna de ellas coincida con la que se desee definir para el documento. Si no es así, habrá que diseñarlas comenzando por el **Número de columnas** que se desean para el texto (**Una** si se desea eliminar columnas que ya se hayan aplicado al texto).

2. Se activa la casilla de verificación **Línea entre columnas** para que aparezca una línea vertical entre cada columna.

3. El grupo **Ancho y espacio** permitirá controlar la anchura de las columnas (con el cuadro de texto **Ancho**) y el **Espaciado** que se desea entre ellas. No obstante, ambos cuadros de texto quedan inhabilitados si se activa el botón **Columnas de igual ancho**, que asigna la misma anchura para todas.

4. Se debe indicar también el ámbito sobre el que actuarán las columnas, para ello existe la lista **Aplicar a:**. Se puede elegir entre tres opciones de esa lista: **Esta sección**, que activará las columnas únicamente en la sección del texto en la que se encuentre; **De aquí en adelante**, que las activa a partir del punto en que se encuentre hasta el final del documento; y **Todo el documento**, que las activa automáticamente para todo el texto. Si antes de acceder al cuadro de diálogo de las columnas se había seleccionado un texto, aparecerán otras dos opciones, **Texto seleccionado** y **Secciones seleccionadas**, que serán los lugares a los que Word aplicará las columnas.

5. Cuando se esté escribiendo un texto con columnas y se desee saltar a la columna siguiente se activa la casilla **Empezar columna**. Si había texto detrás del lugar en que se encuentre el cursor, este se desplazará igualmente a la columna a la que nos movemos. Esto mismo también puede hacerse mediante el menú **Insertar**: opción **Salto**, botón **Salto de columna**.

6.9 LETRA CAPITAL

Una de las formas de conseguir que un texto resulte vistoso es utilizar al comienzo de un capítulo (o de cualquier escrito) la primera letra más grande, e incluso con una fuente distinta, que el resto. Por ejemplo, el presente párrafo contiene una letra capital con la que se da comienzo al texto de este apartado.

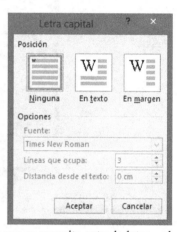

Para activar la letra capital en un párrafo accedemos a la pestaña **Insertar** y, en el grupo **Texto**, desplegamos el botón **Asignar una letra capital**, que ofrece dos modelos de letra capital (para que se elija uno) y la función **Opciones de letra capital**, que ofrece el cuadro de diálogo que mostramos junto al margen.

Lo primero que podemos indicar es la **Posición** en que deseamos que aparezca la letra capital. Para ello, se elige su tipo (**Ninguna**, **En texto** o **En margen**) para aplicar sus características de aspecto. Una vez hecho esto, se puede seleccionar el tipo de letra mediante la lista **Fuente**. Por último, se puede indicar el tamaño que se desea para la letra capital especificando cuántas líneas de texto abarcará la letra (**Líneas que ocupa**), así como la distancia que se necesite entre la letra y el resto del texto del párrafo (**Distancia desde el texto**).

6.10 ESTILOS

Un estilo es un grupo de formatos reunidos bajo un mismo nombre. Cuando se aplica un estilo, el texto que lo recoge adquiere todas las funciones que contiene el estilo: tipo de letra, sangría, alineación, separación de párrafos o líneas, tabulaciones, bordes, idioma, marco y numeración.

Una vez que se define un estilo, puede emplearse en cualquier documento, e incluso se puede guardar en disco para llevarlo a otros ordenadores que tengan instalado Word.

Para aplicar un estilo a un texto se selecciona este y se despliega la lista de estilos en la que se ha de elegir uno. Se encuentra en el grupo **Estilos** de la pestaña **Inicio** de la cinta de opciones.

En cualquier momento puede aplicar un estilo de forma sencilla pulsando las teclas **CONTROL + MAYÚSCULAS + W**. Esto muestra el panel de tareas de estilos (si no estaba ya a la vista) en el que podemos teclear el nombre del estilo que deseemos aplicar al texto seleccionado.

Para definir un nuevo estilo se activa la **ventana Estilos** mediante el botón 🖫 del grupo **Estilos**. Mostramos dicha ventana en la figura junto al margen.

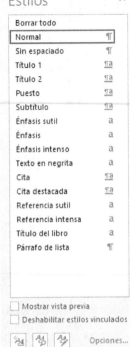

1. La lista ofrece otro modo de aplicar los estilos al texto solo con hacer clic en uno.

2. Al llevar el ratón sobre uno de los estilos de la lista aparece un botón a su derecha para desplegar varias opciones:

- **Actualizar para que coincida con la selección** sustituye el aspecto que aplica el estilo con el que ofrezca el texto seleccionado.

- Con **Modificar** se pueden cambiar las características del estilo. Esta opción lleva al mismo cuadro que vamos a detallar para crear nuevos estilos.

- **Seleccionar todo** marca el texto del documento al que se le ha aplicado ese estilo para que podamos cambiarlo de algún modo.

- **Quitar todo** desactiva el estilo en todas las partes del texto en las que estuviese aplicado.

- **Eliminar** borra un estilo de la lista. Solo se podrán eliminar los estilos definidos por el usuario: no se pueden eliminar los originales de Word.

- **Agregar a la galería de estilos rápidos** añade el estilo actual a la lista que ofrece directamente el grupo **Estilos** en la cinta de opciones. Si un estilo ya está ahí, esta opción no estará disponible y, en su lugar, dispondremos de **Quitar de la galería de estilos rápidos** para eliminarlo de ella.

3. Puede emplear el botón 🕮 (**Nuevo estilo**) en la parte inferior de la ventana para crear nuevos estilos. Este botón lleva a un cuadro de diálogo:

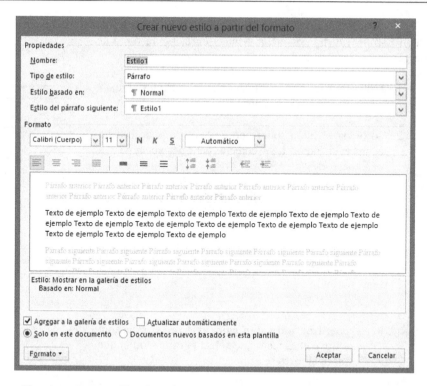

- Hay que asignar un **Nombre** al nuevo estilo y ha de ser distinto a los que existan.

- **Tipo de estilo** permite indicar la clase de estilo, a elegir entre estilo para **Párrafo** o estilo para **Carácter** (estilo que afectará a una letra o varias del texto).

- Si el estilo que se va a definir es parecido a otro que ya exista, se puede elegir este último en la lista **Estilo basado en**, ya que entonces se ahorrará diseñar los formatos que tengan en común ambos estilos. Además, futuros cambios en el estilo base afectan igualmente a los estilos basados en él.

- En la lista **Estilo del párrafo siguiente** se puede establecer el estilo que tendrá el párrafo que se escriba a continuación del que tenga el estilo actual. Si se desea que a un párrafo escrito con el estilo que está definiendo le suceda otro con un estilo concreto, utilice esta opción.

- El contenido de un estilo se define mediante el botón Formato ▾ . Al pulsarlo, se despliega un menú con todas las funciones que puede llevar un estilo: tipo de letra, tabulaciones, bordes, etc.

Una vez que haya creado un nuevo estilo, este aparecerá en la lista de estilos del panel de tareas, con lo que podrá aplicarlo a partir de ese momento a cualquier parte del texto en un documento.

6.11 CONFIGURAR PÁGINA

Otro apartado importante relativo al moldeado del texto es la configuración de la página. Gracias a él se podrán establecer las características generales del texto con el que se esté trabajando. Se accede a sus funciones desde la pestaña **Diseño de página**, en su grupo **Configurar página**. Este grupo contiene varias funciones en botones desplegables.

El botón **Márgenes** ofrece varios modelos de márgenes ya definidos (**Normal**, **Estrecho**, **Moderado**, etc.) para que se pueda elegir uno, y también la opción **Márgenes personalizados**, que nos permitirá establecer manualmente cada uno:

Márgenes Orientación Tamaño Columnas   Saltos ▾   Números de línea ▾   Guiones ▾

Última configuración personalizada

Sup.:	2 cm	Inf.:	2 cm
Izdo.:	2 cm	Dcho.:	2 cm

Normal

Sup.:	2,5 cm	Inf.:	2,5 cm
Izdo.:	3 cm	Dcho.:	3 cm

Estrecho

Sup.:	1,27 cm	Inf.:	1,27 cm
Izdo.:	1,27 cm	Dcho.:	1,27 cm

Moderado

Sup.:	2,54 cm	Inf.:	2,54 cm
Izdo.:	1,91 cm	Dcho.:	1,91 cm

Ancho

Sup.:	2,54 cm	Inf.:	2,54 cm
Izdo.:	5,08 cm	Dcho.:	5,08 cm

Reflejado

Superior:	2,54 cm	Inferior:	2,54 cm
Interior:	3,18 cm	Exterior:	2,54 cm

Márgenes personalizados...

Si optamos por lo último obtendremos el siguiente cuadro:

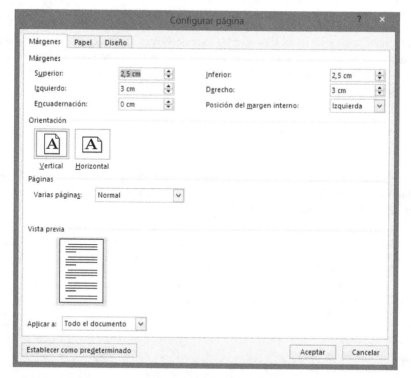

1. En los cuadros de texto **Superior**, **Inferior**, **Izquierdo** y **Derecho** se escribe la distancia del margen a los respectivos bordes de la hoja.

2. Con **Encuadernación** se podrá añadir a los márgenes interiores más espacio del que ya se haya asignado con los márgenes. De este modo, si piensa encuadernar su documento con anillas posteriormente, podrá evitar, por ejemplo, taladrar el texto.

3. **Posición del margen interno** permite indicar en qué lugar de la página se situará el margen interno, se puede colocar en la parte **Superior** o a la **Izquierda**.

4. También se puede indicar si se desea imprimir en la hoja apaisada (**Horizontal**) o en modo normal (**Vertical**) con los dos iconos del grupo **Orientación**. Esta función se puede aplicar directamente desde la cinta de opciones, mediante el botón **Orientación**.

5. La lista desplegable **Varias páginas** permite optar por lo siguiente:

   - **Normal** no aplica ninguna función especial cuando se trabaja con varias páginas.

   - **Márgenes simétricos** asigna la misma distancia entre los márgenes exteriores y el borde de la hoja, así como los márgenes interiores.

- **Dos páginas por hoja** se emplea para imprimir en una hoja doblada por la mitad verticalmente. Word redistribuye el texto para que quepan dos páginas en una hoja.

- **Libro plegado** es una mezcla de las dos anteriores, ya que permite trabajar con márgenes simétricos pero en una hoja que vaya a ser doblada por la mitad verticalmente con dos páginas (una al lado de otra) en una hoja de papel.

6. Con el botón `Establecer como predeterminado` Word comenzará todos los documentos nuevos siguiendo las especificaciones que se hayan indicado en el cuadro de diálogo.

6.11.1 Especificar el tipo de papel

La siguiente ficha que ofrece el cuadro de diálogo, **Papel,** permite establecer las características de la hoja de papel que vamos a usar para imprimir:

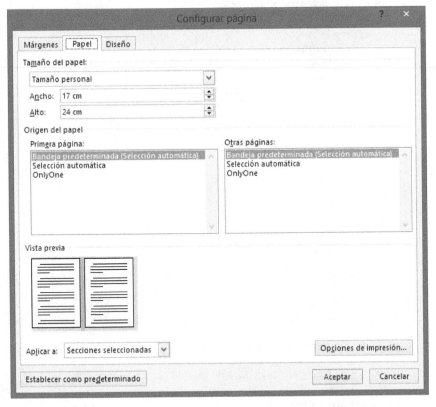

1. Con la lista **Tamaño del papel** se pueden elegir hojas de medidas estándar (por ejemplo, DIN-A4). Esta función se puede aplicar directamente desde la cinta de opciones, mediante el botón **Tamaño**.

2. Si el papel que se va a utilizar posee unas medidas distintas a las estándar, se deben emplear los cuadros de texto **Ancho** y **Alto** para establecer el tamaño.

3. Las listas **Primera página** y **Otras páginas** del grupo **Origen del papel** se emplean para establecer en qué bandeja de la impresora se va a imprimir. El contenido de estas listas varía dependiendo de la impresora de que se disponga.

6.11.2 Diseño de páginas

La última ficha del cuadro anterior es **Diseño**:

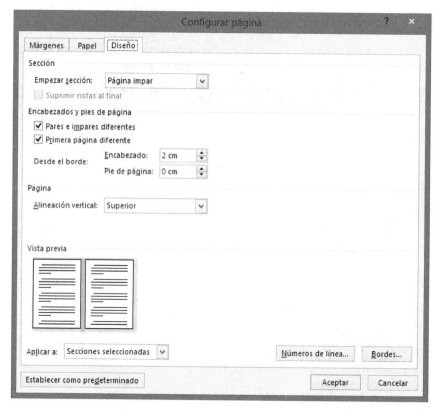

1. Con la lista **Empezar sección** se elige el modo de partida de la sección actual.

2. Los botones de **Encabezados y pies de página** permiten indicar si se va a utilizar un encabezado o pie para las páginas pares y otro para las impares (activando el botón **Pares e impares diferentes**), y si se desea que la primera página de cualquier sección sea distinta a las demás de la misma (activando el botón **Primera página diferente**).

3. El grupo **Desde el borde** permite establecer la distancia con la que se desea separar el borde de la hoja de los encabezados o pies de página.

4. La lista desplegable **Alineación vertical** permitirá situar el texto con respecto a los márgenes superior e inferior. Con **Superior** el texto se sitúa en la parte superior de la página, con **Centrada** el texto queda centrado entre los márgenes superior e inferior y con **Justificada** el texto se ajusta hasta abarcar toda la página.

5. Si se desean numerar las líneas, se pulsa el botón [Números de línea...]. Deberán indicarse después datos como el tipo de numeración para configurar el sistema.

Capítulo 7

TABLAS

Las tablas son estructuras compuestas por filas y columnas de celdas en las que podremos colocar texto y otros datos. He aquí un ejemplo de tabla:

Nombre	Apellidos	Dirección	Teléfono
Jerónimo	Elindio Salvaje	Las Rocosas, 11	555-11-22
M. Carmen	Tirosa Redomada	General Ito, 1	444-33-22
Mercedes	Gaste Físico	Gimnasia, 13	111-22-33
Marcelino	Doro Blanco	Higiene, 15	111-00-00

7.1 CREACIÓN DE UNA TABLA

Para crear una tabla se puede acceder al grupo **Tablas** de la pestaña **Insertar** en la cinta de opciones y desplegar el botón **Tabla**.

En la rejilla que muestra se hace clic y se arrastra para indicar así el número de filas y columnas que se necesitan para la tabla. Una vez elegido el número de filas y columnas de la tabla, aparece en la posición del texto en que nos encontremos (donde estuviese el cursor de texto).

Otro modo de incorporar una tabla al texto consiste en seleccionar **Insertar tabla** en la misma lista. Se obtiene un cuadro de diálogo con datos para crearla.

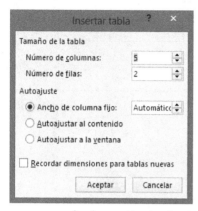

1. **Número de columnas** permite indicar cuántas columnas tendrá la tabla.

2. **Número de filas** permite indicar cuántas filas tendrá la tabla.

3. Con **Ancho de columna fijo** se establece el modo de anchura de las columnas de la tabla. El modo **Auto** (o **Automático**) es variable (con él podrá ampliar o reducir el ancho de cualquier columna utilizando sus bordes cuando la tabla ya esté en el texto), pero si desea que sus columnas tengan un tamaño fijo, establezca el ancho (en centímetros) usted mismo.

4. **Autoajustar al contenido** se asegura de que las celdas adapten su anchura al texto contenido en ellas.

5. **Autoajustar a la ventana** resulta útil para diseñar páginas web, puesto que la tabla que creamos se ampliará o reducirá automáticamente en el navegador cuando un usuario la esté viendo. En el caso de una página normal de papel, la tabla abarcará la página completamente a lo ancho (siempre dentro de los márgenes).

6. Si se activa la casilla de verificación **Recordar dimensiones para tablas nuevas**, los datos que haya especificado en el cuadro de diálogo aparecerán así automáticamente cada vez que vaya a crear una tabla.

Una tabla también se puede crear y modificar dibujando. Cuando se despliega el botón **Tabla** en la cinta de opciones, se puede acceder a la opción **Dibujar tabla**. En ese momento el cursor del ratón toma el aspecto de un lápiz con el que podemos hacer clic y arrastrar en diagonal para trazar un rectángulo que contendrá la nueva tabla. Después se trazan los bordes de las filas y columnas de celdas que se desean.

7.2 SELECCIÓN DE CELDAS Y DESPLAZAMIENTOS POR LA TABLA

Algo más que debe saberse antes de ver las funciones que se pueden aplicar a los datos de las tablas es cómo moverse por las celdas de la tabla y cómo seleccionar celdas.

1. Para pasar de una celda a otra puede utilizarse el ratón, haciendo un clic sobre la celda a la que se desea acceder.

2. También se pueden utilizar las teclas del cursor (flechas) del teclado.

3. Por último, puede pasarse de una celda a la siguiente pulsando la tecla **Tabulador**.

Si pulsa la tecla **TABULADOR** en la última celda de una tabla, aparecerá una nueva fila de celdas a continuación (al final de la tabla).

En cuanto a la selección de celdas, la mayor parte de las funciones que se deseen aplicar a una tabla deben realizarse seleccionando previamente la celda o celdas con las que desea trabajar. Para seleccionar:

1. Se hace clic sobre cualquier celda y, manteniendo pulsado el botón del ratón, se arrastra hasta otra. Se pueden seleccionar celdas salteadas (discontinuas) al mismo tiempo manteniendo pulsada la tecla **CONTROL** (o **CTRL**).

2. Si se va a seleccionar una fila, bastará con hacer un clic a su izquierda por fuera de la tabla. Si además se arrastra arriba o abajo, se seleccionarán varias filas completas.

3. Si se va a seleccionar una columna, bastará con hacer un clic sobre ella por fuera de la tabla, muy cerca de su borde. Si además se arrastra a derecha o izquierda, se seleccionarán varias columnas completas.

4. Para seleccionar una sola celda, se debe hacer clic sobre su margen, es decir, muy cerca de su borde izquierdo pero por dentro de la misma celda.

Una vez que se tiene la tabla, pueden aplicarse casi todas las funciones de texto que hemos detallado en el resto de los capítulos. Solo es necesario seleccionar las celdas de la tabla que quieren modificarse y después aplicar la función del mismo modo en que se haría si se estuviese aplicando a una parte de texto normal.

7.3 CAMBIOS DE TAMAÑO Y POSICIÓN

El cambio de tamaño de las filas y columnas se realiza utilizando los bordes de las mismas celdas, ya sea para cambiar la anchura de las columnas o la altura de las filas.

Lleve el puntero del ratón hasta el borde entre dos celdas, haga clic ahí y, sin soltar el botón del ratón, arrastre en la dirección deseada:

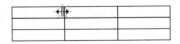

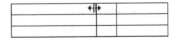

En el caso de las columnas, se hace clic en una de las separaciones...

... y se arrastra hasta el lugar deseado, liberando ahí el botón del ratón

Si desea cambiar la anchura de una sola celda (o de algunas) en lugar de todas, selecciónelas primero, repitiendo el proceso, las únicas celdas que se verán afectadas por el cambio de tamaño serán las que hayamos seleccionado antes. Esto no puede aplicarse a la altura de las celdas.

Si se trata de desplazar la tabla, se puede arrastrar. También podremos ampliar o reducir su tamaño. Puede observarse que, cuando el puntero del ratón se encuentra en alguna parte sobre la tabla, esta ofrece un controlador de movimiento en su parte superior izquierda. Además, también podrá ver un controlador de cambio de tamaño en su parte inferior derecha:

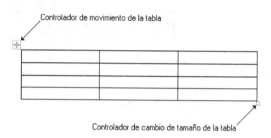

Controlador de movimiento de la tabla

Controlador de cambio de tamaño de la tabla

Haga clic sobre cualquiera de estos controladores y, sin soltar el botón del ratón, arrastre en la dirección deseada.

7.4 DISEÑO DE LA TABLA

Cuando nos encontramos en una tabla del texto, Word muestra dos pestañas añadidas en la cinta de opciones, **Diseño** y **Presentación**, que nos ayudarán a construir y dar forma a las tablas.

Con la pestaña **Diseño** disponemos de varios grupos de funciones con los que se puede cambiar el aspecto de la tabla:

1. **Opciones de estilo de tabla** ofrece varias casillas que activan y desactivan parte del aspecto de los **Estilos de tabla**. Por ejemplo, si se desactiva la casilla **Filas con bandas,** la tabla no mostrará colores alternos en sus filas.

2. **Estilos de tabla** ofrece varios modelos de aspecto para la tabla en la que nos encontremos. Podemos hacer clic sobre una para aplicar su aspecto, o desplegar la lista para obtener una gran cantidad de modelos entre los que elegir. Al desplegar dicha lista se obtienen también, al final de la misma, tres opciones para administrar los estilos:

- **Modificar estilo de tabla**. Permite cambiar las características de aspecto del estilo.

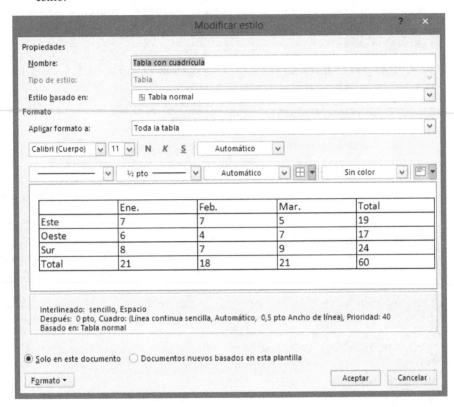

Se debe indicar en qué estilo está basado el actual (**Estilo basado en**), a qué parte de la tabla se va a aplicar el estilo (**Aplicar formato a**), establecer las características de aspecto (fuente, tipo de borde, color, etc. y el botón ⌷Formato ▾⌷) y si el estilo estará disponible para todos los documentos (**Documentos nuevos basados en esta plantilla**) o solo para el actual (**Solo en este documento**).

- **Borrar**. Elimina un estilo de tabla de la lista.

- **Nuevo estilo de tabla**. Permite crear un estilo de tabla que se añadirá a los demás de la lista. El cuadro que se utiliza es el mismo que hemos descrito para la modificación de los estilos.

- **Sombreado**. Permite elegir el color que se utilizará como fondo para las celdas seleccionadas previamente. Elija **Sin color** para desactivar el color de fondo y **Más colores** para obtener una paleta mayor de colores y elegir uno.

- **Bordes**. Permite elegir los lados del borde que deben dibujarse. Para ello, es necesario elegir la celda o celdas de la tabla que deben tener ese borde y, a continuación, elegir uno de la lista que aparecerá al desplegar el botón. Si se pulsa sobre la parte izquierda del mismo, se aplicará el último borde utilizado a la celda. Elija **Ver cuadrículas** para mostrar las líneas separadoras de las celdas (incluso las que no tengan borde) y **Bordes y sombreado** para poder acceder a todos los tipos de borde y sombreado en el correspondiente cuadro de diálogo.

3. **Dibujar bordes** ofrece varias opciones para cambiar las líneas de borde de las celdas:

- **(Estilo de pluma)**. Permite elegir el tipo de línea que se utilizará para dibujar o cambiar los bordes de la tabla.

- **(Grosor de pluma)**. Permite elegir la anchura de la línea que se utilizará para dibujar o cambiar los bordes de la tabla.

- Color de la pluma. Permite elegir el color que se utilizará para dibujar o cambiar los bordes de la tabla.

- **Dibujar tabla**. Al activar este botón se puede dibujar en la tabla. Cuando está pulsado, se puede trazar un rectángulo en la página con el ratón dándole así la forma externa a la tabla. Luego, se dibujan dentro las filas y columnas.

- **Borrador**. Este botón permite borrar líneas de la tabla. Solo será necesario pasar el ratón, con el botón pulsado, por las líneas que se deseen borrar.

Con la pestaña **Presentación** disponemos de varios grupos más para diseñar la tabla:

1. **Tabla**. Contiene tres utilidades:

- Seleccionar▼ Despliega un menú con el que se pueden seleccionar celdas de la tabla.

- Ver cuadrículas En principio, Word no muestra en la página las líneas que forman las celdas de la tabla. Podría ser interesante que se mostraran, con el fin de saber dónde se encuentran los límites de dicha celda incluso en las que no tengan ningún borde.

- Propiedades Con esta opción se podrán ajustar la altura, anchura, posición y otros detalles de las celdas de la tabla. Esta opción ofrece un cuadro de diálogo con cuatro fichas con las que trabajar:

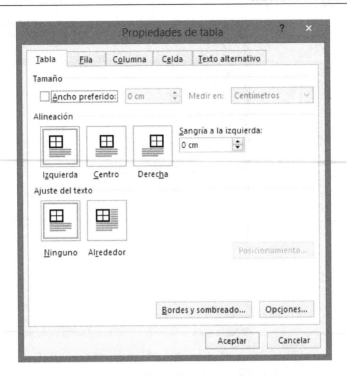

a) La ficha **Tabla** ofrece datos con los que modificar la tabla completa, como el **Ancho preferido** (para establecer la anchura de todas las columnas de la tabla), el grupo **Alineación** (con el que se puede indicar la posición horizontal de la tabla y una **Sangría a la izquierda**) y el **Ajuste del texto** (con el que se indica si el texto podrá rodear la tabla por todos lados o no).

b) La ficha **Fila** ofrece datos para modificar las características de la fila de celdas en la que se encuentre (o de varias filas que haya seleccionado), como el **Tamaño** (para establecer las dimensiones de las celdas de la fila), el **Alto específico** (para establecer una altura fija para la fila) junto con el **Alto de fila** (concretar el modo de indicar la altura como, por ejemplo, **Mínimo**, que establece un mínimo de altura pero que permite ampliarla más, aunque no reducirla), la casilla **Permitir dividir las filas entre páginas** (de modo que parte quede al final de una página y el resto al principio de la siguiente página) y la casilla **Repetir como fila de encabezado en cada página** (la fila en la que se encuentre el cursor se repetirá automáticamente al principio de cada nueva página en la que continúe la tabla si esta es tan grande que abarca varias páginas).

c) La ficha **Columna** ofrece la casilla **Ancho preferido**, con el que se puede indicar la anchura que tendrán las columnas seleccionadas de la tabla. Se puede elegir la unidad de medida de las columnas mediante la lista **Medir en**.

d) La ficha **Celda** ofrece la casilla **Ancho preferido** para establecer la anchura que tendrán las celdas seleccionadas de la tabla (se puede elegir la unidad de medida de las columnas mediante la lista **Medir en**) y la posición vertical del texto de las celdas con los datos del grupo **Alineación vertical**: **Arriba**, **Centro** y **Abajo**.

e) La ficha **Texto alternativo** permite establecer un **Título** para la tabla así como una **Descripción** de su contenido. Se trata de una función destinada a documentos de Internet; por ejemplo, si se va a diseñar una página web con Word en la que se incluirá una tabla, en cuyo caso la tabla puede tener un título que se mostrará durante la carga de la página en el navegador o mientras la tabla no esté a la vista.

2. **Dibujar**. Ofrece dos botones para modelar la tabla, uno para dibujar nuevas celdas
(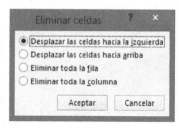 Dibujar tabla) y otro para eliminarlas (Borrador).

3. **Filas y columnas**. Ofrece varias funciones para añadir y quitar celdas de la tabla:

- El botón **Eliminar** permite borrar celdas de
la tabla. Para ello ofrece una lista de opciones
con las que se especifica qué es lo que se va
a borrar. Las opciones de **Eliminar
columnas** y **Eliminar filas** se limitan a
realizar su función sin solicitar ningún dato.
Lo mismo sucede con **Eliminar tabla**, pero
hace desaparecer esta por completo. Si se
opta por **Eliminar celdas** se obtiene un cuadro de diálogo para establecer qué
se hace con las celdas restantes. Antes de aplicar estas funciones se pueden
seleccionar varias celdas para aplicar el borrado a todas ellas, ya sean filas
completas, columnas, o celdas aisladas.

- El botón **Insertar arriba** añade tantas filas de celdas como las que ya tengamos
seleccionadas por encima de ellas. La misma tarea realizan los botones
Insertar debajo (aunque añade por debajo, en lugar de por encima), **Insertar
a la izquierda** (que añade columnas a la izquierda de aquella en la que nos
encontremos) e **Insertar a la derecha** (que añade las columnas por la derecha).

4. **Combinar**. Ofrece tres funciones para unir y dividir celdas:

- Una vez que se hayan seleccionado dos o más celdas contiguas, con el botón
Combinar celdas se reúnen en una única celda más grande.

- La operación contraria se puede realizar con el
botón Dividir celdas que, mediante un pequeño
cuadro de diálogo, solicita el número de celdas y
el modo en que se va a dividir la celda en la que
esté el cursor.

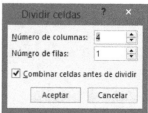

- El botón Dividir tabla separa una tabla en dos a
partir de la fila en la que esté el cursor. Puesto
que esta función se limita a separar las tablas añadiendo un párrafo vacío entre
medias, bastará con eliminar ese párrafo para volver a reunir las tablas en una
sola.

5. **Tamaño de celda**. Se utiliza para establecer las dimensiones de las celdas de la tabla:

- El botón **Autoajustar** despliega varias opciones con las que establecer una anchura de las celdas que se ajuste al texto que contengan (con **Autoajustar al contenido**), a la anchura que exista entre los márgenes (**Autoajustar a la ventana**), o a la anchura concreta que se establezca arrastrando las columnas por sus bordes (**Ancho de columna fijo**).

- Sus dos primeros cuadros permiten especificar el tamaño de las celdas mediante valores medidos en centímetros.

- Los botones ⊞ Distribuir filas y ⊞ Distribuir columnas asignan el mismo tamaño (altura y anchura respectivamente) a todas las celdas seleccionadas.

6. **Alineación**. Contiene funciones con las que se establece la colocación del texto dentro de las celdas:

- Pulse uno de los botones de alineación (▤, ▤, ▤, etc.) para situar el texto de las celdas seleccionadas en la posición deseada.

- El botón **Dirección del texto** gira 90° el texto de la celda o celdas seleccionadas. Este botón tiene un ciclo de tres pulsaciones, que colocan el texto en las tres posiciones posibles: la habitual horizontal, vertical hacia arriba y vertical hacia abajo.

- El botón **Márgenes de la celda** lleva a un cuadro de diálogo en el que se establece la separación que habrá entre el texto de las celdas y sus bordes (**Superior, Inferior, Izquierdo** y **Derecho**). Además se puede establecer si las celdas estarán separadas entre sí (**Permitir espaciado entre celdas**) y si la anchura de las columnas debe ajustarse automáticamente al texto que contengan.

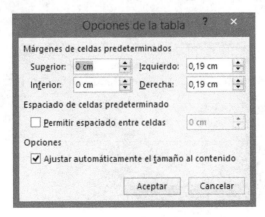

7. **Datos**. Contiene funciones sencillas de trabajo que se suelen aplicar a las tablas de las bases de datos:

- El botón **Ordenar** clasifica alfabética o numéricamente por filas los datos de las celdas. Para ello, ofrece un cuadro de diálogo en el que se elige la columna cuyos datos van a ser ordenados (**Ordenar por**), el **Tipo** de ordenación que se realizará (si es **Texto**, de modo alfabético, si es **Numérico**, por cantidades y si es por **Fecha** por antigüedad), si se va a ordenar desde los valores más pequeños a los más grandes (**Ascendente**) o al revés y si la primera fila de la lista debe emplearse también como dato para recolocar (**Sin encabezado**) o no (**Con encabezado**).

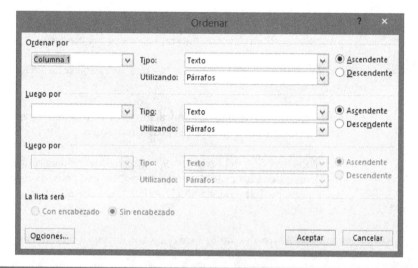

También puede ordenar datos que se encuentren fuera de una tabla y el cuadro de diálogo que permite hacerlo es el mismo que acabamos de describir. Para ello, se seleccionan los datos que se van a clasificar y se pulsa el botón ⬇ del grupo **Párrafo** en la pestaña **Inicio**.

El cuadro ofrece hasta tres datos por los que clasificar. **Ordenar por** permite elegir el dato principal de ordenación, por ejemplo, el primer apellido. Pero puesto que cualquier apellido puede aparecer varias veces, se puede utilizar la lista **Luego por** para elegir otro dato con el que clasificar entre sí todos aquellos en los que se repite el primero. Incluso si los dos datos se repiten, disponemos de otra lista **Luego por** para elegir un tercer dato con el que clasificarlos entre sí.

Tenga presente que los datos se clasifican por filas completas. Por ejemplo, si debido a la ordenación, los apellidos cambian de fila, los demás datos pertenecientes a su persona, que se encontrarán en la misma fila original de los apellidos, deberán cambiar de fila igualmente.

- El botón 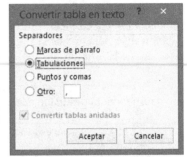 se encarga de que todos los datos escritos en la primera fila de la tabla se repitan en la primera fila de las siguientes páginas en las que continúe la tabla. Esta función se desactiva volviendo a seleccionar **Repetición de filas de título** en el menú **Tabla** (se hace situándose en dicha fila o seleccionando varias contiguas a partir de la primera).

- Convertir texto a permite transformar los datos de la tabla en texto normal. Para ello aparece un cuadro de diálogo en el que se establece qué se colocará entre los datos de texto de las celdas: **Marcas de párrafo**, **Tabulaciones**, **Puntos y comas** o cualquier **Otro** carácter.

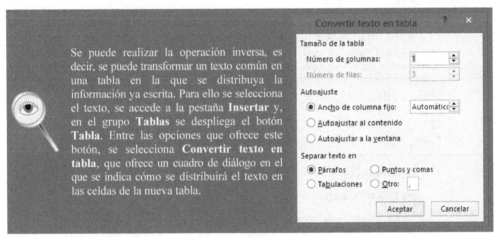

Se puede realizar la operación inversa, es decir, se puede transformar un texto común en una tabla en la que se distribuya la información ya escrita. Para ello se selecciona el texto, se accede a la pestaña **Insertar** y, en el grupo **Tablas** se despliega el botón **Tabla**. Entre las opciones que ofrece este botón, se selecciona **Convertir texto en tabla**, que ofrece un cuadro de diálogo en el que se indica cómo se distribuirá el texto en las celdas de la nueva tabla.

- Con el botón *fx* Fórmula se añaden cálculos, generalmente matemáticos, en los que se opera con los valores de la tabla. Detallamos esta función a continuación.

7.5 TRABAJOS MATEMÁTICOS CON TABLAS

Word permite realizar cálculos con los datos de las tablas. Para ello, se necesita haber incorporado datos numéricos a las celdas de la tabla, es decir, aquellas celdas que formarán parte de una fórmula deberán contener exclusivamente un número cada una, o bien, el resultado de otra fórmula. Si una celda implicada en una fórmula contiene texto (o cualquier dato no numérico), la fórmula en cuestión dará error. Para realizar algún cálculo, estando dentro de la tabla, accederemos a la pestaña **Presentación** y pulsaremos el botón *fx* Fórmula . Se obtiene el cuadro de diálogo que puede ver en la figura junto al margen.

Con ese cuadro de diálogo se pueden incorporar fórmulas y funciones matemáticas (y de otros tipos) a su tabla. Puede activar este cuadro de fórmulas incluso fuera de las tablas, aunque no podrá emplear las direcciones de las celdas para obtener resultados: únicamente podrá teclear números en sus operaciones. No hay que olvidar teclear el símbolo *igual que* (=) antes de la fórmula.

El cuadro de texto **Fórmula** permite incluir en su interior una fórmula matemática cuyo resultado irá destinado a la celda en que se encuentre cuando la escriba.

Las fórmulas se escriben utilizando los "nombres" de las celdas, datos numéricos y los operadores aritméticos:

1. Las celdas se nombran mediante su posición de filas y columnas, como si se tratase del juego de los barquitos. A cada columna le corresponde el nombre de una letra por orden alfabético (de izquierda a derecha), mientras que a cada fila, le corresponde un número comenzando por el 1 (de arriba abajo). Los nombres de las celdas se forman mediante la letra y el número correspondiente, por ejemplo, la primera celda es A1, la que está a su derecha es B1, y la que está debajo de la primera será A2.

2. Los operadores que permitirán realizar los cálculos son los siguientes:

   + para **sumar** (ejemplo: B1+2)

   - para **restar** (ejemplo: 5-C6)

   * (asterisco) para **multiplicar** (ejemplo: 5*6)

   / (barra inclinada) para **dividir** (ejemplo: B2/A1)

   ^ (acento circunflejo) para **elevar** (ejemplo: D5^2 equivale a D5^2)

   () (paréntesis) para **agrupar** operaciones (ejemplo: (8+6)/B5)

Con la lista **Formato de número** se puede indicar en qué formato aparecerá el resultado de la fórmula escrita en el cuadro de texto anterior. Se puede elegir entre varios formatos de la lista. Por ejemplo, si se trabaja con datos monetarios, lo correcto sería elegir el formato **#.##0,00 €;(#.##0,00 €)**, que añadirá a los números resultantes dos decimales y el dato € (y si es negativo lo presentará entre paréntesis).

En las celdas también se podrán emplear funciones de cálculo (sumas, promedios, recuentos, etc.) ya programadas. Para ello, debe utilizarse la lista **Pegar función** que aparece en el cuadro de diálogo anterior.

En dicha lista se ofrecen varias funciones, y no necesariamente matemáticas. Cada una de ellas necesitará ciertos datos que le proporcionaremos detrás del nombre de la función y entre paréntesis.

Por ejemplo, con Word existe la función SUMA, cuyo fin es sumar todos los datos que se le proporcionen, transfiriendo el resultado correspondiente a la celda en que se encuentre. Para utilizar esta función se escribe en el cuadro de texto **Fórmula** la palabra **SUMA** (o puede seleccionarla de la lista **Pegar función** en la que podrá encontrar esta y otras funciones), seguida de paréntesis en los que indicaremos el rango de celdas a sumar. Un ejemplo:

$$=SUMA(A1:B5)$$

Esta función sumará todos los valores numéricos comprendidos entre la celda A1 y la B5 (A1, A2, A3, A4, A5, B1, B2, B3, B4 y B5).

Las fórmulas en Word no se recalculan automáticamente, es decir, si realizamos un cambio en alguna celda que afecte a una fórmula, esta no variará, mostrando aún el resultado del cálculo antiguo. Si desea actualizar dicho resultado, deberá activar de nuevo la opción **Fórmula** del menú **Tabla**, sin necesidad de cambiar nada en el cuadro de diálogo que aparece, ya que la fórmula sigue escrita en su sitio (en el cuadro de texto **Fórmula**).

Los nombres de las funciones aparecen en inglés. Por ejemplo, la función **SUMA** aparece como **SUM**.

Capítulo 8

HERRAMIENTAS MÁS ÚTILES DE WORD

En el presente capítulo vamos a exponer una serie de herramientas de gran utilidad en Word. Se trata de funciones que tendríamos que realizar manualmente si Word no nos las ofreciera automáticamente. Así ahorraremos tiempo y trabajo.

8.1 BÚSQUEDA Y SUSTITUCIÓN DE PALABRAS Y FRASES

Cuando se desea encontrar un dato en un texto escrito con Word, basta con pulsar el botón **Buscar** del grupo **Edición** (en la pestaña **Inicio**) o bien pulsar las teclas **Control + B**. Al hacerlo, se accede al panel de navegación (puede verlo en la figura junto al margen) en el que se indican todos los datos necesarios acerca de la palabra o texto que se desea encontrar.

Navegación

TÍTULOS   PÁGINAS   RESULTADOS

Cree un esquema interactivo de su documento.

Es una buena manera de saber dónde se encuentra o moverse rápidamente por el contenido.

Para comenzar, vaya a la pestaña Inicio y aplique estilos de encabezado a los encabezados de su documento.

1. En cuanto se encuentre en el panel de navegación, escriba el dato que se busca. Inmediatamente, Word resaltará en el texto el primer lugar en el que encuentre el dato, aunque, si este no existe en él, debajo del cuadro en el que ha escrito aparecerá el mensaje *No hay coincidencias*.

2. Utilice los botones ▲ y ▼ para desplazarse por el texto automáticamente hasta el anterior o siguiente lugar del documento en el que haya más coincidencias.

3. Debajo de los botones anteriores se dispone de un listado resumido de lugares en los que se encuentra el dato que se trata de localizar. Este listado se puede organizar según tres categorías a las que se accede mediante sus tres pestañas:

- **TÍTULOS** muestra un listado de datos del documento a los que se ha asignado algún estilo de tipo **Título** (generalmente, los capítulos y apartados del documento). En cualquiera de los elementos de ese listado se puede hacer clic para acceder a él y ver ahí en qué punto de su contenido se encuentra el dato que se busca.

- **PÁGINAS** muestra un listado con las páginas del documento en miniatura. En cualquiera de ellas se puede hacer clic para acceder a ella y ver ahí en qué punto de su contenido se encuentra el dato que se busca.

- **RESULTADOS** muestra un listado con varias porciones de texto en las que se encuentra el dato que se busca. En cualquiera de ellas se puede hacer clic para acceder a ella y ver ahí en qué punto de su contenido se encuentra el dato que se busca.

8.1.1 Más funciones de búsqueda

Como puede apreciarse, el cuadro de texto (a su derecha) en el que se teclea el dato que se quiere localizar es desplegable, y ofrece una lista de opciones con las que agilizar y optimizar la búsqueda:

1. **Opciones** lleva a un cuadro de diálogo en el que se establecen opciones que permiten acotar las circunstancias de la búsqueda. Este cuadro muestra varias casillas que se pueden activar o desactivar para que cada función sea o no tenida en cuenta cuando es realice la búsqueda:

Opciones de búsqueda

- ☐ Coincidir mayúsculas y minúsculas
- ☐ Solo palabras completas
- ☐ Usar caracteres comodín
- ☐ Suena como
- ☐ Todas las formas de la palabra
- ☑ Resaltar todo
- ☑ Búsqueda incremental

- ☐ Incluir prefijo
- ☐ Incluir sufijo
- ☐ Omitir puntuación
- ☐ Omitir espacios en blanco

Establecer como predeterminado   Aceptar   Cancelar

Algunas de las funciones más destacables de este cuadro son:

- Al activar **Coincidir mayúsculas y minúsculas**, se localizará solo el texto que coincida exactamente, letra por letra, en sus mayúsculas y minúsculas.

- La casilla **Solo palabras completas** obliga a Word a indicar que se ha encontrado el texto solo si de lo que se escribió aparece en este formando una sola palabra. Así, si este botón **no** se activa e indicamos que se busque la palabra *que*, Word no solo se detendrá en esta palabra, sino que también lo hará, por ejemplo, en la palabra *queso*, ya que contiene las letras *q*, *u*, y *e*, que son las que se buscan.

- Con **Usar comodines** se puede encontrar texto sin escribir íntegramente lo que se busca. Así, si se escribe como texto a buscar *p?p?*, Word se detendrá en palabras como *papá*, *Pepe* o *pipa*, ya que se han indicado las letras *p* correspondientes, aunque se desconoce lo que hay en lugar de los signos de interrogación. Existen otros símbolos para encontrar datos desconocidos. Es recomendable consultar el sistema de ayuda para conocer todos los posibles símbolos en búsquedas avanzadas.

- La casilla **Prefijo** permite localizar el texto cuando este se encuentra situado al principio de la palabra, mientras que **Sufijo** lo hace cuando está al final.

- La casilla **Omitir puntuación** localiza el texto en el documento original aunque contenga signos de puntuación entre las letras escritas para buscar. Lo mismo sucede con la casilla **Omitir espacios en blanco**, es decir, localiza el texto aunque tenga espacios en blanco entre los caracteres que se buscan. Así, si por ejemplo se busca el término *quede* y se activa la casilla **Omitir espacios en blanco**, Word localizará también la expresión *que de* (con espacio entre ellas).

2. Si en el menú anterior (botón ⁻) se opta por la opción **Búsqueda avanzada**, se accede al modo tradicional de búsqueda, con el cuadro de diálogo siguiente:

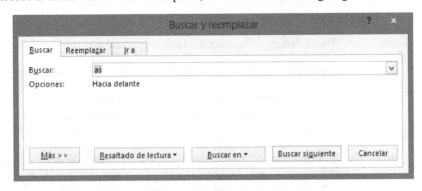

- Si despliega la lista ⟨ Resaltado de lectura ▾ ⟩, Word marca a la vez todos los términos que localice en el documento. Al desplegar la lista, también puede seleccionar **Borrar resaltado** para eliminar las marcas.

- Se puede desplegar la lista Buscar en ▾ para indicar en qué parte del documento deberá marcarse (por ejemplo, **Documento principal** o **Encabezados y pies de página**).

- Si se va a concretar más sobre el dato que se busca, se pulsa el botón Más >> . Este botón amplía el cuadro de diálogo añadiendo más opciones:

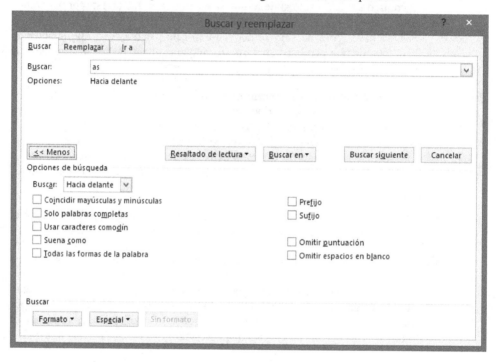

- Con la nueva lista desplegable **Buscar** (que aparece con el dato **Todo** ya escrito) se indica la dirección en la que se va a buscar el texto. Se dispone de tres posibilidades:

  a) **Hacia delante**. Busca desde la posición actual hasta el final del texto.

  b) **Hacia atrás**. Busca desde la posición actual hasta el principio del texto.

  c) **Todo**. Busca en todo el texto desde la posición actual hasta el final del texto, continuando desde el principio hasta la posición en que se comenzó la búsqueda.

- Mediante el botón Formato ▾ se indica que se busca un texto con un formato determinado (por ejemplo, un tipo de letra), y si se especifica algún formato, podrá volver a eliminarse de la búsqueda al pulsar el botón Sin formato .

- Igualmente, el botón Especial ▾ permite buscar caracteres especiales en el texto, como tabulaciones, saltos de línea, saltos de sección, etc.

3. La función **Reemplazar** del menú de búsquedas (▾) la veremos enseguida.

4. La función **Ir a** la hemos detallado en la *Introducción a Word*.

5. El menú de búsquedas también permite localizar **Gráficos**, **Tablas**, **Ecuaciones**, **Notas al pie o notas al final** y **Comentarios** en el documento simplemente eligiendo una de estas opciones en dicho menú (▾).

8.1.2 Reemplazos automáticos

El funcionamiento es similar al de la búsqueda de palabras, pero además permite reemplazar automáticamente un pequeño texto por otro. Se accede a esta función mediante el botón ᵃ⸝ᵦc Reemplazar del grupo **Edición** (en la pestaña **Inicio** de la cinta de opciones). Se obtiene el siguiente cuadro de diálogo:

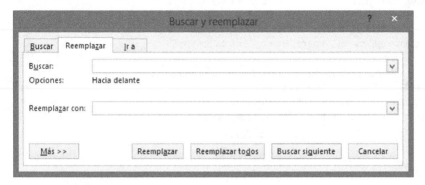

El cuadro de diálogo es similar al utilizado para las búsquedas, con la diferencia de que se añaden los datos necesarios para sustituir automáticamente ciertas palabras en el texto: la lista **Reemplazar con**, y los botones Reemplazar y Reemplazar todos.

En la lista **Buscar** se escribe el texto que se desea localizar con el fin de ser sustituido. Luego se escribe el texto que sustituirá al anterior en la lista **Reemplazar con**. Llegados a este punto existen dos posibilidades:

1. Se pulsa el botón Buscar siguiente para localizar el término a sustituir y, una vez encontrado, se pulsa en Reemplazar. Word cambia la palabra en el texto y continúa la búsqueda por si encontrase más coincidencias. Si no se pulsa el botón Reemplazar se ignorará ese caso y el término original del texto quedará intacto.

2. Si se pulsa el botón Reemplazar todos, se sustituirá automáticamente el texto que se busca en el documento completo (en todos los lugares del documento en que se encuentre). Esta función no pide ningún tipo de confirmación, de modo que, al pulsarlo, se ejecutan los cambios de una vez. Al terminar, Word abre un cuadro de diálogo informativo en el que especifica el número de palabras que ha encontrado y sustituido.

Como en las búsquedas, el botón Más >> amplía el cuadro mostrando funciones idénticas a las que se describieron antes.

8.2 CORRECTOR ORTOGRÁFICO Y GRAMATICAL

Puesto que Word está más especializado en textos, su corrector es más completo. Al igual que el corrector de los programas compañeros de Office, puede comprobar el texto que se haya escrito, deteniéndose en aquella palabra que no figure en su diccionario (en principio porque esta no estará bien escrita) y proporcionando una lista de posibles palabras correctas, de las cuales habremos de seleccionar la adecuada (si la hay) para sustituirla por la errónea.

Así mismo, la función gramatical comprueba la estructura de las frases que se escriben, indicando si una frase o parte de ella puede contener fallos de tipo gramatical (de puntuación, de género, etc.).

Para activar el corrector se emplea la opción **Ortografía y gramática** del grupo **Revisión** en la pestaña **Revisar**, o se pulsa la tecla **F7**.

Cuando Word encuentra una posible palabra incorrectamente escrita, aparecerá el panel de tareas.

En él, se muestra la palabra posiblemente incorrecta. En él también obtenemos una lista de sugerencias que sea válida para subsanar el error. Si alguna es aceptable, se hace clic en ella y se pulsa el botón Cambiar. Más aún, si en su lugar pulsamos Cambiar todo, el corrector intercambiará ambas palabras en todo el texto.

Puede darse el caso de que el corrector ofrezca como errónea una palabra bien escrita ortográficamente debido a que esta no conste en el diccionario de palabras del idioma que se esté empleando. En este caso, disponemos de varias posibilidades:

1. El botón Omitir acepta como válida la palabra en cuestión, pero se detendrá de nuevo si vuelve a encontrarla.

2. El botón Omitir todo acepta como válida la palabra en todo el texto (pero solo en el documento en el que se encuentre, mientras no se cierre).

3. Si pulsa el botón Agregar, la palabra supuestamente incorrecta se añadirá al diccionario (no al diccionario general sino a un diccionario personalizado). De ese modo, siempre que el corrector la encuentre de nuevo en cualquier texto será aceptada, al igual que el resto de las que ya estaban en el diccionario.

El sistema de corrección ortográfica también contempla el caso en el que se hayan escrito en el texto dos palabras iguales seguidas. En este caso, el corrector también se detendrá informándonos de ello, y en el cuadro de diálogo obtendremos que el botón $\boxed{\text{Cambiar}}$ es sustituido por $\boxed{\text{Eliminar}}$, que borra automáticamente la segunda de las dos palabras repetidas.

Para terminar con el cuadro de diálogo del corrector ortográfico, en su parte inferior tenemos dos elementos con otras tantas funciones:

- En la parte inferior podemos ver el idioma del diccionario que se está empleando para la corrección ($\boxed{\text{Español (España)} \quad \blacktriangledown}$). Podemos desplegar la lista para establecer otro. Es útil si vamos a escribir en ese idioma. Si no adaptamos el idioma correctamente, el corrector interpretará como incorrectas casi todas las palabras que escribamos en el texto, al no coincidir casi ininguna con las que contiene su diccionario en ese idioma.

8.2.1 Gramática

Si se trata de un posible fallo gramatical, el panel de tareas ofrece otros elementos similares.

1. La lista de sugerencias muestra las posibles soluciones que en algunos casos no son correctas.

2. El botón $\boxed{\text{Omitir}}$ salta el error dando por bueno el fallo gramatical (esto puede ocurrir con cierta frecuencia debido a que en esos casos Word no sabe con certeza el tipo de palabra que genera el error: verbo, adverbio, pronombre, etc.).

3. El botón $\boxed{\text{Cambiar}}$ corrige el error gramatical sustituyéndolo por la sugerencia elegida en la lista correspondiente. Por tanto, deberá seleccionar una de las sugerencias de la lista antes de pulsar el botón.

4. En la parte inferior también podemos seleccionar el idioma del corrector gramatical. Al igual que para la ortografía, debemos seleccionar el adecuado.

Gramática   ▼ ✕

Las

$\boxed{\text{Omitir}}$

Los

$\boxed{\text{Cambiar}}$

Concordancia en el grupo nominal

Es necesario que haya coincidencia de género y número entre el sustantivo con el artículo o los adjetivos que lo acompañan.

- En lugar de: Los otro dos socios vendrán mañana.
- Considere: Los otros dos socios vendrán mañana.

- En lugar de: Cualquier correctores puede hacerlo.
- Considere: Cualquier corrector puede hacerlo.

▼

Word subraya en color rojo aquellas palabras que no encuentra en su diccionario, y en color verde las que generan un error gramatical. Así se advierte previamente de aquellas palabras o frases que se acaban de escribir incorrectamente.

Para corregir una palabra según este nuevo sistema se pulsa el botón secundario del ratón sobre la palabra subrayada en rojo o en verde. Al hacerlo, aparece un menú encabezado por la lista de sugerencias. Si se elige una, Word las intercambiará automáticamente.

8.3 SINÓNIMOS

Ofrece un listado de palabras de significado equivalente a otra. Para utilizar los sinónimos, lo primero que haremos es situarnos en aquella palabra que deseamos cambiar por un sinónimo, y después pulsar el botón **Sinónimos** del grupo **Revisión** en la pestaña **Revisar**. Al hacerlo aparece el panel de tareas (puede verlo en la figura junto al margen).

Lleve el ratón sobre el sinónimo que le interese, despliegue su lista y elija **Insertar**. Si lo que necesita es obtener otros sinónimos de uno de la lista, simplemente haga clic sobre ella.

Por último, si ha utilizado varias palabras en el cuadro de diálogo, pulse el botón ⬅ para ver cuál fue el sinónimo anterior que buscó.

8.4 GUIONADO AUTOMÁTICO

Word ofrece un sistema automático de inserción de guiones entre palabras cuando estas son excesivamente largas y se encuetran al final de un renglón. El sistema se encarga de localizar el punto entre sílabas más adecuado para colocar el guión.

Para controlar esta función se despliega el botón Guiones ▾ que se encuentra en el grupo **Configura página** de la pestaña **Diseño de página** en la cinta de opciones. Este botón ofrece un pequeño menú:

1. La opción **Ninguno** desactiva el sistema automático de inserción de guiones.

2. La opción **Automático** activa el modo en el que es Word el que decide en qué palabras y lugares entre sílabas se colocan los guiones, sin necesidad de intervención del usuario. Cuando se activa esta función, Word revisa el documento y coloca los guiones incluso en el texto ya escrito.

3. La opción **Manual**. Word ofrece casos conflictivos para que el usuario decida dónde se coloca cada guión. Para ello ofrece un cuadro de diálogo como el siguiente:

4.   Con **Opciones de guiones** se establecen las circunstancias generales con las que Word asigna guiones a las palabras. Por ejemplo, se puede establecer la **Zona de división** (la máxima cantidad de espacio que se permite entre el final de la última palabra en el renglón y el margen derecho, es decir, si queda más espacio que ese al pasar al renglón siguiente, Word decide que en la palabra siguiente hay que añadir un guión):

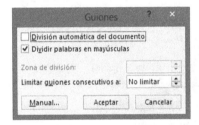

8.5 NOTAS A PIE DE PÁGINA Y NOTAS FINALES

Como sabemos, algunas publicaciones ofrecen aclaraciones al final de la página (o del documento). Word permite generar estas aclaraciones mediante notas a pie de página y notas finales. Para poder crearlas hemos de situar el cursor en el punto del texto en el que deseemos que aparezca la marca y acceder a la pestaña **Referencias** para elegir, en el grupo **Notas al pie**, la opción **Insertar nota al pie**. Se obtiene un número de nota en el punto de texto en el que nos encontrábamos (el número es automático) y somos llevados a la parte inferior de la página en la que podemos teclear la aclaración.

En el mismo grupo de la pestaña **Referencias** disponemos de otros botones relacionados:

1.   Insertar nota al final   añade la nota, pero, en lugar de hacerlo al final de la página, lo hace al final del documento.

2. **AB↓ Siguiente nota al pie** ▾ lleva a la siguiente nota a pie de página. Este botón se puede desplegar para navegar igualmente por las notas finales.

3. **Mostrar notas** lleva a las notas a pie de página o finales, según haya unas u otras en el documento.

En el mismo grupo se puede pulsar el botón **⌐**, que lleva a un cuadro de diálogo con el que se puede configurar el modo de trabajo de las notas a pie de página y finales:

1. Con este cuadro también se pueden agregar notas al documento. Se elige **Notas al pie** o **Notas al final**, según se vaya a añadir una nota de un tipo u otro, y se pulsa el botón **Insertar**.

2. Con el resto de opciones se precisa el modo de trabajo de las notas:

    • Si va a utilizar la numeración automática elija una en **Formato de número**. En este caso, también deberá indicar cuál será el primer número de nota con **Iniciar en** y qué sistema de numeración va a mantener: **Continua** (aumenta desde el principio del documento hasta el final), **Reiniciar cada sección** (se renueva en cada sección del documento) o **Reiniciar cada página** (se renueva en cada página del documento).

    • Si se van a emplear símbolos se escribe uno en **Marca personal** o se pulsa el botón **Símbolo...** para elegirlo en una lista.

    • El botón **Convertir...** transforma notas a pie de página en notas finales y viceversa.

Si necesita eliminar una nota a pie de página, seleccione su marca (número o símbolo) en el texto (en el texto y no en la nota al pie) y pulse la tecla **SUPR**.

8.6 MANTENER MÁS DE UN TEXTO ACTIVO

Como sabemos, Word permite abrir varios textos a la vez. Al abrir un texto este aparece en una nueva ventana. Como el propio nombre de Windows indica (en inglés), tratamos con ventanas, de modo que cada texto será alojado en una ventana distinta que Word nombrará y numerará.

Para trasladarse de un documento a otro y administrar varios que estén abiertos al mismo tiempo empleamos los elementos del grupo **Ventana** dentro de la pestaña **Vista**:

1. **Nueva ventana** abre otra ventana con el mismo texto en que se esté trabajando (generalmente para consultar otra parte del documento sin perder el sitio).

2. **Organizar todo** divide la pantalla en tantas ventanas como textos tengamos equitativamente en la pantalla, permitiendo mostrar una pequeña parte de cada uno.

3. **Dividir** permite obtener en la misma ventana dos partes distintas del mismo texto dividiéndola en dos mitades, de forma que podrá ver simultáneamente dos partes distintas del mismo documento (generalmente para cotejar datos). Si se divide una ventana con esta función, el botón cambiará por **Quitar división**, cuya función es volver a dejar la ventana como estaba.

4. **Ver en paralelo** divide la ventana de trabajo en dos para mostrar al mismo tiempo dos documentos de forma que se puedan comparar visualmente. Cuando se activa este botón y el usuario se desplaza por uno de los documentos, el otro también se desliza a la par. De eso es responsable el botón **Desplazamiento síncrono** que se activa por sí solo cuando se pulsa en **Ver en paralelo**. Si el botón de desplazamiento síncrono no se activa, disponemos también del botón **Restablecer posición de la ventana**, que iguala las posiciones de ambos documentos de modo que veamos la misma zona de ambos.

5. A la derecha de los botones anteriores disponemos de otro desplegable: **Cambiar ventanas**. Cuando se pulsa este botón, muestra una lista de documentos que estén abiertos en ese instante: basta con elegir uno para acceder a él.

8.7 COMENTARIOS

En un texto podemos introducir anotaciones que nos recuerden algunos datos, o bien que indiquen de qué trata el texto que está escrito a continuación, etc. Inicialmente, estos comentarios se muestran como parte del texto y no se imprimen en la impresora, pero sí que podemos verlos en la pantalla.

Para crearlos hemos de situarnos en el lugar del texto en el que deba aparecer la anotación y acceder a la pestaña **Revisar** de la cinta de opciones. En ella, el grupo **Comentarios** ofrece el botón **Nuevo comentario**, que, al pulsarse, genera un marco rojo en el que se teclea el comentario:

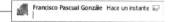

Haga clic fuera del marco y el comentario quedará establecido.

Si vuelve a hacer clic dentro del marco, podrá cambiar su texto. Cuando se inserta al menos un comentario en el documento, los botones del grupo **Comentarios** se activan:

1. Con el botón **Eliminar** se borra el comentario en el que estemos situados. Sin embargo, este botón es desplegable y las opciones que ofrece permiten borrar todos los comentarios del documento o bien los que estén a la vista.

2. Con los botones **Anterior** y **Siguiente** se accede a otros comentarios del documento.

8.8 ENCABEZADOS Y PIES DE PÁGINA

Gracias a los encabezados y pies de página automáticos bastará con escribir el mensaje que forme el encabezado (o pie) para que Word se encargue de depositarlo en su lugar correspondiente en la parte superior (encabezado) o inferior (pie) de varias páginas.

En la pestaña **Insertar** de la cinta de opciones disponemos del grupo **Encabezado y pie de página**. En él podemos desplegar el botón **Encabezado** para añadir uno al texto. Lo mismo puede hacerse con el botón **Pie de página** para los pies de página. Ambos botones despliegan varios estilos de encabezados y pies de página. Bastará con elegir el que tenga un contenido que interese, si bien se puede optar por la opción **Editar encabezado**, que permite modificarlo, incluso estando vacío.

Se puede comenzar a escribir directamente el texto del encabezado.

En la cinta de opciones han aparecido varios grupos con funciones específicas para encabezados:

1. En el grupo **Encabezado y pie de página** podemos desplegar los botones:

    - **Encabezado** y **Pie de página** para cambiar por otro el estilo de encabezado y pie de página respectivamente (o quitarlo).

    - **Número de página** para elegir un modo de añadir el número de página a las hojas.

2. El grupo **Insertar** contiene elementos automáticos que pueden añadirse al texto del encabezado o pie de página:

    - **Fecha y hora**. Lleva al cuadro de diálogo que permite seleccionar fechas y horas que añadir al encabezado.

    - **Información del documento**. Despliega varias opciones que permiten incorporar al encabezado/pie datos como el autor del documento, su nombre, etc.

    - También pueden añadirse ⊞ Elementos rápidos ▾ (campos, propiedades del documento, etc., incluso extras desde Internet) e imágenes (⤷ Imágenes e ⤷ Imágenes en línea).

3. El grupo **Navegación** contiene botones que permiten explorar los diferentes encabezados y pies de página del documento.

4. El grupo **Opciones** contiene tres casillas para configurar el encabezado o pie de página:

    - **Primera página diferente**. Permite establecer si se desea que la primera página de cualquier sección no muestre encabezado o pie de página alguno.

- **Páginas pares e impares diferentes**. Permite indicar si va a utilizar dos encabezados o pies de página en el texto, uno para las páginas pares y otro para las impares.

- **Mostrar texto del documento**. Muestra u oculta el texto de las páginas.

5. Los cuadros de texto del grupo **Posición** permiten separar en mayor o menor medida el texto del encabezado del borde superior de la página y el pie de página del borde inferior.

Una vez finalizada la creación o modificación de un encabezado o pie de página, pulsaremos el botón **Cerrar encabezado y pie de página** para que quede insertado en el texto.

Cerrar encabezado
y pie de página

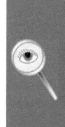

Al pulsar ese botón y volver así al cuerpo del texto, el encabezado (o pie de página) se torna de color gris. Sin embargo, este efecto solo se ve en pantalla (no al imprimir el documento) para que se distinga fácilmente el encabezado del cuerpo del texto.

Si en un texto ya hay encabezados, pies de página, notas a pie de página o anotaciones, también se podrá acceder a ellos haciendo doble clic en él.

Para borrar un encabezado o un pie de página basta con eliminar todo su contenido (borrando todo con las teclas de borrar o **SUPR**) o bien desplegar el botón **Encabezado** (o **Pie de página**) mientras se está modificando uno (grupo **Encabezado y pie de página** de la cinta de opciones) y seleccionar **Quitar encabezado** (o **Quitar pie de página**).

8.9 NUMERACIÓN AUTOMÁTICA DE PÁGINAS

Como cualquier procesador de texto, Word permite numerar las páginas automática e independientemente del texto contenido en ellas. Se trata de acceder al grupo **Encabezado y pie de página** de la pestaña **Insertar** y desplegar el botón **Número de página**.

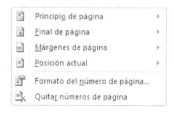

1. Las opciones **Principio de página** y **Final de página** permiten elegir entre varios estilos de números que se colocarán en la posición elegida.

2. Con **Márgenes de página** se establece a qué lado de la hoja y con qué aspecto aparecerán los números.

3. Con **Posición actual** disponemos de más estilos de aspecto y posición para los números.

4. La opción **Formato del número de página** permite establecer más detalladamente cómo aparecerán los números. Al pulsarlo, se obtiene un nuevo cuadro de diálogo en el que se puede establecer el formato de número (el tipo de numeración deseado: números, letras o números romanos), si se debe incluir el número de capítulo y si se debe reiniciar la numeración desde cada sección o continuar.

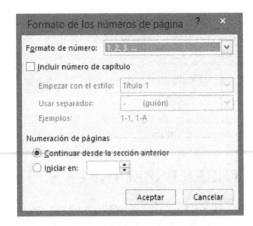

5. La opción **Quitar números de página** elimina la numeración de todo el documento.

Word coloca automáticamente los números en el encabezado (o en el pie) de la página: ahí se pueden modificar o eliminar.

8.10 FECHA Y HORA

Cuando desee incorporar a su texto la fecha actual o la hora, podrá utilizar el botón **Fecha y hora** (: grupo **Texto** de la pestaña **Insertar**), que ofrece la siguiente lista de opciones:

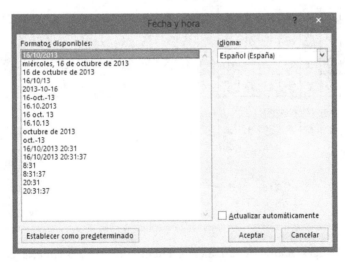

1. **Formatos disponibles** permite elegir la forma en que aparecerá la fecha o la hora.

2. El contenido de esa lista dependerá del **Idioma** que seleccionemos, puesto que al elegir uno, los formatos se adaptan al país o países en los que se habla ese idioma.

3. La casilla **Actualizar automáticamente** se encarga de renovar la fecha cada vez que se abre el documento, tomando la de ese día.

4. El botón ⌈ Establecer como predeterminado ⌉ establece que el tipo de fecha que elijamos será el que aparezca por defecto siempre que se añada una al texto.

Si aparece una fecha incorrecta, deberá utilizar el icono **Fecha y hora** del **Panel de control** de Windows para cambiar cualquiera de las dos.

8.11 CARACTERES ESPECIALES Y SÍMBOLOS

Si se necesita añadir al texto un símbolo que no aparezca en el teclado, se deberá insertar uno de los denominados *caracteres especiales*. Se encuentran accediendo a la pestaña **Insertar**, desplegando el botón Ω Símbolo ▾ del grupo **Símbolos**.

El botón ya ofrece expuestos los símbolos más comunes por si tenemos que añadir uno al texto, en cuyo caso solo hay que hacer clic en él. Sin embargo, también ofrece la opción **Más símbolos** que lleva a un cuadro de diálogo con el que disponemos de otras funciones relativas al tema:

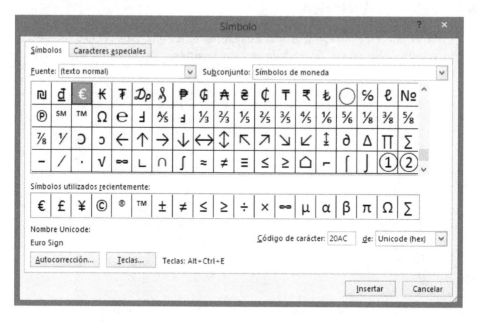

1. Con la ficha **Símbolos** se indica la **Fuente** que se va a emplear para insertar el carácter especial.

2. Utilice el ratón o las teclas del cursor para seleccionar el carácter que desee y pulse el botón ⌈ Insertar ⌉. Si se conoce el código que corresponde al carácter, podrá teclearse en **Código de carácter**.

3. Para que aparezca un carácter al pulsar una combinación de teclas, se pulsa el botón
   Teclas... y después se establecen las teclas.

4. El botón Autocorrección... lleva al cuadro de diálogo de autocorrección con el que se
   podrá establecer una abreviatura que, al ser escrita, colocará el carácter en el texto.

Si se activa la ficha **Caracteres especiales**, el cuadro de diálogo cambiará para
mostrar otra lista:

En este cuadro se presentan ciertos caracteres tipográficos especiales. Junto a ellos
aparecen las descripciones y combinaciones de teclas de cada carácter. Por lo demás, esta
ficha se maneja como la anterior.

8.12 HIPERVÍNCULOS

Si se va a añadir un hipervínculo (un enlace que lleve a una página web), lo primero
es seleccionar una pequeña parte de texto o una imagen que servirá de "botón" para acceder
al lugar al que nos lleva el hipervínculo. Después, debemos acceder a la pestaña **Insertar** y
pulsar el botón 🔗 Hipervínculo del grupo **Vínculos**, lo que nos llevará al siguiente cuadro:

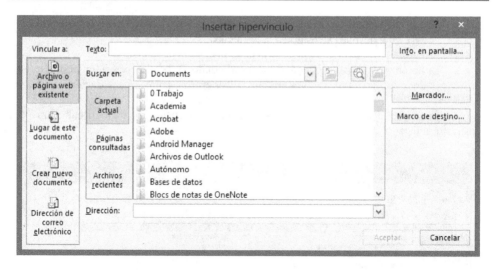

1. Teclee la **Dirección** en el cuadro de texto que lleva ese nombre.

2. En **Texto** puede teclear el mensaje receptor del vínculo, es decir, el elemento en el que se podrá hacer clic para acceder a la dirección.

3. Con el botón [Marcador...] el hipervínculo lleva a un lugar concreto dentro de la página que haya establecido en el cuadro de texto anterior. Esta función solo es útil si la página de destino contiene marcadores.

Cuando terminemos, el **Texto** aparece en el documento con color azul y subrayado para darle el aspecto clásico de un vínculo. Si se ha asociado a una imagen, esta no mostrará cambio alguno en su aspecto.

Si desea modificar un hipervínculo solo ha de hacer lo mismo que para crearlo. Obtendrá el mismo cuadro de diálogo, aunque también dispondrá del botón [Quitar vínculo] con el que podrá eliminarlo.

8.13 TEXTO OCULTO Y CARACTERES NO IMPRIMIBLES

El modo normal de trabajo de Word funciona sin mostrar el denominado **texto oculto** (si lo hay) en un texto. Sin embargo, el texto oculto puede verse en cualquier momento simplemente al pulsar el botón ¶ (**Mostrar todo**) que aparece en el grupo **Párrafo** de la pestaña **Inicio** de la cinta de opciones. Este botón no solo muestra o esconde el texto oculto, sino también todos los caracteres no imprimibles de Word tal como el carácter de marca de párrafo (la tecla **INTRO**), que Word muestra cada vez que se pulsa esa tecla representando que en ese lugar se ha añadido la función retorno del carro y avance de línea (¶).

Es recomendable que antes de imprimir un texto revise el texto oculto, ya que este puede imprimirse (se vea o no en pantalla), lo cual podría descolocar su texto. Un ejemplo: si usted tiene cinco páginas de texto normal y una página más intercalada con texto oculto, a la hora de imprimir obtendrá seis páginas en papel.

8.14 TRADUCIR

Word ofrece una función de traducción de términos y expresiones de un idioma a otro. Para activar esta función se accede a la pestaña **Revisar** y se despliega el botón **Traducir** del grupo **Idioma** (en la cinta de opciones). Ofrecerá las siguientes opciones:

Traducir d̲ocumento
Muestra una traducción automática en un explorador web.

Traducir texto s̲eleccionado
Muestra la traducción procedente de servicios locales y en línea en el panel Referencia.

Minitraductor
Permite apuntar a una palabra o seleccionar una frase para ver una traducción rápida.

E̲legir idioma de traducción...

1. **Traducir documento** lleva a un cuadro de diálogo en el que se establecen los datos necesarios para traducir el texto completo a un determinado idioma. La traducción se efectúa vía Internet, por lo que deberá estar conectado en el momento de activar esta función.

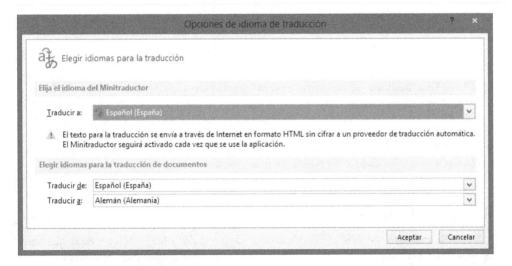

2. **Traducir texto seleccionado** lleva al panel de tareas que mostrará elementos para realizar la traducción. Se teclea la palabra en el cuadro **Buscar**, elija el idioma original en **De** y elija el idioma al que va a traducir en **A**. Al pulsar el botón ➡, el sistema buscará la traducción y la mostrará en la lista inferior. También es posible **Traducir el documento** si no se escribe nada en **Buscar**, si bien la traducción se muestra en el navegador de Internet que tengamos instalado, debido a que la traducción se realiza en un sitio web.

3. **Minitraductor** activa la función de traducción rápida para traducir términos o frases rápidamente. Una vez que se activa, basta con llevar el ratón sobre la palabra o frase en cuestión para obtener el panel con los elementos de traducción.

Es importante tener en cuenta que el sistema no reconoce contextos ni frases hechas, por lo que su traducción puede resultar excesivamente literal en algunos casos.

8.15 PORTADAS

Se trata de una utilidad que añade una página al documento delante de la que hasta el momento era la primera. En ella y, a modo de título, podemos ver elementos de presentación del documento con un diseño atractivo y legible. De hecho dispondremos de varios modelos para elegir.

Para agregar una portada a nuestro documento, solo hay que acceder a la pestaña **Insertar** de la cinta de opciones y, en su grupo **Páginas**, pulsar el botón ⬛ Portada ▾ para desplegar la lista de modelos de portada.

Una vez que la portada se encuentra en nuestro documento, podremos modificar su contenido haciendo clic en un elemento y cambiándolo, ya sea añadiendo, borrando o alterando los datos que aparezcan.

Si hace cambios en uno de los bloques de datos de la portada (por ejemplo, desplaza uno a otro lugar) y le interesa conservarlo para aplicarlo a otro documento posteriormente, despliegue de nuevo el botón ![Portada] y seleccione su opción **Guardar selección en una galería de portadas**. Se le ofrecerá un cuadro de diálogo para que dé nombre a la portada y establezca otros datos para ella como en qué **Galería** de Word desea almacenarla (por ejemplo, en la propia galería de Portadas) y en qué plantilla o documento de texto desea hacerlo (con **Guardar en**; por ejemplo, sería interesante utilizar la opción **Normal.dotm** para que esté disponible en cualquier documento):

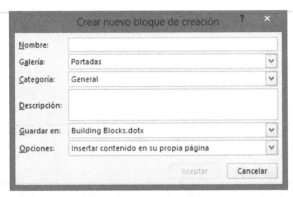

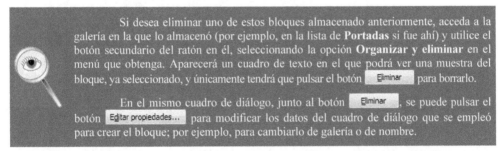

Si desea eliminar uno de estos bloques almacenado anteriormente, acceda a la galería en la que lo almacenó (por ejemplo, en la lista de **Portadas** si fue ahí) y utilice el botón secundario del ratón en él, seleccionando la opción **Organizar y eliminar** en el menú que obtenga. Aparecerá un cuadro de texto en el que podrá ver una muestra del bloque, ya seleccionado, y únicamente tendrá que pulsar el botón Eliminar para borrarlo.

En el mismo cuadro de diálogo, junto al botón Eliminar , se puede pulsar el botón Editar propiedades... para modificar los datos del cuadro de diálogo que se empleó para crear el bloque; por ejemplo, para cambiarlo de galería o de nombre.

Si necesita eliminar una portada de un documento, vuelva a desplegar el botón ![Portada] y seleccione su opción **Quitar portada actual**.

Capítulo 9

TÉCNICAS AVANZADAS CON WORD

En el presente capítulo vamos a tratar funciones que solicitan una mayor contribución por parte del usuario y que, al mismo tiempo, ofrecen unos resultados muy completos.

9.1 MACROS

En palabras sencillas, una macro es una función que reúne varias. Suelen utilizarse para procesos que requieren una misma serie de acciones que se utilizan con frecuencia.

Aunque las macros se programan con el lenguaje WordBasic, es posible diseñar macros sencillas sin disponer de conocimientos de programación. Es a estas macros a las que queremos dedicar este apartado.

9.1.1 Creación y edición de macros

Una macro sencilla, que no necesite programación, se graba registrando todas las acciones que se necesiten. Como con cualquier proceso de grabación de datos, es necesario iniciar la grabación, exponer los datos que se van a grabar y finalizar la grabación. Las funciones de macro se encuentran en la pestaña **Vista** de la cinta de opciones, desplegando el botón **Macros**. Nos ofrece tres funciones:

1. **Ver macros** permite acceder a un cuadro de diálogo con el que podremos administrar las macros que hasta ahora tengamos grabadas (eliminarlas, modificarlas —programándolas con Visual Basic—, etc.) o añadir más.

2. **Grabar macro** comienza la grabación de una macro (aunque antes requerirá ciertos datos como el nombre que le vamos a dar o las teclas que la activarán).

3. **Pausar grabación** detiene temporalmente la grabación de la macro para consultar las opciones disponibles antes de reanudarla. Cuando se pausa la grabación de una macro es importante no realizar cambios en el documento, ya que estos no quedan registrados en la macro y podríamos obtener resultados no esperados al ponerla en marcha posteriormente.

Comenzaremos por ver cómo se graba una macro. En el menú anterior se activa la opción **Grabar macro**, ante lo cual se obtiene un cuadro como el que puede verse en la figura junto al margen:

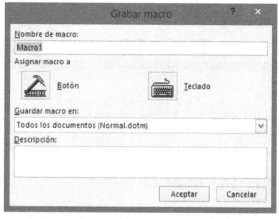

1. Utilice **Nombre de macro** para asignarle un nombre. No se puede emplear el mismo que ya tenga otra.

2. Se puede indicar si la macro se ejecutará mediante algún botón que será añadido a la barra de herramientas de acceso rápido (pulsando en **Botón**), o bien, si se ejecutará mediante una combinación de teclas (pulsando sobre el botón **Teclado**). Si no elige ninguno de ellos, la macro se grabará sin asociarse a tecla o botón alguno.

3. Lo común es grabar la macro en la plantilla **Normal.dotm** que es la que se suele emplear con todos los textos de Word; sin embargo, si desea que una macro solo funcione en un texto concreto (que además ha de estar abierto), deberá elegir su plantilla en la lista **Guardar macro en**.

4. Si lo desea, puede crear un resumen de la finalidad de la macro, en el cuadro **Descripción**.

Si ha de aparecer un botón en una barra de herramientas de acceso rápido para que este ponga en marcha la macro, se opta por el botón **Botón**, que lleva a un nuevo cuadro de diálogo que actúa a modo de administrador de macros:

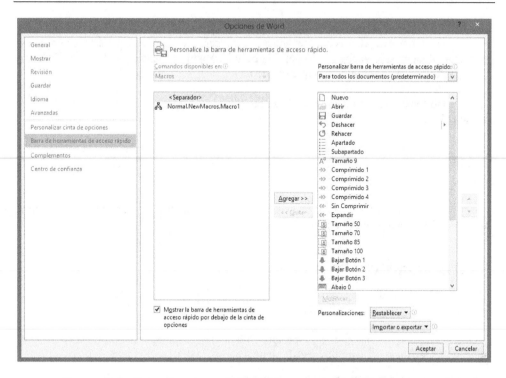

En una de las listas de este cuadro de diálogo vemos nuestra macro con el nombre **Normal.NewMacros.Macro1**. Para disponer de un botón que la active, hacemos clic en él y pulsamos el botón Agregar >> . Esto lleva la macro a la lista de la derecha que representa todos los botones que se encuentran en la barra de herramientas de acceso rápido.

Si se equivoca de macro, haga clic en ella dentro de la lista de la derecha y pulse el botón << Quitar , que la hará desaparecer de la barra.

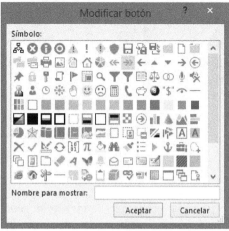

Debajo de esa lista derecha se emplea el botón Modificar... para asignar un icono con el que se verá la macro en la barra, así como un texto que aparecerá automáticamente si el usuario mantiene el puntero del ratón unos instantes sobre él.

Cuando se sale de ambos cuadros, aceptando los cambios, ya se está grabando la macro, por lo que todo lo que se realice quedará registrado. Por ello, es muy importante que, a partir de este momento y hasta que finalice la grabación, procure no equivocarse a la hora de realizar las acciones que desee, ya que, si se equivoca, Word también grabará la función errónea. Tenga en cuenta que puede comprobar el efecto que genera una acción antes de registrarla pausando la grabación. Para ello, se vuelve a acceder a la pestaña **Vista**, se despliega el botón **Macros** y se pulsa **Pausar grabación**, botón que se vuelve a pulsar para reanudarla.

No tema tardar mucho en realizar las acciones que va grabando, ya que Word no registra el tiempo que tarde en ejecutarlas, sino únicamente cuáles son.

Cuando termine la grabación, puede volver a acceder a la pestaña **Vista**, desplegar el botón **Macros** y seleccionar **Detener grabación** para dar por finalizada la creación de la macro.

Si se optó por que la macro quede registrada en el archivo de plantilla **Normal.dotm**, se podrá utilizar en cualquier documento de texto.

9.1.2 Administrar las macros

Cuando se dispone de macros, existe la posibilidad de realizar ciertas funciones útiles en ellas: borrarlas, modificarlas, etc.

Para ello, se accede a la pestaña **Vista**, se despliega el botón **Macros** y se selecciona **Ver macros**. Esto lleva al siguiente cuadro de diálogo:

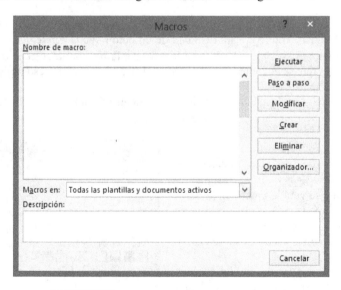

1. Con el botón [Ejecutar] se pone en marcha una macro que previamente se haya seleccionado en la lista.

2. Con el botón [Paso a paso] se pone en marcha una macro que previamente se haya seleccionado en la lista, pero va ejecutando su contenido poco a poco con la intención de que el usuario pueda localizar errores en su diseño.

3. Con el botón [Mo**d**ificar] se puede cambiar el funcionamiento de una macro, pero es necesario disponer de conocimientos del lenguaje Visual Basic para poder hacerlo. Si desconoce este sistema, puede intentar crear de nuevo la macro.

4. Con el botón [**C**rear] se crea una nueva macro. Sin embargo, no se emplea el mismo método de grabación que describimos antes, sino que se va diseñando, instrucción a instrucción, con el lenguaje Visual Basic.

5. Con el botón [Eli**m**inar] se borra una macro que previamente se haya seleccionado en la lista.

6. Con el botón [Organizador...] se accede a otro cuadro de diálogo con el que se pueden copiar macros de un documento a otro, de un documento a la plantilla **Normal.dotm** para que funcione en cualquier documento o entre plantillas.

9.1.3 Introducción al manejo con Visual Basic

El lenguaje Visual Basic que incorpora Word contiene una gran variedad de instrucciones y estructuras para la programación de la macro. Para acceder al programa fuente de una acceda al cuadro de diálogo anterior, se selecciona la macro y se pulsa el botón [Mo**d**ificar]. Esto lleva al editor de Visual Basic:

En la ventana del programa puede añadir, borrar o modificar lo que guste, para alterar el comportamiento de la macro, aunque repetimos que es necesario conocer el lenguaje para obtener algún resultado positivo.

9.2 COMBINAR CORRESPONDENCIA

Es un proceso en el que se escribe un documento que se mezcla con datos específicos de diferentes personas para distribuirlos entre ellas.

La combinación de correspondencia se realiza desde la pestaña **Correspondencia** de la cinta de opciones. Contiene varios grupos de los que iremos empleando las funciones que se requieran en cada momento.

El peso del trabajo se va a realizar en el grupo **Iniciar combinación de correspondencia**, ya que sus tres botones contienen las funciones principales para el trabajo: crear la carta y elegir y modificar los datos para mezclar con la carta.

Lo primero es desplegar el botón **Iniciar combinación de correspondencia**, que ofrece una lista de posibles documentos combinados:

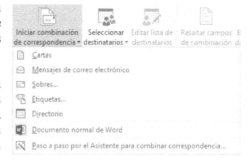

1. **Cartas**. Se selecciona si se van a crear cartas personalizadas o, lo que es lo mismo, un mismo modelo de carta que se va a enviar a varios destinatarios mezclados con datos particulares de cada uno.

2. **Mensajes de correo electrónico**. Se selecciona si se va a crear un mismo modelo de mensaje de correo que se enviará a varios usuarios con datos particulares de cada uno.

3. **Sobres**. Se selecciona si se van a crear sobres de direcciones postales.

4. **Etiquetas**. Se selecciona si se van a crear etiquetas adhesivas con datos de direcciones postales. Aunque esta es su función más habitual, se puede emplear este tipo de documento para crear todo tipo de etiquetas adhesivas (para etiquetar cajas de discos, cintas, etc.).

5. **Directorio**. Se selecciona si se va a crear un documento combinado que no sea necesariamente una carta ni que coloque los datos en páginas separadas (las cartas van cada una en una página diferente).

6. **Documento normal de Word**. Cambia el documento, dejando de ser de tipo combinado y pasando a ser un documento de texto normal.

7. **Paso a paso por el Asistente para combinar correspondencia**. Permite realizar el trabajo mediante un asistente que nos guía por pasos.

9.2.1 Cartas

Si se opta por crear una carta, no se aprecian cambios en el documento, pero se activan los botones de los grupos de la pestaña en la cinta de opciones.

```
                                      Madrid, 01 de marzo de 2007


    Estimado Sr. :

                   Le comunicamos que la comisión de aceptación ha
              aprobado su ingreso en el club Too much money, por lo
              que le damos la bienvenida y le invitamos a que se
              persone en nuestra sede central para una primera
              reunión informativa.

                   Le rogaríamos que comunicase previamente la
              fecha y hora de su visita para que podamos atenderle
              debidamente.

                   Asimismo, le solicitamos que se presente a la
              mayor brevedad posible para acelerar los trámites
              burocráticos.

                   Sin otro particular, reciba un saludo:




                             Enrique Cido Conpasta
                                  - Presidente -
```

En ese momento escribimos la parte que va a ser común a todas las cartas que enviemos. Observe que en la carta de la figura anterior hemos dejado el espacio para colocar los datos particulares de cada destinatario (por ejemplo, en la línea de saludo, detrás de *Estimado Sr.*).

A la carta se le da el aspecto que se desee empleando todas las funciones de Word: formato de texto, columnas, tablas, inserción de elementos especiales (como fecha o número de página), etc.

Una vez que la parte estática de la carta está preparada procederemos a añadir los elementos que van a variar en cada copia de la carta para que se adapten a cada destinatario, comenzando por elegir o crear el archivo que contiene la información de esas personas. Para ello, en la misma pestaña de la cinta de opciones se pulsa el botón **Seleccionar destinatarios**.

9.2.2 Crear listas de destinatarios

Si no se dispone aún de datos de las personas que recibirán las cartas, se crean en este momento seleccionando **Escribir nueva lista** en el menú del botón anterior. Se obtiene un cuadro en el que se pueden teclear esos datos.

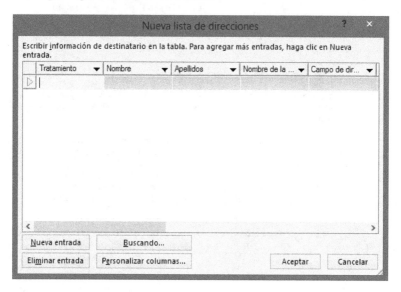

Si las columnas de datos que muestra el cuadro son aceptables, solo hay que escribir la información oportuna.

1. Si se termina una fila de datos (un registro) y se necesita escribir otra, se pulsa el botón Nueva entrada.

2. Si hay que borrar una fila de datos, se hace clic en ella y se pulsa el botón Eliminar entrada.

3. Si se necesita localizar los datos de un destinatario, se pulsa el botón Buscando..., que ofrecerá un cuadro de diálogo en el que se escribe un dato conocido de la persona (en el cuadro de texto **Buscar**).

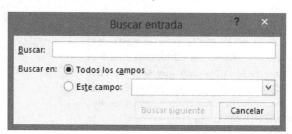

4. Si las columnas que ofrece el cuadro de diálogo no contienen información adecuada sobre las personas cuyos datos hemos de almacenar, pueden cambiarse. El botón Personalizar columnas... nos lleva a otro cuadro de diálogo en el que realizar la modificación (figura junto al margen):

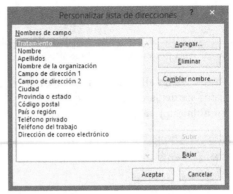

- Si se trata de añadir uno que falta, se pulsa el botón Agregar... y se teclea en el cuadro de diálogo que aparece.

- Si un campo sobra, se selecciona y se pulsa el botón Eliminar para quitarlo.

- Si se trata de corregir un nombre incorrecto, se selecciona y se pulsa el botón Cambiar nombre... . Se corrige el nombre tecleándolo en el cuadro de diálogo que aparece.

- Se pulsa el botón Aceptar para regresar a la lista de datos de destinatarios.

Cuando se pulsa el botón Aceptar en la lista de destinatarios, Word solicita que demos un nombre al archivo que va a almacenar toda esa información. El archivo es de hecho una base de datos de Access, por lo que se puede manipular con ese programa.

9.2.3 Abrir listas de destinatarios

Si la lista ya está diseñada y preparada para utilizar sus datos en la carta, en lugar de crearla, optaremos por abrirla. Esto se hace en la pestaña **Correspondencia** desplegando el botón **Seleccionar destinatarios** y eligiendo su opción **Usar lista existente**, que se limitará a mostrar el cuadro de diálogo habitual para abrir documentos. Con él localizamos la unidad de disco y la carpeta en la que se encuentra el archivo de datos. Si se importan los datos de una base de datos de Access aparecerá una ventana extra en la que se selecciona la tabla o consulta cuyos datos vamos a emplear:

Cuando se selecciona el archivo, no apreciaremos cambio aparente en el documento, pero la información ya está lista para que la situemos en la carta.

9.2.4 Componer la carta y obtener el resultado

Ahora que todos los ingredientes están listos solo hay que colocar cada dato en su lugar para poder generar el resultado final.

Para ello, se lleva el cursor al punto de la carta en el que debe aparecer uno de los datos particulares de cada destinatario. Entonces se despliega el botón **Insertar campo combinado** y se elige el dato que debe ir colocado en ese punto de la carta.

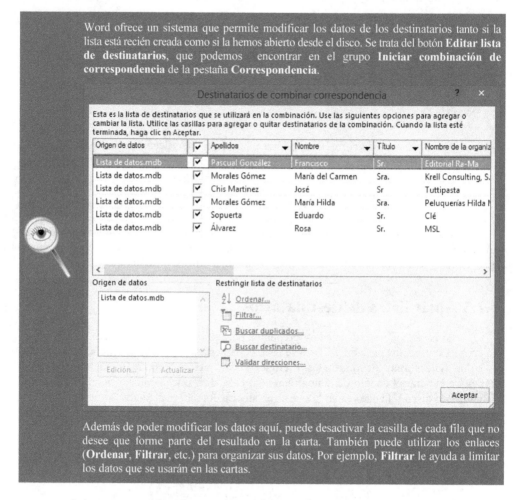

Word ofrece un sistema que permite modificar los datos de los destinatarios tanto si la lista está recién creada como si la hemos abierto desde el disco. Se trata del botón **Editar lista de destinatarios**, que podemos encontrar en el grupo **Iniciar combinación de correspondencia** de la pestaña **Correspondencia**.

Además de poder modificar los datos aquí, puede desactivar la casilla de cada fila que no desee que forme parte del resultado en la carta. También puede utilizar los enlaces (**Ordenar**, **Filtrar**, etc.) para organizar sus datos. Por ejemplo, **Filtrar** le ayuda a limitar los datos que se usarán en las cartas.

Así, en nuestro ejemplo anterior, podríamos llevar el cursor detrás de la línea de saludo de la carta (*Estimado Sr.*) y, desplegando dicho botón, elegiríamos el dato *Primer apellido* para que sea un apellido lo que complete la frase.

Repitiendo este paso en todos los lugares de la carta en los que deba aparecer un dato personal de cada destinatario, se completa el proceso; sin embargo, se pueden emplear más elementos de la cinta de opciones para trabajar con las cartas:

1. El botón **Bloque de direcciones** ayuda a confeccionar una cabecera de carta que incluya todos los datos domiciliarios del destinatario. Esto se realiza con un cuadro de diálogo en el que se activan las casillas de aquellos datos que se desea mostrar. Dispone de un cuadro de muestra con el que apreciar el resultado previo.

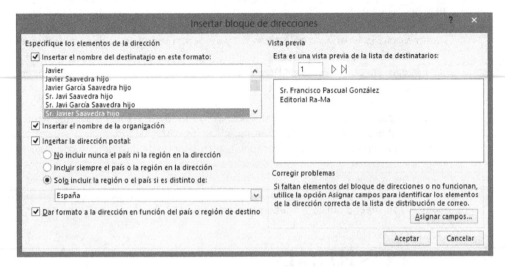

2. El botón **Línea de saludo** ayuda a confeccionar la línea de saludo de la carta, es decir, la frase introductoria. También se realiza mediante un cuadro de diálogo en el que se seleccionan las palabras de la frase acompañando al nombre o apellidos del destinatario, rematándola con un carácter como los dos puntos (:).

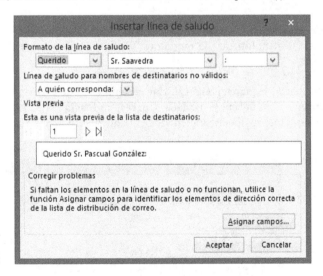

3. El botón **Vista previa de resultados** activa un modo de trabajo en el que vemos cómo queda una carta ya terminada. Este botón se puede volver a pulsar para salir del modo de vista previa y volver al habitual de diseño.

4. Mientras nos encontramos en el modo de vista previa, podemos emplear los botones ⊮ ◁ 1 ▷ ⊮ de la pestaña **Vista previa de resultados** con el fin de navegar por las cartas y poder comprobar si son correctas o hay errores. Puede teclear directamente un número de carta en el cuadro de texto central y pulsar **INTRO** para acceder a ella.

5. También puede localizar un destinatario para comprobarlo (siempre estando en el modo de vista previa) mediante el botón 🔍 Buscar destinatario . Esto lleva a un cuadro de diálogo en el que se escribe un dato conocido del destinatario para poder localizarlo.

6. Para finalizar todo el proceso se pulsa el botón **Finalizar y combinar**, que genera un nuevo documento en el que están incluidas las cartas de todos los destinatarios (una por página) con sus datos personalizados. Habitualmente este documento se imprime en papel y se descarta cuando se cierra (no se guardan los cambios), puesto que puede ocupar un espacio en disco considerable y en caso de volver a necesitarlo solo tendríamos que abrir la carta original (que debemos grabar siempre) y volver a pulsar **Finalizar y combinar**.

9.3 ETIQUETAS POSTALES

El proceso para generar etiquetas postales es idéntico al de creación de cartas personalizadas, con la excepción de que es necesario establecer el tipo de etiquetas que se van a emplear. Este paso es, por otra parte, imprescindible para evitar que los datos se impriman fuera de las etiquetas en el papel.

Para ello, se elige un modelo de etiquetas con unas dimensiones y distancia entre ellas establecidas al milímetro, de modo que Word controle en qué espacio puede escribir para no salirse.

Así, cuando se pulsa el botón **Iniciar combinación de correspondencia** del grupo que lleva ese mismo nombre en la pestaña **Correspondencia** de la cinta de opciones y se selecciona **Etiquetas**, se obtiene inmediatamente un cuadro de diálogo para elegir el tipo de etiquetas:

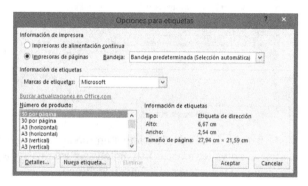

La lista **Número de producto** ofrece una relación de tipos de etiquetas ya definidas, pero si el tipo de etiquetas que va a emplear no se encuentra en esa lista (puede ver si sus datos coinciden en el grupo **Información de etiquetas**), deberá añadirlo usted mismo, para lo que deberá valerse del botón Nueva etiqueta... que le llevará a otro cuadro de diálogo en el que se indicarán las características de las etiquetas en cuestión: las dimensiones de las etiquetas, el número de columnas de etiquetas en la página, la separación entre ellas y, por último, los márgenes que las separan con respecto al borde de la página.

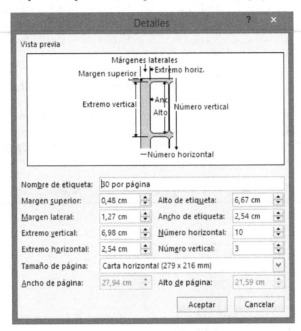

Al terminar, tendrá que colocar los datos que vayan a ir escritos en las etiquetas con el botón **Insertar campo combinado**. No olvide separar los campos y colocarlos de manera adecuada. Posiblemente tendrá que copiar y pegar todos ellos en cada etiqueta, ya que Word genera una tabla con las medidas de las etiquetas pero no sitúa en ellas los datos. Así pues, donde vea el mensaje **Próximo registro** deberá colocar, detrás, una copia de los datos.

9.4 TABLAS DE CONTENIDO

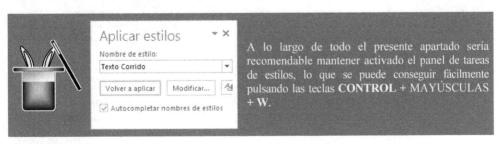

A lo largo de todo el presente apartado sería recomendable mantener activado el panel de tareas de estilos, lo que se puede conseguir fácilmente pulsando las teclas **CONTROL** + MAYÚSCULAS + **W**.

Word incluye una función que permite construir índices temáticos (o tablas de contenido) en nuestros documentos. El funcionamiento básico que permite su aplicación consiste en tres pasos bien diferenciados:

1. Seleccionar a lo largo del libro cada apartado que deba aparecer en el índice y aplicarle el estilo *Título 1* (por ejemplo, pulsando **CONTROL + MAYÚSCULAS + W**). Este estilo puede retocarse para conseguir que su aspecto sea diferente del original (por ejemplo, mediante el botón | Modificar... | del panel de tareas). Si en el índice va a haber más niveles de índice se tendrán que aplicar a lo largo del texto los estilos *Título 2*, *Título 3*, etc. Cada uno de ellos puede modificarse según sea conveniente con el mismo botón | Modificar... |.

2. Después de asegurarse de que todas las entradas se corresponden con algún estilo de *Título*, hay que añadir el índice al libro, generalmente en una página vacía al principio del documento. Ahí se accede a la pestaña **Referencias**, se despliega el botón **Tabla de contenido** y se elige un estilo de tabla, o bien, la opción **Tabla de contenido personalizada**, que permite configurar una eficazmente mediante un cuadro de diálogo:

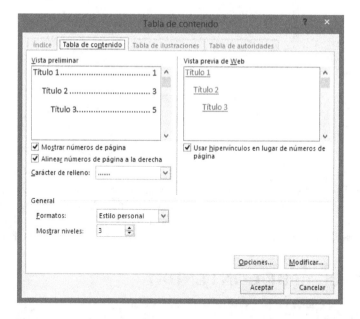

- Comience por desplegar la lista **Formatos** y seleccionar un aspecto genérico para la tabla de contenido.

- La lista **Carácter de relleno** permite establecer si entre cada entrada de la tabla y su número de página habrá un carácter que se repita hasta completar la línea. Podremos elegir entre puntos, guiones, guiones bajos o ninguno.

- Si los números deben colocarse junto al margen derecho, mantenga activa la casilla **Alinear números de página a la derecha**. De hecho, estos números podrían no aparecer si desactivamos la casilla **Mostrar números de página**.

- Se puede activar la casilla **Usar hipervínculos en lugar de números de página** para que se pueda hacer clic en cada tema y nos lleve así a la página correspondiente.

- Utilice **Mostrar niveles** para establecer cuántos niveles de título va a emplear en el documento. Cada nivel mostrará en la tabla de contenido sus rótulos más sangrados que el anterior. El primer nivel será el asociado con el estilo *Título 1* y se mostrará en la tabla con el aspecto del estilo *TDC1*, el segundo utilizará *Título 2* y el aspecto en la tabla será *TDC2* y así sucesivamente.

3. Si hay que modificar la numeración o se añaden más apartados en el texto, se ha de actualizar el índice, lo que se consigue pulsando con el botón secundario del ratón sobre cualquier parte de la superficie del mismo, seleccionando **Actualizar campos**.

9.5 ÍNDICES ALFABÉTICOS

También podremos construir índices alfabéticos de forma automática. Para ello se establecen a lo largo del libro los términos y expresiones que deben aparecer en el índice. En un documento de Word, a estos términos y expresiones añadidos al texto se les denomina **marcas de índice** o **entradas**. Cuando se han añadido todas, se genera dicho índice, normalmente en la parte final del documento.

Lo más práctico es añadir las marcas de índice cuando el documento está terminado, si bien habrá ocasiones en las que será necesario añadir, modificar o eliminar estas marcas posteriormente.

Cada marca se añade en un punto concreto del texto, mediante un cuadro de diálogo que podemos mantener flotante mientras trabajamos. De esta forma iremos recorriendo el texto añadiendo marcas donde nos interese manteniendo la herramienta a la vista constantemente.

Para mostrar el cuadro de diálogo que permite añadir las marcas se pulsa el botón **Marcar entrada** del grupo **Índice** en la pestaña **Referencias** de la cinta de opciones, lo que muestra un cuadro de diálogo como el que puede verse junto al margen. En él:

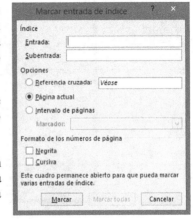

- Se escribe el término o la expresión que debe aparecer en el índice alfabético en el cuadro de texto **Entrada**.

- Se utiliza **Subentrada** si se va a añadir un segundo nivel de entradas que apunte a un tema dependiente de otro. Esta función no se emplea a menos que también se haya tecleado una **Entrada**. Por ejemplo, **Entrada** = *Tablas* y **Subentrada** = *crear* (para hacer referencia a la página en la que se habla de *tablas* y en la que se habla de *crear tablas*).

- Si el término o expresión debe hacer referencia a la página en la que se están marcando, se debe mantener activo el botón **Página actual**. Si no, se puede activar **Referencia cruzada**, para que en el índice aparezca una expresión en lugar del número de página en ese término (por ejemplo, *Véase párrafos*, que habría que escribir en el correspondiente cuadro de texto), o bien, **Intervalo de páginas** para indicar dos páginas separadas por un guión que indicarían aquellas en las que se habla del término o expresión.

- Puede activar las casillas **Negrita** o **Cursiva** para que el término o expresión aparezca con uno de esos aspectos (o con ambos).

- Cuando se pulsa el botón Marcar queda fijado el término en esa página de forma que al crear el índice se tiene en cuenta y se coloca en su lugar alfabéticamente.

Las marcas quedan escritas entre los símbolos de llave y ocultas al texto general. Dentro de las llaves aparece el mensaje XE y detrás el término escrito entre comillas. Ahí se puede teclear para modificar una marca. Las subentradas aparecen separadas por dos puntos de las entradas.

Una vez añadidas las marcas al texto hay que generar el índice y eso se realiza llevando el cursor hasta la página en la que deseamos añadir el índice, accediendo a la pestaña **Referencias** de la cinta de opciones y pulsando el botón ⬜ Insertar índice del grupo **Índice**. Se obtiene un cuadro de diálogo en el que se dispone de los elementos necesarios para generarlo:

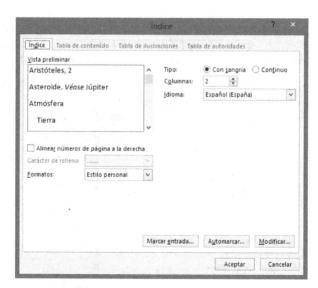

1. En la lista de **Formatos** elegimos el aspecto básico del índice.

2. Si se activa la casilla **Alinear números de página a la derecha**, dichos números quedarán colocados en esa zona y la separación entre estos y sus correspondientes términos podrá cubrirse mediante las opciones de la lista **Carácter de relleno**.

3. Con **Tipo** podemos establecer si las subentradas aparecerán sangradas en la línea siguiente a sus entradas, o bien, si aparecerán a continuación en el mismo renglón.

4. También podemos especificar un **Número de columnas** a lo largo de las cuales se distribuirán los términos y sus números de página.

Cuando se pulsa el botón [Aceptar] aparece el índice en el lugar del texto en el que nos encontremos.

9.6 FORMULARIOS

Algunos documentos de Word están diseñados para que, al ser impresos, se puedan rellenar a mano con bolígrafo. Este mismo tipo de documentos puede diseñarse para que, en lugar de rellenar la información a bolígrafo, se haga directamente con el propio Word.

Para ello se diseña una parte del texto como habitualmente se realiza, es decir, escribiendo en la hoja la parte fija del texto (datos típicos como *Nombre*, *Apellidos*, *Dirección*, *Teléfono*, etc.) y, junto a ellos, los elementos pensados específicamente para que se rellenen con la información pertinente (un nombre, unos apellidos, una dirección, un teléfono, etc.).

Para poder incorporar estos elementos se necesita la pestaña **Formulario** de la cinta de opciones:

Esta pestaña **Formulario** no aparece inicialmente en Word, en principio debido a que contiene funciones avanzadas que están previstas para usuarios igualmente avanzados.

Para activarla se despliega la pestaña **Archivo**, se selecciona **Opciones** y, en la categoría **Personalizar cinta** de **opciones** del cuadro de diálogo que aparece, activamos la casilla **Desarrollador** en la columna derecha.

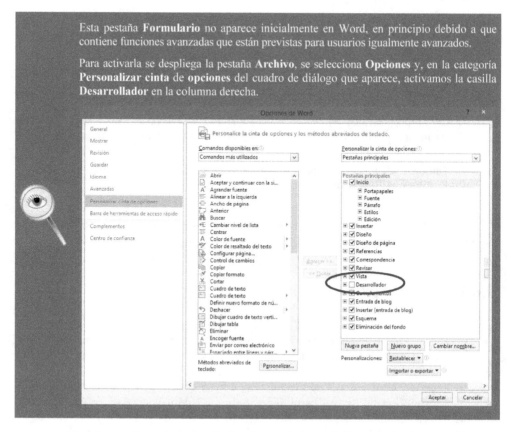

Disponemos de varios tipos de elementos de formulario que se pueden añadir a un texto de Word desde el grupo **Controles** de la citada pestaña **Formulario**:

1. **Aa** (**Control de contenido de texto enriquecido**): es un elemento de control pensado para poder escribir en su interior. Al tratarse de texto enriquecido, admite ciertos formatos de mejora de aspecto como fuentes, colores, tamaño de texto, etc. Cuando se inserta en el texto un elemento de este tipo ofrece el siguiente aspecto (que también muestra cuando se hace clic en él):

> Haga clic aquí para escribir texto.

Observe que el objeto dispone de una pequeña solapa a su izquierda. Haciendo clic en ella y arrastrando sin soltar el botón del ratón se desplaza el objeto por los renglones de la página hasta situarlo donde se desee.

Esto es aplicable a todo tipo de objetos de formulario y no solo a los de **Texto enriquecido**.

Cuando aparece con ese aspecto, se puede pulsar el botón ⊞ Propiedades de la cinta de opciones, que ofrece un cuadro de diálogo para ajustar su funcionamiento:

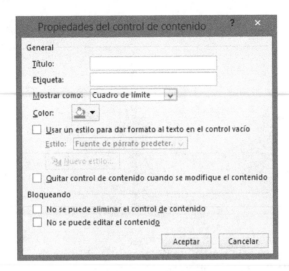

- En **Título** escriba un texto que describa el cometido del elemento. También puede escribir una **Etiqueta** para que un desarrollador lo identifique (no es obligatorio).

- Si activa **Usar un estilo para dar formato al contenido** podrá elegir un estilo en la lista que tiene debajo (o crear uno nuevo) para que su aspecto afecte a lo que se escriba en el cuadro de texto enriquecido.

- Si activa **No se puede eliminar el control de contenido,** no se podrá borrar el elemento hasta que vuelva a desactivar esta casilla.

- Si activa **No se puede editar el contenido,** no se podrá borrar el contenido del elemento hasta que se vuelva a desactivar esta casilla.

- Si activa **Quitar control de contenido cuando se modifique el contenido,** el contenedor desaparecerá aunque no el contenido cuando este se altere.

2. Aa (**Control de contenido de texto sin formato**): es un elemento de control pensado para poder escribir en su interior sin ningún tipo de formato para su contenido. El aspecto que ofrece este elemento es el mismo que el de los textos enriquecidos y al pulsar el botón ⊞ Propiedades ofrece el mismo cuadro de diálogo, excepto que muestra una casilla más, **Permitir retornos de carro (varios párrafos**), que, si se activa, admite varios renglones de texto.

3. ▣ (**Control de contenido de imagen**): es un elemento pensado para contener una imagen. Es interesante si se rellena una ficha de datos que se complemente con una fotografía. Por ejemplo, la de un cliente. El cuadro de diálogo que se obtiene al

pulsar el botón ⊞ Propiedades está más limitado, puesto que no necesita tantas funciones. El usuario hará clic en el icono central para añadir la imagen, y obtendrá el cuadro de diálogo habitual para abrir documentos.

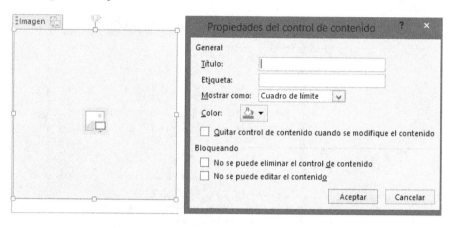

4. ▦ (**Control de contenido de galería de bloque de creación**): es un elemento de control que está pensado para contener objetos complejos como tablas o ecuaciones matemáticas. Cuando se pulsa el botón ⊞ Propiedades al estar situado en un objeto de este tipo, se obtiene un cuadro de diálogo en el que se elige el tipo de contenido que lo rellenará. Ese dato se elige en la lista **Galería** y nos ofrece varias posibilidades.

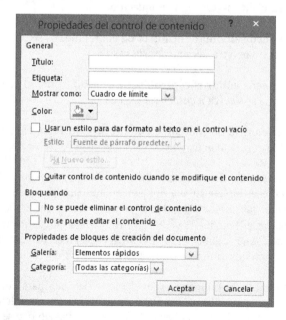

- **Autotexto** permite colocar en el objeto frases ya hechas, aunque nos ofrece pocas (nuestras iniciales y nuestro nombre, para que cada usuario pueda colocar el suyo).

- **Ecuaciones** permite colocar una ecuación matemática. Si se pulsan las teclas **ALT** + = se accede automáticamente a la pestaña **Diseño** de la cinta de opciones para diseñar la ecuación.

- **Elementos rápidos** permite colocar datos de ese tipo, que encontramos en la pestaña **Insertar** de la cinta de opciones, dentro de su grupo **Texto** y mediante su botón **Elementos rápidos**. Este botón despliega varios elementos que se pueden incorporar al objeto.

- **Tablas** permite incorporar este tipo de objetos.

- Los elementos personalizados permiten incorporar varios objetos de naturaleza distinta, mezclando, por ejemplo, texto e imágenes.

5. 🔲 (**Control de contenido de cuadro combinado**) y 🔲 (**Control de contenido de lista desplegable**): son elementos que están pensados para poder elegir un dato de ellos, si bien el cuadro combinado admite que se escriban datos manualmente, lo que posibilita escribir un valor que no se encuentre en la lista, mientras que una lista desplegable solo permite elegir uno de los datos que despliega. Cuando se utiliza el botón ⬚ Propiedades en cualquiera de ambos elementos se obtiene un cuadro de diálogo cuyas funciones conocemos en su mayoría.

- Se utiliza el botón ⎡ Agregar... ⎤ para añadir uno de los datos que mostrará la lista cuando sea desplegada. Al pulsarlo, se obtiene un cuadro de diálogo en el que se escribe el dato en cuestión (**Nombre para mostrar**) y su **Valor** (aunque en principio esto solo es útil para un desarrollador).

- Si se añade un dato con el botón anterior, se puede seleccionar en la lista y utilizar el botón ⬚ Modificar... ⬚ para cambiarlo.

- También se puede eliminar uno con el botón ⬚ Quitar ⬚.

- Si es necesario alterar el orden de los datos que desplegará la lista se pueden recolocar seleccionando cada uno y empleando los botones ⬚ Subir ⬚ y ⬚ Bajar ⬚.

6. ⬚ (**Control de contenido de selector de fecha**): es un elemento de control que está pensado para rellenarse con una fecha elegida en un calendario desplegable. Al pulsar en ⬚ Propiedades , la parte inferior del cuadro de diálogo que se obtiene ofrece la posibilidad de elegir el formato con el que quedará escrita la fecha. Se dispone de más formatos de fecha seleccionando otros datos en las listas **Configuración regional** y **Tipo de calendario**, en función del sistema empleado en los distintos países y zonas geográficas (puesto que en cada una se emplean formatos diferentes y podremos elegir uno de ellos).

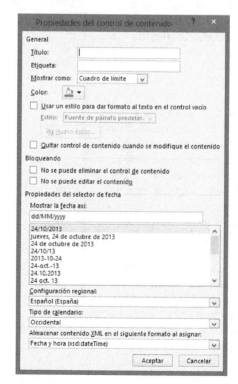

7.   ☑ (**Control de contenido de casilla de verificación**): es un elemento de control que está pensado únicamente para ser o no marcado. Al pulsar en ⬚ Propiedades , la parte inferior del cuadro de diálogo que se obtiene ofrece la posibilidad de elegir si la casilla de verificación aparecerá ya marcada o no.

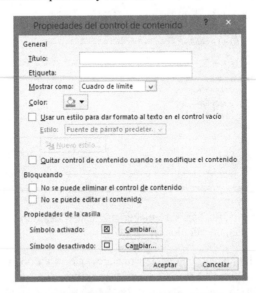

 La mayoría de los tipos anteriores se complementa con la lista **Categoría**. En ella podremos elegir **General** (para construir el elemento partiendo de cero, por ejemplo una tabla) o **Integrado** (para construir el elemento partiendo de un modelo predefinido). Para utilizar este último, observe que un objeto dispone de un botón desplegable en su parte superior derecha. Al desplegarse ofrecerá la lista de posibilidades entre las que se elige una.

8.   ▣▾ (**Herramientas heredadas**): contiene una lista con más elementos que se pueden incorporar como, por ejemplo, **Casillas de verificación**, pensadas para marcarse y desmarcarse. Se trata de los elementos de formulario de las versiones anteriores de Word, para que se puedan utilizar como se hacía con ellas. También disponemos de **Controles ActiveX**, a los que un desarrollador puede programar.

9.6.1 Formularios heredados

Vamos a detallar estos controles de formulario heredado:

abl   **Campo de texto**. Añade un cuadro de texto en la posición del cursor. Para modificar sus propiedades haga doble clic en el campo una vez añadido al texto. Obtendrá un cuadro de diálogo como el siguiente:

- Despliegue **Tipo** para establecer qué clase de dato contendrá el campo (texto, números, fechas, cálculos, etc.).

- Si desea limitar el número de caracteres que se escriban en el campo, establezca el número máximo admitido en **Largo máximo**.

- Si desea que el campo ya muestre un dato inicial, escríbalo en **Texto predeterminado**. Además, puede asignarle un aspecto automático con **Formato del texto** (variaciones sobre letras mayúsculas).

- Si necesita que al entrar en el campo (o al salir) se active automáticamente una macro, elija qué macro en las listas **Al entrar** y **Al salir**.

- Asigne nombre al campo mediante el cuadro de texto **Marcador**.

- Solo se podrá añadir, modificar o borrar texto en el campo si se mantiene activada la casilla **Relleno activado**. Si se desactiva, se protege el dato que ya esté escrito y no se podrá modificar hasta que vuelva a ser activada.

- Active la casilla **Calcular al salir** para que Word calcule la fórmula del campo cuando se pase a otro. Naturalmente, solo funcionará si el campo contiene un cálculo.

- Con el botón [Agregar ayuda...] se puede añadir un texto que informe acerca de qué dato espera que sea escrito y en qué forma. Al pulsar el botón aparece un cuadro de diálogo con dos fichas. Le sugerimos que utilice la ficha **Tecla de ayuda (F1)** para teclear un texto que aparezca si el usuario pulsa la tecla **F1**.

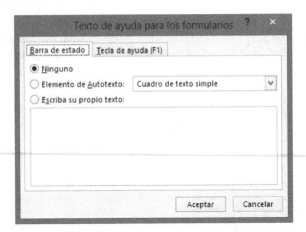

Casilla de verificación. Con ella se añade una casilla que solo se puede activar y desactivar. Para modificar sus propiedades se hace doble clic en la casilla una vez que esté en el texto. Obtendrá un cuadro de diálogo:

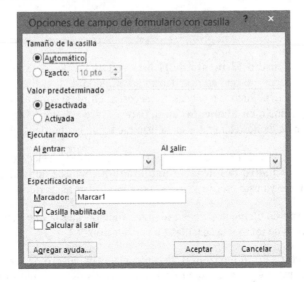

- Utilice los botones de **Tamaño de la casilla de verificación** para ampliarla o reducirla. **Automático** asigna el valor según el de la letra.

- Con los botones de **Valor predeterminado** puede establecer que la casilla aparezca activada o no al abrir el documento del formulario.

- Con **Casilla de verificación habilitada** permite al usuario que cambie su valor.

- El resto de elementos tienen idéntica función que la que hemos detallado para los campos de texto.

Cuadro combinado. Añade una lista desplegable en la que el usuario podrá elegir opciones. Si necesita modificar sus propiedades haga doble clic en la lista una vez que esté añadida al texto. Obtendrá un cuadro de diálogo como el que puede ver en la figura junto al margen.

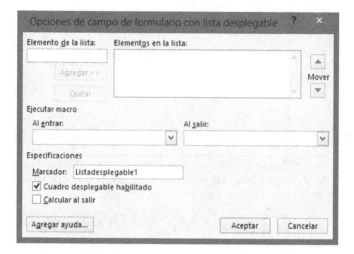

- Con el cuadro **Elemento de la lista** se escriben los datos que deban incluirse en la lista. Cada uno que escriba deberá ser seguido de la activación del botón Agregar >> para que el dato se añada. Si necesita eliminar uno que ya esté en la lista, selecciónelo en **Elementos en la lista** y pulse el botón Quitar . Puede cambiar el orden de dichos elementos en la lista mediante los botones ▲ y ▼.

- Solo se podrá emplear la lista (desplegándola y seleccionando opciones) si la casilla **Cuadro desplegable habilitado** permanece activada. Si no, se protege el dato que ya esté escrito y no se podrá modificar hasta que vuelva a ser activada.

- El resto de elementos tienen idéntica función que la que hemos detallado para los campos de texto y las casillas de verificación.

Insertar marco horizontal. Permite añadir un cuadro de texto flotante y emplearlo para una mejor colocación de los elementos del formulario (dentro de él, por lo que se suele dibujar en primer lugar).

Mostrar sombreado de campo. Añade un fondo gris para distinguir mejor los elementos de formulario. El mismo botón permite desactivar esa función.

Restablecer campos de formulario. Reinicia los valores de los elementos del formulario. Normalmente los vacía, pero si alguno contiene un valor predeterminado será ese el que aparezca en su campo.

9.7 PROTEGER DOCUMENTOS

Cuando se diseña un formulario, lo habitual es que se quiera que cualquier usuario que lo emplee únicamente pueda añadir información dentro de sus elementos de control y no retocar el texto de la página.

Esto se puede conseguir protegiendo el documento, si bien es posible protegerlo de tal modo que ni siquiera se puedan emplear los elementos del formulario.

Todo el trabajo de protección se realiza pulsando el botón **Retringir edición** del grupo **Proteger** existente en la pestaña **Revisar** de la cinta de opciones. Esto activa el panel de tareas a la derecha de la ventana de Word.

Restringir edición ▾ ✕

1. Restricciones de formato
  ☐ Limitar el formato a una
     selección de estilos
  Configuración...

2. Restricciones de edición
  ☐ Permitir solo este tipo de
     edición en el documento:
  Sin cambios (solo lectura)   ▾

3. Comenzar a aplicar
  ¿Desea aplicar esta configuración?
  (Podrá desactivarla más adelante)
  Sí, aplicar la protección

Vea también
Restringir permiso...

1. Si necesita limitar el cambio de aspecto del contenido de su documento, active la casilla **Limitar el formato a una selección de estilos**. Esto restringe el cambio de aspecto de párrafos y caracteres de modo que solo se podrán cambiar seleccionando estilos. Puede hacer clic en su enlace **Configuración** para obtener un cuadro de diálogo con el que establecer qué estilos son aceptables.

2. Si necesita limitar el cambio del contenido del documento, active la casilla **Permitir solo este tipo de edición en el documento**. Al hacerlo podrá desplegar la lista que hay inmediatamente debajo para elegir la clase de cambios que se admitirán (por ejemplo si se elige **Rellenando formularios** solo se podrá hacer eso, rellenar los controles de formulario del documento).

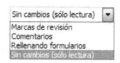

3. Al activar la casilla anterior también aparecerá un apartado especial para indicar **Excepciones**: aquellos usuarios que podrán manipular el documento a pesar de la protección.

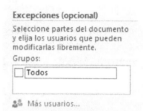

- La excepción se puede aplicar a grupos y a usuarios. Cuando se pase el puntero del ratón sobre uno (por ejemplo, **Todos**), ofrecerá un botón para desplegar el tipo de cambios que se le permite realizar en el documento.

- Con el enlace **Más usuarios** se pueden agregar usuarios a los que se les permitirá realizar cambios. Será necesario conocer su nombre de cuenta de un ordenador o su dirección de correo electrónico.

4. Cuando haya establecido todas las condiciones en las dos casillas anteriores, haga clic en el botón Sí, aplicar la protección para activar la protección. Esto lleva a un cuadro de diálogo con el que se establece, si se desea, una **Contraseña** que será necesaria para desproteger el documento en el futuro. También se puede seleccionar, en su lugar, la **Autenticación del usuario**, lo que requiere un servicio especial de credenciales que verifiquen que el usuario es quien dice ser. Por el momento, Microsoft ofrece este servicio gratuito de forma provisional, si bien es necesario darse de alta en él entregando cierta información personal a través de una cuenta de Windows Live ID.

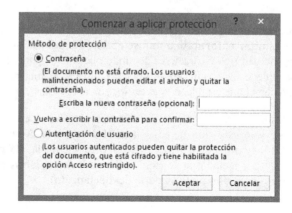

Para desactivar la protección es necesario acceder al mismo panel de tareas y pulsar el botón `Suspender la protección` que se encuentra en la parte inferior de dicho panel. Si el documento se protegió mediante contraseña, se solicitará ahora para que únicamente puedan desprotegerlo aquellos que la conozcan. Si se hizo mediante autenticación, se pondrá en marcha el proceso de verificación de identidad que demuestre que se está autorizado para la desprotección.

9.8 COMPARACIÓN DE DOCUMENTOS

Cuando se tienen dos versiones de un mismo documento, tal vez uno de ellos con correcciones, puede ser difícil identificar los fallos, e incluso, cuál es el documento original y cuál el corregido.

Podríamos comparar dos documentos visualmente abriendo dos ventanas simultáneamente y visualizarlos en paralelo para localizar diferencias. Sin embargo, Word ofrece una función que automatiza el trabajo y nos ahorra tiempo y esfuerzo. El sistema se encarga de marcar las diferencias con colores y mensajes y nos ofrece una barra de herramientas con la que podemos avanzar por todas ellas fácilmente hasta completarlas.

Para poner en marcha esta función se pulsa el botón **Comparar** del mismo grupo en la pestaña **Revisar** de la cinta de opciones. Esto despliega dos opciones y elegiremos, también, **Comparar**. Se ofrece un cuadro de diálogo en el que establecemos los dos documentos que se van a comparar:

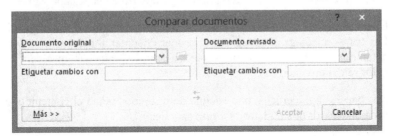

Las listas **Documento original** y **Documento revisado** son desplegables y muestran los últimos documentos abiertos por si vamos a comparar dos de ellos. Sin embargo, si los documentos a comparar no podemos encontrarlos ahí, disponemos del botón 📄 junto a cada una de las listas para buscar así ambos documentos en la carpeta y unidad de disco en que se encuentren.

Si ambos documentos tienen el mismo nombre (podría ser así y que cada uno se encuentre en una carpeta diferente) puede teclear algo en el cuadro de texto **Etiquetar cambios con** del segundo documento, con el fin de disponer de un dato que ayude a distinguir qué texto es de cada documento cuando ambos estén mezclados. Suele ofrecer el nombre del usuario con el que se creó el documento, pero se puede cambiar eso por cualquier otro dato que resulte representativo.

Cuando se pulsa el botón [Aceptar] Word se pone a trabajar para mezclarlos y mostrar sus diferencias. Cuando termine ofrecerá la ventana del documento dividida en cuatro paneles en los que muestra:

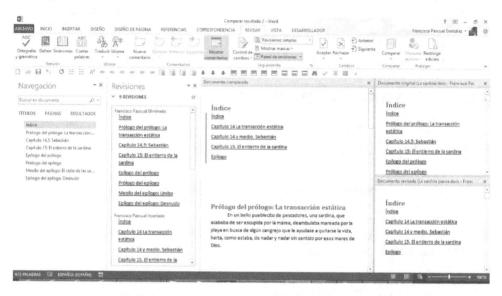

1. Un panel izquierdo en el que están anotadas todas las diferencias como comentarios de Word. Este panel puede desactivarse o cambiarse a forma horizontal mediante el botón [Panel de revisiones ▼] del grupo **Seguimiento** en la pestaña **Revisar**.

2. Un panel central que mezcla ambos documentos y subraya en color las diferencias. Las partes añadidas con respecto al primer documento aparecen, en principio, en color rojo y subrayado, mientras que las partes eliminadas aparecen, también en color rojo, pero tachadas.

3. Dos paneles a la derecha, uno encima de otro, mostrando el contenido original de cada uno de los documentos respectivamente.

Los botones [Anterior] y [Siguiente] del grupo **Cambios** nos llevan a la diferencia anterior y siguiente, respectivamente.

El botón **Aceptar** permite aceptar los cambios. Este botón se despliega y se elige si se va a aceptar el cambio (para igualar ambas versiones). Puede cambiar solo una, todas las que estén a la vista o absolutamente todas.

Aceptar

El botón **Rechazar** permite rechazar los cambios. Este botón desactiva las diferencias sin igualar los documentos. También permite eliminarlas.

Rechazar

9.9 DOCUMENTOS MAESTROS Y SUBDOCUMENTOS

Cuando un documento alcanza un tamaño elevado resulta pesado trabajar con él puesto que necesitará mucha memoria para conservarse activo y el sistema probablemente emplee el disco duro en lugar de la memoria para su manipulación. Dado que el disco duro es sensiblemente más lento que la memoria RAM del ordenador, podremos apreciar cómo el trabajo con el documento se retarda considerablemente. Una alternativa para evitar este problema consiste en dividir un documento grande en otros más pequeños.

Para todo esto, Word ofrece la posibilidad de trabajar con funciones automatizadas para documentos fraccionados y relacionados entre sí. El método consiste en emplear un documento como maestro y a él se le encadenan los llamados *subdocumentos*.

El trabajo se genera desde el modo **Esquema**, al que puede accederse desde la pestaña **Vista** de la barra de opciones, pulsando el botón 🗔 Esquema del grupo **Vistas**. Esto añade una pestaña más (**Esquema**) a la cinta de opciones, cuyo contenido nos ayudará a manejar el documento principal y los subdocumentos:

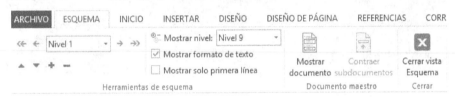

Cuando se pulsa el botón **Mostrar documento**, el grupo **Documento maestro** se amplía mostrando los siguientes elementos:

1. Con el botón 🗋 Crear se crea un subdocumento en el documento actual partiendo de cero (este último actuará como documento maestro a partir de entonces). Cuando se vaya a guardar el documento, Word solicitará un nombre más, que será el que reciba el archivo del nuevo subdocumento.

2. Con el botón 🗋 Insertar se añade un subdocumento al maestro. El nuevo subdocumento será un archivo Word que esté guardado en el disco.

3. Con el botón 🗋 Desvincular se independiza un subdocumento (que debemos haber seleccionado previamente haciendo clic en él) del documento maestro.

4. Con el botón 🗋 Dividir se transforma una parte de un subdocumento en otro subdocumento independiente. Para ello hay que situarse antes en un punto cualquiera de un subdocumento, para indicar el sitio a partir del que se desea realizar la división.

5. Con el botón ▣ Combinar se reúnen dos o más subdocumentos en uno solo. Para que este botón funcione es necesario seleccionar esos subdocumentos y ello se realiza haciendo clic en el icono 📑 que encabeza cada subdocumento (al principio de cada uno) manteniendo pulsada la tecla de **MAYÚSCULAS** cuando se hace el clic en cada icono.

6. Con el botón ▣ Bloquear documento se fija un subdocumento para que no pueda ser modificado por error. Este botón puede volver a pulsarse para desbloquear el subdocumento.

7. Con el botón **Contraer subdocumentos** se pliegan los subdocumentos que están vinculados al documento maestro. El botón, entonces, cambia de rótulo, pasando a llamarse **Expandir subdocumentos**, de modo que si se pulsa, vuelven a desplegarse todos y, por tanto, se vuelve a ver su contenido.

Contraer
subdocumentos

Cuando están expandidos los subdocumentos, y mientras no vayamos a realizar ninguna acción propia de estos, podemos cerrar el modo esquema, con lo que podremos trabajar como si se tratase de un único documento. Bastará con pulsar de nuevo el botón ▣ Esquema para acceder nuevamente a las funciones de documento.

❌ Cerrar vista
Esquema

EXCEL

INTRODUCCIÓN A EXCEL

Una hoja de cálculo es un programa que se utiliza para realizar operaciones matemáticas a todos los niveles. Consiste en una serie de datos distribuidos en celdas dispuestas por filas y columnas. Estos datos pueden ser de varios tipos y son capaces de relacionarse unos con otros para la resolución final del cálculo.

En principio, una hoja de cálculo pretende sustituir a la clásica hoja de papel en la que se realizan operaciones aritméticas y otras operaciones matemáticas más complejas. La hoja de cálculo combina las capacidades de cómputo de la máquina con sus funciones de interrelación de los datos y permite conferirles una buena presentación.

Excel, además, incorpora otras posibilidades que la hacen más potente, como la incorporación de imágenes, representaciones de datos matemáticos mediante gráficos e intercambio de información con otros programas de Windows (como Word, Access, etc.).

COMIENZO

Una vez que nos encontremos en Excel, veremos lo siguiente:

1. **Pestaña Archivo**. Contiene las opciones principales para trabajar con el documento completo (**Abrir**, **Guardar**, **Imprimir**, etc.).

2. **Barra de herramientas de acceso rápido**. Contiene botones con las funciones más utilizadas. Podemos añadir y eliminar los botones que deseemos a esta barra.

3. **Cinta de opciones**. Contiene botones con las funciones del programa organizadas por pestañas. Al pulsar sobre los botones, las tareas que tengan asociadas entran en funcionamiento. Haciendo clic en las pestañas se cambia de cinta para acceder a otros botones y, por tanto, a otras funciones.

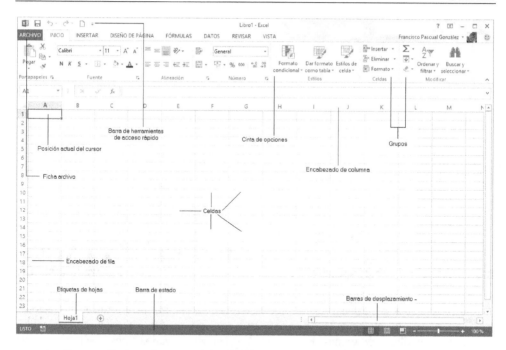

4. **Grupos**. Reúnen botones cuyas funciones pertenecen a un mismo tipo de trabajo.

5. **Celdas**. Son las encargadas de albergar los datos de Excel. En ellas se escriben rótulos de texto, datos numéricos, fórmulas, funciones, etc.

6. **Encabezado de filas/columnas**. Los encabezados indican la numeración de las filas y columnas. También tienen otras funciones como seleccionar filas o columnas completas (haciendo clic en una) y ampliar o reducir la altura y anchura de las celdas (haciendo clic entre dos y arrastrando).

7. **Posición actual del cursor**. Indica dónde se encuentra el usuario en cada momento. Al introducir datos en Excel, estos irán a parar a esa celda.

8. **Barras de desplazamiento**. Permiten moverse por la hoja de cálculo.

9. **Barra de estado**. Muestra información complementaria del programa según se suceden las diferentes situaciones de trabajo.

10. **Etiquetas de hojas**. Se emplean para acceder a las distintas hojas del libro de trabajo. Se hace clic en una para acceder a su contenido. Como se va a ver, cada hoja del libro ofrece una tabla de celdas que están distribuidas en filas y columnas numeradas: las filas de forma numérica (1, 2, 3, etc.) y las columnas de forma alfabética (a, b, c, etc.).

DESPLAZAMIENTO POR LAS HOJAS DE CÁLCULO

Para moverse a través de las celdas de una hoja de cálculo, se emplean ciertas teclas cuya finalidad ha sido siempre la misma para cualquier tipo de programa:

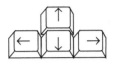 Los **cursores** le permitirán desplazarse a celdas contiguas. Por ejemplo, pulse la tecla **Cursor derecha** (→) para acceder a la celda que haya a la derecha de aquella en la que se encuentre.

 La tecla **INICIO** lleva a la primera columna de la fila en la que se encuentre el cursor en ese instante.

 La tecla **RE PÁG** lleva unas cuantas filas de celdas hacia arriba (el número de filas que quepan en la ventana de Excel).

 La tecla **AV PÁG** lleva unas cuantas filas de celdas hacia abajo (el número de filas que quepan en la ventana de Excel).

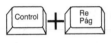 Las teclas **CONTROL + RE PÁG** llevan a la hoja de cálculo anterior dentro del libro actual.

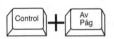 Las teclas **CONTROL + AV PÁG** llevan a la siguiente hoja de cálculo dentro del libro actual.

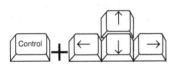 Las teclas **CONTROL + CURSORES** (o también **FIN** seguida de los **CURSORES**) llevan entre regiones de la hoja de cálculo. Las regiones son grupos de datos situados en celdas contiguas (tanto vertical como horizontalmente). Si existe alguna celda vacía (aunque solo sea una) entre dos grupos de celdas con datos, se considerará que cada grupo es una región. Se utiliza la tecla **FIN** para pasar de una región a otra. Al pulsar la tecla **FIN** y, después de soltarla, pulsar una tecla del cursor, se avanzará a la siguiente región de la hoja siguiendo la dirección que tenga la tecla del cursor elegida. Si no existe ninguna región que alcanzar, Excel le depositará al final de la hoja siguiendo la misma dirección.

o también

seguida de

 Las teclas **CONTROL + INICIO** nos llevan al principio de la hoja de cálculo (celda **A1**).

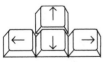 Las teclas **CONTROL + FIN** nos llevan al final de la hoja de cálculo. Para ello, se desplazará hasta situarse en la última columna y fila que posean datos.

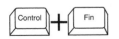

Existe otro modo de situarse en una celda concreta, pero para ello no se utilizan teclas de movimiento. Si se pulsa la tecla **F5** o si se pulsa el botón **Buscar y seleccionar** del grupo **Modificar** de la pestaña **Inicio** en la cinta de opciones, se nos preguntará el lugar exacto de la hoja al que deseamos ir:

 Como veremos más adelante, las celdas se nombran mediante la letra de la columna y el número de la fila, como en el juego de los barquitos.

1. Utilice el cuadro de texto **Referencia** para indicar la dirección de la celda a la que desea desplazarse (por ejemplo, **D6**). Pueden usarse los nombres de las hojas del libro de trabajo para acceder a celdas que se encuentren en esa hoja (por ejemplo, **Hoja3!B7**). Se estudiará esto con mayor detalle más adelante.

2. Cuando haya utilizado este cuadro de diálogo varias veces, en la lista **Ir a** aparecerán las direcciones de las últimas celdas a las que se ha desplazado utilizando este método.

Capítulo 10

BÁSICO EN EXCEL

En este capítulo se van a exponer cuestiones elementales, como qué tipos de datos podemos asignar a las celdas de una hoja de cálculo, y conceptos usuales en Excel.

10.1 DATOS CON EXCEL

Los datos que pueden manejarse con Excel, así como con la mayor parte de las hojas de cálculo, podrían clasificarse en dos tipos fundamentalmente: datos de texto y datos numéricos.

Los datos de texto son, evidentemente, pequeños mensajes o datos textuales que se asignan a las celdas de una hoja de cálculo. Normalmente se utilizan como rótulo para algún gráfico matemático, como títulos, o bien, para especificar datos de forma concreta utilizando nombres que los definan.

Para escribir datos de texto, bastará con situarse en la celda deseada y comenzar a escribir el dato. En principio, los datos de texto aparecen alineados a la izquierda de la celda; sin embargo, como veremos más adelante, podremos emplazarlos de otro modo.

He aquí algunos ejemplos de datos de texto:

- mayo.
- Sr. Alonso.
- Total de meses.
- Avda. del Río Jalón, n.º 133.

Los datos numéricos hacen referencia a números sencillos escritos en las celdas adecuadas. Sobre estos números se construyen los datos más complejos de la hoja de cálculo. Podremos realizar funciones más complejas utilizando como base los datos numéricos simples. Así pues, tendremos la posibilidad de crear fórmulas y utilizar funciones de Excel empleando para ello los datos numéricos.

Para escribir en la hoja de cálculo un dato numérico simple, basta con situarse en la celda deseada y teclear directamente el número que se desea emplear. Algunos ejemplos de datos numéricos simples son:

- 9

- 1200

- 350 Pts

- 30 %

- $1,25E+11$ $(=1,25 \times 10^{11})$

10.2 OPERADORES

Para trabajar con datos numéricos más complejos habrá que crear fórmulas basándose en la aritmética tradicional. Para ello utilizaremos los siguientes operadores aritméticos:

+   para sumas. Ejemplo: 5+825

-   para restas. Ejemplo: 67-3

*   para multiplicaciones. Ejemplo: 5*10

/   para divisiones. Ejemplo: 30/3

^   para realizar potencias. Ejemplo: 5^2

() paréntesis: para agrupar operaciones. Ejemplo: (6+8)/C2

Toda fórmula en Excel, sea del tipo que sea, debe ir precedida del signo igual (=). Por ello, si desea comprobar alguno de los ejemplos que acabamos de exponer, comience por teclear ese carácter y, sin separación alguna, el resto de la fórmula.

Siempre que necesite eliminar un dato de una celda, haga clic sobre ella y pulse la tecla **SUPR**.

10.3 REFERENCIAS

Las fórmulas pueden contener, aparte de datos numéricos simples, referencias a datos de otras celdas.

Las hojas de cálculo se forman mediante datos distribuidos en filas y columnas:

1. Las filas están numeradas desde la primera (la número 1) hasta la última (la 1.048.576).

2. Las columnas se nombran mediante letras siguiendo el orden alfabético de estas. Al llegar a la columna Z se recomienza el recuento mediante dos letras (AA, AB, AC, etc.), siguiendo un sistema similar al de las matrículas de los automóviles. En Excel, la primera columna es la A y la última es la XFD.

En definitiva, para localizar un dato en una celda se utiliza su número de fila y su letra de columna. En el ejemplo junto al margen, el dato *Mensaje* se encuentra en la celda **B5**.

Dentro de una hoja de cálculo, puede conocer rápidamente la celda en que se encuentra viéndolo en el **Cuadro de nombres** situado en la barra de fórmulas:

Las hojas de cálculo de Excel se agrupan en libros. La forma de acceder a una hoja dentro del libro es mediante su etiqueta, que aparece en forma de pestaña en la parte inferior de la ventana de Excel:

Como puede observarse, Excel nombra cada página del libro con el identificador **Hoja** seguido de un número de orden.

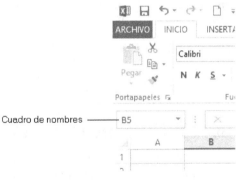

Veamos un ejemplo de trabajo con referencias:

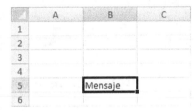

Obsérvese que en la barra de fórmulas aparece el dato =B2+4^C3, que utilizará el dato contenido en B2 (15) para sumárselo a 4 elevado a 2 (dato que aparece en C3). El resultado de la fórmula aparece en la celda B5. Observe, por otra parte, que si teclea paréntesis en la fórmula anterior el resultado variará ofreciendo un resultado diferente, ya que en ese caso Excel suma primero B2 y 4 y el resultado lo eleva al cuadrado:

= (B2+4) ^2 da como resultado 361

> Si una fórmula calcula un resultado grande, es posible que la cifra que se obtenga ocupe más espacio que el que quepa en la columna. En ese caso, Excel suele ofrecer un dato con muchas almohadillas:
>
> ########
>
> Lo único que necesitará será ampliar la anchura de la columna hasta que el número entre dentro sin problemas. Puede ampliar una columna haciendo clic entre sus letras (por ejemplo, entre las letras de las columnas A y B) y, sin soltar el botón del ratón, arrastrando a la izquierda o la derecha según necesite.

10.3.1 Referencias a datos de otras hojas

Cuando se desea utilizar una fórmula en la que hay un dato de otra hoja, es necesario teclear el nombre de esa hoja para referirse al dato (se denomina **vincular** datos de otras hojas). Se escribe dicho nombre seguido del signo de exclamación cerrado (!) y la referencia de la celda. Por ejemplo, si se ha de multiplicar por dos el dato que hay en la celda C7 de la Hoja3 (suponiendo que el resultado deba aparecer en otra hoja), la forma correcta de hacerlo sería:

=Hoja3!C7*2

10.4 EDICIÓN DE CELDAS

Si una celda contiene un dato que se desea modificar, bastará con situarse en la celda correspondiente y rescribir el dato completo para sustituir al antiguo.

Sin embargo, puede resultar pesado en el caso de que solo sea necesario variar mínimamente el dato antiguo para que quede escrito correctamente. Si esta es la situación, se puede situar en la celda y pulsar la tecla **F2** (o hacer doble clic en ella), lo que permitirá modificar su contenido sin tener que escribirlo de nuevo completamente.

Cuando se está tecleando, el cuadro de texto de edición en la ventana de Excel presenta un aspecto como este: SUMA   ▼ :   ✕ ✓ fx =B2+4^C3 .

1. La lista desplegable SUMA ▼ **(Cuadro de nombres)** despliega una lista de nombres o funciones que se pueden añadir a la celda o emplearse para acceder a su posición.

2. El botón ✖ (**Cancelar**) se emplea para anular la introducción o modificación del dato que se ha estado escribiendo en la celda.

3. El botón ✔ (**Introducir**) aceptará el dato que se haya estado escribiendo en la celda, añadiéndolo a la hoja de cálculo activa

4. El botón f_x (**Insertar función**) permite añadir una función de Excel.

10.5 LIBROS DE TRABAJO

Un libro de trabajo reúne varias hojas de cálculo en un solo documento. Cuando guardamos un documento de Excel en el disco, realmente almacenamos un libro de trabajo completo.

La distribución de páginas (y los botones para buscarlas) puede verse en la parte inferior de la ventana de Excel.

Como hemos dicho, Excel nombra las hojas como *Hoja1*, *Hoja2*, etc. Pero existen cuatro botones y una barra de desplazamiento a su misma altura para poder moverse entre las páginas. Si sabe que hay más hojas de las que se ven a primera vista, podrá ver el resto utilizando los botones ◀ (para pasar a la hoja anterior del libro) y ▶ (para pasar a la hoja posterior del libro).

Se podrá acceder a una hoja del libro haciendo clic en la pestaña de su etiqueta. Si no se puede ver la etiqueta de la hoja a la que se desea acceder, se emplean los botones anteriores.

Existen dos posibilidades si se ha de seleccionar varias hojas:

1. Si las hojas que se van a seleccionar están contiguas se hace clic en la pestaña de la primera y, manteniendo pulsada la tecla de **MAYÚSCULAS**, se hace otro clic en la pestaña de la última. Todas las hojas intermedias, incluyendo la primera y la última, quedarán seleccionadas:

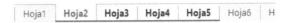

2. Pulsando la tecla **CONTROL** y haciendo varios clics en las pestañas de las hojas que se desea seleccionar.

10.6 BLOQUES DE CELDAS (RANGOS)

Existe un modo de referirse a un grupo de celdas contiguas, siempre y cuando formen un rectángulo de celdas. Para ello, se utiliza la referencia de dos de ellas: la superior izquierda y la inferior derecha del grupo.

Para referirse al grupo (rango) de celdas basta con escribir la primera, seguida de dos puntos (:) y, a continuación, escribir la segunda.

	A	B	C	D	E
1					
2					
3		Enero	2010	1	
4		Febrero	2011	2	
5		Marzo	2012	3	
6		Abril	2013	4	
7		Mayo	2014	5	
8					

En este ejemplo, puede apreciarse un rango de celdas ocupadas con datos. El rango comenzaría por la celda cuya referencia es B3 (que contiene el dato *Enero*) y terminaría en D7 (que contiene el dato *5*). Para referirse a este rango se indicaría *B3:D7*.

Como se verá más adelante, los rangos pueden recibir un nombre para que no sea necesario especificar sus referencias constantemente.

Los rangos se utilizan fundamentalmente en las funciones, ya que, en muchas de estas, debe indicarse un rango de celdas que será el grupo de datos que utilice la función.

Capítulo 11

ARCHIVOS Y DOCUMENTOS CON EXCEL

En este capítulo vamos a estudiar cómo trabajar con una hoja de cálculo completa de Excel.

Las tareas que vamos a contemplar son:

1. La creación de nuevas hojas de cálculo.

2. Opciones al archivar.

3. Ver previamente los datos antes de imprimirlos.

4. Imprimir la hoja de cálculo.

11.1 CERRAR Y CREAR LIBROS DE TRABAJO

Si desea abandonar su hoja de cálculo actual sin salir de Excel, puede cerrarla. Para ello, basta con seleccionar la opción **Cerrar** del menú que ofrece la pestaña **Archivo** o cerrar la ventana como lo hacemos habitualmente con cualquiera.

Si el documento en cuestión fue modificado, Excel le preguntará si desea grabar esas modificaciones antes de cerrar el texto, tal y como vimos en el apartado *Salida de los elementos de Office* del capítulo 3: *Funciones elementales y compartidas de Office*.

11.1.1 Nuevos libros de trabajo

Para acceder a un nuevo libro de trabajo vacío, hemos de utilizar la pestaña **Archivo**, situada en la parte superior izquierda de Excel, y seleccionar la opción **Nuevo**. Aparecerá la siguiente ventana:

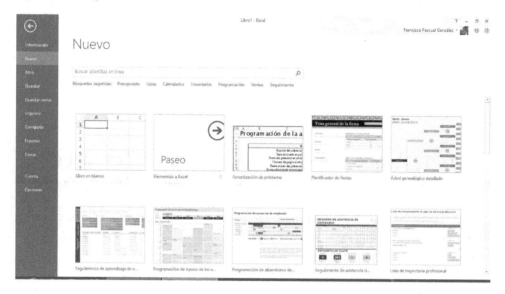

1. Si se va a tratar de una hoja vacía, se hace clic en **Libro en blanco**.

2. Si se va a crear un documento de un tipo específico, se pueden utilizar plantillas. Se trata de documentos que ya contienen cierta información que se podrá completar con nuevos datos. Por ejemplo, existen plantillas dieñadas para asistir en la creación de presupuestos, calendarios, ventas, etc. Se hace clic en uno de esos enlaces y Excel descarga varios modelos de Internet para que podamos seleccionar uno haciendo clic en él.

11.2 INSERTAR Y ELIMINAR HOJAS DE CÁLCULO EN UN LIBRO

Dentro de un libro, existe la posibilidad de añadir una hoja de cálculo pulsando el botón **Insertar** que se encuentra en el grupo **Celdas** de la pestaña **Inicio** en la cinta de opciones. Esta función inserta la hoja de cálculo entre medias de otras. Si se encuentra en la *Hoja3* en el momento de utilizarla, la nueva hoja la sustituirá desplazando la misma *Hoja3* y las posteriores hacia posiciones subsiguientes. Por tanto, antes de insertar una hoja de cálculo deberá hacer clic en la etiqueta de otra donde quedará añadida la nueva.

Por otra parte, si desea eliminar una hoja del libro a pesar de que esta contenga datos, puede hacerlo pulsando el botón **Eliminar** que se encuentra localizado en el mismo lugar que el anterior. Al hacerlo, la hoja en la que se encuentre en ese instante desaparecerá y el hueco que deja será ocupado por las hojas posteriores, que se adelantan una posición.

Si desea eliminar varias hojas, puede hacerlo siguiendo este mismo método, pero deberá seleccionar primero todas aquellas hojas del libro que desee eliminar; aunque Excel pedirá, por precaución, que confirme el borrado mediante un cuadro de diálogo:

Puede cambiar la etiqueta de una hoja de posición haciendo clic sobre su pestaña y, sin soltar el botón del ratón, arrastrando a izquierda o derecha hasta colocarla entre otras dos, donde deberá soltar el botón del ratón.

11.3 VISTA PRELIMINAR

Se puede saber cómo aparecerá impresa una hoja de cálculo (o parte de ella) antes de imprimirla. Para ello, se accede a la pestaña **Archivo** y se hace clic en su opción **Imprimir**. La parte derecha de la ventana mostrará el documento a imprimir:

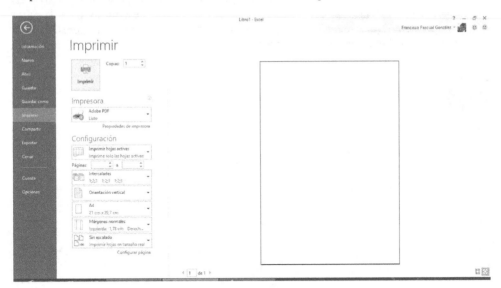

1. El botón ▶ muestra la siguiente hoja del libro de trabajo que será impreso. Solo estará disponible si hay varias páginas y no nos encontramos en la última.

2. El botón ◀ muestra la hoja anterior del libro de trabajo que será impreso. Este botón solo estará disponible si hay varias páginas y no nos encontramos en la primera.

3. El botón 🔲 (**Toda la página**) en la esquina inferior derecha aumenta o disminuye el tamaño de la muestra para una mejor percepción de los detalles de la hoja.

4. El botón (**Mostrar márgenes**) muestra las líneas de los márgenes y de los tamaños de encabezados y pies de la hoja. Al estar activas estas líneas, pueden modificarse sus distancias fácilmente con el ratón. Sitúese con él sobre la línea que desea desplazar, pulse el botón izquierdo del ratón y arrastre.

5. Puede hacer clic en la pestaña de otra pestaña de la cinta de opciones o pulsar la tecla **Escape (ESC)** para volver al documento.

> Cuando haya empleado la vista preliminar (o el cuadro de diálogo **Imprimir**) podrá ver unas líneas punteadas en la hoja de cálculo (en pantalla) que le indicarán los límites de las hojas de papel en los que se imprimirán los datos.

11.4 IMPRESIÓN DE DATOS

Pasemos a ver todas las funciones que ofrece Excel para imprimir. Se pulsan las teclas **CONTROL + P**, o bien se selecciona la opción **Imprimir** de la pestaña **Archivo**. La citada pestaña se divide en dos paneles: uno acabamos de describirlo para la vista preliminar, y el otro (el izquierdo) contiene los elementos para controlar la impresión. Es a este último panel al que dedicamos este apartado.

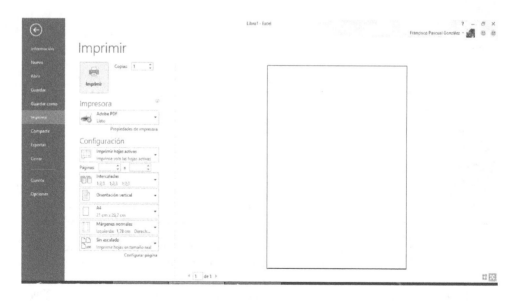

1. Con el cuadro de texto **Copias** se puede especificar el número de ejemplares que se desean imprimir.

2. Si se dispone de varias impresoras o si la que se tiene es compatible con otras, puede indicarse con cuál se desea imprimir las hojas de cálculo. En el grupo **Impresora** aparece el nombre de la que utilizará Excel, si no se elige otra, para reproducir los resultados. Para seleccionar otra despliegue su lista. Al hacerlo, aparecerá una relación con las impresoras instaladas, lo que significa que se podrá utilizar cualquiera de ellas para imprimir. Justo debajo, puede ver el enlace **Propiedades de impresora**, para modificar el modo en que esta imprimirá (mayor o menor calidad, color o escala de grises, etc.).

3. La lista desplegable que aparece como **Imprimir hojas activas** permite seleccionar qué parte del libro se va a imprimir: **Imprimir todo el libro** imprime la totalidad del libro de trabajo, **Imprimir hojas activas** imprime solo aquellas hojas del libro que hayamos seleccionado previamente e **Imprimir selección** únicamente imprime aquellas celdas de la hoja de cálculo que se seleccionen previamente.

4. Con los cuadros de texto de **Páginas** se puede indicar qué parte del libro se va a imprimir en cuanto a sus páginas.

5. El vínculo **Configurar página** lleva al cuadro de diálogo **Configurar página**. Consulte el apartado *Formato de filas, de columnas y de hojas* del capítulo 13: *Formatos con Excel*.

6. El botón **Imprimir** inicia el proceso de escritura de la impresora.

Capítulo 12

TRABAJO CON BLOQUES DE CELDAS

Excel permite seleccionar celdas de las hojas del libro de trabajo y operar con ellas. Con estos bloques de celdas se pueden realizar varias acciones.

12.1 SELECCIÓN DE CELDAS

Para seleccionar un rango de celdas tenemos varias posibilidades:

1. Manteniendo pulsada la tecla de **MAYÚSCULAS**, emplear las teclas de los **CURSORES** (flechas). Al hacerlo, el bloque se irá marcando en la pantalla, como veremos claramente. También pueden emplearse, manteniendo pulsada la tecla de **MAYÚSCULAS**, todas las teclas de desplazamientos por las celdas.

2. El bloque puede marcarse también con el ratón llevando su puntero a una celda cualquiera, haciendo clic allí y, sin dejar de pulsar el botón, arrastrar el ratón hasta llevar el puntero al final del rango deseado. Una vez allí, y al liberar el botón del ratón, el bloque queda marcado para lo que se desee.

3. Se puede seleccionar una columna completa haciendo clic sobre su cabecera (A, B, C, etc.). Si se trata de varias columnas, se hace clic y, sin soltar el botón del ratón, se arrastra a la izquierda o la derecha hasta seleccionar las columnas. Esto mismo se puede hacer con las teclas **CONTROL + BARRA ESPACIADORA**.

4. Se puede seleccionar una fila completa haciendo clic sobre su cabecera (1, 2, 3, etc.). Si se trata de varias filas, se hace clic y, sin soltar el botón del ratón, se arrastra hacia arriba o hacia abajo hasta seleccionar las filas. Esto mismo se puede hacer con las teclas **MAYÚSCULAS + BARRA ESPACIADORA**.

5. Se pueden seleccionar varias celdas, filas o columnas que estén separadas manteniendo pulsada la tecla de **CONTROL** y haciendo varios clics en los lugares clave: celdas sueltas, varios bloques de celdas (haciendo el clic y arrastrando), columnas, filas, etc.

6. Se puede seleccionar toda una hoja de cálculo haciendo clic en el botón donde se cruzan los encabezados de las filas y las columnas.

Después de haber marcado las celdas (lo veremos en pantalla porque cambian de color), hemos de pulsar una nueva combinación de teclas, o bien activar alguna opción del menú para elegir la acción que se va a realizar en las celdas seleccionadas.

12.2 MOVER BLOQUE (CORTAR)

Para mover un bloque se emplean las teclas **CONTROL + X**, que marca la información memorizándola en el portapapeles. A continuación, hemos de movernos a la parte de la hoja (o de otra aplicación) a la que deseamos llevar esos datos y utilizar las teclas **CONTROL + V**.

Existe un modo más rápido para mover un rango. Una vez que se hayan seleccionado las celdas, bastará con situar el puntero del ratón sobre cualquiera de los bordes que forman el bloque, hacer un clic y arrastrarlo hasta el lugar deseado. El rango de celdas será depositado en el punto donde liberemos el botón del ratón. Este método resulta muy práctico si el lugar al que vamos a llevar las celdas está cerca del sitio original.

12.3 COPIAR BLOQUE

Una vez seleccionado el bloque, hemos de utilizar las teclas **CONTROL + C**, para copiar el rango en el portapapeles. De nuevo nos situaremos en la parte del documento en la que deseamos que aparezca el rango copiado y pulsaremos **CONTROL + V**. Si se trata de copiar el dato en varias celdas de la hoja, seleccione ese bloque de celdas antes de pulsar las teclas **CONTROL + V**.

Existe un modo más rápido para copiar un rango. Una vez que se hayan seleccionado las celdas, bastará con situar el puntero del ratón sobre cualquiera de los bordes que forman el bloque, pulsar la tecla **CONTROL** y, a continuación, hacer un clic arrastrándolo hasta el lugar deseado. Allí liberaremos el botón del ratón y el rango de celdas se copiará en ese punto. Este método resulta muy práctico si el lugar al que vamos a copiar las celdas está cerca del sitio original.

12.4 BORRAR BLOQUE

Esta función elimina el bloque de texto marcado. Para ello, hemos de pulsar la tecla **SUPR** una vez que hayamos seleccionado el grupo de celdas que se va a borrar.

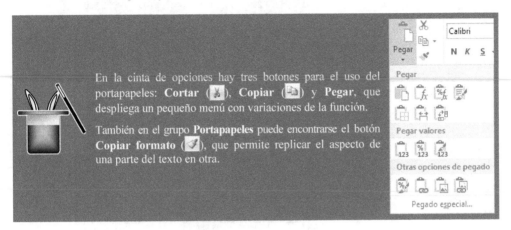

En la cinta de opciones hay tres botones para el uso del portapapeles: **Cortar** ( ), **Copiar** ( ) y **Pegar**, que despliega un pequeño menú con variaciones de la función.

También en el grupo **Portapapeles** puede encontrarse el botón **Copiar formato** ( ), que permite replicar el aspecto de una parte del texto en otra.

12.5 COPIAR FÓRMULAS

Cuando una hoja tiene fórmulas en sus celdas, pueden copiarse como cualquier otro dato. Resulta muy útil cuando una misma fórmula se va a aplicar a varias columnas o filas.

	A	B	C	D	E	F
1				GASTOS		
2		Sr. López	Sr. Gómez	Sr. Pérez	Sr. García	Sr. González
3	Enero	1.000	800	900	2.000	3.000
4	Febrero	1.100	1.000	1.000	1.900	2.800
5	Marzo	1.200	1.200	1.100	1.800	2.600
6	Abril	1.300	1.400	1.200	1.700	2.400
7	Mayo	1.400	1.600	1.300	1.600	2.200
8	Junio	1.500	1.800	1.400	1.500	2.000
9		**7.500**	**7.800**	**6.900**	**10.500**	**15.000**

Una misma fórmula para varias columnas (la suma de los valores)

Solo es necesario completar la primera fórmula, copiarla y pegarla en las celdas contiguas. Así, se copia la primera celda que contiene la fórmula:

	A	B	C	D	E	F
1				GASTOS		
2		Sr. López	Sr. Gómez	Sr. Pérez	Sr. García	Sr. González
3	Enero	1.000	800	900	2.000	3.000
4	Febrero	1.100	1.000	1.000	1.900	2.800
5	Marzo	1.200	1.200	1.100	1.800	2.600
6	Abril	1.300	1.400	1.200	1.700	2.400
7	Mayo	1.400	1.600	1.300	1.600	2.200
8	Junio	1.500	1.800	1.400	1.500	2.000
9		7.500				

Y se pega en las siguientes, seleccionándolas primero:

	A	B	C	D	E	F
1				GASTOS		
2		Sr. López	Sr. Gómez	Sr. Pérez	Sr. García	Sr. González
3	Enero	1.000	800	900	2.000	3.000
4	Febrero	1.100	1.000	1.000	1.900	2.800
5	Marzo	1.200	1.200	1.100	1.800	2.600
6	Abril	1.300	1.400	1.200	1.700	2.400
7	Mayo	1.400	1.600	1.300	1.600	2.200
8	Junio	1.500	1.800	1.400	1.500	2.000
9		7.500	7.800	6.900	10.500	15.000

12.6 REFERENCIAS RELATIVAS, ABSOLUTAS Y MIXTAS

El sistema de copiado de fórmulas funciona dado que, cuando se pegan, Excel comprueba en qué dirección se hace para cambiar las referencias de la fórmula adecuadamente. Estas referencias que cambian cuando se copia la fórmula se denominan *relativas*. Sin embargo, existen casos en los que sería interesante que Excel no modifique la referencia de alguna parte de la fórmula o en todas las referencias de la misma.

Cuando esto es necesario se emplean referencias absolutas que llevan como distintivo el símbolo $ (dólar) en cada uno de los componentes de la referencia. Por ejemplo, la referencia relativa **B5** se transforma en absoluta añadiéndole dicho símbolo a la B y al 5: **B5**. Cada símbolo $ representa una parte de la referencia que quedará fija cuando se copie.

Por lo tanto, cuando una fórmula tiene la referencia de una celda escrita de esta forma y es copiada en otras celdas, no cambia. Resulta útil cuando parte de la fórmula depende de un valor solitario escrito en una celda aislada, puesto que en el momento de copiar la fórmula en otras celdas, dicho valor se encuentra solo y no repetido en las celdas contiguas.

Por último, también puede fijarse únicamente una de las coordenadas de la referencia de una celda. Se lleva a cabo añadiendo el símbolo $ solo en una sola de dichas coordenadas: $B5 o B$5. La finalidad es copiar fórmulas de forma que solo una parte de la coordenada varíe y la otra quede fija al copiar la fórmula.

La tecla **F4** cambia **las** referencias añadiendo los símbolos dólar o quitándolos si ya estaban escritos. Simplemente hay que situarse en una referencia de cualquier fórmula (viendo que el cursor parpadea en dicha referencia) y pulsar **F4**.

12.7 NOMBRES PARA BLOQUES DE CELDAS

A un grupo de celdas (incluso a una sola) se le puede asignar un nombre. Así, podremos utilizarlo en lugar de las referencias a esas celdas.

Para realizar los trabajos relacionados con el nombre de las celdas se accede al grupo **Nombres definidos** de la pestaña **Fórmulas** en la cinta de opciones:

1. Con el botón **Administrador de nombres** podemos añadir, modificar y eliminar nombres de rango. Para ello se ofrece un cuadro de diálogo como el siguiente:

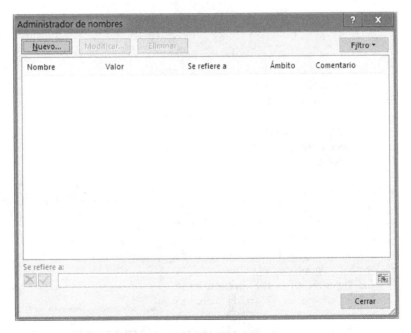

- Con el botón <u>Nuevo...</u> añadimos un nombre de rango, ayudándonos de otro sencillo cuadro (que puede verse en la figura junto al margen). En él le damos un **Nombre**, al rango, establecemos a qué parte del libro va a ser aplicable (**Ámbito**), si así lo deseamos, agregamos un **Comentario** que describa los datos que abarca ese nombre y establecemos qué celdas forman el rango al que se lo damos (**Hace referencia a**).

- Con el botón [Modificar...] podemos modificar el nombre del rango. Para ello se ofrece el mismo cuadro que se ha empleado para añadir dicho nombre y lo manejamos igual para cambiar el propio nombre, o el grupo de celdas a las que hace referencia, la parte de la hoja en la que se va a poder aplicar el nombre o los comentarios que hayamos escrito para él.

- Con el botón [Eliminar] eliminamos un nombre de rango. Tenga presente que si elimina un nombre, todas las fórmulas y funciones que lo emplearan quedarán desvinculadas de los datos que empleaban para su cálculo, con lo que en ellas aparecerá el consiguiente error y habrá que corregirlo.

2. Mediante el botón [⊟Asignar nombre ▾] puede elegir **Definir nombre** para crear nuevos nombres de rango. Al seleccionar esta opción, se obtiene el mismo cuadro que hemos visto para esa función:

3. Con el botón [ƒx Utilizar en la fórmula ▾] puede elegir **Pegar nombres** para añadir un nombre al teclear una fórmula en una celda, o bien elegir uno de esos nombres en la lista que ofrece el propio botón. Si opta por la opción **Pegar nombres**, obtendrá un cuadro de diálogo en el que deberá elegir el nombre (puede verlo en la figura junto al margen).

4. Con el botón [Crear desde la selección] se pueden definir nuevos nombres por columnas o filas que haya seleccionado antes. Es necesario que el bloque de celdas que seleccione tenga datos de texto en alguno de sus extremos (en la fila superior, en la fila inferior, en la columna derecha o en la columna izquierda), ya que esos datos serán los nombres que se asociarán a los rangos. Al utilizar esta opción, aparece un cuadro de diálogo como el que mostramos junto al margen.

- **Fila superior** utiliza los datos de texto que haya en la fila superior del rango seleccionado como nuevos nombres. Cada nombre se asociará a los datos que haya inmediatamente debajo de él hasta alcanzar el final del bloque. Ejemplo:

	A	B	C	D
1				GASTOS
2		Sr. López	Sr. Gómez	Sr. Pérez
3	Enero	1.000	800	900
4	Febrero	1.100	1.000	1.000
5	Marzo	1.200	1.200	1.100
6	Abril	1.300	1.400	1.200
7	Mayo	1.400	1.600	1.300
8	Junio	1.500	1.800	1.400

- Si eligiéramos **Fila superior**, según el bloque seleccionado, obtendríamos tres nuevos nombres de bloque cuyos rangos abarcarían B3:B8 para el nombre *Sr. López*, C3:C8 para *Sr. Gómez* y D3:D8 para *Sr. Pérez*.

- **Columna izquierda** utiliza los datos de texto que haya en la columna situada más a la izquierda del bloque seleccionado como nuevos nombres. Cada uno queda asociado a los datos situados inmediatamente a su derecha hasta alcanzar el final del bloque. En el ejemplo anterior, los nuevos nombres serían *Enero, Febrero, Marzo, Abril, Mayo* y *Junio*, y estarían asociados a los rangos B3:D3, B4:D4, B5:D5, B6:D6, B7:D7 y B8:D8, respectivamente.

- **Fila inferior** utiliza los datos de texto que haya en la fila inferior del bloque seleccionado como nuevos nombres. Cada nombre se asociará a los datos situados inmediatamente encima de él hasta alcanzar el final del bloque.

- **Columna derecha** utiliza los datos de texto que haya en la columna de la derecha del bloque seleccionado como nuevos nombres. Cada nombre se asociará a los datos inmediatamente a su izquierda hasta alcanzar el final del bloque.

5. Según se teclea una fórmula en la que se pueda emplear un nombre, en el momento adecuado aparece una lista de posibilidades entre las que se encuentran los nombres de rango para poder aplicarlos. En ese caso, se utilizan las teclas del cursor (flechas) hasta llegar al nombre en cuestión y se pulsa el **TABULADOR** para que Excel escriba ese nombre por nosotros en la fórmula.

12.8 RELLENO AUTOMÁTICO DE DATOS

Otra posibilidad es la de rellenar un rango de celdas automáticamente. En primer lugar debemos establecer un valor inicial con el que comenzar el relleno y después, como hasta ahora, seleccionar el bloque de celdas que se va a rellenar. Por ejemplo:

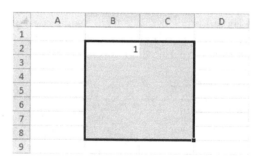

Como podemos ver, el dato **1** aparece en la fila superior de la columna derecha del bloque marcado. Ese número será el inicial que Excel utilizará para el relleno. Dicho relleno podrá ser repetitivo o progresivo.

Para rellenar el rango, en la pestaña **Inicio**, en el grupo **Modificar**, despliegue el botón  Rellenar ▾ y, a continuación, pulse en *abajo, derecha, arriba* o *izquierda*.

1. Todas las opciones de este menú que comienzan por la palabra **Hacia** rellenan repetitivamente el rango repitiendo el dato inicial que hayamos escrito y siguiendo la dirección que indica la propia opción (abajo, derecha, arriba e izquierda). Si en el ejemplo que hemos puesto activásemos la opción **Hacia abajo**, la columna **C** de la hoja de cálculo se rellenaría de unos hasta completar el bloque. Así:

2. La opción **Otras hojas** permite rellenar las celdas de varias hojas en el mismo rango seleccionado. Para ello, es necesario seleccionar previamente las hojas del libro de trabajo a las que vamos a copiar los rangos. Recuerde que esto se hace pulsando la tecla **CONTROL** (o de **MAYÚSCULAS**) y, sin soltarla, pulsando el botón izquierdo del 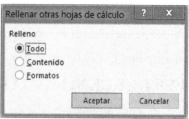 ratón sobre la hoja que desea añadir a la selección. Una vez que haya activado la opción **Otras hojas**, aparecerá un cuadro de diálogo como el que puede verse en la anterior figura junto al margen.

Como se puede ver, es posible copiar **Todo**, solo el **Contenido** de las celdas, o sus **Formatos** (de esto último hablaremos en el capítulo 13: *Formatos con Excel*).

3. Otra posibilidad es rellenar el rango en forma de progresión, es decir, no duplicar el dato sino crear un listado de datos correlativos. Para ello, elija la opción **Series** en el menú que hemos expuesto anteriormente y obtendrá lo siguiente:

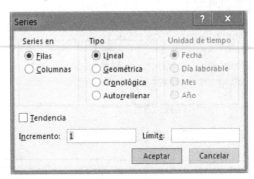

- Utilice el grupo **Series en** para especificar si lo rellenará siguiendo, por orden, las **Filas** o las **Columnas**.

- Utilice **Incremento** para especificar el salto de progresión entre una cifra y la siguiente; por ejemplo, el incremento en la lista 2, 4, 6, 8, 10 es 2.

- Con **Límite** puede indicar el número máximo que ha de alcanzarse. Excel ignorará el resto de las celdas seleccionadas una vez alcance este límite.

- El grupo **Tipo** le permite establecer cómo será la progresión:

  a) **Lineal**. Crea una progresión aritmética en la que el incremento se suma al anterior valor. Por ejemplo, si el incremento es 2 y comenzamos en el 1, obtendremos como resultado 1, 3, 5, 7, 9, etc. (de dos en dos).

  b) **Geométrica**. Crea una progresión geométrica en la que el incremento se multiplica al anterior valor. Por ejemplo, si el incremento es 2 y comenzamos en el 1, obtendremos 1, 2, 4, 8, 16, 32, etc. (cada cifra dobla a la anterior).

  c) **Cronológica**. Crea una progresión de fechas que se eligen en el grupo **Unidad de tiempo**: **Fecha** crea un listado de fechas normal (Excel conoce en qué número de día termina cada mes incluidos los años bisiestos), **Día laborable** crea el listado sin mostrar los fines de semana (Excel no conoce las fiestas entre semana), **Mes** por meses y **Año** por años.

Fecha	Día laborable	Mes	Año
31/05/2001	31/05/2001	31/05/2001	31/05/2001
01/06/2001	01/06/2001	30/06/2001	31/05/2002
02/06/2001	04/06/2001	31/07/2001	31/05/2003
03/06/2001	05/06/2001	31/08/2001	31/05/2004
04/06/2001	06/06/2001	30/09/2001	31/05/2005
05/06/2001	07/06/2001	31/10/2001	31/05/2006

d) **Autorrellenar**. Crea una progresión automática con datos que no son numéricos ni de fecha (fechas con números). Inicialmente, Excel permite crear listas de este tipo con meses del año y días de la semana, aunque podremos crear más listas nosotros. Veremos esto enseguida.

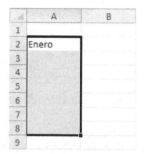

Antes de rellenar

Relleno con la opción Autorrellenar

Cuando se selecciona el tipo **Autorrellenar** no disponemos de **Incremento** ni de **Límite**.

4. La última opción del menú anterior, **Justificar**, reparte en varias celdas el texto que no cabe en una. Si escribimos un texto y se sobrepasa el tamaño de la celda, se puede seleccionar esta y activar la función. Al hacerlo, Excel divide el texto tantas veces como sea necesario, consiguiendo que quepa en celdas distintas sin que cada parte sobrepase el tamaño de la columna. Excel puede realizar el trabajo sin seleccionar un bloque de celdas antes de la justificación, pero es conveniente elegir primero el rango en cuya celda superior deberá estar el texto que se va a justificar.

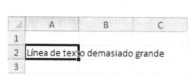

Antes de la justificación

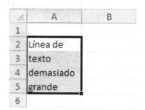

Después de la justificación

	B6	▼	fx	=(B2+B3+B4)/3	

⊿	A	B	C	D	E	F
1		Nota 1	Nota 2	Nota 3	Nota 4	
2	Informática	10	5	6	6	
3	Inglés	9	6	9	8	
4	Contabilidac	8	7	5	8	
5						
6	Media	9	6	6,66666667	7,33333333	
7						
8						

El resultado

Esta última opción solo aparece en el menú si hemos tecleado el nombre de un mes como dato inicial para la lista. Si hemos escrito en su lugar el nombre de un día de la semana, aparece **Rellenar días de la semana**, y no aparece si hemos escrito cualquier otro dato.

12.9 PEGADO ESPECIAL

Excel incorpora una función de pegado que amplía las posibilidades del portapapeles. Suele ser especialmente útil cuando se han copiado varios datos.

Al desplegar el botón **Pegar** disponemos de varios botones para colocar los datos copiados en la hoja:

1. (**Pegar**) realiza la función normal de pegado.

2. (**Fórmulas**) pega los datos manteniendo las fórmulas de las celdas que las tengan.

3. (**Formato de fórmulas y números**) pega una fórmula o un valor, tal y como esté en la celda original.

4. (**Mantener formato de origen**) mantiene los valores de las celdas en las que se pega, pero estos adquieren el formato de aspecto de las celdas en las que se aplicó la función de copia.

5. (**Sin bordes**) pega los datos, pero no el borde que pudiesen tener en el original.

6. (**Mantener ancho de columnas de origen**) replica el aspecto de las celdas originales incluyendo la anchura de las columnas en las que estén.

7. (**Trasponer**) pega los datos intercambiando filas por columnas.

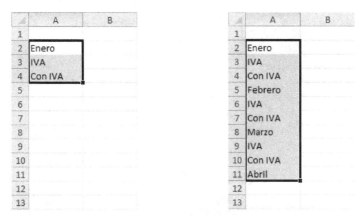

	A	B
1		
2	Enero	
3	IVA	
4	Con IVA	
5		
6		
7		
8		
9		
10		
11		
12		
13		

	A	B
1		
2	Enero	
3	IVA	
4	Con IVA	
5	Febrero	
6	IVA	
7	Con IVA	
8	Marzo	
9	IVA	
10	Con IVA	
11	Abril	
12		
13		

Datos seleccionados para el listado   *Una vez hecho el relleno arrastrando el controlador*

5. Si se trata de una fórmula, Excel calculará automáticamente los resultados en el relleno, lo que nos ahorra escribir una misma fórmula en celdas contiguas y será suficiente con escribirla una vez. Ejemplo:

B6	▼	f_x	=(B2+B3+B4)/3		
	A	B	C	D	E	F
1		Nota 1	Nota 2	Nota 3	Nota 4	
2	Informática	10	5	6	6	
3	Inglés	9	6	9	8	
4	Contabilidad	8	7	5	8	
5						
6	Media	9				
7						

Se escribe una vez la fórmula (en nuestro caso, una media aritmética que puede verse en la barra de fórmulas: =(B2+B3+B4)/3)

B6	▼	f_x	=(B2+B3+B4)/3		
	A	B	C	D	E	F
1		Nota 1	Nota 2	Nota 3	Nota 4	
2	Informática	10	5	6	6	
3	Inglés	9	6	9	8	
4	Contabilidad	8	7	5	8	
5						
6	Media	9				
7						

Luego se emplea el controlador de relleno para repetir la fórmula en otras columnas

8. (**Valores**) pega los datos como cifras, incluso en las celdas que contengan fórmulas.

9. (**Formato de valores y números**) pega una fórmula o un valor, tal y como esté en la celda original.

10. (**Formato de valores y origen**) mantiene los valores de las celdas en las que se pega, pero estos adquieren el formato de aspecto de las celdas en las que se aplicó la función de copia.

11. (**Formato**) mantiene los valores de las celdas, sean del tipo que sean, en las que se pega, pero estos adquieren el formato de aspecto de las celdas en las que se aplicó la función de copia.

12. (**Pegar vínculos**) pega los datos incluyendo la información de vínculos que permite al usuario hacer clic para acceder a otro lugar.

13. (**Pegar imagen**) pega los datos transformándolos antes en una imagen.

14. (**Imagen vinculada**) igual que el anterior, pero, además, vincula la imagen a la celda que contiene el valor original.

15. La opción **Pegado especial** lleva a un cuadro de diálogo en el que se pueden aplicar las mismas funciones anteriores y alguna más:

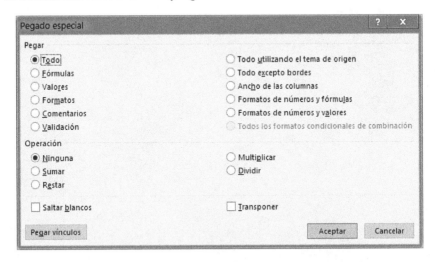

Por ejemplo, puede utilizar los botones del grupo **Operación** para que el resultado consista en pegar un valor resultado de **Sumar**, **Restar**, **Multiplicar** o **Dividir** entre sí los valores de las celdas que se copiaron.

Capítulo 13

FORMATOS CON EXCEL

Una de las características que más hace resaltar la presentación y legibilidad de una hoja de cálculo es la de añadir formatos a los datos que haya en las celdas. Gracias a ellos se puede añadir color, cambiar tipos de letra, poner formatos numéricos y otras funciones similares.

13.1 FORMATO DE CELDAS

Existen funciones de formato que pueden afectar a una sola celda y aplicarse igualmente a varias si antes se seleccionan.

Para trabajar con los formatos para celdas se pulsan las teclas **CONTROL + 1** (uno). También se puede acceder pulsando el botón ⌐ en cualquiera de los grupos **Fuente**, **Alineación** o **Número** de la pestaña **Inicio** en la cinta de opciones. Se obtiene un cuadro de diálogo en el que se especifican los datos de formato.

Si se está escribiendo en una celda (puede saberse porque el cursor de texto estará parpadeando dentro de ella), lo único que podrá cambiarse serán las fuentes y sus funciones derivadas, de las cuales hablaremos un poco más adelante.

El cuadro de diálogo se divide en fichas, cada una de las cuales tiene funciones de trabajo diferentes.

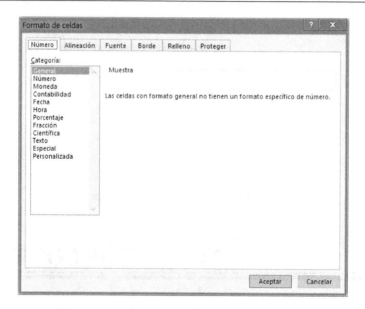

1. La ficha **Número** contiene los datos necesarios para que Excel muestre las cifras con un aspecto que mejore su presentación y legibilidad. Así, aunque el usuario teclee en esas celdas un valor escrito de forma simple, el formato se encargará de añadir caracteres y colores para que resulte más completo (separador de millares, un número fijo de decimales, una coletilla con unidades —euros, centímetros, etc.—).

   - Lo primero que obtenemos es una lista titulada **Categoría**, con la que podrá especificar el nombre del formato (por ejemplo, *Moneda*). En el grupo **Número** de la pestaña **Inicio** observará que existen varios botones para trabajar con los formatos numéricos. Estos botones son: ⬚ ▾ (**Formato de número de contabilidad**), % (**Estilo porcentual**) y 000 (**Estilo millares**).

   - Cada uno de los formatos de la lista puede generar más datos añadidos al cuadro de diálogo. Por ejemplo, si elegimos **Contabilidad**, aparecen en el cuadro dos botones más: **Posiciones decimales**, que permite indicar cuántos decimales aparecerán en las celdas, y **Símbolo**, que permite elegir un símbolo monetario para los números de las celdas. Al igual que **Contabilidad**, el resto de las opciones de la lista pueden generar otros datos similares para concretar aún más el formato que tendrán los números en las celdas. Hay dos botones relacionados con este tema en el grupo **Número** de la pestaña **Inicio**: ⁺.₀₀ , que aumenta el número de cifras decimales, y .₀₀₋ , que lo disminuye.

   - No obstante, si ninguno de los códigos de formato le satisface, puede crear uno propio con el elemento **Personalizada**, gracias al cual podrá diseñar sus plantillas escribiéndolas en el cuadro de texto **Tipo**. Las plantillas personalizadas pueden borrarse de la lista seleccionándolas y pulsando el botón Eliminar , que aparece al elegir **Personalizada**.

Para formatos personalizados debe recurrirse a símbolos:

1. Cada cero (**0**) que se añada representa un dígito que Excel escribirá aunque se trate de un cero a la izquierda. Ejemplo: *0,00* indica un dígito entero y dos decimales (aunque sean cero) separados por coma.

2. Cada almohadilla (**#**) que se añada representa un dígito que puede no mostrarse si no tiene valor (por ejemplo, ceros a la izquierda de la parte entera o ceros a la derecha en la parte decimal).

3. Escriba entre comillas los datos que desee que acompañen a la cifra, delante o detrás de esta. Por ejemplo, si se desea que la coletilla de la cifra sea *cm* (de centímetros) se escribe el formato numérico (por ejemplo #,##) seguido de *cm*.

4. Si se desea, pueden añadirse colores tecleando el nombre del color entre corchetes antes de escribir el resto de la plantilla: [Rojo], [Verde], [Azul], [Amarillo], [Negro], [Aguamarina], [Fucsia] y [Blanco].

Se pueden teclear en un formato varias estructuras separadas por punto y coma. La primera indica el aspecto que tendrán los números positivos, la segunda indica el de los negativos, la tercera el que tendrán cuando en la celda se escriba un cero y, por último, la cuarta, el que tendrán cuando la celda se deje vacía.

2. La ficha **Alineación** permite establecer la posición de los datos dentro de las celdas que los contienen. Su aspecto es este:

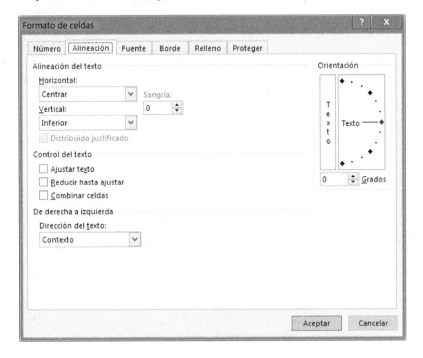

- La lista desplegable **Horizontal** le permite especificar la alineación de izquierda a derecha. La opción **General** alinea los datos dependiendo de su tipo: los textos a la izquierda de la celda y los números a la derecha (para preservar la concordancia de unidades, decenas, centenas, etc.). En el grupo **Alineación** de la pestaña **Inicio** existen tres botones relacionados con estas funciones: ≡ (**Alinear texto a la izquierda**), ≡ (**Centrar**) y ≡ (**Alinear texto a la derecha**).

- En el grupo **Vertical** se especifica la alineación de arriba abajo. Por ejemplo, **Superior** acerca el texto a la parte superior de la celda.

- Con el cuadro de texto **Sangría** se podrán sangrar los datos en las celdas según la medida que teclee en él (colocándolos ligeramente hacia dentro de la celda).

- Con el grupo **Orientación** se establece la inclinación de los datos de las celdas. Desplace el punto rojo arriba o abajo por el semicírculo para establecer la inclinación, o bien escriba el ángulo en **Grados**. También se puede escribir el texto de forma vertical.

- Si se activa la casilla **Ajustar texto**, Excel distribuirá un texto que es más ancho que una celda de modo que no sobresalga de la columna, para lo cual, amplía la altura de la fila y coloca el exceso de texto en varias líneas dentro de la misma celda.

- **Reducir hasta ajustar**. Si el texto de una celda es lo bastante grande como para sobresalir de la columna, esta función reduce el tamaño de la letra hasta que encaje todo dentro de la celda.

- **Combinar celdas**. Une varias celdas que hayamos seleccionado en una sola. Gracias a esta función se podrán colocar datos como en el ejemplo de la figura junto al margen.

El dato Primer curso *está escrito en una celda combinada*

- **Dirección del texto**. Permite elegir el flujo de texto en cuadros de texto y controles de edición. Podremos elegir como dirección **De izquierda a derecha** o **De derecha a izquierda**, aunque también se puede basar la dirección en el **Contexto** de la primera letra fuerte que se encuentre. Esta función no es útil si no emplean cuadros de texto o controles de edición.

El botón  también está relacionado con estas funciones, pero de un modo especial. Se encuentra también en el grupo **Alineación** (pestaña **Inicio** de la cinta de opciones).

Este botón permite centrar el dato cuando se han seleccionado varias columnas, de modo que el texto queda situado entre ellas.

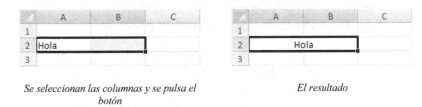

Se seleccionan las columnas y se pulsa el botón   *El resultado*

3. La ficha **Fuentes** permite cambiar los tipos de letra de los datos de las celdas. El aspecto que presenta esta ficha es el siguiente:

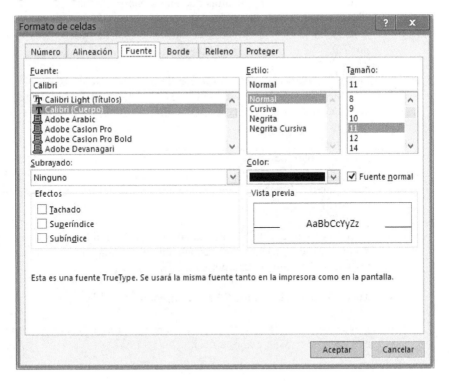

- La lista **Fuente** ofrece una relación con todos los tipos de letra. Puede elegir uno de ellos para aplicar a las celdas seleccionadas. El tipo de letra básico puede elegirse también desde la barra de herramientas.

Si se necesita escribir parte del texto de una celda con un tipo de letra, tamaño, color, etc. y otra parte con un aspecto distinto, según se acabe de escribir (en el modo de edición, es decir, mientras vea parpadear el cursor en la celda) se selecciona una parte con el ratón y se eligen luego las características para él mediante la opción **Celdas** del menú **Formato**. A continuación se repite el proceso para la otra parte de la celda que deba llevar un aspecto diferente.

- Con **Estilo** puede modificarse el aspecto del tipo de letra que se haya elegido en la lista **Fuente**, dándole atributos como negrita, subrayado, etc. Puede utilizar estos tres botones del grupo **Fuente** (cinta de opciones, pestaña **Inicio**) para modificar los estilos: ᴺ (**Negrita**), ᴷ (*Cursiva*) y ꜱ ˅ (Subrayado).

- **Tamaño** se emplea para ampliar o reducir las dimensiones de la letra. El tamaño se ofrece medido en puntos y su valor inicial es de 10 puntos. Un número mayor amplía el tipo de letra mientras que uno menor lo reduce. En el grupo **Fuente** (de la pestaña **Inicio** en la cinta de opciones) se puede modificar el tamaño de la letra: la lista `11 ˅` muestra el tamaño actual de la letra (por ejemplo, 11 puntos).

- Se puede modificar el **Subrayado** con línea **Simple**, **Doble**, **Simple contabilidad** y **Doble contabilidad**. Los subrayados de contabilidad subrayan hasta el final de la celda, aunque el texto sea tan corto que no alcance el borde derecho de esta.

- Elija un **Color** de tinta para la letra utilizando la lista que lleva ese nombre. Puede accederse también a esta función mediante el botón 🇦 ˅ que existe en la parte inferior derecha del grupo **Fuente** (en la pestaña **Inicio** de la cinta de opciones).

- Si se activa la casilla **Fuente normal**, Excel eliminará todos los atributos, subrayados, etc., que se hubiesen añadido a la celda o celdas, de modo que su texto tendrá el tipo de letra normal.

- Tres atributos más son los **Efectos**: ~~Tachado~~, ^{Superíndice} y $_{Subíndice}$.

- El cuadro de **Vista previa** presenta una muestra en la que se puede ver el resultado de trabajar con esta ficha.

4. La ficha **Bordes** permite asignar un marco a las celdas:

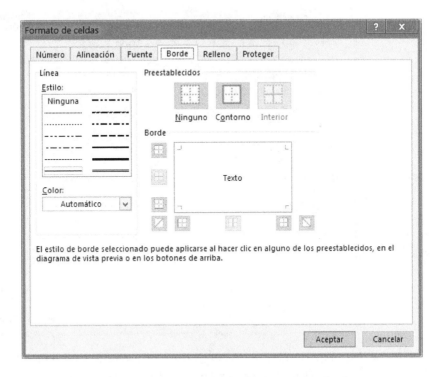

- Para que esta ficha funcione correctamente hay que comenzar por elegir el **Estilo**. Puede establecerse el aspecto de las líneas que conformarán los bordes, eligiendo, entre otras, líneas más gruesas o construidas a base de guiones o puntos.

- Se continúa seleccionando el **Color** de los bordes.

- Por último, se elige qué bordes de la(s) celda(s) se van a cambiar: **Ninguno** (elimina todo tipo de bordes), **Contorno** (los cuatro bordes), **Interior** (bordes internos de las celdas seleccionadas), o uno de los botones del grupo **Borde**, que permiten activar la línea de borde por ciertos lugares de la celda. Para este trabajo podemos utilizar igualmente el botón de **Bordes** (⊞ ▾) del grupo **Fuente** (pestaña **Inicio** de la cinta de opciones).

5. La ficha **Relleno** se utiliza para modificar el color y tramado de fondo de las celdas:

- Se utiliza **Color** para establecer uno de fondo para la(s) celda(s). Puede asignar colores a las celdas mediante el botón **Color de relleno** ( ) del grupo **Fuente** (pestaña **Inicio** de la cinta de opciones). Puede eliminar el color de relleno mediante el botón **Sin color**.

- **Trama** le permite aplicar un tramado al fondo de las celdas con el color elegido (un fondo rayado, punteado, en red, etc.).

6. La ficha **Proteger** tiene dos funciones, que se utilizan cuando se trabaja con datos importantes. Estas funciones se utilizan mediante dos casillas de verificación:

- Si se activa **Bloqueada,** no se podrán modificar o borrar los datos de las celdas seleccionadas.

- Si se activa **Oculta,** no se podrán ver las fórmulas de esas celdas.

Como el mismo cuadro advierte, estas dos casillas no funcionan si no se protege la hoja de cálculo completa. Para ello, se accede a la pestaña **Revisar**, y se pulsa el botón **Proteger hoja** de su grupo **Cambios** (siempre en la cinta de opciones). Lo estudiaremos con más detalle en el apartado *Protección de datos* del capítulo 14: *Herramientas más útiles de Excel*.

13.2 FORMATO DE FILAS, DE COLUMNAS Y DE HOJAS

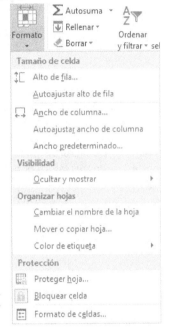

Otra posibilidad que ofrecen los formatos es la de modificar las características de una fila completa de celdas, una columna o una hoja. De hecho, pueden modificarse varios de estos a la vez si los seleccionamos previamente. Las opciones que se ofrecen para este trabajo se pueden activar seleccionando el botón **Formato** del grupo **Celdas** de la pestaña **Inicio** en la cinta de opciones (vea la figura junto al margen derecho). Esta opción ofrece el siguiente submenú con todas las funciones que pueden utilizarse para variar las características de una fila completa de celdas:

1. La opción **Alto de fila** se utiliza para ampliar o reducir la altura de la fila (o filas) en que nos encontremos. Esta función ofrece un cuadro de diálogo para su modificación en el que solo hemos de utilizar el cuadro de texto **Alto de fila** para ampliar o reducir su tamaño (**15** puntos es el valor normal de altura para filas).

Para cambiar la altura de las filas, también puede utilizar las líneas que separan las filas en el encabezado:

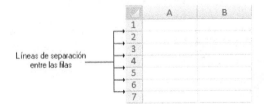

Líneas de separación entre las filas

Sitúe el ratón en una de estas líneas, haga clic sobre ella y, sin soltar el botón del ratón, arrástrelo hacia arriba o hacia abajo hasta que obtenga el tamaño deseado. Al liberar el botón del ratón, la fila adoptará el tamaño indicado.

2. Con la opción **Autoajustar alto de fila** se amplía o reduce la altura de las filas automáticamente hasta que el texto contenido en sus celdas encaja perfectamente.

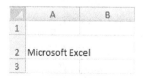
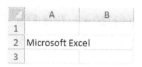

3. Utilice **Ancho de columna** para ampliar o reducir la anchura de la columna o columnas seleccionadas:

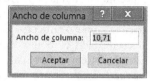

Como con la altura de filas, se puede utilizar el cuadro de texto **Ancho de columna** para variar esta. Su valor por defecto es **10,71** puntos.

La anchura de las columnas puede modificarse utilizando las líneas que separan las columnas en el encabezado:

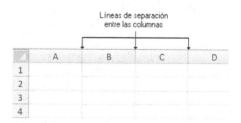

Lleve el ratón hasta una de estas líneas y arrástrela hacia la izquierda o derecha hasta que obtenga el tamaño deseado. Al liberar el botón del ratón, la columna adoptará el tamaño indicado.

4. Con **Autoajustar ancho de columna** puede acomodar automáticamente el ancho de la columna con respecto a su contenido. Esta función también puede realizarse haciendo doble clic en una línea de separación entre las columnas (en el encabezado). La columna de la izquierda se autoajustará.

5. **Ancho predeterminado** permite especificar cuál será la anchura normal para todas las columnas de la hoja de cálculo. Recuerde que el tamaño normal de una columna es de **10,71** puntos. Si se cambió antes el ancho de alguna columna, esta no variará.

6. **Ocultar y mostrar** ofrece un pequeño submenú con el que se puede hacer desaparecer y reaparecer filas, columnas y hojas. En el caso de columnas y filas, después de ocultarlas, es necesario seleccionar las que las rodean para poder hacerlas reaparecer a la vista (ellas mismas no pueden seleccionarse, ya que no se ven en ese momento). En el caso de las hojas, simplemente aparece un cuadro de diálogo en el que se seleccionan las hojas ocultas que se desea volver a mostrar.

7. **Cambiar el nombre de la hoja** permite modificar el nombre de las etiquetas de las hojas (*Hoja1*, *Hoja2*, etc.). Excel nos lleva a la pestaña esperando a que cambiemos el nombre actual por otro. También se puede realizar haciendo doble clic en la etiqueta, escribiendo el nuevo nombre y pulsando **INTRO**.

8. **Mover o copiar hoja** permite cambiar de posición una hoja con respecto a las demás, o bien, duplicar una (en este último caso sí se necesitan dos o más hojas muy parecidas, ya que entonces solo deberán realizarse los cambios en lugar de crear y diseñar todo de nuevo).

Se elige la hoja en la lista para indicar la posición en la que aparecerá la que se va a mover (o copiar). No hay que olvidarse de activar la casilla **Crear una copia** si se va a copiar la hoja en lugar de moverla. Se puede llevar al mismo libro con el que estemos trabajando o a otro que esté abierto, lo que se indica desplegando la lista **Al libro**.

9. **Color de etiqueta** permite elegir un color con el que marcar la etiqueta de la hoja. Para ello, Excel ofrece un listado de colores en un cuadrito de diálogo en el que bastará con hacer clic sobre un color para elegirlo.

En la pestaña **Diseño de página**, en el grupo **Configurar página**, haga clic en **Fondo** y podrá añadir una imagen que aparecerá como fondo en la hoja de cálculo.

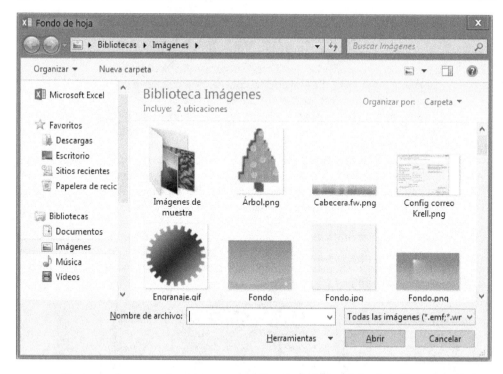

Como puede verse, el cuadro que se obtiene es idéntico al de abrir libros de trabajo y se emplea para elegir la imagen que irá de fondo de la hoja, rellenándola (como si se tratase de azulejos en una pared). Sería recomendable que seleccione una imagen que tenga colores uniformes (todos claros o todos oscuros) para que no interfiera con los datos de la hoja. Si necesita eliminar el fondo de una hoja de cálculo, vuelva a acceder a la pestaña **Diseño de página** de la cinta de opciones en el grupo **Configurar página** y, donde antes existía el botón **Fondo**, ahora podrá ver **Eliminar fondo**. También deberá hacer esto si va a cambiar un fondo por otro, puesto que primero deberá eliminar el antiguo para luego aplicar el nuevo.

13.3 ELIMINAR FORMATOS

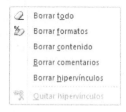

Puede eliminarse cualquier tipo de formato utilizando el botón ✏ Borrar▾ del grupo **Modificar** y la pestaña **Inicio** en la cinta de opciones. Recuerde que puede seleccionar varias celdas antes de eliminar sus formatos. Esta opción genera un pequeño submenú como el que mostramos en la figura junto al margen derecho:

1. Elija **Borrar todo** para eliminar tanto los formatos como los datos escritos en las celdas seleccionadas.

2. Elija **Borrar formatos** para eliminar solo los formatos de las celdas seleccionadas, dejando escritos los datos que hayamos tecleado en ellas.

3. Elija **Borrar contenido** para eliminar únicamente los datos escritos de las celdas dejando sus formatos activos.

4. Elija **Borrar comentarios** para eliminar las anotaciones de la hoja de cálculo (estos se añaden en el grupo **Comentarios** de la pestaña **Revisar** en la cinta de opciones, haciendo clic en el botón **Nuevo comentario** y aparecen como una esquinita amarilla en la celda en la que se insertan).

5. Elija **Borrar hipervínculos** (o **Quitar hipervínculos**) para eliminar un hipervínculo que se haya asignado a las celdas seleccionadas.

13.4 ESTILOS

Una operación relacionada con los formatos que hemos ido estudiando a lo largo de todo el tema es la de **Estilos**.

Gracias a los estilos se puede dar nombre a una serie de formatos. El resultado será un modelo que podremos aplicar a cualquier parte de las hojas de cálculo en un libro.

Los estilos ahorran trabajo extraordinariamente, ya que nos evitan definir una y otra vez los mismos formatos.

Si solo va a definir un estilo no necesita seleccionar celdas, mientras que si va a aplicar un estilo (que ya esté definido) a unas celdas, entonces sí será necesario seleccionarlas primero.

Para trabajar con esta función se despliega el botón **Estilos de celda**, que se encuentra en la pestaña **Inicio** de la cinta de opciones, grupo **Estilos**.

Haciendo clic en uno de los estilos, su aspecto se aplicará automáticamente a las celdas que se hayan seleccionado antes.

Si, por el contrario, se selecciona **Nuevo estilo de celda** (hacia el final de la lista), se obtiene un cuadro de diálogo en el que se establecen ciertos datos antes de asignarlos al grupo de celdas elegido. El cuadro puede verlo en la figura junto al margen:

1. En el cuadro de texto **Nombre del estilo** se puede escribir un modelo predefinido por Microsoft o crear uno nuevo tecleando ahí el nombre que deseamos darle.

2. Una vez que se ha añadido un estilo se pueden modificar los formatos que aplicará a las celdas con el botón Formato... . Al pulsarlo, aparece el cuadro de diálogo con las seis fichas de formatos (**Número**, **Alineación**, **Fuentes**, **Bordes**, **Diseño** y **Protección**) para elegir lo que deba quedar registrado en el estilo.

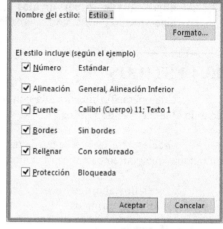

3. Cuando se pulsa el botón Aceptar las celdas seleccionadas adquieren el aspecto que hayamos elegido.

La opción **Combinar estilos** permite obtener los estilos de otras hojas de cálculo para aplicarlos a la actual. Esta opción genera un nuevo cuadro de diálogo en el que debemos elegir la hoja de cálculo que contiene el estilo que deseamos utilizar (solo se mostrarán aquellas que se encuentren abiertas en ese momento). El cuadro de diálogo en cuestión es el que le ofrecemos en la figura junto al margen derecho.

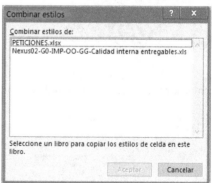

13.5 FORMATOS CONDICIONALES

Mediante los formatos condicionales se podrán aplicar ciertos formatos únicamente a aquellas celdas (de entre las seleccionadas) que cumplan un criterio determinado. Se accede a ellos desde la pestaña **Inicio** de la cinta de opciones, en su grupo **Estilos**, pulsando el botón **Formato condicional**. Al hacerlo se despliega un menú con opciones como el que puede ver en la figura junto al margen.

Las cinco primeras opciones de la lista permiten crear el formato condicional con opciones visuales sencillas. Sin embargo, el modo más completo de crear las condiciones consiste en emplear las tres últimas de la lista:

1. Con **Nueva regla** se crea la condición mediante un cuadro de diálogo. Lo veremos enseguida.

2. Con **Borrar reglas** se pueden eliminar reglas de condiciones.

3. Con **Administrar reglas** se pueden crear, modificar y eliminar reglas. El modo de creación es idéntico al que ofrece la opción **Nueva regla**, llevando al mismo cuadro de creación de reglas (lo mismo pasa con la modificación) y el modo de eliminación también funciona de modo similar a la opción **Borrar reglas**.

13.5.1 Creación de reglas

Para diseñar las condiciones en las que las celdas seleccionadas cambiarán de aspecto, podemos diseñar reglas en las que especificamos las circunstancias bajo las que debe producirse ese cambio.

Cuando seleccionamos **Nueva regla** en el menú anterior se obtiene un cuadro de diálogo como el siguiente para definir esas condiciones:

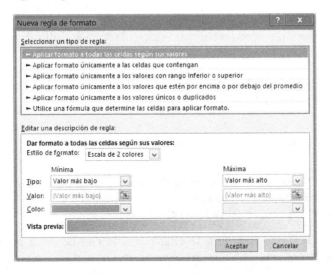

Este cuadro está dividido en dos secciones bien diferenciadas. En la primera (**Seleccionar un tipo de regla**) se elige qué tipo de condiciones desean manipularse para que se produzca el cambio (si los valores serán más o menos altos, si deben contener ciertos valores concretos, etc.), mientras que la segunda (**Editar una descripción de regla**) es variable y se adapta a lo seleccionado en la primera con el fin de concretar la información con la que se define la condición.

1. Si en **Seleccionar un tipo de regla** se elige **Aplicar formato a todas las celdas según sus valores** (la primera opción), la sección **Editar una descripción de la regla** ofrece los siguientes elementos:

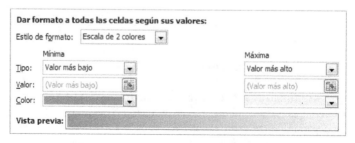

- Con la lista **Estilo de formato** puede elegir cómo se resaltarán las celdas seleccionadas que cumplan la condición.

- Con **Mínima** (**Tipo, Valor** y **Color**) se establece el dato a partir del cual debe cambiar el aspecto la celda (aquellas cuyo contenido sea mayor que el valor en cuestión). También se establece el color que mostrarán esas celdas.

- Con **Máxima** (**Tipo, Valor** y **Color**) se establece el dato que indica el límite superior hasta el que las celdas cambiarán su aspecto (aquellas cuyo contenido sea menor que él). También se establece el color que mostrarán esas celdas.

2. Si en **Seleccionar un tipo de regla** se elige **Aplicar formato únicamente a las celdas que contengan** (la segunda opción), la sección **Editar una descripción de la regla** ofrece los siguientes elementos:

La primera lista desplegable permite elegir la clase de condición que vamos a establecer. Así, dependiendo de si el dato de la celda es un número, una fecha, un texto, etc., cambiará o no el aspecto de la celda.

En la segunda lista se establece si lo elegido en la primera ha de ser mayor, menor, igual, etc., que lo que escribamos en el siguiente cuadro. Un ejemplo:

Esta condición exige que la celda tenga un valor comprendido entre 1000 y 5000

El botón Formato... lleva al cuadro de diálogo de formatos con el fin de que se elijan los datos de formato que se aplicarán a las celdas que cumplan la condición (tipo de letra, formato numérico, tramado, etc.).

3. Si en **Seleccionar un tipo de regla** se elige **Aplicar formato únicamente a los valores con rango inferior o superior** (la tercera opción), la sección **Editar una descripción de la regla** ofrece los siguientes elementos:

> **Aplicar formato a los valores que están en el rango en:**
>
> Superior ▾   10   ☐ % del rango seleccionado
>
> **Vista previa:**   Sin formato establecido   Formato...

Se trata de resaltar los datos que estén incluidos en un rango de valores. En la primera lista se elige si el valor de las celdas deberá ser **Superior** o inferior (**Abajo**) al que escribamos en el cuadro que hay a su derecha. Se puede establecer si ese valor es un porcentaje, activando la casilla **% del rango seleccionado**. Luego se indica el aspecto que tendrán las celdas que lo cumplan pulsando el botón Formato... .

4. Si en **Seleccionar un tipo de regla** se elige **Aplicar formato únicamente a los valores que estén por encima o por debajo del promedio** (la cuarta opción), la sección **Editar una descripción de la regla** ofrece los siguientes elementos:

> **Dar formato a valores que sean:**
>
> por encima de   ▾   promedio del rango seleccionado
>
> **Vista previa:**   Sin formato establecido   Formato...

Se trata de comparar los valores de las celdas con su propia media aritmética y, en caso de que estén **por encima de, debajo de**, etc., cambien de aspecto (que establecemos mediante el botón Formato...).

5. Si en **Seleccionar un tipo de regla** se elige **Aplicar formato únicamente a los valores únicos o duplicados** (la quinta opción), la sección **Editar una descripción de la regla** ofrece los siguientes elementos:

> **Dar formato a todo:**
>
> duplicado ▾   valores en el rango seleccionado
>
> **Vista previa:**   Sin formato establecido   Formato...

Se trata de resaltar los datos de las celdas seleccionadas que estén repetidos. La forma en que se resaltan se establece mediante el botón Formato... . También se pueden resaltar los datos que no se repitan en el rango de celdas seleccionadas, es decir, los que sean únicos.

6. Si en **Seleccionar un tipo de regla** se elige **Utilice una fórmula que determine las celdas para aplicar formato** (la sexta y última opción), la sección **Editar una descripción de la regla** ofrece los siguientes elementos:

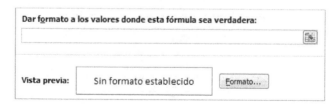

Se trata de resaltar las celdas cuyo valor sea un resultado válido para la fórmula que escribamos en el cuadro de texto. Como antes, para resaltar esas celdas se emplea el botón Formato...

13.6 CONFIGURAR PÁGINA

Se podría decir que una de las funciones relacionadas con los formatos es **Configurar página**, que contiene varios elementos relativos al aspecto general de cualquier hoja de cálculo pensados para mejorar su presentación a la hora de realizar una impresión. Sus funciones se encuentran en la pestaña **Diseño de página** de la cinta de opciones:

En el grupo **Configurar página** se manejan datos acerca de cómo se imprimirán los datos de la hoja de cálculo en las de papel. Aparte de los botones que ofrece el grupo en sí, disponemos del botón 🔲 en su esquina inferior derecha, que lleva a un cuadro de diálogo con todas las funciones disponibles:

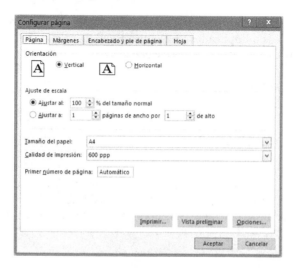

1. El grupo **Orientación** permitirá establecer cómo se desea que aparezcan los datos en la hoja de papel: de forma **Vertical** (que es el modo normal) o apaisada (con el botón **Horizontal**).

2. El grupo **Ajuste de escala** permite ampliar o reducir proporcionalmente el tamaño de los datos en la página, generalmente para ajustarlos a las hojas de papel. Esto se realiza mediante un porcentaje (con **Ajustar al**) en el que 100 % es el tamaño normal, o bien con el botón **Ajustar a**, en el que indicaremos cuántas páginas deseamos obtener por cada hoja.

3. Puede elegirse el tamaño de la hoja de papel, según sus dimensiones, con la lista que ofrece **Tamaño del papel**.

4. **Calidad de impresión** ofrece datos para realizar una impresión de mayor o menor calidad. Para una mejor impresión hay que establecer un valor más alto en *ppp* (puntos por pulgada).

5. Se puede establecer cuál será el **Primer número de la página** con el cuadro de texto que lleva su nombre. Normalmente suele activarse el modo **Automático**, pero sustituyendo esa palabra por un número se indica cuál será el encargado de iniciar la numeración.

Si se accede a la ficha **Márgenes** se pueden modificar las distancias de estos:

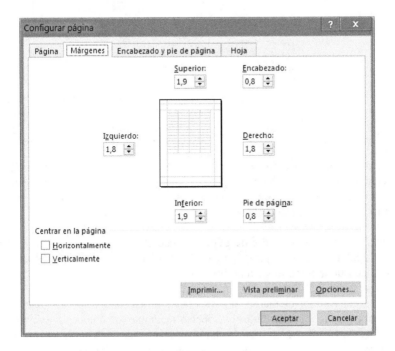

1. Se utiliza **Superior, Inferior, Izquierdo** y **Derecho** para establecer las distancias correspondientes de los márgenes de la hoja.

2. También pueden establecerse las medidas que separan el **Encabezado** del borde superior de la hoja, así como el **Pie de página** del borde inferior de la misma.

3. Si se desea que los datos de la hoja de cálculo aparezcan centrados en la hoja, se deben activar las casillas **Horizontalmente** y **Verticalmente**.

Con la ficha **Encabezado y pie de página** puede añadirse un encabezado y un pie de página que se repetirá en todas las páginas que contengan datos que se vayan a imprimir:

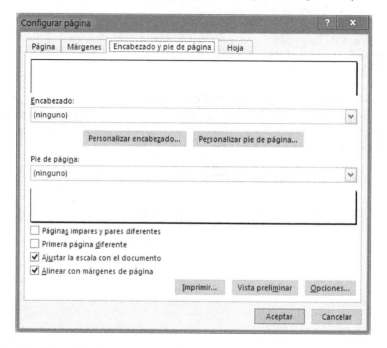

1. Se despliega la lista **Encabezado** para elegir el texto que se repetirá en la parte superior de todas las hojas de papel. Puede verse una muestra del resultado en el cuadro en blanco que aparece en la parte superior del cuadro de diálogo (este resultado solo se ve al imprimir o al consultar el modo vista preliminar).

2. Igualmente, en la lista **Pie de página** puede elegirse el texto que se repetirá en la parte inferior de las hojas de cálculo (el resultado aparece únicamente al imprimir o al consultar el modo vista preliminar).

3. Si ninguno de los elementos de estas listas es adecuado, pueden añadirse un texto personalizado y sus atributos de aspecto mediante los botones Personalizar encabezado... y Personalizar pie de página... , que llevan a un cuadro de diálogo en el que se añade el texto en una de las secciones (**Sección izquierda, Sección central** o **Sección**

derecha) para que el texto aparezca alineado así en la hoja de papel. También se utiliza la hilera de botones sobre dichas secciones para aplicar funciones como la fuente para el texto, añadir el número de página, añadir la fecha, añadir el nombre de la hoja, etc.

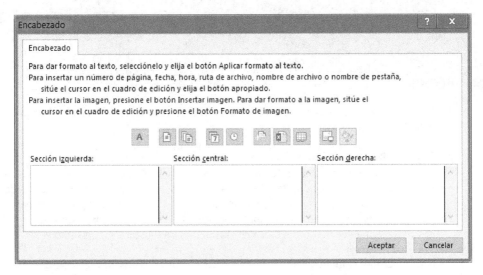

La ficha **Hoja** permite especificar las zonas de la hoja que se imprimirán y regula datos como los títulos que se imprimirán, otros detalles para imprimir las hojas de cálculo o el orden en que aparecerán las páginas, si bien maneja también otras funciones que pasamos a ver:

Siempre que aparezca el botón 🔜 a la derecha de un cuadro de texto en Excel, puede utilizarlo para seleccionar un rango de celdas. Se siguen estos pasos:

1. Se pulsa el botón 🔜: el cuadro de diálogo se reduce para mostrar la hoja de cálculo.

2. Se selecciona el rango de celdas con el ratón directamente sobre la hoja.

3. Se vuelve a pulsar el botón 🔜 (en el cuadro de diálogo que ha quedado reducido) para devolverlo a su tamaño normal y continuar el trabajo: el rango ya estará escrito en el cuadro de texto.

1. El cuadro de texto **Área de impresión** permite establecer un rango de la hoja de cálculo cuyo contenido será lo único que se imprimirá.

2. El grupo **Imprimir títulos** tiene dos cuadros de texto para imprimir títulos en filas y columnas (en la parte externa de la hoja). Con **Repetir filas en extremo superior** debe establecerse la fila que se utilizará como título, aunque se puede indicar la dirección de una celda o de un grupo de ellas si son contiguas. Los pasos que se deben seguir son los mismos con **Repetir columnas a la izquierda**, y el resultado es que los títulos aparecen en las columnas en lugar de en las filas.

3. Con el grupo **Imprimir** pueden especificarse varios datos que Excel tendrá en cuenta a la hora de proporcionar datos por la impresora:

   • Si se activa la casilla **Líneas de división**, Excel imprime las líneas que separan las celdas en las hojas de cálculo. Se desactiva si no se desea que aparezcan en el papel.

   • Con **Blanco y negro** se imprimen todos los datos de la celda en blanco y negro. Es aconsejable utilizar este botón si se utiliza una impresora en blanco y negro, ya que la calidad de los datos impresos será mayor. Si la impresora es en color, suele ser aconsejable no activar este botón para obtener una mayor calidad.

   • Se activa **Calidad de borrador** para obtener el resultado impreso en una calidad inferior. Las líneas que dividen las celdas no se imprimen y se consigue una mayor rapidez a la hora de imprimir.

   • Con **Títulos de filas y columnas** se puede indicar si se desea que se impriman estos o no. Suele ser aconsejable imprimirlos como guía para el papel de la hoja de cálculo que se imprime.

   • En la lista desplegable **Comentarios** se puede elegir si se imprimen las anotaciones de celda de la hoja en la parte inferior de la hoja (**Al final de la hoja**), en las mismas celdas en que se encuentren (**Como en la hoja**), o bien, si no se imprimen (**ninguno**).

- Desplegando la lista **Errores de celdas como** se puede elegir si se desea que también aparezcan en el papel los errores que obtengamos en pantalla y en qué forma deben mostrarse. Por ejemplo, se selecciona **<espacio vacío>** para que los errores no aparezcan en el papel.

4. Los botones del grupo **Orden de las páginas** se emplean para establecer el orden en que se numerarán las páginas y la forma en que aparecerán impresos los datos cuando estos excedan más de una página. Puede verse el esquema del cuadro que muestra cómo será el resultado.

En las cuatro pestañas anteriores dispone de los siguientes botones:

1. Pulse el botón 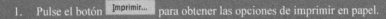 Imprimir... para obtener las opciones de imprimir en papel.

2. Pulse el botón Vista preliminar para obtener una vista previa de cómo queda, por el momento, la hoja de cálculo.

3. El botón Opciones... muestra opciones estándar de Windows para la impresión de datos en la impresora. Por ejemplo, al pulsar este botón, podremos indicar de nuevo si deseamos una impresión vertical o apaisada. Los elementos que aparezcan en el cuadro que se muestra son diferentes para cada impresora, dependiendo de las funciones que tenga cada una.

Capítulo 14

HERRAMIENTAS MÁS ÚTILES DE EXCEL

Algunas de las funciones que más se utilizan con Excel no están directamente relacionadas con la creación de hojas de cálculo, sino con su manejo. Excel proporciona una serie de accesorios para un empleo más cómodo y rápido de los datos que se añaden a una hoja.

14.1 BÚSQUEDA Y REEMPLAZO AUTOMÁTICO DE DATOS

Se trata de funciones cuyo uso se aplica, sobre todo, en hojas de cálculo de gran tamaño en las que es difícil localizar información.

Como su nombre indica, se utiliza para buscar palabras o grupos de caracteres. Con grupos de caracteres nos referimos no solo a letras o números, sino también a otros datos.

Cuando se desea encontrar una palabra (o una frase o cualquier dato similar) en una hoja de Excel, se pulsan las teclas **CONTROL + B**, o se accede a la pestaña **Inicio** de la cinta de opciones en la que disponemos del botón **Buscar y seleccionar** dentro del grupo **Modificar**. Al pulsarlo, se obtiene un menú que contiene las funciones de búsqueda más habituales.

La opción **Buscar** de dicho menú permite realizar la búsqueda tradicional de Excel, es decir, lleva a un cuadro de diálogo en el que se indica lo que se quiere localizar:

Las opciones del menú anterior, desde **Fórmulas** hasta **Validación de datos**, llevan a las celdas de Excel que contengan esas funciones. Por ejemplo, si se selecciona **Formato condicional**, Excel nos lleva a la primera celda de la hoja que tenga asignado un formato condicional. Algunas de estas funciones las veremos más adelante.

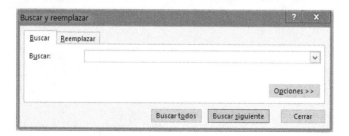

1. En el cuadro de texto **Buscar** se escriben los caracteres que se buscan. Si se habían buscado otros con anterioridad, aparecerá ya escrito el último en este cuadro de texto (también puede desplegar la lista para volver a buscar un dato que ya buscó anteriormente). Si Excel encuentra alguna celda que contiene el dato en cuestión, se situará sobre ella para que se pueda trabajar con el dato. Excel solo busca el dato en la hoja de cálculo que en ese instante tengamos activa y, por tanto, ignorará el resto de las hojas de cálculo del libro de trabajo. Si desea buscar en varias hojas del libro, deberá seleccionarlas primero. Por otra parte, Excel buscará por defecto en toda la hoja de cálculo, salvo si se ha seleccionado previamente un bloque de celdas, en cuyo caso solo buscará el dato en las celdas seleccionadas.

Si se desea repetir la última búsqueda, no es necesario acceder al cuadro de diálogo de búsquedas, ya que bastará con pulsar las teclas **MAYÚSCULAS + F4**.

2. Pulse el botón Opciones >> para acceder a otras posibilidades de búsqueda. Cuando lo haga, el cuadro de diálogo se ampliará mostrando lo siguiente:

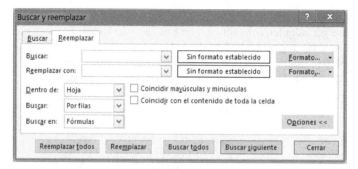

3. Si se despliega el botón [Formato... ▾], se pueden elegir atributos del texto que busca (si está en negrita, con un color o un tamaño determinado, etc.). Se obtiene el mismo cuadro de diálogo con el que se aplican los formatos al documento. Este mismo botón se puede desplegar y elegir **Borrar formato de búsqueda** para que se vuelva a localizar el dato independientemente del formato que tenga en el documento.

4. Mediante la lista **Dentro de** se indica si se desea buscar solo en la **Hoja** en la que se encuentra, o bien, si se debe buscar en todo el **Libro**.

5. Mediante la lista **Buscar** se establece el orden que seguirá Excel para buscar los datos en la hoja. Seleccione **Por filas** si desea que la dirección de búsqueda se realice siguiendo las filas de celdas, o bien elija **Por columnas** si desea realizarla siguiendo las columnas de celdas.

6. Mediante la lista **Buscar dentro de** se elige en qué tipo de datos debe buscar Excel: al elegir, por ejemplo, **Fórmulas**, Excel buscará en primer lugar en las fórmulas que haya en la hoja de cálculo. De este modo, se agiliza considerablemente la búsqueda.

7. Si se busca texto puede localizarse tal y como se haya escrito indicando que se diferencie entre mayúsculas y minúsculas. Al activar la casilla **Coincidir mayúsculas y minúsculas**, Excel solo localizará el dato que coincida exactamente con el de búsqueda no solo en cuanto a contenido, sino también, letra por letra, en sus mayúsculas y minúsculas.

8. Con la casilla **Coincidir con el contenido de toda la celda** Excel localizará el texto únicamente cuando el dato a buscar rellene la celda por sí solo.

9. Pulse el botón [Buscar siguiente] para comenzar la búsqueda o continuarla si ya se ha encontrado el dato pero no es el que se buscaba.

10. Es posible indicar la dirección hacia la que deseamos buscar los datos. En principio, el botón [Buscar siguiente] busca desde la celda en que se encuentre hasta el final de la hoja, pero se puede buscar *hacia atrás* manteniendo pulsada la tecla de **MAYÚSCULAS** mientras se hace clic en el botón [Buscar siguiente].

11. Si se pulsa el botón [Buscar todos], el cuadro se ampliará mostrando todas las celdas del libro en las que se encuentre el dato en cuestión. Al seleccionar una de ellas, Excel le llevará esa celda, mostrando el dato que se busca.

				Buscar todos	Buscar siguiente	Cerrar
Libro	Hoja	Nombre	Celda	Valor	Fórmula	
Balance.xlsx	Ingresos		A3	Enero		
Balance.xlsx	Gastos		A3	Enero		

2 celda(s) encontradas

12. Se pueden reemplazar automáticamente varios datos (iguales) activando la pestaña **Reemplazar**, o bien directamente desde la hoja de cálculo desplegando el mismo botón de la cinta de opciones que hemos empleado para las búsquedas y eligiendo su opción **Reemplazar**:

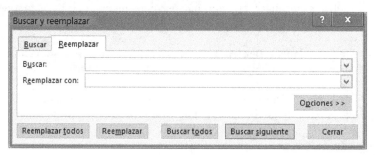

- Como puede observarse, se trata del mismo cuadro que hemos empleado para las búsquedas, aunque con algún elemento más, como el cuadro de texto **Reemplazar con**, en el que debemos especificar la palabra (o dato) que sustituirá a la que se haya escrito en el cuadro de texto **Datos a buscar**. Por tanto, se escribe el dato o datos a reemplazar en el cuadro de texto **Datos a buscar**, y en el campo **Reemplazar con**, el dato que sustituya al que se busca.

- Se empieza pulsando el botón Buscar siguiente para localizar el dato en la hoja y, llegados a este punto, existen dos posibilidades:

    a) Utilizar el botón Reemplazar , con lo que Excel sustituirá el dato por el nuevo. Además, Excel localizará automáticamente el siguiente lugar de la hoja en el que se encuentre el dato para que podamos volver a pulsar el mismo botón e intercambiarlo por el nuevo.

    b) Utilizar el botón Reemplazar todos , con lo que Excel sustituirá el texto que se busca en la totalidad de la hoja de cálculo automáticamente. No pide ningún tipo de confirmación, de modo que, al pulsarlo, se modifican los cambios de una vez.

14.2 ZOOM

Cuando se desea comprobar mejor ciertos detalles de una hoja de cálculo, no hay nada como el zoom. Al igual que tradicionalmente se ha utilizado el zoom óptico, podemos aumentar o disminuir el tamaño de la vista de los datos en la pantalla (sin modificar el tamaño de los datos) mediante el botón **Zoom** del grupo **Zoom**, de la pestaña **Vista**. Si se activa, se obtiene un cuadro en el que podremos establecer tamaños y características de visualización (vea la figura junto al margen derecho).

1. Utilice los botones de porcentaje (desde un **200%** hasta el **25%**) para ampliar o reducir la imagen.

2. Si desea ampliar la imagen de un bloque de celdas, previamente seleccionado, hasta que abarque por completo la ventana de Excel, active el botón de opción **Ajustar la selección a la ventana**.

3. Con el botón de opción **Personalizado** se puede establecer un porcentaje que no aparezca en la lista de botones. Escriba en el cuadro de texto el dato, y recuerde que se ha de basar en el 100 % para obtener la ampliación o reducción de la imagen (por ejemplo, 200 % significa ver la imagen el doble de grande, y el 50 % reducirla a la mitad de su tamaño).

También puede ajustar esta función con el deslizador de **Zoom** () en la parte inferior derecha de la ventana. Al pulsar los botones ‒ y +, se reduce o amplía el tamaño de la vista, respectivamente. También se puede emplear el propio deslizador central ⫿, desplazándolo a izquierda o derecha para obtener el mismo efecto.

14.3 COMENTARIOS

En cada celda puede añadirse un comentario a modo de recordatorio. Este comentario aparecerá en la celda mostrando su esquina superior derecha en color rojo (con la finalidad de que destaque y se sepa que ahí hay un comentario):

Celda con comentario

Para crear un comentario haga clic en la celda en la que lo necesite, acceda a la pestaña **Revisar**, a su grupo **Comentarios** y pulse el botón **Nuevo comentario**. Aparecerá un recuadro con su nombre (o el del usuario legal de Excel) con el cursor listo para que teclee la anotación. Escriba lo que necesite y haga clic fuera del cuadro para terminar. Para ver el comentario bastará con que acerque el cursor del ratón hasta la esquina roja del comentario.

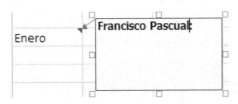

14.4 INSERCIÓN DE CELDAS Y HOJAS DE CÁLCULO

Si lo desea, puede añadir celdas en blanco entre ciertos datos que sean contiguos mediante la inserción de estas.

Lo primero es decidir qué se va a insertar: celdas sueltas, una fila de celdas (o varias) o una columna de celdas (o varias). Podremos incluso insertar una hoja de cálculo en medio de otras dos.

Para ello, recurriremos a la pestaña **Inicio**, grupo **Celdas**, botón **Insertar**. Existe la posibilidad de seleccionar un bloque de celdas antes de utilizar esta opción. Para insertar las celdas trabajaremos con las cuatro opciones de este menú.

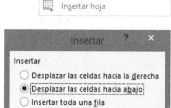

1. Con **Insertar celdas** podemos insertar celdas sueltas. Al activar esta opción, se obtiene un cuadro de diálogo:

   • **Desplazar las celdas hacia la derecha** inserta las celdas y desplaza los datos que ahí hubiese hacia la derecha.

   • **Desplazar las celdas hacia abajo** inserta las celdas y desplaza los datos que ahí hubiese hacia abajo.

   • **Insertar toda una fila** añade una fila completa de celdas (o varias filas si se han seleccionado como bloque).

   • **Insertar toda una columna** añade una columna completa de celdas (o varias columnas si se han seleccionado como bloque).

2. Con **Insertar filas de hoja** se inserta una fila completa de celdas. Si se selecciona un rango de celdas, se insertarán tantas filas como las que haya en ese rango. Si no se selecciona un rango, solo se inserta una fila de celdas.

3. Con **Insertar columnas de hoja** se inserta una columna completa de celdas. Si se selecciona un rango de celdas, se insertarán tantas columnas como las que haya en ese rango. Si no se selecciona un rango, solo se inserta una columna de celdas.

4. Con **Insertar hoja** se inserta una hoja de cálculo entre otras dos en un libro de trabajo.

Cuando inserte una hoja se colocará entre medias de otras dos, por lo que es posible que desee cambiarla de lugar. Para mover una hoja, haga clic sobre su pestaña y, sin soltar el botón del ratón, arrastre a izquierda o derecha hasta depositarla en el sitio en el que desee colocarla soltando ahí el botón del ratón.

14.5 ELIMINAR CELDAS Y HOJAS DE CÁLCULO

Esta es la función inversa a la inserción de celdas, ya que las hace desaparecer. Se puede establecer un rango de celdas cuyas columnas o filas (o el propio rango de celdas) desaparecerán de la hoja dejando sitio al resto de los datos de la misma. Se seleccionan las celdas, se accede a la pestaña **Inicio**, grupo **Celdas** y se elige el botón **Eliminar**. El cuadro de diálogo que aparece es prácticamente idéntico al que se obtiene para insertar celdas:

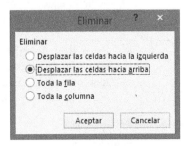

1. **Desplazar las celdas hacia la izquierda** elimina las celdas llevando el contenido de las que hasta ahora estaban a su izquierda a la posición de las que se eliminan.

2. **Desplazar las celdas hacia arriba** elimina las celdas llevando el contenido de las que hasta ahora estaban debajo de ellas a la posición de las que se eliminan.

3. **Toda la fila** borra una fila completa de celdas (o varias filas si se han seleccionado como bloque).

4. **Toda la columna** borra una columna completa de celdas (o varias columnas si se han seleccionado como bloque).

Para eliminar una hoja de cálculo se selecciona su etiqueta y se activa la opción **Eliminar hoja** del menú **Edición**.

14.6 PROTECCIÓN DE DATOS

Otra de las posibilidades que propone Excel es la de proteger los datos de las celdas pertenecientes a una hoja de cálculo mediante varias funciones, como claves de acceso o protección contra la posible eliminación (o modificación) accidental de datos importantes.

Para poder proteger una celda (o varias), hay que empezar por aplicarle el atributo **Bloqueada** (se pulsan las teclas **CONTROL + 1** y se accede a la pestaña **Proteger**). Después, es necesario escudar la hoja entera y aquellas celdas que no hayan sido desbloqueadas quedarán inaccesibles. Para ello, nos desplazaremos a la pestaña **Revisar**, grupo **Cambios**, que ofrece varias opciones:

1. **Proteger hoja** activa la protección para la hoja de cálculo en la que se encuentre en ese momento. Ofrece el siguiente cuadro de diálogo:

- **Contraseña para desproteger la hoja** se emplea para establecer una clave con la que desproteger la hoja en el futuro (cuando se vaya a desproteger la hoja se pedirá esta contraseña y solo se desprotegerá si se teclea la correcta).

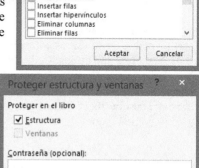

- En la lista **Permitir a los usuarios de esta hoja de cálculo** pueden verse ciertas funciones que podrán o no modificarse según se active o no la correspondiente casilla.

2. **Proteger libro** activa la protección para el libro de trabajo completo (es la misma función que **Proteger hoja**, solo que protege todas las hojas del libro). Ofrece las casillas **Estructura** (para proteger los datos del libro, es decir, no se podrán eliminar, mover, etc. las hojas protegidas) y **Ventanas** (con la que no se podrán maximizar, ampliar, reducir, etc. las ventanas de las hojas protegidas). También se podrá añadir una contraseña para evitar que un usuario no autorizado las desproteja.

3. **Permitir a usuarios modificar rangos** lleva a un cuadro de diálogo en el que se pueden establecer rangos de celdas de la hoja que podrán ser modificados. También podremos establecer qué funciones podrá modificar el usuario dentro de ese rango de celdas.

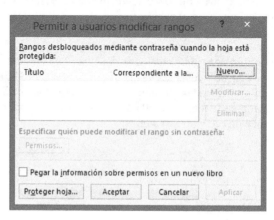

- Cuando pulse el botón 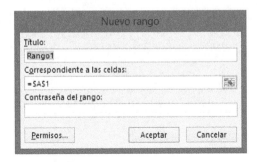 <u>Nuevo...</u> Excel ofrecerá otro cuadro de diálogo en el que se selecciona el rango:

<u>T</u>ítulo:

Rango1

Co<u>r</u>respondiente a las celdas:

=A1

Contraseña del <u>r</u>ango:

<u>P</u>ermisos...   Aceptar   Cancelar

a) Se asigna un nombre al rango en el cuadro de texto **Título**.

b) El cuadro de texto **Correspondiente a las celdas** se emplea para teclear el rango.

c) Se puede añadir una clave en **Contraseña del rango**.

- El botón <u>Modificar...</u> permite cambiar un rango de la lista, así como los permisos de los usuarios que lo pueden alterar.

- El botón <u>Eliminar</u> permite borrar un rango de la lista.

 Si se protege una hoja o el libro, puede desprotegerse, puesto que entonces el botón **Proteger hoja** cambiará por **Desproteger hoja**. Cuando se pulsa la hoja vuelve a estar completamente disponible para todos los usuarios, aunque, si asignó una contraseña, Excel la pedirá en el momento de desproteger la hoja y deberá escribirse correctamente para continuar trabajando.

Desproteger hoja

14.7 COMPARTIR LIBROS

Compartir un documento consiste en que dos o más usuarios (que normalmente se encuentran conectados en red) utilicen un mismo documento al mismo tiempo.

Generalmente, un documento no puede ser utilizado por dos o más usuarios a la vez, ya que eso ocasionaría conflictos al programa: ¿quién, de todos los usuarios, puede grabarlo? Si lo graba uno, otro no ve los cambios en su ordenador. Y si dos usuarios cambian por su cuenta la misma parte del documento, ¿qué cambios deben prevalecer? Por todo ello, la posibilidad de compartir archivos ha resultado siempre conflictiva. Sin embargo, debido a la naturaleza de Excel es posible compartir sus libros de trabajo, con ciertas precauciones.

Para compartir un libro se activa el botón **Compartir libro** del grupo **Cambios** en la pestaña **Revisar**, que ofrecerá el cuadro de diálogo siguiente:

En él se nos muestra inicialmente el nombre de aquel usuario que tiene abierto el libro y la fecha y hora en las que lo ha abierto. De momento, ese archivo está abierto en modo exclusivo por ese usuario, lo que significa que ningún otro usuario puede abrirlo normalmente, ya que si lo hace obtendrá un cuadro de diálogo que le limita el acceso:

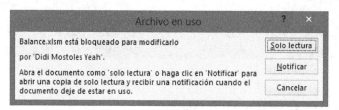

En este caso solo se podrá abrir en modo solo lectura, que implica que el usuario no podrá grabarlo (al menos con el mismo nombre o en el mismo sitio) y solo podrá leerlo. Ahora bien, si se activa la casilla **Permitir la modificación por varios usuarios a la vez**, se ofrece la posibilidad de que varios usuarios utilicen el libro casi sin restricciones.

Si así se hace, al pulsar el botón Aceptar Excel indicará que se debe grabar el libro en ese momento. Al hacerlo, cualquier usuario podrá abrir el libro aunque ya lo estemos utilizando nosotros: todos los usuarios que lo abran podrán ver el mensaje **[Compartido]** junto a su nombre en la barra de título de la ventana.

Después se indican las condiciones en las que se comparten los libros en el mismo cuadro de diálogo de **Compartir libros**:

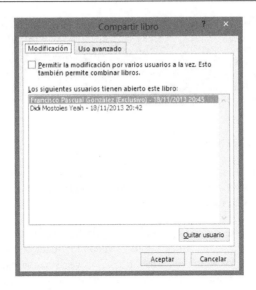

Puede observarse que ahora la lista muestra todos los usuarios que mantienen abierto el libro en su estación de trabajo. Se puede impedir que un usuario siga utilizando el libro haciendo clic en la lista en él y pulsando el botón Quitar usuario . Aunque a nosotros se nos manifiesta un mensaje que nos informa que ese usuario ya no podrá grabar sus datos en el libro, él no recibirá advertencia alguna y continuará sin saber que ha sido "desconectado" hasta el momento en que intente guardar sus cambios.

También, disponemos de la ficha **Uso avanzado** para establecer el modo en el que se comparte el libro. Gracias a ella podemos establecer ciertos datos como, por ejemplo, qué debe hacerse si aparece un conflicto entre datos de dos o más usuarios (lo usual es **Preguntar cuáles prevalecen** para decidir en ese momento qué se hace).

Proteger y compartir libro se usa si el libro de trabajo se va a compartir con otros usuarios. De ese modo, ningún otro usuario que comparta el libro podrá cambiar la protección de este activando **Compartir con control de cambios**, lo que es útil únicamente si son varios los usuarios que van a utilizar el libro de trabajo al mismo tiempo.

14.8 ORDENACIONES

Excel permite ordenar los datos de las hojas basándose en tres criterios; es decir, si se encuentran dos elementos iguales para el primer criterio, se buscarán datos para ordenar en el segundo criterio (y lo mismo en un tercer criterio).

Lo primero que se necesita para ordenar una lista de datos es seleccionar el rango de celdas que contiene la lista. El resultado ordenado quedará localizado en la misma situación en que estaban los datos desordenados. Una vez seleccionado el rango de celdas, utilizaremos el botón **Ordenar y filtrar** del grupo **Modificar** de la pestaña **Inicio** (también se puede emplear el botón **Ordenar** del grupo **Ordenar y filtrar** en la pestaña **Datos**). Al pulsar el botón **Orden personalizado**, se obtiene un cuadro de diálogo en el que se establecen las especificaciones necesarias para la ordenación.

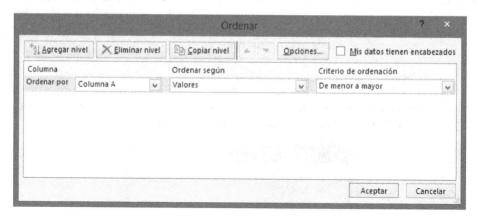

1. Se activa la casilla **Mis datos tienen encabezados** si la primera fila de los datos seleccionados para ordenar contiene los rótulos que indican el contenido de cada columna.

2. Se utiliza la lista desplegable **Columna** para establecer la columna que contiene los datos que se van a clasificar.

3. Se utiliza la lista desplegable **Ordenar según** para elegir qué dato del contenido de las celdas se empleará para la clasificación de la información: los valores de esas celdas, sus colores, etc.

4. Se utiliza la lista desplegable **Criterio de ordenación** para elegir si la ordenación debe llevarse a cabo de menor a mayor o de mayor a menor. Si los datos que se van a ordenar son de tipo texto, la lista ofrece **A a Z** y **Z a A**. Si son numéricos o de fecha ofrecerá **De menor a mayor** y **De mayor a menor**. También ofrece la opción **Lista personalizada** por si vamos a recolocar datos de una lista de relleno automático (que se definen desde la pestaña **Archivo**, seleccionando **Opciones**, categoría **Avanzadas** y, a continuación, desplazándose hacia abajo, pulsando el botón Modificar listas personalizadas...).

5. Puesto que podría darse el caso de que los datos a ordenar se encuentren duplicados, podemos establecer cómo se recolocan sus filas entre sí. Así pues, después de haber establecido el dato principal por el que se va a ordenar mediante las listas desplegables anteriores, se pulsa el botón Agregar nivel para añadir un segundo criterio de ordenación en el que se elige otro dato (con las mismas listas desplegables) que se utilizará para ordenar entre sí esos datos. Si se añade un criterio por equivocación se puede seleccionar en la lista y pulsar el botón Eliminar nivel . También se puede emplear el botón Copiar nivel para duplicar un criterio evitando crearlo desde cero.

6. Si se pulsa en Opciones... , se obtiene otro cuadro con el que se cambian los detalles de la ordenación:

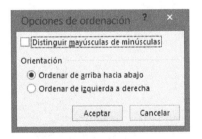

- Si no se activa la casilla **Distinguir mayúsculas de minúsculas**, no se diferenciarán y dará igual que los datos estén escritos en mayúsculas o minúsculas (o ambos mezclados en las palabras).

- El grupo **Orientación** le permite establecer si la ordenación se llevará a cabo por filas (**Ordenar de arriba hacia abajo**) o por columnas (**Ordenar de izquierda a derecha**).

14.9 AUTOCALCULAR

La función de autocalcular nos ofrece el resultado de una operación sencilla antes de que la incorporemos a la hoja de cálculo. Resulta muy práctico siempre que necesitemos realizar un cálculo sencillo sin que quede reflejado en la hoja. El resultado podremos verlo hacia la derecha de la barra de estado (en la parte inferior de la hoja) y basta con seleccionar un bloque de celdas que contengan datos numéricos. Un ejemplo:

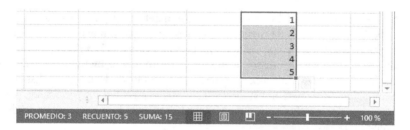

Excel ofrece más operaciones sencillas para autocalcular (no únicamente la suma). Si deseamos cambiar de operación, basta con llevar el ratón hasta el apartado de **Autocalcular** en la barra de estado y pulsar sobre él con el botón secundario del ratón. Obtendremos un menú con las operaciones disponibles:

Como se puede ver, en la lista aparece activa la función **Suma**, pero se puede elegir entre el resto de las funciones, como, por ejemplo, **Promedio**, que realiza la media aritmética del bloque de celdas, o **Máxima**, que muestra el valor más alto que haya en dicho bloque.

14.10 HERRAMIENTAS PARA EL EURO

Para que esta función esté disponible es necesario que Excel tenga activo su complemento. Si la necesita, despliegue la pestaña **Archivo** y elija **Opciones**.

En el cuadro de diálogo que aparezca, acceda a la categoría **Complementos**. Obtendrá entonces el botón Ir... . Púlselo y, en el nuevo cuadro de diálogo que obtenga, active la casilla de **Herramientas para el Euro**.

Excel ofrece unas funciones para calcular el cambio de moneda con respecto al euro. Se encuentran situadas en el grupo **Soluciones** de la pestaña **Fórmula** en la cinta de opciones.

Podemos desplegar la lista cuyo dato inicial es **desactivar** para elegir los datos para la conversión: el primero indica el país cuya antigua moneda se ha empleado en los datos escritos en la hoja y el segundo la moneda (por ejemplo, **EUR**) en la que deben expresarse los datos en la propia lista.

Así, seleccione **ESP** -> **EUR** si los datos de su hoja están escritos en pesetas y desea que la barra los muestre en euros (si lo desea al revés, elija **EUR** -> **ESP**).

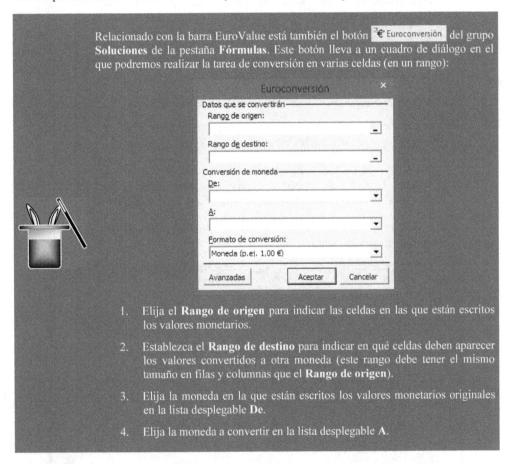

Relacionado con la barra EuroValue está también el botón Euroconversión del grupo **Soluciones** de la pestaña **Fórmulas**. Este botón lleva a un cuadro de diálogo en el que podremos realizar la tarea de conversión en varias celdas (en un rango):

1. Elija el **Rango de origen** para indicar las celdas en las que están escritos los valores monetarios.

2. Establezca el **Rango de destino** para indicar en qué celdas deben aparecer los valores convertidos a otra moneda (este rango debe tener el mismo tamaño en filas y columnas que el **Rango de origen**).

3. Elija la moneda en la que están escritos los valores monetarios originales en la lista desplegable **De**.

4. Elija la moneda a convertir en la lista desplegable **A**.

14.11 CARACTERES ESPECIALES Y SÍMBOLOS

Cuando necesite escribir en las celdas un símbolo que no aparezca en el teclado, podrá insertar uno de los denominados *caracteres especiales*. Active el botón Ω Símbolo en el grupo **Símbolos** de la pestaña **Insertar** y obtendrá una tabla en la que podrá elegir el carácter que desea añadir al texto:

1. Con la ficha **Símbolos** puede indicar el tipo de letra (o juego de caracteres) que desea para insertar el carácter especial activando la lista **Fuente**.

2. Utilice el ratón o las teclas del cursor para seleccionar el carácter que desee y pulse el botón [Insertar]. Si conoce el código que corresponde al carácter que desea incorporar al texto, puede teclearlo en el cuadro de texto **Código de carácter**.

Si activa la ficha **Caracteres especiales**, el cuadro de diálogo cambiará para mostrarle otra lista de aspecto similar:

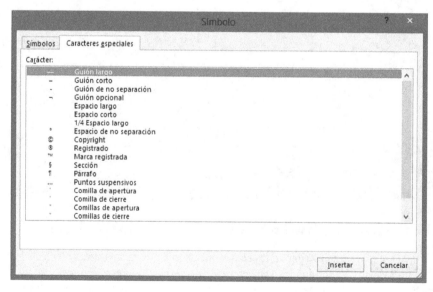

En este cuadro se presentan ciertos caracteres tipográficos especiales. Junto a ellos aparecen las descripciones de lo que representan y las combinaciones de teclas que pueden pulsarse mientras se escribe el texto para que aparezca cada carácter especial.

En cuanto a los botones que aparecen en la parte inferior del cuadro sus funciones son idénticas a las detalladas para la ficha **Símbolos**.

14.12 TEXTO EN COLUMNAS

Si dispone de una celda en la que hay escritos datos que deban colocarse uno por celda (por ejemplo, datos importados de otros documentos, como un texto de Word), Excel ofrece una herramienta con la que podemos realizar la operación automáticamente.

Imagine, por ejemplo, que tiene escritos en una sola celda todos los meses del año y que desea que cada mes quede escrito en una columna. Para ello haga clic en la celda en cuestión y luego acceda a la pestaña **Datos**, grupo **Herramientas de datos** y seleccione **Texto en columnas**. Esto le llevará al siguiente cuadro de diálogo:

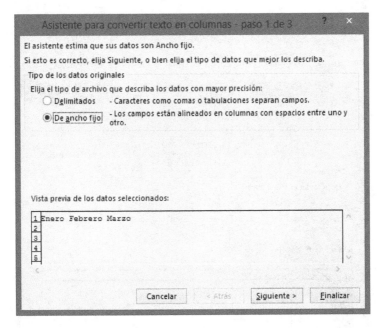

En este paso, Excel trata de asegurarse de que los datos de la celda están separados por el mismo símbolo (por ejemplo, un espacio en blanco, una coma o una tabulación). Elija el botón que corresponda y pulse Siguiente > para acceder a un nuevo paso del asistente en el que se pueden observar los datos separados por las flechas verticales que indican cómo quedará el texto distribuido por columnas: si necesita otra distribución, haga clic en una de las flechas y arrástrela hasta situarla en el lugar adecuado. También puede añadir más flechas haciendo clic entre medias de otras dos y puede eliminar una flecha haciendo doble clic en una.

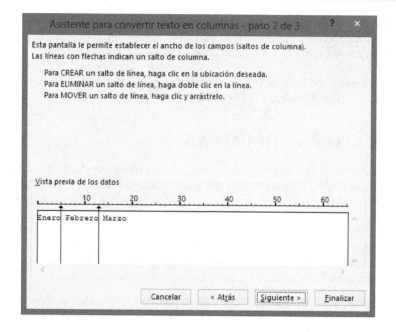

Cuando pulse 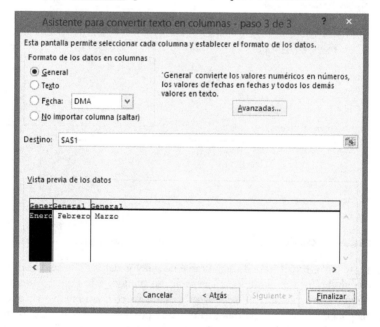 aparecerá el último paso del asistente:

En este paso puede elegir de qué tipo deben considerarse los datos una vez que estén en cada celda (**General, Texto, Fecha,** etc.), así como el lugar en el que deberán comenzar a distribuirse los datos por columnas (**Destino**). Luego, pulse ⎡Finalizar⎤ para obtener el resultado.

14.13 AGRUPAR CELDAS Y ESQUEMAS

En ocasiones resulta muy práctico agrupar datos de celdas por temas. Esto posibilita ocultar y mostrar fácilmente datos que pertenezcan a esos temas.

Para agrupar celdas basta con seleccionarlas y acceder a la pestaña **Datos** de la cinta de opciones, grupo **Esquema**, en el que se selecciona **Agrupar**. En el menú que aparece se elige **Agrupar**. Esta opción ofrece el siguiente cuadro de diálogo:

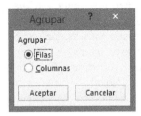

Deberá elegir si va a agrupar las celdas que ha seleccionado por **Filas** o por **Columnas**. Luego, al pulsar ⎡Aceptar⎤ aparece la barra de filas y, en ella, veremos unas "llaves" que agrupan nuestros datos. Por ejemplo, si se agrupa por filas, se obtendrá lo siguiente:

Con el botón **Ocultar detalle** (**−**) puede contraer los elementos agrupados: el resultado es como si los ocultara. Podrá observar, además, que el botón **Ocultar detalle** (**−**) cambia de aspecto y pasa a llamarse **Mostrar detalle** (**+**): si lo pulsa de nuevo se volverá a desplegar la lista de datos agrupados. Estas funciones también las aplican los botones ⊟ y ⊟ del grupo **Esquema** de la pestaña **Datos**.

Si selecciona celdas que ya se encuentren agrupadas (sin necesidad de seleccionar todo el grupo) y vuelve a agrupar algunas, estará creando un esquema de tres niveles y aparecerá una nueva llave dentro de la anterior que indica las celdas agrupadas.

	A	B	C	D
1	**Producto**	**Marca**	**Modelo**	**Precio**
2	Ordenador	Thobitha	Portátil	1.800,00 €
3	Ordenador	Thobitha	Sobremesa	1.200,00 €
4	Ordenador	Thobitha	Semitorre	1.500,00 €
5	Ordenador	Thobitha	Torre	2.100,00 €
6	Ordenador	Thobitha	Elegance	2.400,00 €
7	Ordenador	Hibe Eme	Portátil	1.800,00 €
8	Ordenador	Hibe Eme	Sobremesa	1.200,00 €
9	Ordenador	Hibe Eme	Semitorre	1.500,00 €
10	Ordenador	Hibe Eme	Torre	2.100,00 €
11	Ordenador	Hibe Eme	Elegance	2.400,00 €
12	Ordenador	Compaco	Portátil	1.800,00 €
13	Ordenador	Compaco	Portátil	1.200,00 €
14	Ordenador	Compaco	Sobremesa	1.500,00 €
15	Ordenador	Compaco	Sobremesa	2.100,00 €
16	Ordenador	Compaco	Semitorre	2.400,00 €
17	Ordenador	Compaco	Semitorre	1.800,00 €
18	Ordenador	Compaco	Torre	1.200,00 €
19	Ordenador	Compaco	Torre	1.500,00 €
20	Ordenador	Compaco	Elegance	2.100,00 €
21	Ordenador	Compaco	Elegance	2.400,00 €
22	Impresora	Hexxon	Estilos 100	150,00 €
23	Impresora	Hexxon	Inyección	300,00 €
24	Impresora	Hexxon	Tinta	180,00 €
25	Impresora	Hexxon	Tinta	190,00 €
26	Impresora	Hachepe	Desyet	390,00 €
27	Impresora	Hachepe	Desyet	90,00 €
28	Impresora	Hachepe	Desyet	120,00 €
29	Impresora	Hachepe	Laseryet	340,00 €

Fila de rótulos → 1

Otras categorías (con datos repetidos) → B

Columna con datos numéricos → D

Categoría Ordenador (se repite el dato Ordenador)

Categoría Impresora (se repite el dato Impresora)

Si necesita **Desagrupar** los datos, pulse el botón en el mismo grupo de la pestaña **Datos**. Desplegando el mismo botón y seleccionando **Borrar esquema** se elimina el esquema, no así los datos que contiene. Tenga en cuenta que esta acción no se puede deshacer.

Desagrupar

14.14 SUBTOTALES

Excel incorpora una función automática que permite generar totales siempre y cuando coloquemos los datos en las celdas de una forma concreta. Si lo hacemos de esta forma, el sistema realizará sumas (u otras funciones similares como la media aritmética, el valor más alto, etc.) por grupos de datos automáticamente.

Las condiciones necesarias para la generación automática de subtotales son las siguientes:

1. Colocar una primera fila a modo de rótulo.

2. Colocar datos repetidos por filas (categorías), incluso con varios niveles si es necesario.

3. Tener, al menos, una columna con datos numéricos con los que Excel pueda operar.

Los subtotales se encargarán de calcular según las categorías (los datos repetidos en las filas).

Para llevar a cabo esta operación, se sitúa el cursor en una de las celdas de la lista de datos, se accede a la pestaña **Datos** de la cinta de opciones y, en el grupo **Esquema**, se pulsa el botón **Subtotal**. Excel seleccionará toda la lista y ofrecerá un cuadro de diálogo que contendrá los elementos necesarios para que podamos generar los subtotales:

Subtotal

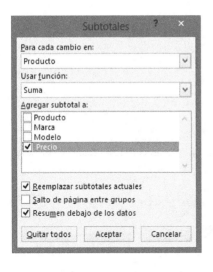

1. Despliegue la lista **Para cada cambio en** para elegir la columna con la que quiere obtener los subtotales. Según nuestro ejemplo anterior, si desea que se genere un subtotal para *ordenadores* y otro para *impresoras*, se selecciona **Producto** (que es la columna a la que pertenecen ambos), mientras que si se desea que los subtotales se calculen por **Marcas**, se selecciona eso en la lista.

2. Después, utilice la lista **Usar función** para elegir el cálculo que debe realizar el subtotal. Aunque por norma general es la **Suma**, puede seleccionar otras operaciones sencillas de cálculo como la media aritmética (**Promedio**), el valor más alto (**Máx**) o que se realice un recuento de las cantidades (**Contar números**).

3. Active la casilla de la columna que contenga los datos numéricos en la lista **Agregar subtotal a**. Si solo dispone de una columna de datos numéricos solo podrá activar esa para obtener un resultado correcto.

4. Si ya tiene un subtotal calculado y no desea que Excel lo elimine al hacer el nuevo, desactive la casilla **Reemplazar subtotales actuales**.

5. Si activa la casilla **Salto de página entre grupos**, cuando imprima los datos en papel conseguirá que Excel coloque cada grupo de subtotales en una página.

6. Excel calculará un total de todos los valores de la columna numérica: si desea que ese total aparezca en la parte inferior del listado, active la casilla **Resumen debajo de los datos**.

7. Si ya tiene unos subtotales calculados y desea eliminarlos, pulse el botón Quitar todos , que cierra automáticamente el cuadro de diálogo sin necesidad de pulsar Aceptar .

8. Una vez que termine, pulse Aceptar y Excel mostrará los resultados en la hoja de cálculo.

	Producto	Marca	Modelo	Precio
1	Producto	Marca	Modelo	Precio
2	Ordenador	Thobitha	Portátil	1.800,00 €
3	Ordenador	Thobitha	Sobremesa	1.200,00 €
4	Ordenador	Thobitha	Semitorre	1.500,00 €
5	Ordenador	Thobitha	Torre	2.100,00 €
6	Ordenador	Thobitha	Elegance	2.400,00 €
7		Total Thobitha		9.000,00 €
8	Ordenador	Hibe Eme	Portátil	1.800,00 €
9	Ordenador	Hibe Eme	Sobremesa	1.200,00 €
10	Ordenador	Hibe Eme	Semitorre	1.500,00 €
11	Ordenador	Hibe Eme	Torre	2.100,00 €
12	Ordenador	Hibe Eme	Elegance	2.400,00 €
13		Total Hibe Eme		9.000,00 €
14	Ordenador	Compaco	Portátil	1.800,00 €
15	Ordenador	Compaco	Portátil	1.200,00 €
16	Ordenador	Compaco	Sobremesa	1.500,00 €
17	Ordenador	Compaco	Sobremesa	2.100,00 €
18	Ordenador	Compaco	Semitorre	2.400,00 €
19	Ordenador	Compaco	Semitorre	1.800,00 €
20	Ordenador	Compaco	Torre	1.200,00 €
21	Ordenador	Compaco	Torre	1.500,00 €
22	Ordenador	Compaco	Elegance	2.100,00 €
23	Ordenador	Compaco	Elegance	2.400,00 €
24		Total Compaco		18.000,00 €

Utilice los niveles de esquema para resumir los resultados y poder realizar así otras operaciones con ellos fácilmente como, por ejemplo, crear un gráfico.

Capítulo 15

FUNCIONES CON EXCEL

Básicamente, una función en una hoja de cálculo es una utilidad que realiza un trabajo y que proporciona un resultado dependiente de los datos que reciba. Esos datos son generalmente los que hay en una o varias celdas de una hoja de cálculo.

Las funciones de Excel no siempre proporcionan valores resultantes operando matemáticamente.

15.1 TRATAMIENTO DE LAS FUNCIONES

Es necesario saber cómo se escriben las funciones en una hoja para que trabajen.

Las funciones son muy versátiles, ya que pueden emplearse en diversos lugares, aunque suelen acoplarse siempre a las celdas de la hoja de cálculo. Cuando se desea comenzar a escribir una función en una celda debemos teclear el símbolo = (igual a). A continuación, se escribe (sin espacios intermedios) el nombre de la función y, por último, si la función lo necesita, escribiremos (también sin espacios) datos entre paréntesis: =FUNCIÓN(datos).

Veamos un ejemplo con una función muy utilizada. La función SUMA realiza la suma de todos los elementos que se especifican en sus paréntesis: =**SUMA(rango)**, donde *rango* representa un grupo de celdas que contienen datos numéricos. El resultado es que esta función devuelve la suma de todos los datos que hay en las celdas que se han especificado mediante su rango.

B6	▾	⋮	✕	✓	f_x	=SUMA(B2:B4)

⊿	A	B	C	D
1				
2		2		
3		3		
4		5		
5				
6		10		
7				

Esta función **SUMA** puede realizarse con el botón **Autosuma**, que aparece en la pestaña **Inicio** de la cinta de opciones (en el grupo **Modificar**). Bastará con seleccionar un rango de números y pulsar el botón ∑ Autosuma ▾ (que también se encuentra en el grupo **Biblioteca de funciones** en la pestaña **Fórmulas**) con lo que aparece el resultado de sumar todos los datos una celda más abajo del rango seleccionado; también puede hacerlo a la inversa, es decir, pulsando el botón y seleccionando el rango después.

Por otra parte, si se despliega el botón se pueden aplicar otras funciones, en lugar de la suma, solo hay que elegir la función que se desee como, por ejemplo, el **Promedio**.

Todas las funciones de Excel se escriben del mismo modo, por lo que vamos a ofrecer una lista de las funciones más utilizadas y prácticas, así como de los valores que proporcionan después de realizar el cálculo correspondiente.

Hay que resaltar que las funciones son lo suficientemente versátiles como para poder incluirlas dentro de una fórmula, o incluso dentro de otra función. Por ejemplo, si una función necesita un dato de tipo texto para proporcionar un resultado, podremos utilizar para ese dato otra función que devuelva un dato de tipo texto.

También existe un asistente para funciones que ayuda a localizar la que se necesite. El asistente ofrece diferentes formas de acceso desde el grupo **Biblioteca de funciones** de la pestaña **Fórmulas** (en la cinta de opciones). Cada botón despliega una lista de funciones según el tipo de cálculo que se vaya a aplicar:

1. Las funciones ⬛ Recientes ▾ son las que se han empleado últimamente para aplicarlas de nuevo a otros datos de la hoja.

2. Las funciones ⬛ Financieras ▾ son las relacionadas con el mundo de la economía.

3. Las funciones ⬛ Lógicas ▾ son las que operan con los valores cierto y falso mediante comparaciones de datos.

4. Las funciones de ⬛ Texto ▾ son las especializadas en datos de texto.

5. Las funciones de ⬛ Fecha y hora ▾ son las que permiten manipular fechas y horas.

6. Las funciones de ⬛ Búsqueda y referencia ▾ son las que se emplean para localizar datos en la hoja o disponer de sus referencias.

7. Las funciones ⬛ Matemáticas y trigonométricas ▾ son las especializadas en cálculo numérico.

8. Con ⬛ Más funciones ▾ se accede a más tipos de funciones: **Estadísticas**, de **Ingeniería**, de **Cubo**, de **Información** y de **Compatibilidad**.

Sin embargo, el elemento principal con el que se localizan las funciones, dado que son tantas que es difícil memorizarlas, se activa mediante el botón **Insertar función**, que lleva al cuadro de diálogo siguiente.

Insertar
función

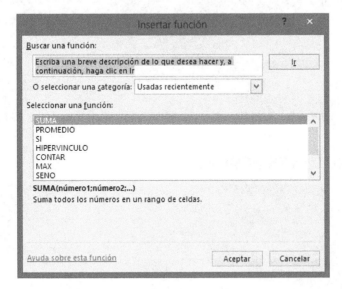

Si se desconoce cómo se llama en Excel la función que necesita, se puede intentar teclear lo que debe hacer dicha función en el cuadro de texto **Buscar una función**. Por ejemplo, teclee *Hallar una media aritmética*.

Otra posibilidad consiste en desplegar la lista **O seleccionar una categoría** para elegir el tipo de función que necesita. Al elegir una categoría aparecerá una lista de funciones que pertenecen a esa categoría para que se pueda seleccionar una haciendo clic en ella.

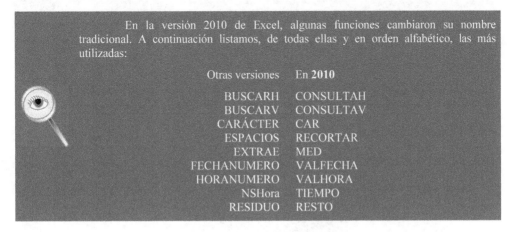

En la versión 2010 de Excel, algunas funciones cambiaron su nombre tradicional. A continuación listamos, de todas ellas y en orden alfabético, las más utilizadas:

Otras versiones	En **2010**
BUSCARH	CONSULTAH
BUSCARV	CONSULTAV
CARÁCTER	CAR
ESPACIOS	RECORTAR
EXTRAE	MED
FECHANUMERO	VALFECHA
HORANUMERO	VALHORA
NSHora	TIEMPO
RESIDUO	RESTO

15.1.1 Rangos en las funciones

Muchas funciones necesitan un rango de celdas con el que operar, lo que significa que cada vez que se vaya a utilizar una habrá que escribirlo entre los paréntesis.

Una forma muy cómoda de incorporar un rango consiste en lo siguiente: cuando se teclea la función en una celda, al abrir el paréntesis de la función, se utiliza el ratón o las teclas de desplazamiento para seleccionar las celdas que formen el rango. Una vez seleccionadas se pulsa **INTRO**, ya que ni siquiera es necesario cerrar el paréntesis.

15.2 FUNCIONES MATEMÁTICAS

Algunas funciones que vamos a listar necesitan macros automáticas para funcionar y, por tanto, será necesario instalar estas macros agrupadas en una biblioteca denominada **Herramientas para análisis**. La forma de instalarlas consiste en acceder a la pestaña **Archivo**, seleccionar **Opciones** y activar la categoría **Complementos**. Hay que asegurarse de que la lista **Administrar** tenga seleccionada la opción **Complementos de Excel** y luego pulsar el botón [Ir...], lo que nos lleva a un cuadro de diálogo con la lista de todos los complementos disponibles. En ella se activa la casilla **Herramientas para análisis**. En la lista de funciones indicaremos las que necesitamos que estén activadas.

En todas las funciones que necesitan un dato numérico entre paréntesis, puede teclearse entre ellos la dirección de una celda, el resultado de otra función numérica o una fórmula matemática. También es posible teclear, en su lugar, otra función que devuelva como resultado un dato numérico.

Cuando teclee una función, es posible que se equivoque, en cuyo caso Excel puede ofrecerle un error que explique el motivo de la equivocación. Por ejemplo:

#¡VALOR!   Si obtiene este mensaje es que el dato que haya colocado entre los paréntesis de la función es incorrecto. Por ejemplo, si una función espera un número para trabajar con él y empleamos una celda cuyo contenido sea un texto (en lugar de un número).

#¿NOMBRE?   Si se equivoca al teclear el nombre de la función. Por ejemplo, si en lugar de SUMA teclea SUMAR.

ABS(número) proporciona el valor absoluto de un número.

ALEATORIO() devuelve un número decimal al azar entre 0 y 1.

ALEATORIO.ENTRE(x;y) devuelve un número al azar entre X e Y. El primer número debe ser menor que el segundo.

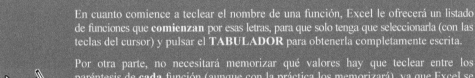

En cuanto comience a teclear el nombre de una función, Excel le ofrecerá un listado de funciones que **comienzan** por esas letras, para que solo tenga que seleccionarla (con las teclas del cursor) y pulsar el **TABULADOR** para obtenerla completamente escrita.

Por otra parte, no necesitará memorizar qué valores hay que teclear entre los paréntesis de **cada** función (aunque con la práctica los memorizará), ya que Excel se los mostrará en cuanto abra el paréntesis. Por ejemplo, si va a sumar, en cuanto teclee **=SUMA(** obtendrá lo siguiente:

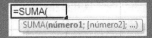

Esto le indica que deberá teclear varios números separados con punto y coma, si bien, en el **caso** de la función SUMA, también puede teclear un rango de celdas cuyo contenido será sumado.

COCIENTE(x;y) realiza la división entera entre X e Y. El resultado es el cociente de la división sin decimales (si los tuviera).

CONTAR(rango o x;y;z…) ofrece el número de celdas ocupadas con datos numéricos que haya en un rango.

CONTARA(rango o x;y;z…) ofrece el número de celdas ocupadas con datos de cualquier tipo que haya en un rango.

CONTAR.BLANCO(rango o x;y;z…) ofrece el número de celdas vacías que haya en el rango.

CONTAR.SI(rango;criterio) ofrece el número de celdas del rango que contengan un determinado valor (el criterio).

COS(ángulo) devuelve el coseno del ángulo especificado.

ENTERO(número) extrae la parte entera de un número (aunque no redondea la cifra, sino que se limita a eliminar los decimales del número).

EXP(número) devuelve el número *e* elevado al número especificado.

FACT(número) devuelve el factorial del número especificado.

GRADOS(número) convierte el número especificado (de radianes) en grados.

LN(número) devuelve el logaritmo natural del número especificado.

LOG(número;base) devuelve el logaritmo del número especificado en la base indicada.

LOG10(número) devuelve el logaritmo en base 10 del número especificado.

MAX(rango o x;y;z;...) muestra el valor más alto contenido en las celdas del rango especificado.

M.C.D(rango o x;y;z;...) devuelve el máximo común divisor de la lista de los números especificada. Se pueden establecer tantos números como se desee separándolos por punto y coma (;).

M.C.M(rango o x;y;z;...) devuelve el mínimo común múltiplo de la lista de los números especificada. Se pueden establecer tantos números como se desee separándolos por punto y coma (;).

MDETERM(rango) devuelve la matriz determinante de una matriz especificada mediante un rango. La matriz debe ser cuadrada, es decir, debe tener el mismo número de filas que de columnas. Ninguna de las celdas debe tener datos de tipo texto.

MIN(rango o x;y;z;...) muestra el valor más pequeño contenido en las celdas del rango especificado.

MINVERSA(rango) devuelve la matriz inversa de una matriz especificada mediante un rango. La matriz debe ser cuadrada, es decir, debe tener el mismo número de filas que de columnas. Ninguna de las celdas debe tener datos de tipo texto.

MMULT(rango1;rango2) devuelve el resultado de multiplicar dos matrices especificadas mediante sendos rangos separados por punto y coma (;). El número de columnas del primer rango debe ser el mismo que el número de filas del segundo.

NUMERO.ROMANO(número) devuelve el número especificado en números romanos (en formato de texto). Tenga en cuenta que los números romanos no son infinitos debido a que están formados por letras: si utiliza un número superior a 3999, esta función dará error.

PI() devuelve el valor del número Pi redondeado a nueve decimales.

POTENCIA(x;y) devuelve *x* elevado a *y*.

PRODUCTO(rango o x;y;z...) multiplica el contenido de las celdas del rango especificado.

PROMEDIO(rango o x;y;z...) genera la media aritmética de los valores contenidos en el rango especificado.

RADIANES(número) convierte el número especificado (que esté en grados) en radianes.

RAIZ2PI(número) multiplica el número especificado por Pi y aplica la raíz cuadrada al resultado. El número debe ser positivo (mayor que cero). Esta función necesita las **Herramientas para análisis**.

RCUAD(número) devuelve la raíz cuadrada del número especificado.

REDONDEAR(número;decimales) redondea el número especificado a la cantidad de decimales indicada como segundo dato.

RESTO(x;y) proporciona el resto de dividir *x* entre *y*.

SENO(ángulo) devuelve el seno del ángulo especificado.

SIGNO(número) devuelve el signo del número especificado. Si el número es negativo, devuelve −1; si es cero, devuelve 0; y si es positivo, devuelve 1.

SUMA(rango o x;y;z;…) suma el contenido de las celdas del rango especificado.

SUMA.CUADRADOS(x;y) devuelve la suma de los cuadrados de *x* e *y* (eleva ambos al cuadrado y suma el resultado).

TAN(ángulo) devuelve la tangente del ángulo especificado.

TRUNCAR(número) elimina los decimales del número especificado devolviendo la parte entera exclusivamente.

15.3 FUNCIONES DE FECHA Y HORA

AHORA() devuelve el número de serie de la fecha y hora actuales.

Si las celdas no tienen el formato de fecha u hora (o ambas), Excel muestra el dato resultante de aplicar la función anterior con forma de número que realiza mediante cálculos matemáticos. Este recibe el nombre de número de serie. Por ejemplo, el número 366 (número de serie) sería el día 31 de diciembre del año 0 (tenga en cuenta que el año 0 es bisiesto). Si desea que un número de serie aparezca con formato de fecha, acceda a la pestaña **Inicio**, despliegue la lista General ▼ del grupo **Número** y seleccione un formato de fecha o de hora.

AÑO(número) convierte un número de serie en un año. El número puede ser una fecha entrecomillada (por ejemplo, "29/05/68" devolvería 1968).

DIA(número), dado un número de serie, devuelve el correspondiente día del mes.

DIA.LAB(fecha_de_partida; días_laborables;días_festivos) devuelve el número de serie del primer día laborable, pasado o futuro, a la fecha inicial, según sea el número de días laborables y festivos. Esta función necesita la macro automática **Herramientas para análisis**. Por ejemplo, si se desea saber cuál será el cuarto día laborable a partir del 24 de diciembre del año 1989, deberemos escribir la función siguiente: *=DIA.LAB(FECHANÚMERO("24/12/89");4;2)*. Como podemos observar, hay que indicar que existen dos días festivos (el fin de semana). La función **FECHANÚMERO** la veremos más adelante en este mismo apartado.

DIAS.LAB(fecha_incial;fecha_final;días_festivos) devuelve el número total de días laborables entre dos fechas dadas. Hemos de especificar el número de días festivos que existen en ese período de tiempo. La función **DIAS.LAB** necesita la macro automática **Herramientas para análisis**.

Las dos funciones anteriores pueden funcionar de forma incorrecta si en las fechas que se indiquen hay fiestas entre lunes y viernes.

DIASEM(número;tipo) convierte un número de serie de una fecha en un día de la semana (su número). El segundo parámetro establece el tipo de semana (1 = semana inglesa; 2 = semana española; 3 = el primer día de la semana es el cero). Por ejemplo, la función *=DIASEM("24/12/89";2)* devuelve el valor *7*, que corresponde a *Domingo* según el tipo de semana española.

En algunos países como el Reino Unido o Estados Unidos, el primer día de la semana es el domingo en lugar del lunes, de ahí que sea necesario especificar el tipo de día de la semana en la función anterior.

FECHA(año;mes;día) devuelve el número de serie que pertenece a una fecha especificada. Es similar a la anterior, pero se diferencian en el formato que se utiliza para escribir la fecha. En esta solo hemos de escribir los elementos de la fecha separados por punto y coma (;).

FIN.MES(fecha;número_meses) devuelve el número de serie del último día del mes, pasado o futuro, relativo a la fecha inicial de referencia según sea positivo o negativo el número meses. Esta función necesita la macro automática **Herramientas para análisis**. Por ejemplo, si se desea saber cuál es el último día del mes en el que se encuentre (28, 29, 30 o 31), se escribe la fórmula *=FIN.MES(fecha_de_hoy;0)*, donde *fecha_de_hoy* es la fecha actual escrita entrecomillada (en formato numérico, ejemplo: "14/02/95"). Si desea conocer el último día del mes siguiente, sustituya el 0 (cero) por un 1 (uno) en la anterior función de ejemplo, y si desea conocer el último día del mes anterior escriba -1 en lugar de 0. Puede utilizar para este dato números superiores a 1, tanto positivos como negativos (por ejemplo −2 sería dos meses antes).

HORA(número) dado un número de serie, se devuelve la hora correspondiente.

HOY() devuelve el número de serie de la fecha actual.

MES(número) dado un número de serie, se devuelve el número de día del mes correspondiente.

MINUTO(número) dado un número de serie, se devuelve el minuto de la hora correspondiente.

SEGUNDO(número) dado un número de serie, se devuelve el segundo de la hora correspondiente.

TIEMPO(hora;minuto;segundo) devuelve el número de serie que pertenece a la hora especificada.

VALFECHA(fecha) convierte una fecha escrita entrecomillada (en formato numérico, ejemplo: "5/2/70") en número de serie.

VALHORA(fecha) convierte una hora escrita entrecomillada (con formato numérico, ejemplo: "15:00") en número de serie.

15.4 FUNCIONES DE TEXTO

ASCII = *American Standard Code for Information Interchange* (Código estándar americano para el intercambio de información). Los ordenadores personales tienen un sistema para representar los caracteres en pantalla (así como para la comunicación de datos) consistente en números asociados a los caracteres. Así, por ejemplo, la letra A (mayúscula) tiene como código ASCII el número 65.

CAR (número) devuelve el carácter ASCII especificado por el número especificado.

CODIGO(letra) devuelve el número de código ASCII del primer carácter del texto. Solo devuelve el código del primer carácter y este debe ir entrecomillado.

CONCATENAR(texto1;texto2;…) añade un texto a otro. Los datos que se van a concatenar deben ser de tipo texto (por ejemplo, un texto entre comillas o una celda que contenga un texto).

DERECHA(texto;cantidad) extrae un grupo de caracteres por la derecha de un texto. El número de caracteres que se extrae debe establecerse como segundo parámetro de la función (*cantidad*). Por ejemplo, si tecleamos =DERECHA("Hola";2), el resultado será "la" (las 2 últimas letras de *Hola*).

RECORTAR(texto) elimina espacios del texto dejando un solo espacio entre cada palabra y eliminando completamente los de los extremos del texto.

MED(texto;posición_inicial;cantidad) devuelve una parte del texto especificado, desde la posición inicial, y tantos caracteres como se indiquen en el tercer parámetro (*cantidad*). Así, =EXTRAE("Pepito";2;3) da como resultado "epi" (tres letras a partir de la segunda de la cadena *Pepito*).

IGUAL(texto1;texto2) examina dos datos de texto de la hoja verificando si son iguales. La comprobación incluye incluso diferencias de mayúsculas y minúsculas en ambos datos. Excel devuelve el valor *VERDADERO* si ambos datos son iguales, y *FALSO* si no lo son.

IZQUIERDA(texto;cantidad) extrae un grupo de caracteres por la izquierda de un texto. El número de caracteres que se extrae debe establecerse como segundo parámetro (*cantidad*). Así, =IZQUIERDA("Excel";2) da como resultado "Ex" (las 2 primeras letras de *Excel*).

LARGO(texto) devuelve el número total de caracteres que posee un dato de texto.

MAYUSC(texto) convierte el dato de texto en mayúsculas. Los caracteres que ya estaban en mayúsculas no son modificados.

MINUSC(texto) convierte el dato de texto en minúsculas. Los caracteres que ya estaban en minúsculas no son modificados.

NOMPROPIO(texto) pasa a mayúsculas la primera letra de cada palabra del dato de texto especificado. Los caracteres que ya estaban en mayúsculas no son modificados.

REPETIR(texto;cantidad) repite el dato de texto la cantidad de veces que establezcamos.

SUSTITUIR(texto;texto_a_sustituir;texto_sustituto) reemplaza varios caracteres contiguos dentro de un dato de texto por otros. Hay que especificar el texto en el que se va a hacer el cambio (texto), la parte del texto que se va a cambiar (texto_ a_sustituir) y el texto que sustituirá al antiguo (texto_ sustituto).

TEXTO(número;formato) transforma un dato de tipo numérico en texto utilizando el formato establecido. Por ejemplo, =TEXTO(1247;"0.000 Pta") da como resultado *1.247 Pta.*

VALOR(texto) transforma un dato de tipo texto en numérico, siempre y cuando el dato de texto contenga solo datos numéricos. Por ejemplo, =VALOR("1.247") da como resultado 1.247 (con este dato se pueden realizar operaciones matemáticas, ya que es de tipo numérico y no de texto).

15.5 FUNCIONES LÓGICAS Y DE INFORMACIÓN

Existen varios tipos más de funciones con Excel. Por ejemplo, puede trabajarse con funciones lógicas, de ingeniería o funciones financieras (y otras). Veamos un ejemplo más: la función **SI** es una función lógica que mostrará un dato u otro en la celda dependiendo de una condición:

```
SI (Condición;Verdadero;Falso)
```

En esta función se empieza tecleando una condición consistente en comparar dos datos. Ejemplos:

- SI (B5<0;... (si B5 es menor que cero).

- SI (C7<>B8;... (si C7 es distinto de B8).

Para realizar estas condiciones se pueden emplear los siguientes operadores de comparación:

=   es igual a

<   es menor que

>   es mayor que

<= es menor o igual que

>= es mayor o igual que

<> es distinto de

Después de teclear la condición en la función **SI**, debemos indicar lo que debe aparecer en la celda si esa condición se cumple y, por último, separándolo con otro punto y coma, indicar lo que debe aparecer si la condición no se cumple. Veamos un ejemplo completo:

```
=SI(B5<0;"El valor es negativo";"El valor es positivo")
```

Esta función implica que si **B5** es menor que cero deberá aparecer el mensaje *El valor es negativo* y, de lo contrario, aparecerá *El valor es positivo*.

Aún se puede completar más el caso: ¿y si el valor de B5 es cero? Para tenerlo en cuenta podemos incluir una función **SI** dentro de otra:

```
=SI(B5<0;"El valor es negativo";SI(B5>0;"El valor es positivo";"El
                    valor es cero"))
```

Esta función se complementa con otras que igualmente juegan con los valores lógicos *verdadero* y *falso*:

O(condición 1;condición 2;…;condición *n*) devuelve verdadero cuando al menos una de las condiciones entre los paréntesis lo es.

Y(condición 1;condición 2;…;condición *n*) devuelve verdadero cuando todas las condiciones entre los paréntesis lo son.

ESBLANCO(celda o expresión) devuelve verdadero cuando la celda o la expresión entre los paréntesis está vacía.

ESERROR(celda o expresión) devuelve verdadero cuando la celda o la expresión entre los paréntesis genera un error.

ESNUMERO(celda o expresión) devuelve verdadero cuando la celda o la expresión entre los paréntesis contiene un dato numérico.

ESTEXTO(celda o expresión) devuelve verdadero cuando la celda o la expresión entre los paréntesis contiene un dato de texto.

Puede colocarse una función dentro de otra si esto resulta provechoso. Por ejemplo, una media aritmética puede devolver un resultado con decimales, y dichos decimales pueden eliminarse mediante otra función. Ejemplo:

```
=ENTERO(PROMEDIO (B1:B10))
```

La función entero quita los decimales de lo que tiene entre sus paréntesis, que es la media aritmética de los datos contenidos entre B1 y B10.

También puede incluir una función (o varias) dentro de una fórmula. Por ejemplo, si necesita hallar la mitad del resultado de una suma, podría hacerlo de la siguiente forma:

```
=SUMA(B1:B10)/2
```

Capítulo 16

GRÁFICOS MATEMÁTICOS

Una de las funciones más llamativas de las hojas de cálculo ha sido siempre la de crear gráficos que permitan una mejor comparación y análisis visual de los datos. Consiste en utilizar los datos numéricos de la hoja de cálculo, complementarlos con rótulos, seleccionar un tipo de gráfico y ver el resultado.

Para diseñar los gráficos es recomendable (aunque no imprescindible) comenzar seleccionando el rango de celdas que contienen los datos que se pretenden plasmar en el gráfico matemático.

Asegúrese de que el bloque de los datos contiene rótulos en la primera fila y en la primera columna (ya que esto mejorará la legibilidad de los datos del gráfico). Si los datos están salteados, recuerde que puede seleccionarlos manteniendo pulsada la tecla **CONTROL** (o **CTRL**) mientras arrastra con el ratón para seleccionar.

16.1 CREACIÓN DE UN GRÁFICO

Una vez que se han seleccionado los datos, se genera el gráfico recurriendo a los distintos botones del grupo **Gráfico** de la pestaña **Insertar** en la cinta de opciones:

Los botones más pequeños de este grupo crean directamente un gráfico del estilo que muestra cada uno; sin embargo, haciendo clic en el botón **Gráficos recomendados**, se accede a un cuadro de diálogo con un asistente para la creación de gráficos de cualquier tipo:

Gráficos
recomendados

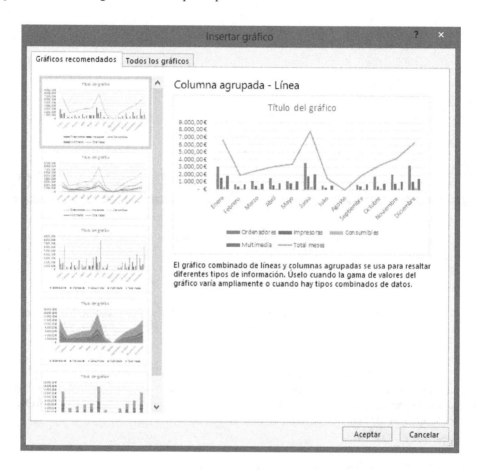

Presenta una serie de gráficos con un avanzado nivel de elaboración, que nos pueden interesar para generar uno de forma rápida y en el que apenas haya que realizar unos pocos retoques. Se selecciona uno de la coluna izquierda y se pulsa el botón Aceptar.

Sin embargo, podemos optar por cambiar a la ficha **Todos los gráficos**, para desarrollar un gráfico del modo tradicional.

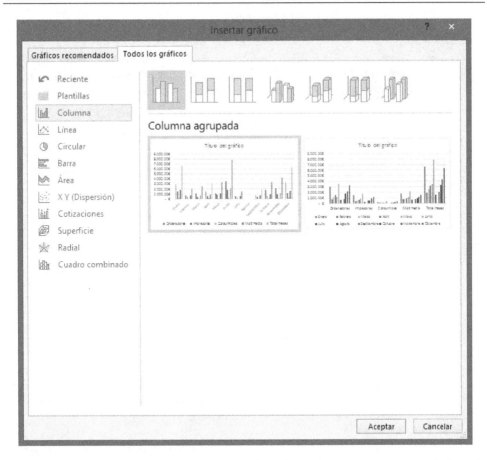

Con los datos de esta ficha se elige la clase del gráfico que se necesita en la lista de categorías de la izquierda (**Columna**, **Línea**, **Circular**, etc.). Luego se puede elegir una variante de gráfico en la parte superior del cuadro y se pulsa el botón [Aceptar]. Al hacerlo aparece el gráfico en la hoja y se dispone de dos pestañas adicionales en la cinta de opciones para configurar el gráfico y darle el aspecto que deseemos. También se puede acceder a estas pestañas posteriormente cuando se hace clic en un gráfico cualquiera.

16.2 EDICIÓN DE GRÁFICOS

La pestaña **Diseño** ofrece lo siguiente:

1. El grupo **Diseños de gráfico** ofrece dos posibilidades:

- Añadir elementos manualmente al gráfico mediante el botón **Agregar elemento de gráfico**. Al pulsarlo se despliegan varias opciones con los elementos que es posible añadir:

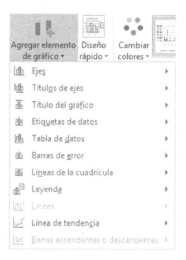

Cada una de sus opciones contiene un submenú con distintas variantes de cada elemento. Por ejemplo, podemos seleccionar **Leyenda** para elegir entre diferentes posiciones para la misma. Veremos lo que es la leyenda, así como los demás tipos de elementos, más adelante.

- Modificar fácilmente el gráfico completo mediante el botón **Diseño rápido**.

2. El grupo **Estilos de diseño** contiene varios diseños de color y aspecto para el gráfico. También nos permite modificar a la vez todos los colores del gráfico desplegando el botón **Cambiar colores** y seleccionando uno de los juegos de colores que ofrece.

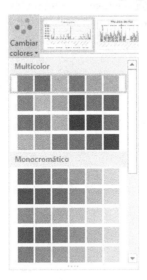

3. El grupo **Datos** ofrece otros dos botones:

- **Cambiar entre filas y columnas** permite elegir los datos que aparecen en cada eje. Así se pueden intercambiar entre sí.

- **Seleccionar datos** permite seleccionar los datos del gráfico. Aunque ofrece un cuadro de diálogo para ello, se pueden seleccionar de la forma tradicional directamente en la hoja.

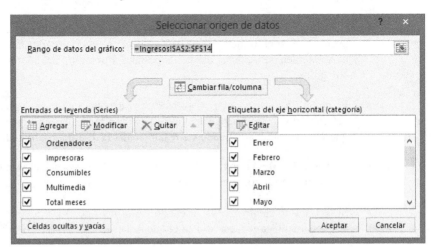

4. El grupo **Tipo** ofrece el botón **Cambiar tipo de gráfico**, que lleva nuevamente al cuadro de diálogo en el que se puede seleccionar otro tipo de gráfico.

5. El grupo **Ubicación** contiene el botón **Mover gráfico**, que lleva a un cuadro de diálogo con el que se puede trasladar el gráfico a otra hoja. Se puede incluso colocar una hoja especial para el gráfico que no contiene celdas y es de uso exclusivo para él.

La pestaña **Formato** ofrece lo siguiente:

1. El grupo **Selección actual** permite elegir uno de los múltiples objetos integrantes del gráfico para poder modificarlo después.

- El botón **Elementos del gráfico** (en nuestra figura `Área del gráfico`) permite elegir uno de los elementos que componen el gráfico, si bien esto mismo se puede conseguir haciendo clic en un elemento del gráfico (barras, líneas, etc.).

- El botón `Aplicar formato a la selección` lleva a un cuadro de diálogo con el que se puede cambiar el formato del elemento elegido en el gráfico. Sus funciones y otras más también se aplican desde la pestaña **Formato**, de la que hablaremos enseguida.

- El botón `Restablecer para hacer coincidir el estilo` se pulsa una vez elegido un objeto del gráfico y lo modifica asignando su estilo original. De esta forma, un objeto que se haya cambiado puede ser restablecido a su formato original.

2. El grupo **Estilos de forma** contiene varios diseños ya definidos para nuestras figuras y elementos para que construyamos los nuestros propios.

- Si se trata de elegir uno ya diseñado, solo hay que desplegar su lista y hacer clic en el que se desee.

- Con el botón  se aplica un tipo de efecto de fondo a la figura, es decir, un tipo de relleno. Podremos elegir entre un único color, un **Degradado** entre dos colores, una **Textura**, una **Trama** (también entre dos colores) o una **Imagen**.

  Para aplicar un color solo hay que elegir uno en la lista (o la opción **Más colores de relleno**, que ofrece una paleta más amplia). También podemos elegir **Sin relleno** para dejar hueca la figura (aunque a partir de entonces solo se podrá seleccionar la figura haciendo clic en su borde, puesto que su relleno ya no existirá).

- Con el botón ☑ Contorno de forma ▾ se puede cambiar el aspecto y color del borde de las figuras.

- Con el botón ☑ Efectos de forma ▾ desplegamos una lista de efectos especiales para el objeto: iluminaciones, volumen, reflejos, etc.

3. El grupo **Estilos de WordArt** contiene estilos ya diseñados y funciones para que diseñemos los nuestros propios para aplicarlos a los textos del gráfico.

- Para elegir uno de los estilos ya diseñados solo hay que desplegar la lista y hacer clic en él.

- El botón **Relleno de texto** (▲ ▾) despliega una lista de colores y efectos que podemos aplicar al relleno de las letras del rótulo: degradados, texturas e imágenes.

- El botón **Contorno de texto** (▲ ▾) despliega una lista de colores y efectos que podemos aplicar al borde de las letras del rótulo: grosor y estilo de línea.

- El botón **Efectos de texto** (▲ ▾) despliega una lista de menús con efectos especiales que podemos aplicar al rótulo.

4. El grupo **Organizar** proporciona funciones de colocación para la imagen:

- El botón 🔳 Traer adelante ▾ sitúa la imagen por delante de las otras (como colocar una carta por delante de la baraja o de otras cartas).

- El botón 🔳 Enviar atrás ▾ sitúa la imagen por detrás de las otras (como colocar una carta por detrás de la baraja o de otras cartas).

- El botón ⯿ Alinear▾ permite colocar la imagen a la misma altura que otras o que los márgenes de la página. Este botón se despliega para ofrecer todas sus posibilidades.

- El botón ⊞ Agrupar▾ reúne varios objetos para tratarlos como uno solo. También permite realizar la operación inversa, es decir, separar varios objetos que estaban agrupados (**Desagrupar**). Ninguna de ellas funciona con imágenes normales, pero sí lo hace con figuras dibujadas con el propio programa.

- El botón ◤ Girar▾ permite rotar una imagen 90° en una dirección. También permite reflejarla horizontal y verticalmente.

- El botón ⊟ Panel de selección activa el panel de tareas mostrando los gráficos que pueden verse en la hoja. Con dicho panel se pueden ocultar y mostrar dichos gráficos (haciendo clic en el icono ☞ que ofrece cada uno a su derecha en la lista, aunque también se pueden ocultar y mostrar todos con los botones Ocultar todo y Mostrar todo, respectivamente) y recolocar los gráficos al frente o al fondo (seleccionando uno en la lista y pulsando los botones ▲ o ▼).

5. El grupo **Tamaño** permite cambiar las dimensiones del gráfico mediante los cuadros de texto **Alto de forma** y **Ancho de forma** en los que se teclea un tamaño vertical y horizontal para la imagen, respectivamente. Cuando se teclea un nuevo valor hay que pulsar **INTRO** para fijarlo.

16.3 LOS ELEMENTOS DEL GRÁFICO

Todos los elementos que conforman el gráfico (barras, líneas, ejes, leyenda, etc.) pueden ser modificados individualmente, cambiando sus características de presentación.

Haciendo clic en uno de esos elementos y luego en el botón ⌐ de los grupos **Estilos de forma**, **Estilos de WordArt** o **Tamaño**, se despliega el panel de tareas con diferentes funciones para realizar la tarea.

Las funciones que vamos a detallar son aplicables también a las figuras diseñadas con el botón **Formas** (⬠▾ en el grupo **Ilustraciones** de la pestaña **Insertar** de la cinta de opciones).

El aspecto inicial que ofrece el panel es el mismo, aunque puede variar ligeramente dependiendo del botón desde el que lo hayamos activado:

Aunque vamos a describir todas las categorías que pueden aparecer en un objeto diseñado, no todas ellas aparecen siempre, dependiendo del tipo de objeto en cuestión. Si necesita probar alguna que no se muestre en los elementos de un gráfico, le sugerimos que acceda a la pestaña **Insertar**, despliegue el botón ⬠▾ del grupo **Ilustraciones** y dibuje una figura. En ella podrá hacer clic con el botón secundario del ratón y seleccionar **Formato de imagen** para conseguirlo.

16.3.1 Relleno

Cuando se despliega **Relleno** en el panel, se dispone de varios botones de opción, que, al ser activados, añaden al cuadro varios controles para ajustar el aspecto de relleno de fondo de aquel objeto que se haya seleccionado previamente.

1. Obviamente, el botón **Sin relleno** deja vacío el relleno de la figura.

2. Con **Relleno sólido** podemos emplear un único color que rellene el fondo de la figura. Para ello, el cuadro ofrecerá los siguientes elementos:

*   La lista **Color** permite seleccionar el tono para el relleno.

*   Desplazando el deslizador **Transparencia** conseguimos que el objeto permita o no vislumbrar los que estén tapados por él: 100 % es totalmente transparente y 0 % es totalmente opaco.

3. Con **Relleno degradado**, el objeto mostrará de fondo un degradado. Para diseñar el degradado, nos ofrecerá los siguientes elementos:

- La lista **Degradados preestablecidos** ofrece una lista de degradados ya diseñados para que el usuario solo necesite elegir uno.

- La lista **Tipo** permite elegir la forma del degradado:

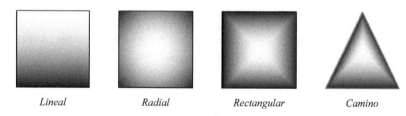

| Lineal | Radial | Rectangular | Camino |

- Podemos establecer la **Dirección** de dibujo del degradado: hacia arriba, hacia abajo, en diagonal, etc.

- También podemos hacerlo mediante el **Ángulo** de inclinación del degradado.

- Podemos establecer cuántos colores formarán el degradado mediante los **Puntos de degradado**. Inicialmente, tendrá un determinado número de puntos ( ). Se pueden añadir haciendo clic en la barra de degradado y quitar arrastrándolos fuera de esta. También se pueden desplazar a los lados para establecer dónde va a ser este más intenso (en qué extremo, aunque esto también se puede indicar en la **Posición**: 0 % en un extremo, 100 % en el extremo opuesto, otro porcentaje en un punto intermedio). En cada punto se puede establecer su **Color**, su **Brillo** y qué nivel de **Transparencia** va a tener.

- Si se activa la casilla **Girar con forma**, el degradado girará si así lo hace la figura, manteniendo su aspecto con relación a esta.

4. **Relleno con imagen o textura** permite rellenar el objeto con una imagen del disco (Archivo...), del Portapapeles o de las En línea... . También se puede rellenar con una **Textura** desplegando la lista 🖼 ▾ .

- ◉ Relleno con imagen o textura
- ○ Relleno de trama
- ○ Automático

Insertar imagen desde

| Archivo... | Portapapeles | En línea... |

Textura   🖼 ▾

Transparencia |————————— 0 % ⬍

☑ Mosaico de imagen como textura

Desplazamiento X   0 pto ⬍

Desplazamiento Y   0 pto ⬍

Escala X   100 % ⬍

Escala Y   100 % ⬍

Alineación   Superior izquierda ▾

Tipo de simetría   Ninguna ▾

☐ Girar con forma

- Desplazando el deslizador **Transparencia** conseguimos que el objeto permita o no vislumbrar los que estén tapados por él: 100 % es totalmente transparente y 0 % es totalmente opaco.

- Activando la casilla **Mosaico de imagen como textura** la imagen (o textura) rellenará el fondo repitiéndose como azulejos en una pared. Si la desactivamos, la imagen se expandirá o encogerá hasta adaptarse al tamaño de la figura. Si se activa, disponemos de varios elementos para fijar el tamaño (escala) y posición (desplazamiento) de los "azulejos", mientras que si la desactivamos, dispondremos de otros para colocar la imagen dentro de la figura.

- Si se activa la casilla **Girar con forma**, la imagen girará si así lo hace la figura, manteniendo su aspecto con relación a esta.

5. **Relleno de trama** permite establecer un relleno compuesto por elementos sencillos repetidos (líneas, puntos, cuadros, etc.). gracias a sus botones **Color de primer plano** y **Color de fondo** se puede elegir el color de los elementos y de su fondo.

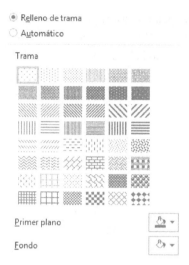

16.3.2 Color de borde

Activando la categoría **Borde** podremos cambiar el aspecto del borde con respecto a su color. Para ello, el cuadro de diálogo varía su contenido y ofrece lo siguiente:

1. Naturalmente, la opción **Sin línea** deja a la figura sin una.

2. Con **Línea sólida** podemos elegir un **Color** y una **Transparencia** para el borde de la figura.

3. Con **Línea con degradado** podemos aplicar un degradado al borde de una figura. Es decir, las líneas comienzan su trazado con un color que va cambiando hasta alcanzar otro (esto incluso con más de dos colores). Todo ello se diseña tal y como hemos visto para los degradados de relleno de las figuras.

4. Con **Automático** se aplican las características de borde que incluyan las del gráfico en general.

5. Se puede establecer el **Color** del borde desplegando el botón ⬛▾ . También el nivel de **Transparencia** del borde.

6. Utilice **Ancho** para establecer el grosor del borde de la figura.

7. Con **Tipo compuesto** se puede indicar si la línea será única, doble, doble con una de las líneas de diferente grosor o triple.

8. Con **Tipo de guión** se establece si la línea será continua, construida con puntos, con guiones o mezcla de ambos.

9. Con **Tipo de remate** se establece cómo será el extremo de la línea: redondo, cuadrado o plano.

10. Con **Tipo de combinación** se establece cómo será el aspecto donde dos líneas se unan: redondo, bisel o en ángulo.

11. Si la figura consta solo de una línea, puede tener punta de flecha en sus extremos y para establecer su aspecto disponemos del grupo **Configuración de flechas**, con cuyos elementos podemos indicar la forma de la flecha en cada extremo (**Tipo de inicio** y **Tipo de final**) así como su corpulencia (**Tamaño inicial** y **Tamaño final**).

16.3.3 Sombra

Si en la parte superior del panel hacemos clic en el icono de la categoría **Efectos** (⬠), disponemos de más funciones de aspecto.

Las figuras pueden ofrecer un efecto de proyección de sombra. Así, si se activa la categoría **Sombra**, el panel ofrece los siguientes elementos:

1. La lista **Preestablecidos** ofrece varios efectos de sombra ya diseñados para elegir uno.

2. Se puede elegir el **Color** de la sombra proyectada.

3. Con el resto de elementos se puede construir una sombra a medida. Para ello hay que especificar la **Transparencia** de la sombra, su **Tamaño**, su **Desenfoque** en los bordes, el **Ángulo** de proyección y la **Distancia** con respecto al objeto que la proyecta.

16.3.4 Iluminado y bordes suaves

Si en la parte superior del panel hacemos clic en el icono de la categoría **Efectos** ( ), disponemos de más funciones de aspecto.

Toda figura puede ser rodeada de un efecto de aura (iluminado) junto con un redondeado de dicho efecto (borde suave). Para ello se opta por la categoría **Iluminación**:

1. La lista **Preestablecidos** ofrece varios efectos de iluminado ya diseñados para elegir uno.

2. Se puede elegir el **Color** del efecto de aura, así como su grosor (**Tamaño**) y nivel de opacidad (**Transparencia**).

16.3.5 Bordes suaves

Si en la parte superior del panel hacemos clic en el icono de la categoría **Efectos** ( ), disponemos de más funciones de aspecto.

El nivel de redondeo del efecto se puede establecer mediante la lista **Preestablecidos** o desplazando el deslizador **Tamaño** (o tecleando su valor).

16.3.6 Formato 3D

Si en la parte superior del panel hacemos clic en el icono de la categoría **Efectos** ( ), disponemos de más funciones de aspecto.

La categoría **Formato 3D** permite aplicar efecto de volumen a la figura. Al acceder a esta categoría, el cuadro de diálogo muestra lo siguiente:

1. Con los botones **Bisel superior** y **Bisel inferior** elegimos el tipo de efecto tridimensional, su anchura y altura.

2. Con **Profundidad**, establecemos el **Color** de la tercera dimensión que añade el programa, así como su **Profundidad**.

3. Con **Contorno** establecemos el **Color** del borde, junto con su grosor (**Tamaño**).

4. Con **Material** podemos elegir un efecto que simule aquel con el que está hecha la figura, la intensidad de la luz que la ilumina y su posición (**Iluminación** y **Ángulo**).

5. Con el botón Restablecer se restauran los valores iniciales de volumen de la figura.

16.3.7 Giro 3D

Si en la parte superior del panel hacemos clic en el icono de la categoría **Efectos** (⬠), disponemos de más funciones de aspecto.

En algunas figuras, se puede simular un giro en tres dimensiones de la figura.

1. Desplegando la lista **Preestablecidos** se elige uno de los giros ya diseñados.

2. Por el contrario, se puede diseñar el giro a medida mediante los datos **Giro X**, **Giro Y**, **Giro Z** y **Perspectiva**. En todos ellos se escribe un ángulo de giro para que la figura voltee en la dirección correspondiente.

3. Si la figura contiene texto, se puede activar la casilla **Mantener texto sin relieve** para que este no gire junto con la figura. Si se desactiva, el texto se adaptará al giro de la figura volteando en la misma dirección.

4. Con **Distancia desde la superficie** podemos acercar (o alejar) el objeto al "papel".

5. El botón Restablecer restaura los valores originales de la figura.

16.3.8 Efectos artísticos

Si en la parte superior del panel hacemos clic en el icono de la categoría **Efectos** (), disponemos de más funciones de aspecto.

En ese caso se ofrecen **Efectos artísticos** con los que podemos retocar dicha imagen aplicando cambios que simulen que su contenido esté hecho con un determinado material o diseñado con alguna técnica gráfica especial. Únicamente hay que desplegar la lista de modelos **Preestablecidos** y elegir uno.

16.3.9 Correcciones de imágenes

Si la figura contiene una imagen de relleno, el panel ofrece la categoría **Imagen** () con la que podemos ajustarla:

1. Con los elementos del grupo **Ajustar nitidez** podemos regular el perfilado de los objetos de la imagen de relleno. Disponemos de unos cuantos modelos **Preestablecidos** o de la posibilidad de ajustar la nitidez con el deslizador.

2. El deslizador de **Brillo** permite cambiar la luminosidad de la imagen.

3. El deslizador de **Contraste** permite cambiar el nivel de diferencia que habrá entre los tonos oscuros y claros.

4. Las dos últimas funciones se pueden seleccionar conjuntamente mediante los modelos **Preestablecidos** (en **Brillo y contraste**).

5. El botón Restablecer restaura los valores originales de la imagen.

16.3.10 Color de imagen

Si la figura contiene una imagen de relleno, el panel ofrece la categoría **Imagen** () con la que podemos alterar sus tonalidades (cambiarla a más rojiza, azulada, verdosa, etc.).

1. Con los elementos de **Saturación de color** podemos intensificar o moderar los colores de la imagen de relleno (llegando a reducirlos a grises). Se puede establecer con modelos **Preestablecidos** o con el deslizador de **Saturación**.

2. Con los elementos de **Tono de color** podemos modificar la **Temperatura** de la imagen de relleno. A mayor temperatura, más rojiza será la imagen, mientras que a menor temperatura se tornará más azulada.

3. Con los modelos **Preestablecidos** que ofrece **Volver a colorear** se consigue que el sistema vuelva a dibujar la imagen de relleno cambiando sus colores por otros de la lista.

4. El botón Restablecer restaura los valores originales de la imagen.

16.3.11 Recortar

Si la figura contiene una imagen de relleno, el panel ofrece la categoría **Imagen** () con la que podemos eliminar partes marginales de la imagen de relleno. Lo único que solicita esta función es establecer el tamaño de recorte por cada lado de la imagen:

◢ RECORTAR

Posición de la imagen

A̲ncho

Alt̲o

Desplazamiento X̲

Desplazamiento Y̲

Posición de recorte

A̲ncho | 3,44 cm |

Al̲to | 3,18 cm |

I̲zquierda | 14 cm |

A̲rriba | 11,11 cm |

16.3.12 Tamaño

Si en la parte superior del panel hacemos clic en el icono de la categoría **Tamaño y Propiedades** (⌗) disponemos de más funciones de aspecto.

Desplegando **Tamaño** se puede establecer, además del mismo, el grado de giro de dicha imagen:

◢ TAMAÑO

Al̲to | 3,18 cm |

A̲ncho | 3,44 cm |

G̲iro | 0° |

Ajustar a̲lto | 100 % |

Ajustar anc̲ho | 100 % |

☐ B̲loquear relación de aspecto

☐ Proporcional al tamaño original de la imagen

1. Con los cuadros **Alto** y **Ancho** (del grupo **Tamaño y giro**) se pueden establecer las dimensiones de la imagen de relleno. Estas dimensiones también se pueden establecer mediante un porcentaje en los cuadros también llamados **Ancho** y **Alto**, pero del grupo **Escala**, tomando como base que el 100 % representa el tamaño original de la imagen.

2. Con el cuadro **Giro** se puede rotar la imagen de relleno tantos grados como se desee.

3. Si se activa la casilla **Bloquear relación de aspecto**, el sistema calculará automáticamente el valor de la anchura cuando el usuario establece la altura y viceversa.

4. La casilla **Proporcional al tamaño original de la imagen** permite evitar deformaciones al cambiar el tamaño de la figura.

16.3.13 Propiedades

Si en la parte superior del panel hacemos clic en el icono de la categoría **Tamaño y Propiedades** (⊞), disponemos de más funciones de aspecto.

Toda figura dispone de algunas características que permiten establecer cómo se comporta con respecto a los elementos que la rodean y al documento que las alberga. Esas funciones se manipulan desde **Propiedades**:

⊿ PROPIEDADES

◉ Mover y cambiar tamaño con celdas

○ Mover, pero no cambiar tamaño con celdas

○ No mover, ni cambiar tamaño con celdas

☑ Imprimir objeto

☑ Bloqueado ⓘ

☑ Bloquear texto

1. Con los tres primeros botones se puede indicar si la figura ha de cambiar de tamaño o moverse cuando se haga lo propio con las celdas circundantes.

2. La casilla **Imprimir objeto** permite indicar si la figura aparecerá impresa en el papel junto con el resto del documento cuando este se envíe a la impresora.

3. La casilla **Bloqueado** fija el objeto para que no se pueda alterar. Esta función ha de complementarse protegiendo la hoja (pestaña **Revisar**, grupo **Cambios**).

4. La casilla **Bloquear texto** fija el contenido de texto de la figura, si lo tiene.

16.3.14 Cuadro de texto

Si en la parte superior del panel hacemos clic en el icono de la categoría **Tamaño y Propiedades** ([⊞]), disponemos de más funciones de aspecto.

Si la figura contiene texto, podemos emplear **Cuadro de texto** para modificar el aspecto de sus letras en la figura.

⊿ CUADRO DE TEXTO	
Alineación vertical	Superior ▾
Dirección del texto	Horizontal ▾
☐ Ajustar tamaño de la forma al texto	
☐ Permitir que el texto desborde la forma	
Margen izquierdo	0,05 cm ⌃⌄
Margen derecho	0 cm ⌃⌄
Margen superior	0 cm ⌃⌄
Margen inferior	0 cm ⌃⌄
☑ Ajustar texto en forma	
Columnas...	

1. Mediante la lista **Alineación vertical** podemos llevar el texto a la parte superior de la figura, a la inferior o al centro.

2. Con la lista **Dirección del texto** se obliga al texto a aparecer horizontal o verticalmente. En este último caso podemos ver las letras giradas de arriba abajo, al revés, e incluso con las letras sin girar.

3. Si se activa la casilla **Ajustar tamaño de la forma al texto**, la figura se ampliará o reducirá hasta acomodarse con precisión el texto.

4. Si se activa la casilla **Permitir que el texto desborde la forma**, esta no cambiará de tamaño si el contenido de texto es mayor de lo que puede albergar su superficie.

5. Con los datos de margen podemos separar el texto del borde de la figura en mayor o menor medida.

6. La casilla **Ajustar texto en forma** se asegura de que el texto se adapta al perímetro de la figura. Si no se activa, el texto se rellena en un renglón capaz de sobresalir de la figura.

7. Con el botón Columnas... el texto de la figura se puede redistribuir en dos o más columnas. Para ello se ofrece un cuadro de diálogo en el que se establece el número de columnas y su separación.

16.3.15 Texto alternativo

Si en la parte superior del panel hacemos clic en el icono de la categoría **Tamaño y Propiedades** (⊞), disponemos de más funciones de aspecto.

Con **Texto alternativo** disponemos de dos datos que sustituyen a la imagen si no está disponible o si el usuario tiene problemas para verla.

▲ TEXTO ALTERNATIVO

Título ⓘ

Descripción

Capítulo 17

TRABAJO SENCILLO
CON BASES DE DATOS EN EXCEL

Una base de datos es, en esencia, un conjunto de datos estructurado que ofrece un acceso fácil, rápido y flexible.

Hace ya algún tiempo que las hojas de cálculo incorporan funciones de bases de datos a un nivel bajo/medio. La configuración en filas y columnas de cualquier hoja de cálculo hace encajar perfectamente su filosofía con la de las bases de datos relacionales, que utilizan tablas igualmente distribuidas en filas y columnas para representar los datos almacenados en el disco.

Estas bases de datos se configuran a modo de **registros**, que se podrían comparar con las fichas de un fichero, y este sería la base de datos o una parte integrante de esta. A su vez, cada registro de la base está compuesto por **campos** que equivalen a los datos distribuidos en las fichas del fichero.

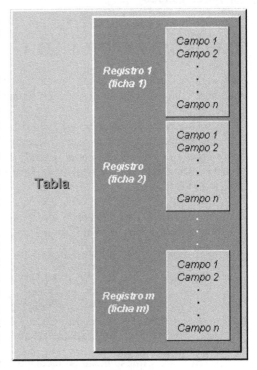

Puede verlo más gráficamente en la figura junto al margen.

Como vemos en el esquema de la figura anterior, la estructura de los campos se repite para cada registro. Así, si una estructura de base de datos contiene los campos *Nombre*, *Apellidos* y *Teléfono*, cada registro tendrá un *Nombre*, unos *Apellidos* y un *Teléfono*.

La forma de representar estos datos mediante bases de datos relacionales consiste en una tabla que contiene en sus filas y columnas los datos que llenan la base de datos. Por ejemplo:

	Nombre	Apellidos	Teléfono
Registro 1	Juan	Tología	123-45-67
Registro 2	Jacinta	Devideo	765-43-21
Registro 3	Isabel	Ardo	135-79-11
Registro 4	Ana	Tomía	119-75-31

Como decíamos, la estructura se repite para cada registro, aunque los datos son distintos para cada uno. Los campos, por su parte, forman la primera fila de la tabla (*Nombre*, *Apellidos* y *Teléfono*). Esta es la estructura que vamos a utilizar igualmente para trabajar con bases de datos en Excel, de modo que dispondremos de esta forma los datos que vamos a utilizar.

17.1 ORDENACIÓN Y FILTROS

Otra forma de acceder a los datos de una base de datos es la creación de listas que en la misma hoja de cálculo nos ofrecen funciones de base de datos.

Para crear una lista desplegable para cada campo, se selecciona el rango de datos que forma la base de datos (recuerde que la primera fila debe contener los nombres de los campos) y pulsar el botón **Filtro** del grupo **Ordenar y filtrar** en la pestaña **Datos** de la cinta de opciones. Este botón se puede volver a pulsar para desactivar los filtros.

Se crea la lista añadiendo los botones necesarios para poder desplegar las celdas. Por ejemplo, si tenemos el ejemplo anterior, al activar el botón **Filtro** obtendríamos:

	A	B	C	D	
1		Nombre ▼	Apellidos ▼	Teléfono ▼	◄── Botones para desplegar
2	Registro 1	Juan	Tología	123-45-67	
3	Registro 2	Jacinta	Devideo	765-43-21	
4	Registro 3	Isabel	Ardo	135-79-11	
5	Registro 4	Ana	Tomía	119-75-31	

Si desplegamos un campo mediante su botón, aparecerá una lista con los datos de todos los registros pertenecientes a ese campo, y bastará con elegir uno de ellos para que el resto de los datos de la lista desaparezca, dejando en su lugar el registro completo al que pertenece el dato elegido. Por ejemplo, si desplegáramos el campo *Nombre* y en la lista que apareciera eligiéramos el dato *Ana*, obtendríamos lo siguiente:

	Nombre	Apellidos	Teléfono
Registro 4	Ana	Tomía	119-75-31

El botón que hemos pulsado cambia a este otro: , indicando el dato por el que hemos buscado el registro que ahora aparece en la fila inmediatamente inferior a la de la lista de campos.

Se puede realizar esta operación en tantos campos como se necesite para ir reduciendo la lista de datos hasta encontrar la información que se busca.

Al desplegar una lista se obtienen, entre otras, varias opciones invariables:

1. Con las opciones **Ordenar de A a Z** y **Ordenar de Z a A** se clasifica la lista de datos de menor a mayor y viceversa, respectivamente.

2. El submenú **Ordenar por color** permite clasificar los datos por familias de colores. Para ello, los datos de las celdas deben estar escritos con distintos tonos de color, o bien sus celdas deben estar rellenas de colores diferentes.

3. **Borrar filtro de** desactiva el filtro en ese campo.

4. El submenú **Filtrar por color** permite reducir temporalmente la lista de datos según el color con el que estén escritos o según el color de fondo de sus celdas. Naturalmente, será necesario que los datos estén escritos en celdas que tengan distintos colores o cuyo texto esté escrito con tonos diferentes.

5. **Filtro de**… es una opción que depende de si esa columna contiene valores de texto, de fecha o numéricos. Su utilidad es reducir temporalmente la lista según los valores que contenga (los que comienzan por un determinado texto, los que son mayores que

cierto valor, los de fecha anterior a una especificada, etc.). Lo que sí tienen los tres en común es la opción **Filtro personalizado**, que permite definir el filtro a medida.

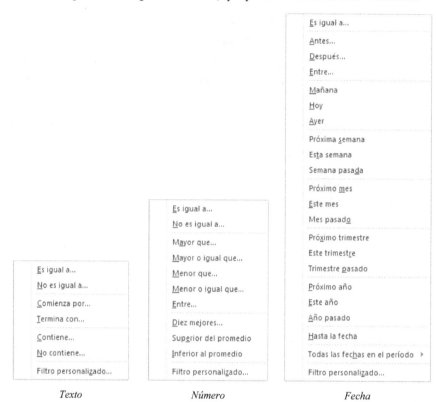

Texto	*Número*	*Fecha*

Si se opta por esa opción **Filtro personalizado** se obtiene el siguiente cuadro:

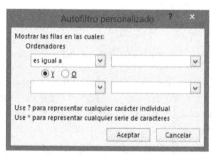

- En la primera lista desplegable se puede elegir la condición para filtrar. Por ejemplo, si se busca un dato que empiece por una determinada letra (o letras), deberá elegirse **Comienza por**.

- La lista que hay a su derecha permite indicar el dato en el que basamos la búsqueda. Por ejemplo, si buscamos un dato que comience por la letra **R**, deberemos teclear esa letra, al tiempo que, en la lista anterior, establecemos **Comienza por**.

- Más a su derecha y solo si el filtro se va a realizar con datos de fecha, disponemos del botón 🔲 que permite seleccionar una fecha fácilmente, desplegando un pequeño calendario. En él disponemos de dos flechas azules a los lados del mes para navegar por los distintos meses del año. También disponemos del botón Hoy para acceder rápidamente a la fecha actual.

- Los botones de opción **Y** y **O** son útiles cuando buscamos datos que deben cumplir más de una condición. Por ejemplo, si buscamos un dato numérico que esté comprendido entre 1.000 y 5.000 debemos buscar **Es mayor que** 1000 y **Es menor que** 5000. La segunda condición (**Es menor que** 5000) debemos escribirla en las dos listas desplegables inferiores.

6. La lista de filtros también ofrece una relación de todos los datos diferentes de la columna para que activemos aquellos que deseemos mantener a la vista temporalmente.

7. Se pulsa el botón Aceptar para aplicar el filtro.

En la cinta de opciones, junto al botón de **Filtro**, disponemos del botón 🔻 Borrar (solo disponible si un filtro está activo en ese momento) para eliminar el filtro. También disponemos del botón 🔻 Volver a aplicar para actualizar los datos en caso de que dependan de un documento externo que haya sido modificado recientemente.

17.1.1 Filtros avanzados

Por último, podremos activar el botón 🔻 Avanzadas del grupo **Ordenar y filtrar** (siempre en la pestaña **Datos** de la cinta de opciones) para diseñar criterios complejos. Estos han de escribirse en la propia hoja.

Para escribir los criterios repetimos los nombres de los campos que nos interesan y, en la fila siguiente, establecemos las condiciones empleando los mismos operadores de comparación que ya hemos visto. Veamos un ejemplo:

Campos   Criterios

Título	Nacionalidad	Género	Director	Duración
Star Trek: Primer contacto	USA	Ciencia-Ficción	Jonathan Frakes	104
El retorno del Jedi	USA	Ciencia-Ficción	Richard Marquand	120
La lista de Schindler	USA	Histórica	Steven Spielberg	180
El mundo perdido	USA	Ciencia-Ficción	Steven Spielberg	123
Nueve meses	USA	Comedia		95
Algo para recordar	USA	Comedia		100
Two Much	ESP	Comedia	Fernando Trueba	90
Drácula de Bram Stocker	USA	Terror		110
Titanic	USA	Drama		135
El último mohicano	USA	Drama		95
El rey león	USA	Dibujos animado		70
Aladdin	USA	Dibujos animado		90
Goldeneye	GRB	Acción		120
El nombre de la rosa	USA	Intriga		100
Sol naciente	USA	Intriga		110
Esta casa es una ruina	USA	Comedia		105

Género	Director	Duración
Comedia	Steven Spielb	>100
	Richard Donner	

Como se puede apreciar en el ejemplo, los criterios solicitan que se muestren solo los registros de películas de género *Comedia*, dirigidas por *Steven Spielberg* o *Richard Donner* y de más de *100* minutos de duración.

Una vez que se han establecido los criterios, se accede a la pestaña **Datos** y se pulsa el botón ⛃ Avanzadas , lo que nos llevará a un nuevo cuadro de diálogo (que mostramos junto al margen).

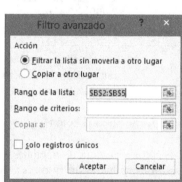

1. Si se opta por **Filtrar la lista sin moverla a otro lugar**, cuando Excel acabe ocultará los registros adecuados para que queden a la vista solo los que cumplen el criterio.

2. Si se opta por **Copiar a otro lugar**, cuando Excel acabe, generará un duplicado de los registros que cumplen el criterio y los colocará a partir de la celda que se escriba en el cuadro de texto **Copiar a**.

3. Con **Rango de la lista** se establecen los datos de la base a los que se aplicará el filtro.

4. **Rango de criterios** se utiliza para seleccionar las celdas en las que se han escrito los criterios.

5. Se activa la casilla **Solo registros únicos** si se desea que solo se muestre una copia de aquellos registros que pudiesen estar duplicados en la lista.

17.2 IMPORTAR BASES DE DATOS A UNA HOJA DE EXCEL

Excel está capacitado para incorporar en sus hojas bases de datos creadas con diferentes sistemas como dBase, Paradox, Access o Fox Pro. Para ello, basta con intentar abrir una hoja de cálculo. Recuerde que se abre seleccionando la opción **Abrir** de la pestaña **Archivo**.

En este caso, cobra mayor importancia el botón `Todos los archivos de Excel (*.x  ∨` con el que se puede especificar el tipo de documento que se abre. En esa lista también aparecen opciones que representan datos almacenados en cualquiera de los sistemas antes mencionados de bases de datos (por ejemplo, **Archivos dBase**).

Excel lleva la información a un libro de trabajo vacío, pero sus datos son fácilmente transferibles a cualquier otra hoja de cálculo mediante las funciones **Copiar** y **Pegar** del grupo **Portapapeles** en la pestaña **Inicio**.

Sin embargo, existe otro método para importar bases de datos. Consiste en activar la opción **Desde Microsoft Query** del botón **De Otras fuentes**. Este botón está en el grupo **Obtener datos externos** de la pestaña **Datos** (en la cinta de opciones). Al desplegarlo, Excel nos ofrece, entre otras, la opción **Desde Microsoft Query**, que nos lleva a un programa que se ejecuta paralelamente a Excel, cuya función es la de llevarle datos de una base. Sin embargo, antes de que aparezca Query, obtendrá el siguiente cuadro de diálogo (podría aparecer antes un cuadro de diálogo de seguridad advirtiendo del riesgo que conlleva emplear datos ajenos a Excel):

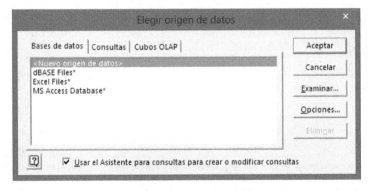

En él se ofrece la posibilidad de elegir el sistema en el que se creó la base de datos que vamos a importar. Incluso podremos crear en ese momento una nueva base de datos con la opción **<Nuevo origen de datos>** (que le permitirá añadir más controladores a la lista actual).

Puede utilizarse la pestaña **Consultas** para abrir directamente una consulta que se haya creado anteriormente. También se puede pulsar `Opciones...` con el fin de indicar a Query las carpetas del disco en las que debe buscar las bases de datos.

Debemos comenzar por elegir el sistema con el que se diseñó, para lo que Excel ofrece una lista de sistemas de gestión de bases de datos, como dBase, Access o el propio Excel. Seleccione el programa con el que se creó la base de datos que desea incluir en su hoja de cálculo y pulse ⟨ Aceptar ⟩. Si hay alguna base de datos de ese tipo en cualquier carpeta que haya establecido con ⟨ Opciones... ⟩, obtendrá un cuadro de diálogo como el siguiente:

Seleccione la base de datos (o elija primero el directorio —carpeta— en el que se encuentra dicha base) y pulse ⟨ Aceptar ⟩. En el ejemplo que hemos puesto en la figura anterior, la base de datos es **Biblioteca**. Entonces obtendrá otro cuadro:

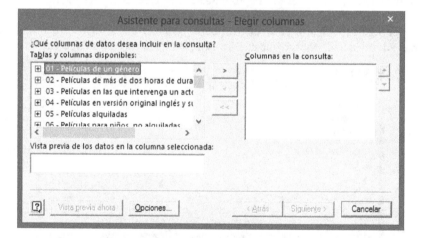

1. En **Tablas y columnas disponibles** aparece la lista de tablas contenidas en la base de datos, precedidas, cada una, del botón ⊞ para desplegarlas. Al pulsarlo podremos ver sus campos. Así podremos seleccionarlos con el ratón y añadirlos, mediante el botón ⟨ > ⟩, a la lista **Columnas en la consulta**: los campos que aparezcan aquí serán los que se incluyan en la hoja de cálculo, por columnas.

2. Los botones ⟨ < ⟩ y ⟨ << ⟩ retiran los campos añadidos de la lista **Columnas en la consulta** (uno a uno o todos a la vez respectivamente).

3. Los botones ▲ y ▼ (a la derecha de la lista **Columnas en la consulta**) permiten cambiar el orden de los campos, para lo cual será necesario seleccionar previamente aquel campo que se va a desplazar (en la misma lista **Columnas en la consulta**).

4. El botón Vista previa ahora muestra los datos reales del campo seleccionado en **Columnas en la consulta**. Así, podrá cerciorarse de que el campo elegido es el correcto.

En cuanto añada campos a la lista **Columnas en la consulta** podrá pulsar el botón Siguiente >, con lo que podrá continuar con el asistente para llevar datos a la hoja de cálculo:

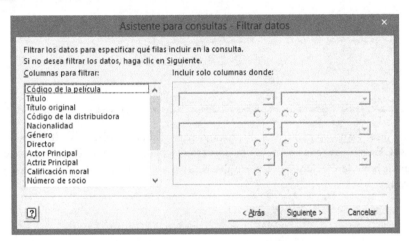

En este cuadro se establece la condición para la consulta. Es decir, filtraremos los datos que nos interesen ignorando los demás (como vimos antes en los autofiltros). Si se deben incorporar todos los datos, pulse solo el botón Siguiente > para continuar con el asistente, de lo contrario elija un campo de la lista y pulse el botón ▼ de la primera lista que aparecerá en el grupo **Incluir solo columnas donde**. Cuando se selecciona esta lista, aparecen datos como los que puede ver en la anterior figura junto al margen derecho.

Si elige **es igual a**, el filtro consiste en que únicamente deben aparecer los datos que coincidan con el dato que escribiremos a su derecha. Ejemplo:

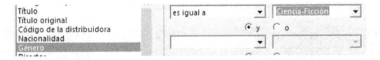

Según nuestro ejemplo, solo deberán incorporarse los datos de aquellos registros cuyo *Género es igual a Ciencia-Ficción*.

Además de **Es igual a**, la lista nos ofrece otras condiciones como **Es menor que** o **Comienza con**, que deben emplearse según se necesiten.

Cuando pulsamos el botón 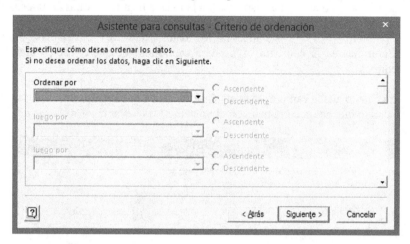 Siguiente >, pasaremos a un nuevo paso del asistente. En él se nos permite elegir el campo de la tabla por el que deseamos clasificar alfabéticamente.

Pulse Siguiente > para pasar al próximo paso. En él se selecciona **Devolver datos a Microsoft Excel** para que los datos de la consulta pasen a Excel. Entonces ya tendrá la tabla en su hoja de cálculo y podrá emplearla a su gusto. Pulse, pues, el botón Finalizar para terminar.

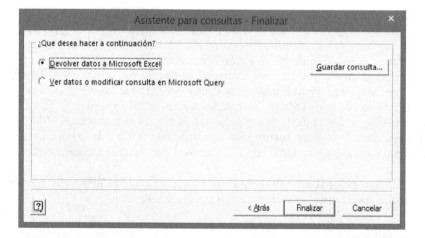

 Utilice el botón Guardar consulta... para grabar la consulta en el disco, de este modo, cuando vuelva a entrar en Query podrá emplear la misma consulta sin tener que construirla de nuevo. Recuerde que al entrar en Query se le ofrece un cuadro de diálogo con tres fichas entre las que se encuentra **Consultas** cuyo trabajo es ofrecer aquellas que estén grabadas en el disco: ahí podremos seleccionar las que grabemos con dicho botón.

Al pulsar el botón [Finalizar], Query envía la información resultante de la consulta a las celdas correspondientes de Excel, Query se cierra automáticamente y Excel debe recoger los datos a partir de una celda.

Aparecerá un cuadro de diálogo para establecer los datos finales, en el que bastará con pulsar el botón [Aceptar] para que los datos de la consulta aparezcan en la celda en que nos encontrábamos en el momento en que activamos la importación.

No obstante, si desea que los datos aparezcan en otra celda, puede elegirla especificando la referencia de dicha celda en el cuadro de texto del botón **Hoja de cálculo existente**. También puede conseguir que los datos aparezcan directamente en otro lugar con **Nueva hoja de cálculo, Informe de tabla dinámica** e **Informe de gráfico y tabla dinámicos**.

17.3 FUNCIONES DE BASE DE DATOS

Además de las funciones que hemos descrito en el capítulo 15 (*Funciones con Excel*), disponemos de algunas especiales para el tratamiento de la información cuando se maneja como base de datos en Excel.

Si bien su funcionamiento es idéntico en todas ellas, exigen que dispongamos la información del mismo modo que lo hicimos en los filtros avanzados, es decir, colocando una copia de los campos y escribiendo debajo los criterios para el trabajo:

G	H	I
Género	Director	Duración
Comedia	Steven Spielberg	>100
	Richard Donner	

Una función de base de datos requiere siempre tres parámetros:

1. El **rango** en el que está la **base de datos**.

2. El **campo** que se va a emplear para realizar el cálculo de la función.

3. El **rango** en el que se encuentran los **criterios**.

Ejemplo: en una base de datos de películas, =*BDPROMEDIO(A1:E39;"Duración";H1:I2)* buscaría en el rango *A1:39* y hallaría la media de *Duración* de aquellos registros que cumpliesen el criterio establecido en las celdas *H1:I2*.

Las funciones de base de datos son:

1. **BDCONTARA**: cuenta los registros que cumplan el criterio, en los que el **campo** no esté vacío.

2. **BDCUENTA**: cuenta los registros que cumplen el criterio, pero en los que el **campo** contenga valor numérico.

3. **BDDESVEST**: calcula la desviación estándar del **campo** de aquellos registros que cumplen el criterio.

4. **BDDESVESTP**: calcula la desviación estándar de la población total del **campo** de aquellos registros que cumplen el criterio.

5. **BDEXTRAER**: devuelve un registro que cumple el criterio.

6. **BDMAX**: halla el valor mayor del **campo** de aquellos registros que cumplen el criterio.

7. **BDMIN**: halla el valor menor del **campo** de aquellos registros que cumplen el criterio.

8. **BDPRODUCTO**: multiplica los datos del **campo** de aquellos registros que cumplen el criterio.

9. **BDPROMEDIO**: halla la media aritmética del **campo** de aquellos registros que cumplen el criterio.

10. **BDSUMA**: halla la suma del **campo** de aquellos registros que cumplen el criterio.

11. **BDVAR**: halla la varianza del **campo** de aquellos registros que cumplen el criterio.

12. **BDVARP**: halla la varianza de población total del **campo** de aquellos registros que cumplen el criterio.

17.4 CONSULTAS EN INTERNET

El botón **Desde web** del grupo **Obtener datos externos** en la pestaña **Datos** de la cinta de opciones permite realizar consultas en Internet. Gracias a ellas podemos importar datos de sitios web a nuestra hoja de cálculo. Si estamos conectados, obtendremos lo siguiente:

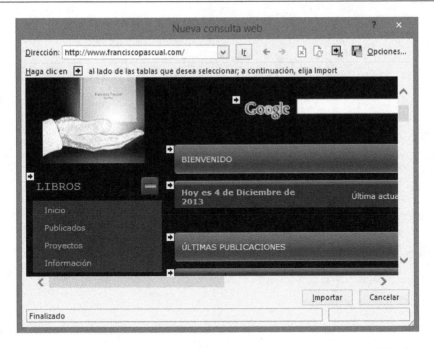

Se escribe la **Dirección** del sitio web al que vamos a acceder con el fin de crear la consulta y se pulsa ⬚ Importar para incorporar su información a la hoja de cálculo.

Capítulo 18

TÉCNICAS AVANZADAS CON EXCEL

En este capítulo vamos a tratar funciones que requieren mayor contribución por parte del usuario y que, al mismo tiempo, ofrecen unos resultados muy completos.

18.1 VALIDACIÓN DE DATOS

La validación de datos de Excel se encarga de comprobar si los datos que tecleamos en las celdas son los adecuados (válidos) o no.

Para conseguirlo, se seleccionan las celdas que se van a validar y en la pestaña **Datos** de la cinta de opciones se pulsa el botón **Validación de datos** (del grupo **Herramientas de datos**). Esto lleva al cuadro de diálogo:

Validación
de datos ▾

1. Despliegue la lista **Permitir** para elegir lo único que se podrá escribir en las celdas (vea la figura junto al margen derecho).

2. Cuando elija uno de estos datos el cuadro de diálogo mostrará los elementos necesarios para establecer la limitación. Por ejemplo, si se elige **Número entero** no se podrán teclear valores con decimales en las celdas seleccionadas, pero además el cuadro ofrecerá más limitaciones:

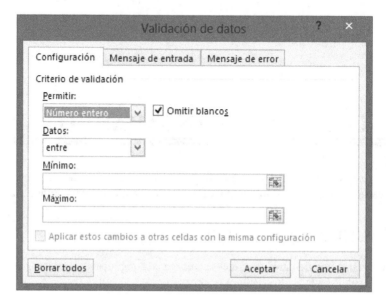

En la lista **Datos** podrá elegir la condición que limite la escritura de datos en las celdas. Por ejemplo, puede seleccionar **Entre**, lo cual implicará que solo se podrán escribir datos comprendidos entre el valor que tecleemos en **Mínimo** y el que tecleemos en **Máximo**.

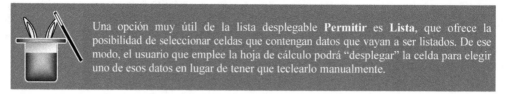

Una opción muy útil de la lista desplegable **Permitir** es **Lista**, que ofrece la posibilidad de seleccionar celdas que contengan datos que vayan a ser listados. De ese modo, el usuario que emplee la hoja de cálculo podrá "desplegar" la celda para elegir uno de esos datos en lugar de tener que teclearlo manualmente.

Por otra parte, observe que el cuadro de diálogo dispone de dos fichas más:

1. La ficha **Mensaje de entrada** permite teclear las advertencias para que el usuario no se equivoque al escribir en las celdas afectadas.

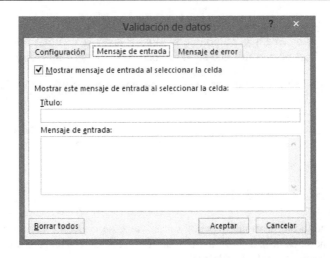

- En el cuadro de texto **Título** escriba un rótulo de advertencia (como *¡Atención!*).

- En la lista **Mensaje de entrada** teclee el texto de advertencia indicando las limitaciones de la celda.

Si escribimos estos mensajes en el cuadro de diálogo...   *... se muestran al acceder a una celda validada*

2. La ficha **Mensaje de error** permite teclear un pequeño texto y un rótulo que serán mostrados si el usuario teclea valores incorrectos en las celdas validadas:

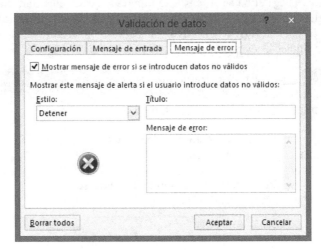

- Con la lista **Estilo** puede elegir el icono que aparecerá junto al mensaje de error. Según el icono que se elija, el sistema será más o menos inflexible a la hora de permitir que un valor incorrecto quede o no escrito en la celda.

- En **Título** escriba un mensaje que aparecerá encabezando el cuadro de diálogo con el error.

- En la lista **Mensaje de error** teclee el texto que deba informar del error al usuario cuando teclee un valor incorrecto en la celda.

18.2 BUSCAR OBJETIVOS

Cuando una fórmula depende de un valor desconocido para mostrar un resultado conocido, podemos utilizar la función de búsqueda de objetivos para que Excel localice un valor que ofrezca el resultado adecuado.

Imagine una lista de datos que conforman una fórmula cuyo resultado es incompleto debido a que, si bien sabemos el peso total que deseamos para nuestra tarta, desconocemos el peso de uno de sus ingredientes.

	A	B	C
1		Cantidad (grs)	
2	Azúcar	100	
3	Chocolate	200	
4	Harina	200	
5	mermelada	200	
6	Huevos		
7			
8	Total	700	
9			

En la lista de la figura que se encuentra junto al margen conocemos las cantidades de azúcar, chocolate, harina y mermelada que debemos añadir; pero ignoramos la cantidad de huevos necesaria (en gramos) para que la tarta pese 1 kilo cuando acabemos. Lo cierto es que aunque nosotros mismos seamos capaces de calcular su valor, Excel puede ayudarnos.

Se despliega el botón **Análisis de hipótesis**, que se encuentra en el grupo **Herramientas de datos** en la pestaña **Datos** de la cinta de opciones y se selecciona la opción **Buscar objetivo**. Se obtiene un cuadro de diálogo que contiene los siguientes elementos:

Análisis de hipótesis ▾

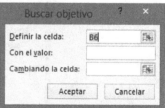

1. En el cuadro de texto **Definir la celda** se debe teclear la referencia de la celda que debe contener el resultado (la que contiene la fórmula).

2. En el cuadro de texto **Con el valor** se teclea la cantidad que se desea alcanzar.

3. En el cuadro de texto **Cambiando la celda** se escribe la referencia de la celda cuyo valor se desconoce.

4. Al pulsar el botón [Aceptar], Excel se pondrá a trabajar para intentar localizar el valor que nos falta. Si lo encuentra, ofrecerá un cuadro con el resultado y asignará el dato que falta a la celda en cuestión.

18.3 TABLAS DINÁMICAS

Excel ofrece un excelente y completo sistema de creación y reorganización de datos de forma automática, siempre y cuando estos se coloquen en la hoja manteniendo las mismas condiciones que hemos visto para los *Subtotales*.

	A	B	C	D
1	**Producto**	**Marca**	**Modelo**	**Precio**
2	Ordenador	Thobitha	Portátil	1.800,00 €
3	Ordenador	Thobitha	Sobremesa	1.200,00 €
4	Ordenador	Thobitha	Semitorre	1.500,00 €
5	Ordenador	Thobitha	Torre	2.100,00 €
6	Ordenador	Thobitha	Elegance	2.400,00 €
7	Ordenador	Hibe Eme	Portátil	1.800,00 €
8	Ordenador	Hibe Eme	Sobremesa	1.200,00 €
9	Ordenador	Hibe Eme	Semitorre	1.500,00 €
10	Ordenador	Hibe Eme	Torre	2.100,00 €
11	Ordenador	Hibe Eme	Elegance	2.400,00 €
12	Ordenador	Compaco	Portátil	1.800,00 €
13	Ordenador	Compaco	Portátil	1.200,00 €
14	Ordenador	Compaco	Sobremesa	1.500,00 €
15	Ordenador	Compaco	Sobremesa	2.100,00 €
16	Ordenador	Compaco	Semitorre	2.400,00 €
17	Ordenador	Compaco	Semitorre	1.800,00 €
18	Ordenador	Compaco	Torre	1.200,00 €
19	Ordenador	Compaco	Torre	1.500,00 €
20	Ordenador	Compaco	Elegance	2.100,00 €
21	Ordenador	Compaco	Elegance	2.400,00 €
22	Impresora	Hexxon	Estilos 100	150,00 €
23	Impresora	Hexxon	Inyección	300,00 €
24	Impresora	Hexxon	Tinta	180,00 €
25	Impresora	Hexxon	Tinta	190,00 €
26	Impresora	Hachepe	Desyet	390,00 €
27	Impresora	Hachepe	Desyet	90,00 €
28	Impresora	Hachepe	Desyet	120,00 €
29	Impresora	Hachepe	Laseryet	340,00 €

Anotaciones al margen de la tabla:
- Otras categorías (con datos repetidos) → columnas B y C
- Columna con datos numéricos → columna D
- Fila de rótulos → fila 1
- Categoría Ordenador (se repite el dato Ordenador) → filas 2 a 21
- Categoría Impresora (se repite el dato Impresora) → filas 22 a 29

Una vez que la tabla dinámica esté definida, resulta extraordinariamente sencillo y práctico intercambiar y recolocar la información para mostrarla desde diferentes puntos de vista sin alterar en lo más mínimo los datos originales.

Para mostrar las capacidades de las tablas dinámicas vamos a seguir un ejemplo. Dispondremos de los datos *Producto* (*ordenadores* e *impresoras*), *Marca*, *Modelo* y *Precio*, tal y como hemos ofrecido en la figura anterior.

Una vez que el listado de datos está escrito, hay que situar el cursor en una de sus celdas y accedemos a la pestaña **Insertar** de la cinta de opciones y, en el grupo **Tablas**, se hace clic en **Tabla dinámica** y, a continuación, en **Tabla dinámica**. Esta opción nos ofrecerá un cuadro de diálogo como el siguiente:

Tablas
dinámicas

Con él, Excel nos ofrece varios tipos de tablas dinámicas que pueden adaptarse a los datos que tengamos en la hoja, de forma que la tabla ya estará casi completa a falta de modificar únicamente algunos detalles.

Sin embargo, podemos optar por emplear el botón Tabla dinámica en blanco que permite diseñar una partiendo de cero, tal como vamos a describir ahora.

Podremos, entonces, ver la tabla dinámica aún vacía en la hoja de cálculo. También puede observarse que ha aparecido el panel de tareas a la derecha y las pestañas **Opciones** y **Diseño** en la cinta de opciones con funciones para modificar y concretar la tabla dinámica.

Desde el panel de tareas puede arrastrar cada campo al área de la tabla que desee (o activar su casilla). Observe, en el mismo panel, que puede activar simplemente la casilla delante de cada campo, de forma que el propio Excel colocará cada campo en el área que previsiblemente pueda ser la adecuada. Tenga en cuenta que podría no ser la distribución adecuada y que en muchos casos es preferible que sea el usuario el que la elija arrastrando los campos al área que desee.

Pueden quitarse campos de la tabla arrastrándolos fuera de esta.

El área más grande de la tabla (**Coloque los campos de valor aquí**) está pensada para contener datos numéricos con los que Excel puede operar. Encima de ella y a su izquierda (**Coloque campos de columna aquí** y **Coloque campos de fila aquí**) se sitúan habitualmente datos de texto que se puedan cruzar para obtener un informe coherente. Según nuestro ejemplo, en una podríamos colocar el *Concepto* y en la otra el nombre del *Cliente*. Existe incluso la posibilidad de arrastrar también un campo al área **Coloque campos de filtro de informe aquí** que permite filtrar los datos que muestra la tabla, por ejemplo, el **Tipo de documento**, para poder ver los datos completos, o bien, filtrarlos mostrando únicamente facturas o albaranes.

Cuando situamos los campos en la tabla, podemos apreciar que son desplegables: Marca. Se despliegan para poder limitar los datos que muestre la tabla.

En la celda en que se cruzan los campos de filas y columnas se encuentra la función de cálculo que opera para ofrecer los resultados en la fila inferior y la columna derecha de la tabla. Haciendo doble clic ahí se obtiene un cuadro de diálogo con el que se puede elegir otra función de cálculo y teclear el rótulo que deseemos que se muestre (en **Nombre personalizado**):

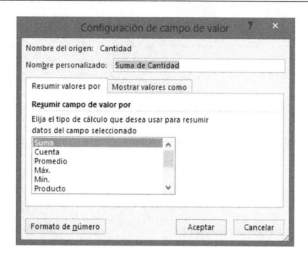

También se puede elegir el formato numérico con el que se mostrarán los datos mediante el botón `Formato de número`.

18.3.1 Opciones de tablas dinámicas

En la cinta de opciones dispone de otros botones con funciones útiles, concretamente en la pestaña **Opciones**:

Según el elemento de la tabla dinámica que activemos la cinta habilitará unos botones u otros.

1. El botón **Tabla dinámica** se despliega para permitir que demos un nombre a la tabla.

2. El grupo **Campo activo** ofrece:

   - El cuadro de texto **Campo activo** en el que podemos teclear un rótulo que se muestre en la tabla dinámica en lugar del nombre del campo correspondiente.

   - Con el botón `Configuración de campo` se accede a un cuadro de diálogo en el que se pueden añadir subtotales (en caso de que sus datos se repitan, como en los subtotales tradicionales):

- El botón **Explorar en profundidad** muestra los elementos secundarios de un elemento, mientras que el botón **Rastrear agrupando datos** muestra el nivel superior del elemento seleccionado.

- Mediante los botones **Expandir el campo** y **Contraer el campo** podemos desplegar y plegar los grupos de los subtotales, en caso de que los añadamos.

3. Las opciones del botón **Agrupar** permiten reunir o separar varios datos de la tabla. Para ello hay que seleccionarlos primero, tanto si se encuentran juntos como si están separados.

   - Cuando haya seleccionado los datos que desea reunir, seleccione su opción **Agrupar selección**. Los datos quedarán reunidos bajo el nombre *Grupo1* (si agrupa más, obtendrá los nombres *Grupo2*, *Grupo3*, etc.) y todos los datos aparecerán precedidos del botón ⊟ para poder plegarlos y desplegarlos.

El botón de plegado y desplegado aparece también automáticamente cuando se arrastran dos o más campos a una misma área de la tabla.

   - Si hay datos agrupados, se pueden **Desagrupar**. Solo hay que seleccionarlos primero.

4. El grupo **Filtrar** permite limitar los datos de la tabla que se desean ver. Para ello disponemos de tres botones:

- 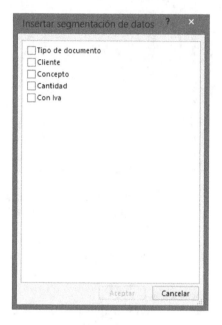 permite elegir uno de los campos que construyen la tabla para filtrarlos, de forma que podremos activar o desactivar sus datos y estos se mostrarán o no en la tabla dinámica. Al pulsarlo obtenemos un cuadro de diálogo en el que seleccionar el campo:

Se seleccionan los campos que se desean controlar:

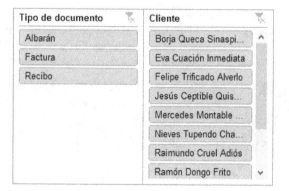

Y se marcan y desmarcan los campos que se desean ver en la tabla. Se pueden seleccionar varios a la vez mediante las teclas **MAYÚSCULAS** y **CONTROL**, haciendo clic en los campos a elegir.

-  permite filtrar datos de fecha de la tabla en caso de que los haya. Se selecciona el campo y el sistema muestra un panel de meses para seleccionar el que se desee. De esa forma la tabla mostrará solo los datos relativos a ese mes.

- 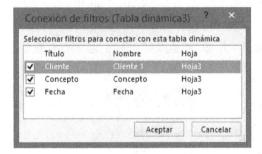 permite activar y desactivar los filtros diseñados con los otros dos botones.

5. El grupo **Datos** contiene dos botones:

- Desplegando el botón **Actualizar** puede renovar la información de la tabla, por si alguno de los datos de origen ha cambiado antes de abrir el libro de trabajo.

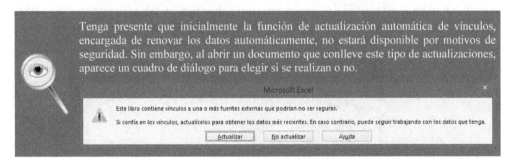

- El botón **Cambiar origen de datos** se utiliza para que la tabla dinámica obtenga su información de otra fuente distinta a la que hasta ahora empleaba. El botón lleva a un cuadro de diálogo con el que podemos volver a seleccionar los datos de origen:

6. Con el botón **Acciones** disponemos de tres funciones para la tabla:

- **Borrar** permite quitar los campos de las áreas de datos (**Borrar todo**), dejando la tabla dinámica como se encontraba en el momento de crearla. También contiene una opción que permite **Borrar filtros** aplicados a la tabla.

- **Seleccionar** se emplea, como su nombre indica, para poder seleccionar los distintos elementos integrantes de la tabla, incluida esta misma completa.

- **Mover tabla dinámica** permite llevar la tabla a otra parte del libro mediante un cuadro de diálogo.

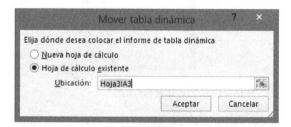

7. Podemos crear **Cálculos** empleando los elementos del grupo correspondiente. El trabajo que calcula los resultados ofrecidos por la tabla dinámica se realiza mediante la opción **Campos**, **elementos y conjuntos**, que, a su vez, ofrece otra, **Campo calculado**, que, al ser elegida, ofrece un cuadro de diálogo:

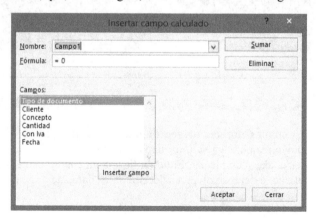

- Se le da **Nombre** al campo para reconocerlo fácilmente.

- Se teclea la **Fórmula** empleando los operadores clásicos de Excel. Si el cálculo va a emplear algún otro campo, se selecciona en la lista **Campos** y se pulsa el botón [Insertar campo].

- Se pulsa el botón [Sumar] para agregar el campo a la lista de datos que se pueden usar en la tabla dinámica. También se podrá emplear el nuevo campo calculado para crear otros que utilicen su resultado en un nuevo cálculo.

- Si sobra un campo, se despliega la lista **Nombre**, se selecciona y se pulsa el botón [Eliminar].

8. Con el grupo **Herramientas** podemos destacar la función de creación de un **Gráfico dinámico**. Un gráfico de este tipo, al igual que una tabla dinámica, ofrece la lista de campos para que podamos arrastrarlos a los ejes del gráfico y reconstruirlo en cualquier momento cambiándolos.

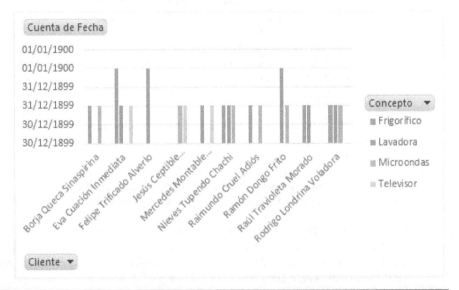

Si crea un gráfico dinámico de esta forma, estará vinculado a la tabla, de modo que todos los cambios que realice en esta se verán reflejados en el gráfico y viceversa. Por ejemplo, si quita un campo de un área de datos en la tabla, lo estará quitando igualmente del gráfico, sea donde sea que esté colocado.

Si necesita que su gráfico dinámico sea independiente de una tabla, deberá crearlo desplegando del botón **Tabla dinámica** del grupo en la pestaña **Insertar** de la cinta de opciones y seleccionando **Gráfico dinámico**.

9. Los elementos del botón **Mostrar** permiten ver o no ciertos elementos de la tabla.

18.3.2 La pestaña *Diseño*

En el momento en que se crea una tabla dinámica o se hace clic dentro de alguna de sus celdas, además de disponer de la pestaña de **Opciones** que acabamos de detallar, también tenemos la pestaña **Diseño**, con más funciones útiles para este tipo de tablas.

1. El grupo **Diseño** contiene cuatro botones con otras tantas funciones:

   - Si hemos añadido subtotales a la tabla (pestaña **Analizar**, botón Configuración de campo), al desplegar ahora el botón **Subtotales** podemos mostrarlos, ocultarlos o ver solo parte de ellos.

   - Los cálculos que muestra inicialmente la tabla dinámica en las últimas fila y columna pueden ocultarse o volver a mostrarse mediante los elementos del botón **Totales generales**.

   - Mediante las opciones del botón **Diseño del informe** podemos cambiar la forma automática con la que Excel muestra la tabla, cambiando así la legibilidad de sus datos. Solo hay que elegir el modo con el que estos se leen mejor.

   - Con las opciones del botón **Filas en blanco** conseguimos diferenciar mejor los grupos de datos separándolos o no con filas de celdas en blanco.

2. El grupo **Opciones de estilo** de tabla dinámica contiene cuatro casillas que permiten destacar o no los encabezados y las propias filas y columnas.

3. En el grupo **Estilos de tabla dinámica** disponemos de varios modelos de tabla con aspectos diferentes, de forma que bastará con elegir uno para reconstruir al detalle todo el aspecto general de la tabla. También ofrece la opción **Nuevo estilo de tabla dinámica** para que podamos diseñar a medida los que deseemos.

18.4 AUDITORÍAS

Permiten localizar rápidamente datos que afectan negativamente a las fórmulas. Las auditorías muestran flechas que señalan los datos que afectan a una fórmula, de modo que si esta ofrece un dato erróneo o no esperado se pueda averiguar el motivo fácilmente.

	A	B	C	D	E	F
1		Sr. López	Sr. Gómez	Total		
2	Enero	100,00 €	80,00 €	180,00 €		
3	Febrero	110,00 €	100,00 €	210,00 €		
4	Marzo	120,00 €	120,00 €	240,00 €		
5	Abril	130,00 €	140,00 €	270,00 €		
6	Mayo	140,00 €	160,00 €	300,00 €		
7	Junio	150,00 €	180,00 €	330,00 €		
8				1.530,00 €	General	
9				1.530,00 €	General con IVA	
10						
11	IVA	16%				
12						

Solo hay que situarse en la celda que contiene la fórmula, acceder a la pestaña **Fórmulas** de la cinta de opciones y seleccionar el botón ⌐ Rastrear precedentes del grupo **Auditoría de fórmulas**. Esta acción revela flechas de color azul que apuntan a las celdas cuyos valores afectan a la fórmula.

Gracias a la auditoría podemos ver en el ejemplo de la figura que el cálculo del IVA falla debido a que la fórmula no utiliza la celda adecuada (*B11*) y en su lugar emplea una errónea (*B12*).

En el mismo grupo disponemos de otras posibilidades relacionadas:

1. ⌐ Rastrear dependientes . Es similar a **Rastrear precedentes**, pero hay que situarse en una celda para que se revele qué formulas utilizan su valor para calcular.

2. ⌐ Quitar flechas ▾ . Limpia las flechas de la hoja de cálculo.

3. El botón **Mostrar fórmulas** (🖾) muestra las fórmulas en las celdas en lugar de sus resultados; para volver al modo normal de trabajo, solo hay que volver a pulsarlo.

4. El botón **Comprobación de errores** (▾) despliega varias opciones relacionadas con la inspección de errores en la hoja:

   • **Comprobación de errores** ofrece un cuadro de diálogo que permite navegar por todos los errores de la hoja ofreciendo una posible explicación sobre el motivo de su fallo.

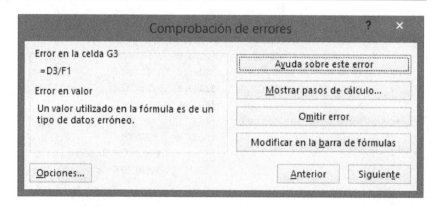

- **Rastrear error** permite mostrar las celdas que producen error en una fórmula (en la que hay que situarse antes de activar la opción).

- **Referencias circulares** muestra una lista de fórmulas que contienen una referencia circular: una fórmula que no puede resolverse porque se emplea en ella la misma celda en la que se va a calcular el resultado.

5. El botón **Evaluar fórmula** ( ) muestra un informe puntual sobre el error de una fórmula escrita en una celda (en la que debemos situarnos previamente).

18.5 ESCENARIOS

Se emplean para realizar previsiones de situaciones posibles sin tener que modificar los datos originales de una hoja de cálculo.

Un escenario guarda información que afecta a una fórmula, por lo que es necesario disponer como mínimo de una. Si a esa fórmula le afectan ciertos valores variables y desconocidos, podemos guardar varios escenarios que contengan sus posibles valores para comprobar sus efectos sobre el resultado de la hoja de cálculo.

Para registrar escenarios, se accede a la pestaña **Datos** de la cinta de opciones. En su grupo **Herramientas de datos** se despliega el botón **Análisis de hipótesis** y se selecciona la opción **Administrador de escenarios**, lo que nos llevará al siguiente cuadro de diálogo:

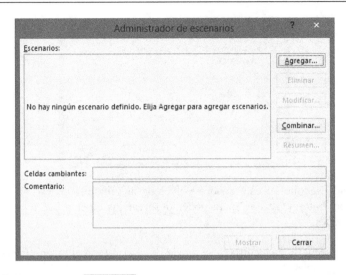

Se pulsa el botón ⬚ Agregar... para crear un nuevo escenario posible. Al hacerlo accedemos a otro cuadro de diálogo en el que hay que darle nombre al escenario (**Nombre del escenario**), indicar las celdas cuyo valor oscila, pudiendo provocar cambios (**Celdas cambiantes**) y escribir, si se desea, unos **Comentarios**.

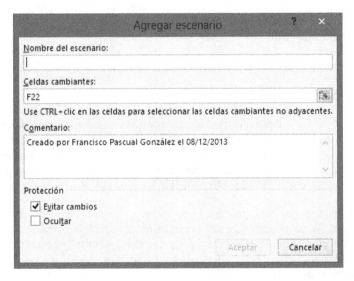

Al pulsar en ⬚ Aceptar se han de establecer los valores de las celdas que afectan al resultado y cuyos valores reales son aún desconocidos, y para ello se nos ofrece otro cuadro de diálogo:

Cuando se sale de este cuadro volvemos al principal de escenarios, en el que disponemos del botón   Mostrar   para poder observar los efectos que tendría escribir los valores cambiantes.

Si un escenario es incorrecto se puede   Modificar...   (con el mismo método empleado para crearlo) o   Eliminar   .

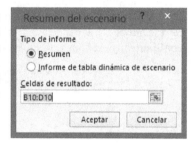

También podemos generar un sencillo informe con el botón   Resumen...   . Este informe contiene todos los valores de los escenarios, si bien tendremos que especificar, en el cuadro de diálogo que se obtiene, cuál es la celda que contiene la fórmula afectada por ellos (**Celdas de resultado**), para que también aparezcan en el resumen.

18.6 CONSOLIDAR

La consolidación permite reunir datos que se encuentran repartidos por varias hojas aplicando a sus valores una función de cálculo. Dichos datos deben estar colocados de la misma forma en sus respectivas hojas. De modo que el resultado de la consolidación tendrá esa misma forma igualmente, pero cada celda ofrecerá los datos ya calculados mediante una de las funciones más clásicas de las hojas de cálculo.

Supongamos que una empresa tiene varias sucursales en otros tantos países. Lo habitual es que, de cuando en cuando, se necesite reunir la información de todas para controlar la situación financiera y contable. En ese caso, sería muy práctico entregar a los responsables de cada sucursal una copia de la hoja de cálculo, idéntica a las demás pero con los datos propios de cada una vacíos. A lo largo del tiempo, en cada sucursal irán rellenando esa información según las ventas, gastos y demás datos que las diferenciarán. A la hora de recapitular la información, cada sucursal envía a la central su hoja con la información renovada y en dicha central se realiza una consolidación con la información de todas las hojas de las sucursales, aplicando a los datos una operación (suma, promedio, etc.), con lo que se obtienen totales generales de ganancias, impuestos, etc.

Para realizar la consolidación, es necesario mantener abiertos los libros que contienen la información que hay que reunir, si bien una consolidación puede aplicarse también a varias hojas de un mismo libro.

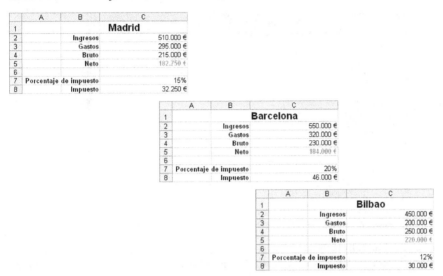

	A	B	C
1			**Madrid**
2		Ingresos	510.000 €
3		Gastos	295.000 €
4		Bruto	215.000 €
5		Neto	182.750 €
6			
7	Porcentaje de impuesto		15%
8		Impuesto	32.250 €

	A	B	C
1			**Barcelona**
2		Ingresos	550.000 €
3		Gastos	320.000 €
4		Bruto	230.000 €
5		Neto	184.000 €
6			
7	Porcentaje de impuesto		20%
8		Impuesto	46.000 €

	A	B	C
1			**Bilbao**
2		Ingresos	450.000 €
3		Gastos	200.000 €
4		Bruto	250.000 €
5		Neto	220.000 €
6			
7	Porcentaje de impuesto		12%
8		Impuesto	30.000 €

Una vez que los libros están abiertos, creamos uno nuevo en el que vamos a reunir la información; y en ella nos situamos en la celda en la que deseemos obtener los resultados y accedemos a la pestaña **Datos** de la cinta de opciones. En su grupo **Herramientas de datos** pulsamos el botón **Consolidar**.

Consolidar

Esto nos lleva a un cuadro de diálogo en el que, para empezar, se selecciona la **Función** de cálculo que se va a aplicar a los datos, por ejemplo, la **Suma**.

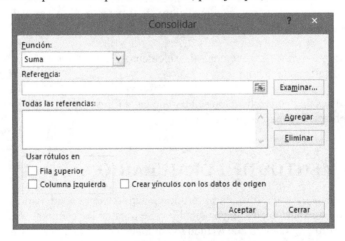

Luego se utiliza el botón ⬛ de referencia para plegar temporalmente el cuadro de diálogo y seleccionar los datos del primero de los libros (la primera sucursal, incluso aunque se encuentre en una ventana aparte). Después de haberlos seleccionado, se pulsa en el mismo botón para volver a desplegar el cuadro de diálogo y poder <u>Agregar</u> la información a la lista **Todas las referencias**. Con esto ya se ha añadido la información perteneciente al primer libro. El proceso se repite para los demás libros (las otras sucursales).

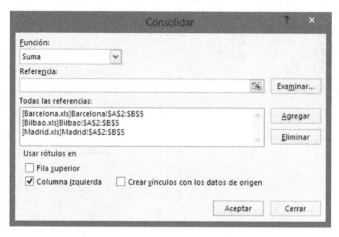

1. Si hemos incluido rótulos al seleccionar las celdas deberemos activar las casillas **Fila superior** o **Columna izquierda** (o ambas) dependiendo de dónde se encuentren dichos rótulos.

2. Podemos activar la casilla **Crear vínculos con los datos de origen** para que el libro final mantenga un vínculo permanente con los libros que contienen la información original. De ese modo, si los datos originales cambian, el libro final contiene siempre la información actualizada. Además, se generan esquemas automáticamente que permiten comprobar más detalladamente los valores.

3. Naturalmente, podemos añadir al libro final datos que no son calculables, como otros rótulos que informen y añadan legibilidad:

Observe cómo disponemos de elementos de esquema a la izquierda de la hoja.

Los datos de la consolidación se guardan en el libro para poder volver a emplearlos en el futuro.

1 2		A	B	C
	1		**España**	
+	5		Ingresos	1.510.000 €
+	9		Gastos	815.000 €
+	13		Bruto	695.000 €
	14		Neto	590.750 €

18.7 ELEMENTOS DE FORMULARIO

Los elementos de formulario proporcionan interactividad para que el usuario pueda manejar información con mayor sencillez. Se trata de los elementos habituales de las ventanas y cuadros de diálogos de Windows: botones de opción, casillas de verificación, listas desplegables, cuadros de texto, etc.

Todos los elementos tienen una parte común en cuanto al diseño: en cuanto se dibujan, contienen unas propiedades alterables para establecer su contenido y la celda que recibirá el resultado de su utilización por parte del usuario.

Para añadir objetos de este tipo a las hojas de cálculo es necesario mostrar la pestaña **Desarrollador**.

Para trabajar esta función se accede a la pestaña **Archivo** y se selecciona **Opciones**. En el cuadro de diálogo que se obtiene se activa la categoría **Personalizar cinta de opciones** y, en la columna derecha, se marca la casilla **Desarrollador en la cinta de opciones**.

En la pestaña **Desarrollador** de la cinta de opciones disponemos del botón **Insertar** que despliega los diferentes elementos de formulario que se pueden añadir a la hoja en el primer grupo: **Controles de formulario**.

Solo hay que elegir uno y luego dibujarlo en la hoja, haciendo clic y arrastrando en diagonal.

Antes de ver algunos de estos elementos, tenga en cuenta que si necesita seleccionar uno que ya esté dibujado, debe mantener pulsada la tecla de **CONTROL** y hacer clic en él. Cuando esté seleccionado, puede acceder a sus [Propiedades] en el mismo grupo de la pestaña **Desarrollador**. Este cuadro varía dependiendo del tipo de objeto.

Aquí tenemos los más destacados:

Etiqueta. Añade un cuadro de texto flotante que se puede arrastrar con el ratón hasta cualquier parte de la hoja (donde tal vez sería difícil escribir con celdas).

Cuadro de grupo. Añade un marco con título en el que se pueden añadir otros elementos. Es útil, sobre todo, para colocar dentro botones de opción.

Casilla de verificación. Se emplea para añadir casillas de este tipo a la hoja. Cuando se dibuja uno de estos elementos, se puede teclear un rótulo a su lado. El cuadro de [Propiedades] de un objeto de este tipo ofrece el contenido siguiente:

1. **Sin activar** se encarga de que la casilla aparezca desactivada, aunque se puede optar también entre **Activado** (estará activada al abrir la hoja de cálculo) o **Mixto** (activado en color gris).

2. En **Vincular con la celda** se escribe la referencia de una celda que recibirá el valor que devuelva la casilla según esté activada (VERDADERO) o no (FALSO).

3. La casilla **Sombreado 3D** mejora el aspecto del objeto.

4. Estas casillas suelen combinarse con la función **SI**, que comprueba el valor dejado en la celda de la casilla y actúa en consecuencia.

Botón de opción. Se emplea para añadir botones de este tipo a la hoja. Cuando se dibuja uno de estos elementos, se puede teclear un rótulo a su lado. El cuadro de :⁃: Propiedades de un objeto de este tipo ofrece el mismo contenido que las casillas, excepto la opción **Mixto**. Este tipo de objetos no devuelve VERDADERO o FALSO, sino el número de orden del botón (si hay tres botones, el primero devuelve *1*, el segundo *2* y el tercero *3*). Se suelen colocar dentro de un grupo para que, al activar uno de ellos, los demás se desactiven automáticamente. Suelen combinarse con la función **SI** para comprobar cuál de los botones está activado y obrar en consecuencia.

Cuadro de lista. Se emplea para añadir listas estáticas de opciones de forma que un usuario pueda seleccionar una o varias. El cuadro de :⁃: Propiedades de un objeto de este tipo ofrece el contenido siguiente:

1. **Rango de entrada** se usa para seleccionar las celdas que contienen los datos que aparecerán en la lista.

2. En **Vincular con la celda** se escribe la referencia de una celda que recibirá el valor devuelto por la lista cuando el usuario haga clic en una de sus opciones, seleccionándola.

3. En el grupo **Tipo de selección** podemos especificar si el usuario de la hoja de cálculo podrá seleccionar a la vez una sola opción (**Simple**) o varias (**Múltiple** y **Extendida**).

4. La casilla **Sombreado 3D** mejora el aspecto del objeto.

Cuadro combinado. Se emplea para añadir listas desplegables de opciones de forma que un usuario pueda seleccionar una. El cuadro de :⁃: Propiedades de un objeto de este tipo ofrece el contenido siguiente:

1. **Rango de entrada** se usa para seleccionar las celdas que contienen los datos que desplegará la lista.

2. En **Vincular con la celda** se escribe la referencia de una celda que recibirá el valor que devuelva la lista cuando el usuario la despliegue y seleccione una de sus opciones.

3. **Líneas de unión verticales** se utiliza para especificar cuántas opciones muestra la lista a primera vista cuando el usuario la despliegue.

4. La casilla **Sombreado 3D** mejora el aspecto del objeto.

 **Barra de desplazamiento**. Se emplea para añadir barras de este tipo (horizontales o verticales, según se dibujen) a la hoja. El objeto funciona mediante valores numéricos que oscilan entre un mínimo y un máximo que establece el propio diseñador. Sus [⚙ Propiedades] son:

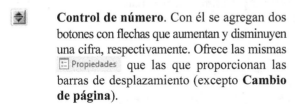

1. **Valor actual** se utiliza para establecer el valor inicial de la barra. Debe estar comprendido entre el **Valor mínimo** y el **Valor máximo**. Estos valores también los elige el usuario.

2. El **Incremento** establece el valor que aumenta o disminuye cuando se hace clic en las flechas de los extremos de la barra.

3. El **Cambio de página** establece el valor que aumenta o disminuye cuando se hace clic entre las flechas y el botón interior de la barra.

4. En **Vincular con la celda** se escribe la referencia de una celda que recibirá el valor devuelto por la barra cuando el usuario la utilice.

5. La casilla **Sombreado 3D** mejora el aspecto del objeto.

 **Control de número**. Con él se agregan dos botones con flechas que aumentan y disminuyen una cifra, respectivamente. Ofrece las mismas [⚙ Propiedades] que las que proporcionan las barras de desplazamiento (excepto **Cambio de página**).

18.8 TABLAS

La función de tablas es una herramienta de análisis de datos capaz de realizar operaciones de una o dos variables (datos que pueden cambiar) cuando los resultados de aplicar esas operaciones son múltiples y se pueden organizar en filas y columnas.

Para aplicar estas estructuras de análisis necesitamos una fórmula que dependa de uno o dos valores que puedan cambiar. Si se dispone de eso, se teclea en una celda vacía una fórmula cuya única finalidad sea vincular dicha celda con la que contiene la fórmula. A su lado debe haber espacio libre para colocar datos para la tabla. Se seleccionan todos esos datos y se aplica la función de tablas.

Veámoslo con un ejemplo. Supongamos que vamos a realizar el análisis de pagos de la compra de un coche. El diseño de los datos podría ser el siguiente:

	A	D	E
1	Modelo		
2	Alhambra ▼	Precio Base	24.965,00 €
3		☐ Llantas de aleación	
4		Ninguno ▼	
5		☐ Pintura metalizada	
6			24.965,00 €
7			
8		Coche usado	3.600,00 €
9		Entrada	1.000,00 €
10		Señal	60,00 €
11			4.660,00 €
12			
13		Cantidad a financiar	20.305,00 €
14		Años	3
15		Interes	2,50%
16		Pago Mensual	-861,98 €

Observe que tenemos un precio base que podría variar en función de que sean añadidos algunos extras (como llantas de aleación, climatizador electrónico y pintura metalizada). Luego se descuenta el valor de un vehículo usado que se entrega a la compra, y la entrada y señal.

Con todo eso se calcula la cantidad que se va a financiar y se anotan dos datos variables para la tabla: la cantidad de años y el porcentaje de interés.

Los elementos desplegables de formulario (*Modelo* y extra) solo están ahí para facilitar el trabajo al usuario y permitirle elegir un modelo de coche.

En otra parte de la hoja que disponga de espacio libre, teclearemos como primera celda de una tabla la fórmula =*E16* (así Excel sabe de dónde sacar la fórmula para calcular los resultados). A su lado tecleamos los valores variables de la tabla: uno para el dato *Años* y otro para el *Interés* (que son los datos variables anotados antes). Como se trata de una distribución en forma de tabla, los valores del primer dato variable los tecleamos a la derecha de la celda (la que vincula con *E16*) y los valores del otro, debajo de esta (tiene que haber el mismo número de valores para ambos datos variables):

Celda que vincula
con la fórmula   *Valores para el dato variable 1*

-657,15041	2,50%	3,00%	3,50%	4,00%	4,50%	5,00%
1						
2						
3						
4						
5						
6						

Valores para
el dato variable 2

A continuación se seleccionan todas las celdas que abarcan esos datos, se accede a la pestaña **Datos** de la cinta de opciones, grupo **Herramientas de datos**, se despliega el botón **Análisis de hipótesis** y se activa **Tabla de datos**. Se obtiene un cuadro de diálogo en el que se indica cuáles son las celdas de los valores originales que utiliza la fórmula. Observe en la siguiente figura que los datos para las filas apuntan a la celda E14 (donde está el número de años que utiliza la fórmula, puesto que en la tabla anterior dichos años están colocados por filas), y los de las columnas, a la celda

Análisis de
hipótesis ▾

E15 (donde están los porcentajes, puesto que en la tabla anterior dichos porcentajes están colocados por columnas).

	A	D	E	F	G	H	I	J
7								
8		Coche usado	3600					
9		Entrada	1000			Tabla de datos	? ×	
10		Señal	60					
11			4660		Celda de entrada (fila):	SES14		
12					Celda de entrada (columna):	SES15		
13		Cantidad a financiar	20305					
14		Años	3			Aceptar	Cancelar	
15		Interes	2,50%					
16		Pago Mensual	-861,98 €					
17								

Al pulsar el botón ⌐Aceptar⌐ se obtiene el resultado: una tabla de datos que muestra el pago mensual para cada combinación de años y porcentajes de interés. A esos datos se les suele aplicar algún formato que los haga más legibles.

18.9 MACROS

En palabras sencillas, una macro es una función que reúne varias. Suelen utilizarse para procesos que requieren varias funciones que se emplean con frecuencia. La macro se encarga de ejecutar automáticamente todas las funciones que se hayan incorporado en ella.

Las macros en Excel, y en cualquier otro sistema de su categoría, forman todo un lenguaje de programación completo mediante el que se pueden llegar a construir funciones realmente complejas. Hace tiempo, Microsoft desarrolló un lenguaje de programación visual muy sencillo de utilizar y con una potencia verdaderamente considerable. Se trataba de Visual Basic. Con el tiempo, este lenguaje se ha ido adaptando a las mejoras que se han añadido a Windows, por lo que se trata de uno de los lenguajes más utilizados para el desarrollo de aplicaciones que funcionan bajo Windows.

Una parte de este lenguaje se ha añadido a Excel. Gracias a él podemos conseguir unas macros realmente potentes. Vamos a comenzar por describir la forma más sencilla de creación de macros con Excel y veremos qué relación poseen con Visual Basic.

18.9.1 Creación y edición de macros

Para crear una macro hemos de empezar por grabarla. Como con cualquier proceso de grabación de datos, es necesario iniciar la grabación, exponer los datos que se van a grabar y finalizar la grabación.

Siempre resulta muy importante que antes de comenzar la grabación se sitúe en la celda **A1** para evitar posibles errores cuando vayamos a ejecutar posteriormente la macro.

El inicio de la grabación se realiza mediante un botón de la cinta de opciones. Utilizaremos el botón **Macros** que aparece en la pestaña **Vista**. Esta opción muestra un menú en el que se elige **Grabar macro**. Al hacerlo, se obtiene un cuadro de diálogo:

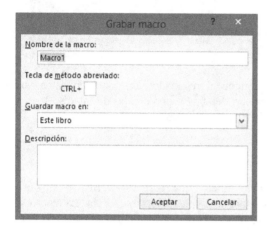

La nueva macro debe recibir un nombre que se teclea en el cuadro de texto **Nombre de la macro**, aunque Excel ya nos sugiere el nombre **Macro1**. Como dato adicional, se puede añadir una pequeña **Descripción** de la actividad que realizará la macro.

En el cuadro de texto del botón **Método abreviado** podremos asignar una letra para que, al pulsarla precedida de la tecla **CONTROL**, se ejecute la macro. Si se teclea la letra en mayúsculas, la macro se activará pulsando las teclas **CONTROL + MAYÚSCULAS +** la letra elegida.

La lista **Guardar macro en** permite establecer dónde se grabará la macro:

1. Si se elige **Libro de macros personal**, la macro irá a parar a un fichero aparte que contenga solo macros. Resulta aconsejable almacenar ahí todas las macros si estas se van a utilizar en varios libros de trabajo distintos.

2. Si se elige **Libro nuevo**, la macro se almacenará en un libro de trabajo diferente, aunque también como hoja aparte en un módulo. Excel requerirá el nombre del archivo que contiene el libro de trabajo al que irá a parar la macro.

3. Utilice el botón **Este libro** si desea que la macro se añada en el libro de trabajo actual.

Cuando pulsemos el botón [Aceptar], comienza la grabación de la macro. Todas las operaciones que hagamos a partir de ese momento y hasta el final de la grabación serán las acciones que integren la macro, por lo que será necesario hacer trabajar solo las funciones que deseábamos incluir en ella.

El botón **Macros** de la cinta de opciones ofrece dos opciones útiles ahora:

1. **Detener grabación**, que emplearemos para finalizar la grabación de la macro, y poder ejecutarla.

2. **Usar referencias relativas**. Este modo consigue que la celda **A1** sea la celda en que nos encontremos al ejecutar la macro. Gracias a este botón, los datos que creamos en la macro no tienen por qué aparecer en el mismo lugar en el que los definimos durante su creación, sino que aparecerán en la celda en la que nos encontremos al ejecutar la macro.

Pongamos un ejemplo completo de creación de macros. Supongamos que empleamos con frecuencia un formato con color de fondo para un grupo de celdas. Grabemos una macro para hacerlo automáticamente. Comenzaremos por pulsar el botón **Macros**, que aparece en la pestaña **Vista**, y elegir **Grabar macro**. Como ocurría antes, aparece un cuadro de diálogo en el que escribiremos el nombre de la macro. Escribiremos *Formato1*.

En **Método abreviado** escribimos la letra *F*, para que podamos ejecutar la macro pulsando las teclas **CONTROL + F**.

Al pulsar el botón [Aceptar], Excel comienza la grabación de la macro e irá registrando las acciones que activemos a partir de ese momento. Lo primero es marcar el rango:

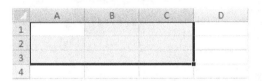

Nosotros sugerimos este rango (A1:C3); no obstante, seleccione el que prefiera. Después nos desplazaremos hasta la pestaña **Inicio** de la cinta de opciones y desplegaremos el botón 🖌️ (**Color de relleno**) del grupo **Fuente**. Elegiremos un color de los que aparecen. Ese tono aparecerá inmediatamente como fondo del rango de celdas que hemos elegido:

Vamos, además, a seleccionar la celda **A1**, por ejemplo, para eliminar la anterior selección del rango. Para terminar la creación de la macro, pulsaremos el botón de **Detener grabación** desplegando el botón **Macros** de la cinta de opciones.

La grabación finaliza y a partir de ese momento, al pulsar las teclas **CONTROL + F** la macro se activará y realizará todas sus acciones.

Si al principio de la grabación hubiésemos activado la opción **Usar referencias relativas** del botón **Macros**, ahora podríamos ejecutar la macro (pulsando **CONTROL +**

F) en cualquier celda y el trabajo se realizaría en ella. Si el botón **Referencia relativa** no se pulsa, el formato aparecerá siempre a partir de la celda en la que se diseñó.

Existe un modo vistoso y sencillo para la ejecución de las macros. Consiste en incorporar un botón Windows a la hoja de cálculo y asociarle una macro, de modo que, al pulsar el botón, la macro se ponga en marcha. Para ello, hemos de incorporar el botón a la hoja y eso requiere de la pestaña **Desarrollador** (que puede activar desde la pestaña **Archivo**, seleccionando **Opciones** y, en el cuadro de diálogo que se obtiene, eligiendo la categoría **Personalizar cinta de opciones**; en la columna derecha se marca la casilla **Desarrollador** en la cinta de opciones).

En el grupo **Controles** de esa pestaña despliegue el botón **Insertar** y pulse el botón ▭ (**Botón**). Trace un recuadro con el ratón. Ese recuadro será el futuro botón con el tamaño y forma que le dé.

En cuanto se dibuja el botón, aparece un cuadro de diálogo para asignar datos a la macro.

Utilizaremos el cuadro de texto **Nombre de la macro** para escribir una de las macros que ya tengamos grabadas, aunque también puede seleccionarse en la lista que aparece debajo.

El nombre del botón (que aparece por defecto como **Botón n**, donde *n* es el número de orden del botón) puede cambiarse solo con pulsar el botón secundario del ratón sobre el botón dibujado y, una vez seleccionado, volver a pulsar sobre él, esta vez con el botón izquierdo. Aparecerá un cursor en la posición en que hayamos pulsado con el ratón y podremos cambiar el nombre del botón a nuestro gusto.

Para seleccionar el botón pulse **CONTROL** y, sin soltar esa tecla, haga clic en el botón. Esto le servirá para mover el botón a otro lugar, para borrarlo (con la tecla **SUPR**) o para cambiar su rótulo.

Pueden aplicarse otras funciones al botón mediante el menú que aparece al pulsar el botón secundario del ratón en él (véalo junto al margen derecho). Sus opciones más destacadas son:

1. **Agrupar**, que reúne en uno todos los objetos previamente seleccionados (por ejemplo, varios botones), funcionando entonces como un solo objeto. Esta opción solo está disponible si hemos seleccionado antes varios objetos.

2. **Ordenar**, que permite colocar unos objetos sobre otros.

3. **Asignar macro**, que vuelve a mostrar el cuadro de diálogo para asociar una macro (nueva o ya grabada) al botón (o botones) seleccionado(s).

4. **Formato de control**, que permite modificar sus características estéticas.

18.9.2 Gestión de las macros

Si ya dispone de macros, existe un centro de control desde el que las puede manipular. Para acceder a él se despliega el botón **Macros** de la pestaña **Vista** en la barra de opciones y se selecciona la opción **Ver macros**. Obtendrá un cuadro de diálogo en el que dispondrá de los siguientes botones:

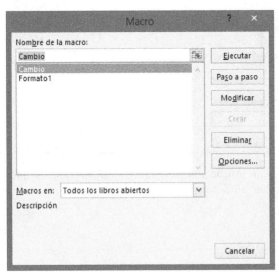

1. [Ejecutar]. Pone en marcha la macro que seleccionemos en la lista.

2. [Paso a paso]. También ejecuta la macro, pero se detiene en cada instrucción que la compone. Se trata de un depurador que permite saber en qué instrucción falla la macro.

3. [Modificar]. Permite alterar el contenido de la macro, generalmente, para corregir errores. De este botón hablaremos más en profundidad en el apartado siguiente.

4. [Crear]. Permite definir una nueva macro.

5. [Eliminar]. Borra una macro previamente seleccionada en la lista.

6. [Opciones...]. Lleva de nuevo al cuadro de diálogo en el que podremos asignar las teclas de ejecución a la macro.

18.9.3 Introducción al manejo con Visual Basic

Cuando una macro queda registrada, con el anterior botón [Modificar] se ve su contenido diseñado con el lenguaje Visual Basic en una nueva ventana.

Por ejemplo, la instrucción *Range('A1:C3').Select* es la que utiliza Visual Basic para seleccionar el rango en el ejemplo que hemos puesto.

Al tratarse de un lenguaje de programación completo, Visual Basic contiene una gran variedad de instrucciones y estructuras para la programación de la macro. Si este lenguaje se domina, se puede llegar a programar macros realmente complejas e interesantes.

El manejo del programa es sencillo, ya que funciona como si se tratara de un editor de textos. Por ejemplo, podríamos eliminar del procedimiento la instrucción *Range('A1:C3').Select* solo con borrarla. Cuando grabemos el libro de trabajo en el disco, los cambios introducidos en la macro se grabarán igualmente.

18.10 SOLVER

Para emplear Solver es necesario, en primer lugar, que esté funcional. Esto se consigue accediendo a la pestaña **Archivo** y seleccionando **Opciones** y la categoría **Complementos**:

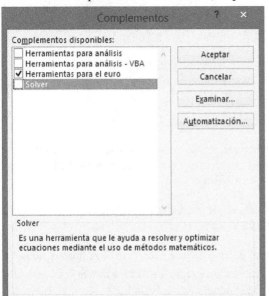

Hay que asegurarse de que la lista **Administrar** tenga seleccionada la opción **Complementos de Excel** y luego pulsar el botón [Ir...], lo que nos lleva al cuadro que mostramos junto al margen.

Se debe comprobar si la casilla **Solver** está o no activada. Naturalmente, si no lo está, la activamos.

Es necesario que los datos de la hoja giren en torno a una fórmula como mínimo. Los datos que afecten a esa fórmula y a otras que se usen para resolverla son buenos candidatos para que Solver pueda aplicar sus cambios hasta dar con el resultado deseado.

Solver es una herramienta de análisis capaz de calcular los datos necesarios para que una estructura ofrezca un determinado resultado. Su función es similar a la que hemos visto en **Buscar objetivos**, pero en este caso permite encontrar la información deseada incluso cuando se desconoce más de un dato, datos que, por otra parte, pueden estar limitados a ciertas condiciones, que llamaremos *restricciones*.

Para poner en marcha Solver se pulsa el botón Solver en el grupo **Análisis** de la pestaña **Datos** en la cinta de opciones. Este botón lleva al siguiente cuadro de diálogo:

En el cuadro **Establecer objetivo** se escribe la celda que contendrá el valor que se desea alcanzar. Dicho valor puede ser uno concreto (que escribiríamos en **Valor de**), el mayor posible que se calcule (**Máx**) o el menor (**Mín**).

En el cuadro **Cambiando las celdas de variables** se escriben o seleccionan aquellas cuyo contenido deseamos variar para alcanzar el valor que es nuestro objetivo.

Para establecer las condiciones que guíen a Solver a resolver el problema, se pulsa Agregar, que solicita que establezcamos qué clase de limitación deben tener los valores de esas celdas. Para ello, muestra el siguiente cuadro de diálogo:

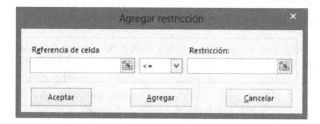

Se elige la celda (en **Referencia de la celda**) y se establece cómo debe ser su valor desplegando la lista <= ▾ (si debe ser mayor, menor, igual, etc.) y escribiendo un dato con el que se comparará para que sea válido o no.

Cuando están establecidas todas las restricciones y todos los demás datos, se pulsa el botón Resolver para que Solver se ponga a trabajar y ofrezca sus resultados.

ACCESS

INTRODUCCIÓN A ACCESS

Microsoft Access es un sistema de gestión de bases de datos. Una vez dicho esto, resulta inevitable definir el concepto de base de datos, ya que Access solo es la herramienta que nos permite administrar este tipo de documentos.

Una base de datos es un sistema de almacenamiento masivo de datos estructurados. Esta definición puede resultar algo simple, ya que la mayor parte de las formas de almacenamiento de datos mediante ordenador se componen de datos estructurados.

La diferencia entre los grupos de datos comunes (que se recogen en archivos) y las bases de datos está en que estas últimas están pensadas para almacenar datos a gran escala y en ellas los datos tienen una relación entre sí que posibilita el acceso y la búsqueda de su información de forma fácil, rápida y potente.

Microsoft Access pertenece a los sistemas de bases de datos **relacionales**, en los que los datos se estructuran y organizan mediante tablas, distribuidos en filas y columnas.

Cualquier tabla de una base de datos relacional se construye mediante **registros** (las filas de la tabla) que podrían compararse a las fichas de un fichero. A su vez, cada registro de la base está compuesto por **campos** (las columnas de la tabla) que equivalen a los datos distribuidos en las fichas del fichero y cuya estructura se repite para cada ficha.

Así, en una estructura de tabla que contiene los campos *Nombre*, *Apellidos* y *Teléfono*, cada registro tendrá un *Nombre*, unos *Apellidos* y un *Teléfono*.

La forma de representar estos datos mediante bases de datos relacionales es la tabla, que contiene en sus filas y columnas los datos que la llenan. Por ejemplo, he aquí una sencilla tabla para el almacenamiento de números de teléfono:

	Campo 1	*Campo 2*	*Campo 3*
	Nombre	**Apellidos**	**Teléfono**
Registro 1	Ana	Tomía	123-45-67
Registro 2	Paloma	Nazas	765-43-21
Registro 3	Blanca	Derrana	135-79-11
Registro 4	Germán	Doadistancia	119-75-31

Una base de datos relacional ofrece la ventaja añadida de poder conectar de alguna manera los datos entre sí, ya que una base de datos no tiene por qué estar compuesta exclusivamente por una tabla, sino que, por el contrario, puede estar constituida por varias. Esto evita la redundancia de los datos (la necesidad de repetirlos) y facilita la localización de datos (conociendo datos de una tabla se pueden encontrar datos de otra siempre que ambas estén relacionadas).

Un ejemplo: si se trabaja en un negocio cualquiera (como un videoclub), deberá disponerse, entre otras, de una tabla con datos acerca de los clientes (socios del videoclub), una segunda que almacene los proveedores de los productos (distribuidoras de las películas), e incluso una tercera que contenga los productos contenidos en el almacén (películas dispuestas para alquiler y venta). El conjunto de estas tres tablas conforma la base de datos (la información completa tocante al negocio) que deberá estar definida correctamente para el funcionamiento óptimo del sistema de información.

Así pues, para crear un sistema de base de datos que se ajuste a los objetos cuya información se desea almacenar, será preciso definir tantas tablas como sean necesarias, lo cual requiere un conocimiento amplio del sistema que se va a informatizar (por ejemplo, la empresa).

Por otro lado, para diseñar una base de datos es necesario transformar datos del mundo real en datos digitales, y para ello los sistemas de gestión de bases de datos han desarrollado varios tipos de campos, para poder elegir cuál es el que mejor se ajusta a cada dato.

Por ejemplo, si se va a almacenar el salario de un empleado (dato del mundo real), será necesario algún tipo de dato numérico, ya que el sueldo es una cantidad numérica (el número será el dato informatizado).

TEORÍA DE BASES DE DATOS APLICADA A ACCESS

Una acción fundamental para todas las bases de datos es la creación de sus tablas. Su buena planificación resulta trascendental para el buen aprovechamiento de su trabajo. Si se diseñan varias tablas en buenas condiciones, se puede ahorrar mucho espacio de almacenamiento en el disco e, igualmente, se dispone de un mayor control, más seguridad y una gran facilidad a la hora de buscar y encontrar datos en una base que puede ser de dimensiones considerables.

Como ya hemos establecido, las tablas constan de registros construidos mediante campos. Estos campos, que son los que contienen realmente los datos de la base, deben ser de un tipo adecuado para adaptar perfectamente la información del mundo real al medio digital, y será necesario analizar previamente cuántos van a incorporarse y de qué tipo será cada uno. De esta forma, no se malgasta innecesariamente espacio del disco, que podría resultar esencial para almacenar otros datos. Por ejemplo, si en una tabla se va a incorporar como dato la fecha de nacimiento de un cliente, se considera desaprovechar espacio del disco la creación de los campos *fecha de nacimiento* y *edad*, ya que mediante la fecha de nacimiento es posible calcular fácilmente la edad sin necesidad de almacenarla.

Tipos de campos con Access

En Access existen varios tipos de campos para almacenar los datos procedentes del mundo real. Se deben asignar perfectamente los datos a su tipo, de forma que se ajusten de un modo natural.

Los tipos de datos que ofrece Access son:

1. **Texto**. Se emplea para contener datos textuales. Se puede utilizar en ellos cualquier tipo de carácter (interrogaciones, exclamaciones, asteriscos, signos de puntuación, números, etc.). Cada campo que se defina con este tipo contendrá un almacenamiento máximo de 255 caracteres de tamaño. Si se intenta definir un dato de tipo **Texto** con más de 255, se obtiene el error correspondiente. Ejemplos de este tipo de datos son *Nombres*, *Apellidos* o *Direcciones* (domicilios), ya que son claramente datos de texto que no superan 255 caracteres.

2. **Memo** (memorándum). Es capaz de contener datos de tipo **Texto** tal y como hemos descrito antes; sin embargo, difiere del tipo **Texto** en que su capacidad de almacenamiento es mucho mayor. Con un dato de tipo **Memo** se pueden almacenar hasta 65.535 caracteres en cada registro. Es conveniente utilizarlo solo en casos en los que se sepa con seguridad que se va a superar la cantidad de 255 caracteres. Por ejemplo, este tipo de datos puede añadirse a una tabla en la que se necesite el dato *Observaciones*, o un *Historial médico*, que suelen necesitar bastante espacio de texto.

3. **Número**. Almacena cifras con las que se puede operar matemáticamente. Siempre que sea posible, resulta recomendable emplear el tipo **Número** para almacenar números, ya que generalmente ocupan menos espacio en el disco que si empleamos el tipo **Texto** para ellos. Un ejemplo de tipo **Número** puede ser la *Edad*, y otro podría ser la *Estatura* de una persona.

4. **Fecha/Hora**. Este tipo de datos se emplea para almacenar datos horarios o de fecha. El formato de la fecha o de la hora puede ser de varios tipos, pero normalmente suele trabajarse con cifras (por ejemplo: 29-05-68). Ejemplos típicos son *Fecha de nacimiento* o *Fecha de ingreso*.

5. **Moneda**. Con las mismas características que el tipo **Número**, existe el tipo moneda, que incorpora el detalle de añadir el símbolo monetario € (o el de cualquier país) a una cifra. Con un campo de tipo **Moneda** también se pueden realizar operaciones como, por ejemplo, el cálculo de porcentajes (impuestos, IVA, comisiones, etc.). La coletilla monetaria que se añade difiere en cada país, ya que Access extrae esta información de Windows (por ejemplo, $ en la versión norteamericana). Puede almacenar decimales (máximo 4). Ejemplos de campos monetarios son *Salario* e *IVA*, que son datos numéricos operables matemáticamente y que deben llevar añadido el símbolo monetario correspondiente.

6. **Autonumérico**. Los campos de tipo **Autonumérico** se utilizan para llevar algún tipo de recuento que Access incrementa automáticamente en cada registro nuevo que se incorpore a la tabla. Se suele emplear para asignar automáticamente códigos a registros (código de producto, código de cliente, etc.), ya que el usuario puede despreocuparse de su adición y se asegura de que los valores no se duplican.

7. **Sí/No**. Se utiliza para datos que se definen solo con contener el valor **Verdadero** (*Sí*) o el valor **Falso** (*No*). Un ejemplo para este tipo de datos puede ser *Trabaja*, que al contener como valores posibles solo *Sí* o *No*, informa de la situación laboral del sujeto al que pertenece la ficha (registro).

8. **Objeto OLE**. El tipo **Objeto OLE** puede contener información originada en otras aplicaciones de Windows. Suele utilizarse para incorporar imágenes, sonido o vídeo a los registros de una tabla.

9. **Hipervínculo**. Un campo de tipo **Hipervínculo** tiene como finalidad contener una dirección URL de Internet, de modo que cuando el usuario haga clic en él, el enlace le llevará hasta la dirección que contenga. Cuando se va a rellenar un dato de este tipo puede emplearse el botón 🖼 (**Insertar hipervínculo**) de la barra de herramientas. Un dato de este tipo se muestra en color azul y subrayado.

10. **Datos adjuntos**. Permite almacenar archivos del disco como datos anexos, tal y como se haría en un mensaje de correo en el que se adjuntan archivos de datos. Cada registro de la tabla podrá contener un archivo asociado.

11. **Calculado**. Permite crear un campo cuyo contenido lo forma el resultado de calcular un valor en la tabla. Por ejemplo, si una tabla lleva un campo *Precio* y necesitamos un dato para cada precio que nos muestre un porcentaje de descuento, se puede crear un campo de tipo **Calculado** y establecer la fórmula de cálculo, de manera que Access tome automáticamente el precio, resuelva su porcentaje y el resultado lo almacene en la tabla. Estos cálculos se actualizan en cuanto se modifican los valores que afectan a la fórmula. Así, según nuestro ejemplo, si modificamos un precio, su porcentaje se recalcula de forma inmediata, manteniéndose actualizado continuamente.

12. **Asistente para búsquedas**. Es un asistente que consigue que un dato de una tabla se pueda rellenar mediante una lista desplegable que ofrezca valores, u otro tipo de control típico de Windows.

¿Qué son los índices?

Una base de datos utiliza los índices para la clasificación de su contenido, lo que agiliza las búsquedas. Es más fácil encontrar un dato en una lista ordenada que en una desordenada, ya que en una ordenada nos podemos dirigir rápidamente al principio o al final de una lista de datos, dado que sabemos aproximadamente dónde se encuentra el dato buscado. Sin embargo, en una lista desordenada, no hay más remedio que seguirla secuencialmente hasta que se localiza el dato.

Un índice se encarga de ordenar internamente los datos sin cambiarlos realmente de sitio. De ese modo, cuando se busca en una tabla un dato que pertenece a un campo indexado (que tiene índice) su localización será más rápida que si el campo no lo está. Hay que tener en cuenta que una tabla puede contener miles de registros en los que encontrar un valor puede resultar lento. Si el campo está indexado, la localización de un dato se acelera considerablemente.

Es recomendable crear un índice para cada campo en el que se prevea que se van a realizar búsquedas con frecuencia. Más adelante se describirá el proceso de creación de índices.

¿Qué son los campos clave?

Los **campos clave** también ayudan a localizar información de forma fiable y rápida. Además, si se trata de una base de datos en la que haya varias tablas relacionadas pueden resultar indispensables para generar consultas en las que estén implicadas dos o más tablas.

En terminología de bases de datos, un **valor clave** es un dato que identifica por sí solo un registro de una tabla. Se trata de un campo del que se sabe con certeza que sus datos no se repetirán en ninguno de los registros de la tabla.

Un ejemplo. En un país la matrícula de un vehículo es un dato irrepetible: no hay dos vehículos que tengan la misma. Ese dato identifica al vehículo y permite encontrar otros datos relativos al mismo vehículo (su marca, su modelo, su dueño, etc.). Sin embargo, si la tabla almacena datos de vehículos de distintos países, podría darse el caso de que existan vehículos con matrícula repetida, en cuyo caso, ese dato no puede funcionar como clave y sería necesario emplear otro (tal vez, el número de bastidor, o bien otro inventado para la ocasión: código de vehículo). De esto se debe deducir que un dato que parece clave a primera vista podría no serlo dependiendo de la tabla y la base de datos que se esté diseñando.

Si una tabla contiene varios valores que son siempre diferentes para cada registro, uno de ellos actuará de **clave principal**, y, además de su función ordinaria, probablemente será utilizado para relacionar su tabla con otras.

Relaciones entre tablas de una base de datos

Dos tablas de una base de datos pueden estar relacionadas, o, lo que es lo mismo, pueden tener un campo (o varios) común. Las relaciones incrementan la potencia de generación de consultas, puesto que permiten localizar datos de una tabla aun cuando solo se conoce información de otra.

Un ejemplo. Se dispone de dos tablas de una base de datos llamada *Vídeo Club*: *Socios* y *Películas*. Es probable que, en ambas, exista un campo llamado *Número de socio*, con la siguiente finalidad:

- En la tabla *Socios* porque es el campo clave de la tabla, ya que, gracias a él, tendremos acceso a todos los datos de un único cliente (lo identifica). Además, todos los videoclubs poseen números de socio para identificarlos.

- En la tabla *Películas* puede existir para revelar el socio que ha alquilado la película perteneciente a un registro de la tabla.

Si se desea contactar con el cliente que tiene alquilada una determinada película, existirían dos posibilidades:

1. Si las tablas no están relacionadas, hay que realizar el trabajo manualmente: se accede a la tabla de las *Películas* para localizar la película y el número del socio que la tiene alquilada. Una vez conocido el número, se accede a la tabla de *Socios* para encontrar el registro de ese socio por su número, obteniendo así todos sus datos, entre los que se encontrará, seguramente, su teléfono, que nos permitirá contactar con él.

2. Si están relacionadas, el proceso es automático: se proporciona al sistema el título o código de la película y este devuelve el dato o datos deseados que permitan contactar con el cliente, ya que el proceso de localización del campo común que relaciona ambas tablas actúa por sí solo.

COMIENZO

Lo primero que se obtiene en Access al entrar es una ventana vacía y el panel de tareas a la derecha. En él se indica si se va a abrir una base de datos que ya exista en el disco, o bien, si se creará una nueva.

Una vez en Access, presentará un aspecto similar al siguiente:

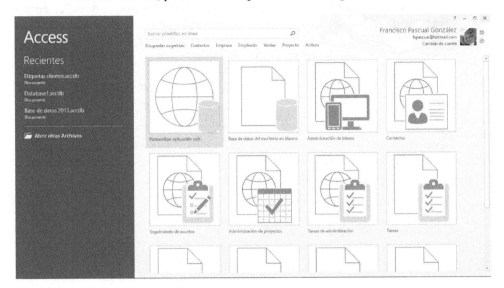

En esta primera pantalla de trabajo de Access podemos apreciar, bien diferenciados, dos paneles:

1. El panel izquierdo ofrece las últimas bases de datos utilizadas para poder abrir una rápidamente. También nos ofrece **Abrir otros archivos** para acceder a la pantalla habitual con la que abrir cualquier base de datos.

Ya hemos detallado su manejo en el apartado *Abrir documentos* del capítulo 3: *Funciones elementales y compartidas de Office*. Repáselo si desea recordar su manejo.

2. El panel derecho ofrece diferentes tipos de bases de datos prefabricadas. Inicialmente se accede a las diferentes formas de crear bases de datos, como por ejemplo, diseñar una partiendo de cero con el botón **Base de datos del escritorio en blanco**. Los demás botones de esa vista contienen sistemas de creación de bases de datos que parten de plantillas, es decir, documentos que ya contienen diseñada una parte de la información, ahorrando al usuario el trabajo de crearla. Desplazándonos hacia abajo podemos ver multitud de plantillas, como **Contactos**, que permite crear una base de datos con elementos ya creados para el mantenimiento de información de personas de contacto.

Posteriormente detallaremos cómo se crea una base de datos; sin embargo, cuando esta ya esté creada, podremos ver que la ventana de trabajo de Access cambia radicalmente, ofreciendo un aspecto similar siguiente:

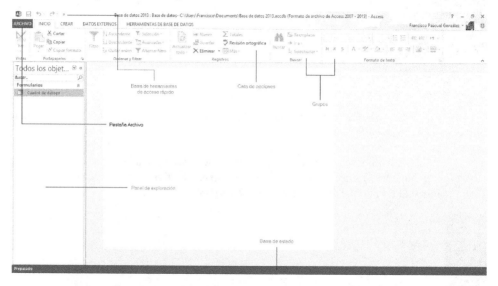

1. Pestaña **Archivo**. Contiene el menú con las opciones principales (**Abrir, Guardar, Imprimir**, etc.).

2. **Cinta de opciones**. Contiene botones con las funciones del programa organizadas por pestañas. Al pulsar sobre los botones, las tareas que tengan asociadas entran en funcionamiento. Haciendo clic en las pestañas se cambia de cinta para acceder a otros botones y, por tanto, a otras funciones.

3. **Grupos**. Reúnen botones cuyas funciones pertenecen a un mismo tipo de trabajo.

4. **Barra de herramientas de acceso rápido**. Contiene botones con las funciones más utilizadas. Podemos añadir y eliminar los botones que deseemos a esta barra.

5. **Barra de estado**. Muestra en todo momento la situación en que se encuentra la base de datos: en la tabla, consulta, formulario, etc.

CREACIÓN DE BASES DE DATOS

Vamos a empezar por indicar la forma en que se crea una nueva base de datos vacía. Si acabamos de entrar en Access, podemos pulsar el botón **Base de datos del escritorio en blanco**. Al hacerlo, Access muestra a la derecha de la ventana el panel de tareas, en el que debemos dar nombre a la nueva base de datos y pulsar el botón **Crear**.

Base de datos del escritorio en blanco

La base de datos se crea en una carpeta del disco, por lo que Access muestra un cuadro en el que tecleamos su nombre:

Si es necesario situarla en otra carpeta, se puede pulsar el botón 🖿 a la derecha del mismo cuadro de texto.

Puesto que una base de datos necesita como mínimo una tabla para ser útil al usuario, en el momento de crear dicha base Access lleva a la ventana de diseño de tablas para añadir una:

Si no desea crear la tabla en ese momento, dispone de un botón para cerrarla (×), en la parte derecha, a la altura de la pestaña ⊞ Tabla1 . Si lo pulsa, abandonará su creación sin añadir nada.

Trataremos la creación de las tablas posteriormente.

EL PANEL DE NAVEGACIÓN:
COMPONENTES DE LA BASE DE DATOS

Cuando se dispone de una base de datos y está abierta, el panel de navegación (a la izquierda de la ventana de Access) muestra todos sus elementos. Contiene un sistema de navegación con elementos que dan acceso al contenido de la base de datos. Esos elementos que puede contener una base de datos de Access son los siguientes:

 La opción **Macros** no aparece hasta que no se crea una.

1. **Tablas**. Las tablas son los cimientos sobre los que se construyen las bases de datos, ya que contienen la información en bruto que estará disponible para el resto de funciones.

2. **Consultas**. Las consultas ofrecen la posibilidad de extraer la información de las tablas. Cada consulta localiza datos concretos que cumplen ciertas condiciones y permite realizar varias tareas con ellos (mostrarlos, eliminarlos, actualizarlos, etc.).

3. **Formularios**. Son ventanas de Windows cuya finalidad es actuar como una ficha rellenable para los datos de las tablas. Con ellas, Access permitirá introducir y editar los datos de una tabla (o de varias conjuntas), de forma más cómoda (en lugar de directamente sobre la tabla original). También permiten interactuar al usuario. Es posible añadir botones y otros controles que, al ser empleados, realicen alguna tarea sobre los datos de la tabla o calculen operaciones matemáticas o lógicas.

4. **Informes**. Se trata de elementos cuya función es generar información obtenida de las tablas perfectamente distribuida, legible y agradablemente expuesta para la impresora.

5. **Macros**. Una macro es una función compleja que se ha construido partiendo de otras más simples. Se crean macros con la finalidad de que ejecuten de forma automática varias funciones que sea necesario aplicar con frecuencia.

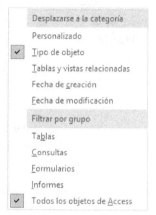

Para acceder a cualquier elemento, se despliega el menú del panel de navegación y se elige una de sus opciones. En el menú hay dos grupos: **Desplazarse a la categoría**, para distribuir los elementos de diferentes formas, y **Filtrar por grupo**, para elegir cada tipo de elemento de la base de datos:

1. Con **Desplazarse a la categoría** se elige un modo de mostrar los elementos de la base de datos en el panel de navegación. Por ejemplo, se pueden colocar por la **Fecha de creación** o la de modificación. En la figura

que mostramos a continuación pueden verse todos los elementos de una base de datos clasificados por su fecha de creación.

2. Con **Filtrar por grupo** podemos ver la lista de los elementos que elijamos (tablas, consultas, formularios, etc.). En la figura siguiente puede verse una lista de tablas. Haciendo doble clic en uno de estos elementos (como una tabla), este se abre para poder darle contenido.

Una vez que se ha abierto, se puede pulsar el botón **Ver** (grupo **Vistas** de la pestaña **Inicio** de la cinta de opciones) para elegir el modo de trabajo. Así, el modo **Vista diseño** permite modificar los datos con los que se ha construido un elemento de la base de datos.

Al igual que con las tablas, el resto de los elementos de una base de datos tienen una estructura o forma (consultas, formularios, informes, etc.) que puede modificarse utilizando este botón.

Capítulo 19

CREACIÓN Y MANEJO DE TABLAS

Con Access se pueden crear tablas para una base de datos accediendo a la pestaña **Crear** de la cinta de opciones y pulsando el botón **Tabla** del grupo **Tablas**. Sin embargo, este modo crea una nueva tabla predefinida en la que Access espera únicamente que les demos nombre a sus campos, sin establecer su tipo ni sus propiedades inicialmente.

Al pulsar dicho botón **Tabla**, se obtiene una ventana en la que añadir los campos:

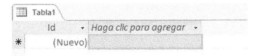

Se teclea el nombre del campo y, al pulsar el **Tabulador**, se pasa al siguiente hasta haber completado la lista.

Si se trata de incorporar una tabla de otra base de datos, se pueden emplear los botones del grupo **Importar y vincular**, que se encuentra en la pestaña **Datos externos** de la cinta de opciones. Así, mediante los botones **Access** y **Excel** se pueden importar tablas de datos procedentes de esos dos programas.

Por **otra** parte, el botón Más permite elegir otras aplicaciones como dBase, Paradox o Lotus 1-2-3 para incorporar tablas de esos sistemas a su base de datos de Access.

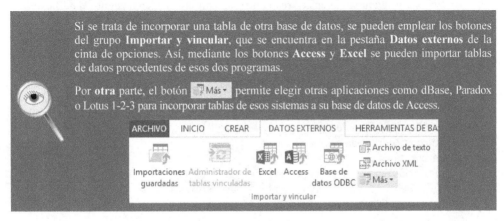

19.1 EL MODO *VISTA DISEÑO*

El modo más completo para crear una tabla es el de **Vista diseño**. Para crear una tabla con este modo se emplea el botón **Diseño de tabla** de la pestaña **Tablas** en la pestaña **Crear** de la cinta de opciones.

Este modo se emplea también para modificar el diseño de una tabla que ya esté creada.

Al pulsar dicho botón **Diseño de tabla** se obtiene una ventana en la que se especificarán todos los campos de la nueva tabla, sus tipos y propiedades:

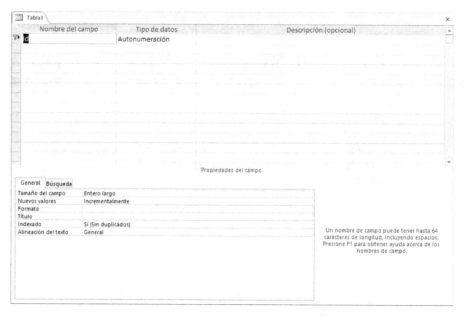

En esta ventana se aprecian tres columnas con las que se añaden o modifican los campos de la tabla:

1. **Nombre del campo**. En las filas de esta columna se van tecleando los identificadores de los campos, que pueden tener un máximo de 64 caracteres.

Nombre del campo
Nombre
Apellidos
Dirección
Salario
Fecha de nacimiento

2. **Tipo de datos**. En esta columna se establece el tipo de información que contendrá cada campo. Tenga en cuenta que los tipos de datos los hemos detallado en el apartado *Tipos de campos con Access* en el capítulo de *Introducción a Access*.

Nombre del campo	Tipo de datos
Nombre	Texto
Apellidos	Texto
Dirección	Texto
Salario	Moneda
Fecha de nacimiento	Fecha/Hora

3. **Descripción**. Escribir datos en esta columna es opcional, ya que se trata de información aclaratoria para el usuario que rellene la tabla con datos. En este campo se puede describir la función que tendrá el campo en la tabla o cómo debe rellenarse. Su contenido aparece en la barra de estado (la parte inferior de la ventana de Access) cuando se va a escribir o cambiar un dato en ese campo. Unos ejemplos:

Nombre del campo	Tipo de datos	Descripción
Nombre	Texto	Escriba el nombre del empleado
Apellidos	Texto	Escriba los apellidos del empleado
Dirección	Texto	Dirección del empleado
Salario	Moneda	¿Cuánto gana este empleado?
Fecha de nacimiento	Fecha/Hora	¿Cuándo nació este empleado

Para eliminar un campo, seleccione su fila completa, haciendo clic en su cabecera (a la izquierda de su nombre) y pulsando la tecla **SUPR** en el teclado. También puede conseguirlo haciendo clic con el botón secundario del ratón en el mismo lugar (a la izquierda del nombre del campo que desea eliminar) y, en el menú que aparece, seleccionando **Eliminar filas**.

19.1.1 Propiedades de los campos

El panel **Propiedades del campo**, en la parte inferior de la ventana, permite complementar la funcionalidad de los campos mediante valores y funciones que alteran la forma de actuar y responder de los campos cuando se muestran en pantalla o durante la adición de sus datos.

Supóngase, por ejemplo, que se añade a la tabla el campo *Nombre* (de tipo **Texto**). En la parte inferior de la ventana de diseño se obtendría lo siguiente:

General	Búsqueda	
Tamaño del campo	255	
Formato		
Máscara de entrada		
Título		
Valor predeterminado		La descripción del campo es opcional. Le ayuda a describir el campo y también se presenta en la barra de estado cuando selecciona este campo en un formulario. Presione F1 para obtener ayuda acerca de las descripciones.
Regla de validación		
Texto de validación		
Requerido	No	
Permitir longitud cero	Sí	
Indexado	No	
Compresión Unicode	Sí	
Modo IME	Sin Controles	
Modo de oraciones IME	Nada	
Alineación del texto	General	

Como se puede apreciar, se trata de una ficha en cuya pestaña aparece el nombre **General**. Ahí se pueden establecer las propiedades de cada uno de los campos que van a componer la tabla. Para acceder a esas propiedades podemos, además de hacer clic en una, pulsar la tecla **F6**.

Estas propiedades poseen diferentes funcionalidades definidas por Microsoft. Para modificar una propiedad se hace clic en ella, con lo que mostrará un botón en su parte derecha. Dependiendo de la propiedad puede aparecer un botón para desplegar (⊡), o bien para acceder a un asistente (⊡) que necesita varios pasos para proporcionar un resultado.

Empecemos por ver las propiedades de cada campo antes de detallarlas:

1. Propiedades para el tipo **Texto corto**:

   - Tamaño del campo.
   - Formato.
   - Máscara de entrada.
   - Título.
   - Valor predeterminado.
   - Regla de validación.
   - Texto de validación.
   - Requerido.
   - Permitir longitud cero.
   - Indexado.
   - Compresión Unicode.
   - Modo IME.
   - Modo de oraciones IME.
   - Etiquetas inteligentes.

2. Propiedades para el tipo **Memo largo**:

   - Formato.
   - Título.
   - Valor predeterminado.
   - Regla de validación.
   - Texto de validación.
   - Requerido.
   - Permitir longitud cero.
   - Indexado.
   - Compresión Unicode.
   - Modo IME.
   - Modo de oraciones IME.
   - Etiquetas inteligentes.
   - Formato del texto.
   - Alineación del texto.

3. Propiedades para el tipo **Número**:

- Tamaño del campo.
- Formato.
- Lugares decimales.
- Máscara de entrada.
- Título.
- Valor predeterminado.
- Regla de validación.
- Texto de validación.
- Requerido.
- Indexado.
- Etiquetas inteligentes.
- Alineación del texto.

4. Propiedades para el tipo **Fecha/Hora**:

- Formato.
- Máscara de entrada.
- Título.
- Valor predeterminado.
- Regla de validación.
- Texto de validación.
- Requerido.
- Indexado.
- Modo IME.
- Modo de oraciones IME.
- Etiquetas inteligentes.
- Alineación del texto.
- Mostrar el selector de fecha.

5. Propiedades para el tipo **Moneda**:

- Formato.
- Lugares decimales.
- Máscara de entrada.
- Título.
- Valor predeterminado.
- Regla de validación.
- Texto de validación.
- Requerido.
- Indexado.
- Etiquetas inteligentes.
- Alineación del texto.

6. Propiedades para el tipo **Autonumeración**:

- Tamaño del campo.
- Nuevos valores.
- Formato.
- Título.
- Indexado.
- Etiquetas inteligentes.
- Alineación del texto.

7. Propiedades para el tipo **Sí/No**:

- Formato.
- Título.
- Valor predeterminado.
- Regla de validación.
- Texto de validación.
- Indexado.
- Alineación del texto.

8. Propiedades para el tipo **Objeto OLE**:

- Título.
- Requerido.
- Alineación del texto.

9. Propiedades para el tipo **Hipervínculo**:

- Formato.
- Título.
- Valor predeterminado.
- Regla de validación.
- Texto de validación.
- Requerido.
- Permitir longitud cero.
- Indexado.
- Compresión Unicode.
- Modo IME.
- Modo de oraciones IME.
- Etiquetas inteligentes.
- Alineación del texto.
- Solo anexar.

10. Propiedades para el tipo **Datos adjuntos**:

- Título.
- Requerido.

11. Propiedades para el tipo **Calculado**:

- Expresión.
- Tipo de resultado.
- Formato.
- Título.
- Etiquetas inteligentes.
- Alineación de texto.

A continuación se describe la utilidad que ofrece cada propiedad:

1. **Tamaño del campo**. Esta propiedad establece cuál será el tamaño máximo de los datos que rellenen el campo. Solo se puede emplear esta propiedad en los tipos **Texto** y **Número**:

- **Texto corto**: el tamaño de texto se mide en caracteres. Por ejemplo, si se indica como tamaño **30** a un campo de tipo **Texto**, el máximo número de caracteres que podrán escribirse en ese campo en cada registro será de 30. El tamaño máximo para el tipo **Texto** es de 255 caracteres.

- **Número**: para los datos numéricos se dispone de varios tamaños que se distinguen mediante los siguientes identifcadores:

  a) **Byte**. Admite únicamente números enteros comprendidos entre 0 y 255.

  b) **Entero**. Admite únicamente números enteros comprendidos entre -32.768 y $+32.767$.

  c) **Entero largo**. Admite únicamente números enteros comprendidos entre $-2.147.483.648$ y $+2.147.483.647$.

  d) **Simple**. Admite números reales (tanto enteros como fraccionarios con decimales). Si son negativos, podremos teclear valores que oscilen entre $-3,402823 \times 10^{38}$ y $-1,401298 \times 10^{-45}$, mientras que si son positivos, estarán entre $1,401298 \times 10^{-45}$ y $3,402823 \times 10^{38}$. Admite una precisión de hasta 7 decimales.

  e) **Doble**. Admite números reales (enteros y fraccionarios con decimales). Cuando se trate de números negativos, podremos teclear valores que oscilen entre $1,79769313486231 \times 10^{308}$ y $-4,94065645841247 \times 10^{-324}$, y si son positivos, entre $1,79769313486231 \times 10^{308}$ y $4,94065645841247 \times 10^{-324}$. Admite una precisión de hasta 15 decimales.

  f) **Decimal**. Admite números reales (enteros y fraccionarios entre -10×10^{38} y 10×10^{38}. Admite una precisión de hasta 28 decimales.

2. **Formato**. Con esta propiedad se establece la forma automática en que aparecerá el dato. El formato no se puede apreciar hasta que se termina de escribir el dato y se pasa a otro. Por ejemplo, si se ha establecido que un supuesto campo *Nombre* debe aparecer en mayúsculas de forma automática y se escribe el nombre *Félix*, este no se verá en mayúsculas hasta que se pase a escribir a otro campo.

- El tipo **Texto** no tiene formatos predefinidos, y si se desea utilizar uno, se debe construir. Los dos formatos principales del tipo texto son el símbolo > (mayor que) que obliga a que todos los caracteres del campo aparezcan en mayúsculas y el símbolo < (menor que), que obliga a los caracteres a aparecer en minúscula.

- Los tipos **Número**, **Autonumeración** y **Moneda** (los tipos numéricos por excelencia) disponen de varios modos de representación de números (con punto separador de miles, en formato científico, con el símbolo de euros, etc.). Se despliega su lista de **Formato**

Número general	3456,789
Moneda	3.456,79 €
Euro	3.456,79 €
Fijo	3456,79
Estándar	3.456,79
Porcentaje	123,00%
Científico	3,46E+03

(cuando esté en un campo numérico) y se obtienen los siguientes tipos y sus aspectos, con lo que bastará seleccionar el que se necesite.

- El tipo **Fecha/Hora** también dispone de varios formatos de aspecto, tanto para los campos que únicamente van a contener una fecha como para los que albergarán una hora o ambos.

Fecha general	19/06/2007 17:34:23
Fecha larga	martes, 19 de junio de 2007
Fecha mediana	19-jun-07
Fecha corta	19/06/2007
Hora larga	17:34:23
Hora mediana	5:34
Hora corta	17:34

- El tipo **Sí/No** solo dispone de tres formatos. Cabe recordar que este tipo únicamente puede contener el dato *Sí* (o derivados) o el dato *No* (o derivados).

Sí/No	
Verdadero/Falso	Verdadero
Sí/No	Sí
Activado/Desactivad	Activado

3. **Máscara de entrada**. Permite añadir una plantilla de escritura para los datos. Se utiliza con datos que tienen un aspecto uniforme (como la matrícula de un coche). Por ejemplo, si se va a introducir un DNI, se puede escribir separando los millares con un punto, y la letra del final con un guión (por ejemplo: *50.000.000-A*). Se puede crear la máscara de entrada de dos formas: mediante asistente o de forma manual:

- Para utilizar el asistente se hace clic en el cuadro de texto de la máscara de entrada. Se pulsa el botón [...] que aparece a su derecha. Como en cualquier asistente, se siguen los pasos correspondientes, que guían mostrando lo que se necesita. Antes de iniciar el asistente, Access obligará a guardar la tabla como esté hasta el momento. El primer paso del asistente puede verse en la figura siguiente. En él existen varias plantillas predeterminadas, como el **Número de teléfono** o el **NIF**. Incluso existe el tipo **Contraseña**, que no permite ver el contenido del campo. Después de este paso existen otros tres para concretar los datos de la plantilla que se desea aplicar al campo.

Si se emplea la plantilla para números de teléfono hay que tener precaución, ya que puede estar incluyendo el número de un móvil, que tiene distinta forma (sin prefijo ni guiones). Además, debe tener en cuenta que si el número llevara prefijo internacional, la máscara que ofrece el asistente no le servirá.

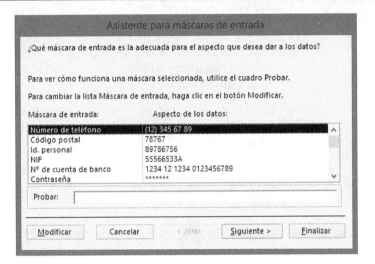

- Para crear una máscara de entrada manualmente hay que servirse de varios símbolos que tienen funciones especiales. Cada uno de estos símbolos representa un carácter que el usuario podrá o no teclear:

a) En los lugares de la máscara en los que se teclee un **9**, el usuario podrá escribir un dígito (entre 0 y 9). Dicho dígito podrá dejarse sin teclear (en su lugar existirá un espacio en blanco).

b) El símbolo **#** es similar al anterior, pero una vez terminada la escritura del dato completo, aquellos espacios que se hayan dejado en blanco (en lugar de teclear una cifra) serán eliminados y no se grabarán en el disco.

c) En los lugares en los que se teclee un **0** (cero), el usuario podrá escribir un dígito (entre 0 y 9), que no podrá dejarse sin teclear (será obligatorio escribirlo).

d) En los lugares en los que se teclee una **L** el usuario podrá escribir cualquier letra. Esa letra no podrá dejarse sin teclear (es obligatorio escribirla).

e) En los lugares en los que se teclee una **?** (interrogación), el usuario podrá escribir cualquier letra, que podrá dejarse sin teclear (no es obligatorio escribirla).

f) En los lugares en los que se teclee una **a**, el usuario podrá escribir cualquier letra o número, que podrá dejarse sin teclear (no es obligatorio escribirla).

g) En los lugares en los que se teclee una **A**, el usuario podrá escribir cualquier letra o número, que no podrá dejarse sin teclear (es obligatorio escribirla).

h) En los lugares en los que se teclee un **&**, el usuario podrá escribir cualquier carácter o espacio, que no podrá dejarse sin teclear (es obligatorio escribirlo).

i) En los lugares en los que se teclee una **C**, el usuario podrá escribir cualquier carácter o espacio, que podrá dejarse sin teclear (no es obligatorio escribirlo).

j) El símbolo **>** asegura que todas las letras que le sigan (a su derecha) aparezcan automáticamente en mayúsculas. Igualmente se podrá emplear el símbolo **<** para que aparezcan en minúsculas.

k) El símbolo **!** cambia la dirección de relleno del dato, en lugar de escribirse de izquierda a derecha se hace a la inversa.

l) Cualquier otro símbolo que se teclee en una máscara aparecerá en el dato en la misma posición en la que la haya colocado. No obstante, para asegurarse es preferible teclear el símbolo \ delante del otro. Si se trata de varios caracteres en lugar de uno solo, tecléelos entre comillas (por ejemplo, "kg").

Los caracteres que añada a una máscara de entrada no formarán realmente parte del dato cuando lo escriba. Por ejemplo, si añade una máscara para un DNI con puntos separadores de miles y un guión para separar la letra del final, estos (puntos y guión) no formarán parte del dato, que estará compuesto solo por los dígitos de DNI y su letra a efectos de almacenamiento en el disco.

4. **Título**. Cuando se rellena una tabla, encabezando las columnas aparecen los nombres de los campos; sin embargo, esos nombres no pueden construirse con ciertos caracteres (por ejemplo, un nombre de campo no admite puntos separadores ni finales). Si es necesario emplear uno de esos símbolos, el nombre deberá seguir sin contenerlos, pero la propiedad **Símbolo** permite teclearlos para que se vean así en la tabla. Por ejemplo, si se emplea el *D.N.I.* en una tabla, no se puede dar literalmente ese nombre al campo debido a que lleva puntos. La solución es teclear *DNI* en el nombre y poner *D.N.I.* como **Título**.

5. **Valor predeterminado**. El valor predeterminado es un dato que ya aparece escrito cada vez que se va a dar de alta un nuevo registro en la tabla. Por ejemplo, si se tiene el campo *País de origen de la película* en una tabla sobre películas, se podría asignar *USA* como valor predeterminado (porque la mayor parte de las películas

vienen de allí). De este modo, en cada nuevo registro que se vaya a escribir en la tabla aparecerá ya tecleado el dato *USA* automáticamente y no será necesario escribirlo de nuevo. Si se ha de teclear otro país, bastará con hacerlo como si el dato *USA* no estuviese ahí. Su función ahorra trabajo cuando se sabe que el valor que se va a escribir para ese campo en la mayoría de los registros es el mismo (en nuestro ejemplo, *USA*).

Cuando se trabaja con un campo de tipo numérico Access asigna como valor predeterminado el 0 (cero). Así pues, si necesita vaciar un dato numérico cuando esté añadiendo datos a la tabla, deberá borrar el cero que le aparecerá escrito inicialmente.

6. **Regla de validación**. Esta propiedad limita los valores que el usuario puede escribir en el campo. Por ejemplo, una edad (siendo optimistas) no superará el valor 150 (si se habla de años para personas), por tanto, se podría limitar el valor de entrada de forma que no se pudiera escribir un número mayor que 150 ni menor que 0. El proceso de validación se crea tecleando en el mismo cuadro de texto de la **Regla de validación**, o bien, mediante el generador de expresiones (pulsando el botón ⟨...⟩) que ayuda a construir una función matemática o lógica que limite los valores aceptados por el campo.

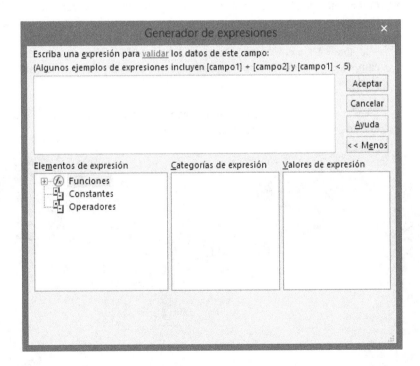

En el generador de expresiones se puede escribir a mano directamente en el cuadro superior. También se pueden desplegar los **Elementos de expresión** para que sean ellos mismos los que se incorporen a la fórmula. Algunos de esos elementos están organizados por subcategorías que pueden especificarse en **Categorías de expresión**. Estas ofrecerán finalmente una lista de funciones o propiedades (en el cuadro **Valores de expresión**) para que al hacer doble clic en una se incorpore a la fórmula.

Por ejemplo, cuando necesite que Access incorpore la fecha actual con el generador de expresiones, despliegue **Funciones** (en la columna **Elementos de expresión**). Obtendrá **Funciones incorporadas** y, al hacer clic en ella, se rellenará la columna **Categorías de expresión**. En ella, seleccione **Fecha y hora**, lo que rellenará la columna **Valores de expresión** con funciones de fecha y hora. Ahí, haga doble clic en **Fecha** y obtendrá el resultado.

Para dar validez al ejemplo que hemos puesto, el campo *Edad* deberá ser mayor que 0 y menor (o igual) que 150, luego la expresión que validaría ese caso sería:

$$[Edad] > 0 \quad Y \quad [Edad] <= 150$$

*(Edad mayor que cero **Y** Edad menor o igual que 150).*

- Obsérvese que el campo *Edad* se escribe entre corchetes, pero no es necesario teclearlos, ya que, si Access detecta que la palabra *Edad* se corresponde con un campo de la tabla, asumirá que dicha palabra es en realidad el campo *Edad* y le añadirá los corchetes automáticamente. Solo será necesario teclearlos en campos cuyo nombre esté formado por más de una palabra (ejemplo *[Código postal]*).

- La expresión anterior puede escribirse con el teclado, o bien utilizando los botones que aparecen en el generador de expresiones.

Se **pueden** definir condiciones complejas ayudándose de los operadores lógicos **Y** (*AND*) y **O** (*OR*).

1. Según el operador **Y** (*AND*), para que la condición general sea cierta, ambas condiciones deberán serlo igualmente. Por ejemplo, en un supuesto campo *Edad* para personas: *>=18 Y <=30*. Según esta condición, solo se podrán escribir edades de personas cuya edad sea mayor o igual que 18 años y menor o igual a 30, es decir, las que tengan entre 18 y 30 años.

2. Según el operador **O** (*OR*), para que la condición general sea cierta, basta con que una de las dos condiciones lo sea. Por ejemplo, en un supuesto campo *Color de pelo* de personas: *="Rubio" O ="Castaño"*. Según esta condición, solo se podrán escribir los datos *Rubio* y *Castaño* en el campo.

Algunas versiones de Access no permiten teclear estos datos en español, en cuyo caso deberá teclear **AND** en lugar de **Y** y **OR** en lugar de **O**.

7. **Texto de validación**. Se escribe cuando se ha añadido una **Regla de validación**. Se teclea el mensaje de error que obtendrá el usuario si quebranta la regla de validación. Por ejemplo, si se escribe *El número debe estar incluido entre 1 y 150*, cuando el usuario intente escribir un valor incorrecto, obtendrá el siguiente cuadro de advertencia:

8. **Requerido**. Si se elige **Sí** en **Requerido**, cuando el usuario escriba datos en un registro, no podrá finalizarlo ni guardarlo si el campo en cuestión está vacío. Si se elige **No** (o se deja como aparece inicialmente), podrá dejarse vacío.

En un campo numérico, Access asigna como valor predeterminado el 0 (cero). Esto significa que, aunque no se borre ese valor, el campo ya tendrá escrito uno. Si es necesario que no aparezca dicho cero, debe borrarse en la propiedad **Valor predeterminado** del campo numérico con el que esté trabajando. Entonces, al estar vacío el campo, la propiedad **Requerido** exigirá que el usuario añada un valor (aunque sea el cero) antes de pasar a otro registro.

9. **Permitir longitud cero**. Similar al anterior. En los campos de tipo **Texto**, **Memo** o **Hipervínculo** se puede dejar vacío su contenido (tamaño cero caracteres) si se elige **Sí** para esta propiedad. La cadena de longitud cero consiste en escribir dos comillas con un espacio entre ellas: " ". Si se selecciona **No**, no se podrá teclear " ".

10. **Indexado**. Crea un índice para la tabla. Se puede optar por **Sí (Con duplicados)** o **Sí (Sin duplicados)**. Si no desea aplicar un índice al campo se elige **No**. Por ejemplo, si en el campo *Matrícula* se elige **Sí (Sin duplicados)** el usuario no podrá escribir dos o más matrículas iguales a lo largo de la tabla.

11. **Compresión Unicode**. Unicode es un estándar mundial de comunicación entre ordenadores. Ofrece un método que mejora el sistema ASCII puesto que emplea dos bytes para cada carácter, en lugar de uno solo. Esto permite mayor variedad de datos para cada carácter y ciertas ventajas a la hora de enviar datos de un ordenador a otro. Como contrapartida, cada texto que emplea el sistema Unicode ocupa más espacio en disco (el doble, puesto que cada carácter ocupa dos bytes en lugar de uno). Si se activa la **Compresión Unicode** con **Sí**, los datos de texto se almacenarán comprimidos (ocupando menos espacio en el disco) para compensarlo. Por ello, cada nuevo campo de tipo **Texto**, **Memo** o **Hipervínculo** que se emplee en una tabla aparecerá por defecto con esta propiedad en **Sí**.

12. Las propiedades **Modo IME** y **Modo de oraciones IME** están relacionadas con la entrada de datos en idiomas asiáticos en Access, de ahí que aparezcan solo en los campos textuales (**Texto, Memo** e **Hipervínculo**) y de fecha (**Fecha/Hora**).

13. La propiedad **Etiquetas inteligentes** permite asignar al campo estas etiquetas con las que se le pueden aplicar acciones especiales (enviar un correo, mostrar un calendario, etc.). Se accede a estas acciones al rellenar la tabla (aparece el icono ⓘ desplegable para poder elegirlas, como se muestra en la figura junto al margen). Inicialmente se ofrecen pocos tipos de etiquetas: **Número de teléfono, Contactos de mensajería instantánea** 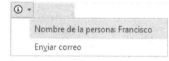 y **Nombre de la persona,** pero en el cuadro de diálogo que ofrece esta propiedad (al pulsar en ⸱⸱⸱) se pueden añadir más con el botón $\boxed{\underline{\text{Más etiquetas de acción}}}$ desde Internet (a día de hoy, con su información en inglés).

14. **Alineación del texto.** Permite alinear el texto en el cuadro en que se escriba (izquierda, derecha, centrar, etc.).

15. **Solo anexar.** Impide hacer cambios en el campo: únicamente se podrán añadir más sin modificar o eliminar los que ya estuvieran escritos.

16. **Mostrar el Selector de fecha.** Si se activa (eligiendo **Para fechas**) en un campo de tipo **Fecha/Hora**, durante la escritura de los datos en la tabla se ofrece el icono ▦ y si se hace clic en él, se despliega un sencillo calendario en el que la fecha se puede seleccionar haciendo otro clic en el número del día. En este calendario se puede navegar por las fechas haciendo clic en los iconos de flecha situados a los lados del mes. También se puede pulsar el botón $\boxed{\text{Hoy}}$ para acceder rápida y fácilmente a la fecha actual. Esta función se puede desactivar eligiendo **Nunca** en la propiedad **Mostrar el Selector de fecha.**

17. **Lugares decimales.** En los campos numéricos (tipos **Autonumérico, Número** y **Moneda**) se puede ajustar esta propiedad que permite establecer la cantidad de cifras decimales que contendrá el campo numérico en cuestión. Para trabajar con esta propiedad, sencillamente se escribe el número de decimales que se desean ver en el campo, o bien se elige **Automático**, que muestra solo los decimales que el usuario escriba en cada valor.

18. **Nuevos valores.** En los campos de tipo **Autonumérico** puede utilizarse la opción **Incrementalmente**, que se limitará a ir aumentando el valor en cada registro nuevo de la tabla; o bien **Aleatoriamente**, que asigna un valor al azar a cada nuevo registro (aunque sin repetir ninguno).

19.1.2 Campos de tipo *Asistente para búsquedas*

En principio, cuando se van a rellenar datos en una tabla se emplea un cuadro de texto en el que el operario debe teclear su contenido. Sin embargo, es posible que dicho contenido pueda rellenarse empleando otros tipos de controles como listas desplegables en las que se selecciona el dato en una lista, en lugar de escribirse manualmente.

El asistente para búsquedas permite diseñar estos controles especiales, si bien existen ciertos campos en los que no se puede elegir esta opción, por ejemplo, los campos que estén relacionados con otros de otra tabla o los campos en los que previamente hayamos elegido el tipo **Objeto OLE**.

Cuando se selecciona **Asistente para búsquedas** en un campo al crear o modificar una tabla en modo **Vista Diseño**, aparece el primer paso del asistente en el que se elige si los datos que mostrará la lista al ser desplegada se van a teclear a continuación (**Escribiré los valores que desee**), o bien si Access los extraerá de otra tabla o consulta (**Deseo que el campo de búsqueda busque los valores en una tabla o consulta**).

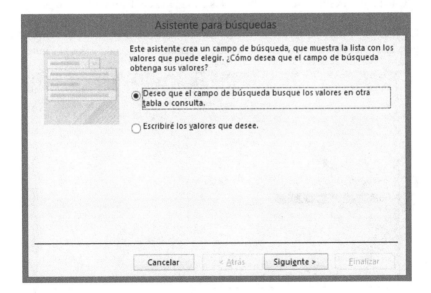

Si se opta por lo último, será necesario elegir la tabla o consulta de la que se extraerán los datos para la lista desplegable (de lo contrario, el asistente sigue otro rumbo en el que el usuario debe escribir los valores en una lista).

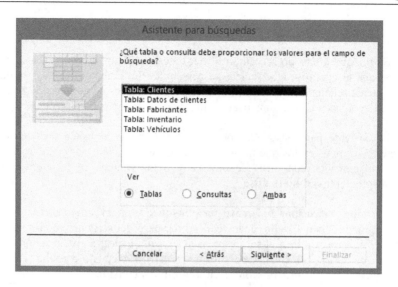

Este paso muestra el resto de las tablas de la base de datos en las que se elige uno de sus campos cuyo contenido será listado al desplegar el control. Este cuadro no solo permite elegir **Tablas**, sino también **Consultas**, para lo cual utilizaremos los botones del grupo **Ver**. Una vez elegida la tabla o consulta elegiremos el campo, para lo cual accederemos al siguiente paso:

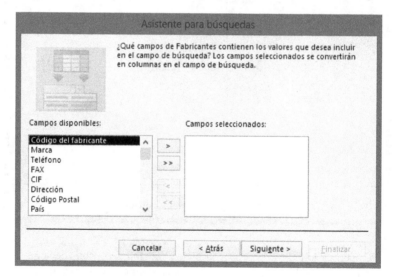

En este cuadro se elige el campo cuyo contenido se empleará al desplegar la lista. Se utilizan los botones ⊳ , ⊳⊳ , ⊲ y ⊲⊲ para seleccionar o deseleccionar campos. Hasta que no se añada al menos un campo, no se podrá pasar al siguiente paso que se emplea para elegir el campo por el que se ordenarán los datos de la lista.

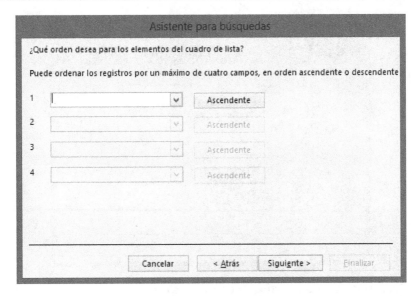

En el siguiente paso aparecen los campos elegidos, que se listarán al desplegar la lista. Su función es permitir la modificación de la anchura de estos. Se lleva el puntero del ratón hasta un borde (izquierdo o derecho) del campo, se hace clic y, sin soltar el botón del ratón, se arrastra a un lado u otro. También se puede elegir si aparecerá listado el campo clave de la tabla (suele ser útil si el campo clave lleva un recuento que se desea que aparezca al desplegar la lista):

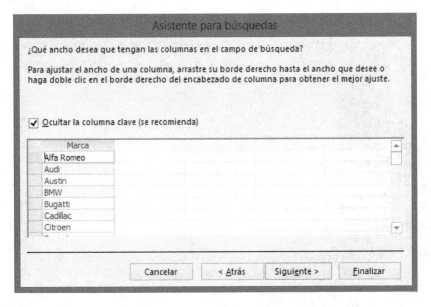

El último paso ofrece el siguiente aspecto:

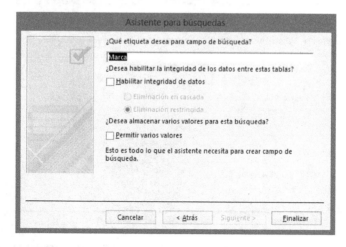

En este último paso se escribe el nombre que tendrá la columna del campo en la tabla y si permite varios valores en él. Se puede **Habilitar integridad de datos** para asegurarse de que los valores que muestre el campo se correspondan con los de otra tabla, en cuyo caso, se puede eliminar o no en cascada. Acerca de esto hablaremos más adelante, en el apartado *La integridad referencial* de este mismo capítulo.

El resultado de aplicar este tipo de campos es apreciable cuando se va a rellenar la tabla con datos, ya que, al llegar al campo en cuestión, no solo obtenemos la posibilidad de escribir su contenido, sino también la de seleccionarlo en una lista desplegable.

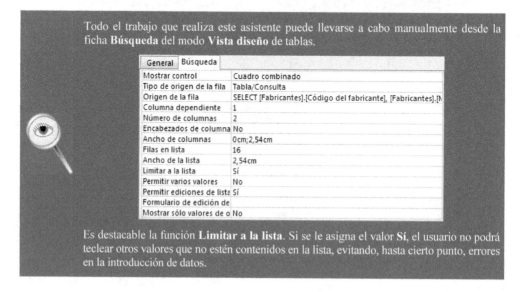

Todo el trabajo que realiza este asistente puede llevarse a cabo manualmente desde la ficha **Búsqueda** del modo **Vista diseño** de tablas.

General	Búsqueda	
Mostrar control	Cuadro combinado
Tipo de origen de la fila	Tabla/Consulta
Origen de la fila	SELECT [Fabricantes].[Código del fabricante], [Fabricantes].[N
Columna dependiente	1
Número de columnas	2
Encabezados de columna	No
Ancho de columnas	0cm;2,54cm
Filas en lista	16
Ancho de la lista	2,54cm
Limitar a la lista	Sí
Permitir varios valores	No
Permitir ediciones de lista	Sí
Formulario de edición de	
Mostrar sólo valores de o	No

Es destacable la función **Limitar a la lista**. Si se le asigna el valor **Sí**, el usuario no podrá teclear otros valores que no estén contenidos en la lista, evitando, hasta cierto punto, errores en la introducción de datos.

19.1.3 Campos de tipo Calculado

Un campo de tipo **Calculado** admite un contenido formado por el resultado de calcular un valor en la tabla. Por ejemplo, si una tabla lleva los campos *Fecha de expedición* y *Fecha de vencimiento*, siendo esta última 45 días posteriores a la primera, se puede crear un campo de tipo **Calculado** y establecer la fórmula de cálculo, de manera que Access tome automáticamente una fecha de 45 días posteriores a la que se escriba en la de expedición y el resultado lo almacene en la tabla.

Estos cálculos se actualizan en cuanto se modifican los valores que afectan a la fórmula. Así, según nuestro ejemplo, si modificamos una fecha de expedición, la de vencimiento se recalcula de forma inmediata, manteniéndose actualizada continuamente.

Para crear un campo de este tipo, durante el diseño de la tabla, se selecciona **Calculado** como tipo de datos de un campo. En cuanto lo hagamos, aparece el generador de expresiones para que establezcamos la fórmula de cálculo que deseemos.

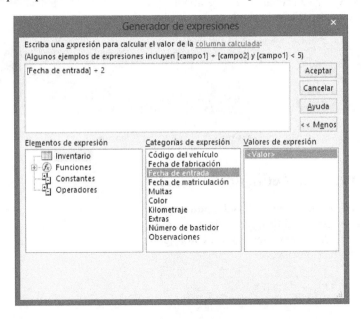

No es imprescindible añadir la fórmula en este momento. Se puede abandonar el cuadro de diálogo y escribir dicha fórmula más adelante.

Cuando se termina, el campo en cuestión (en nuestro ejemplo *Fecha de matriculación*) contiene dos propiedades específicas para este tipo de datos:

1. **Expresión**. Contiene la fórmula de cálculo. Si no se escribió en el generador de expresiones o si está mal, se puede escribir ahí.

2. **Tipo de resultado**. Contiene el tipo de dato real que almacenará el campo. En nuestro ejemplo, el tipo en cuestión será **Fecha/Hora**, ya que el cálculo resuelve una fórmula que da como resultado una fecha.

Al rellenar la tabla, cuando el usuario acceda al campo que contiene la fórmula (en nuestro ejemplo, *Fecha de matriculación*) tomará los valores de los campos que necesite, resolverá la fórmula y asignará el resultado al campo.

19.1.4 Creación de campos clave

Para crear un campo clave se selecciona en la lista de la ventana de diseño y se pulsa el botón **Clave principal** del grupo **Herramientas** de la pestaña **Diseño** en la cinta de opciones.

Clave principal

Si se vuelve a activar en otro campo, el que hasta ahora lo era deja de serlo a favor del nuevo, ya que la tabla solo puede tener una clave principal.

Aun así, se pueden seleccionar dos o más campos y activar la clave principal. Esto tiene como finalidad que el dato clave esté formado por varios campos y será el conjunto de todos ellos el que no se repetirá a lo largo de la tabla.

Para desactivarlo vuelva a pulsar el botón en el campo.

19.1.5 Creación y edición de índices

Aparte de la propiedad **Indexado** de la que ya hemos hablado, Access ofrece un botón para modificar los índices ya creados, eliminarlos o añadir más. Se trata de **Índices** del grupo **Mostrar u ocultar** de la pestaña **Diseño** en la cinta de opciones, que ofrece un cuadro:

Índices

	Índices: Clientes		
Nombre de índice	ombre del cam|	Criterio de ordenación	
Propiedades del índice			
El nombre de este índice. Cada índice puede usar hasta 10 campos.			

En la columna **Nombre de índice** se teclea el nombre que identificará al índice y en la columna **Nombre del campo** se establecen, en orden, los campos por los que se debe clasificar. Por otra parte, en la columna **Criterio de ordenación** se indica si la colocación de los datos se hará de forma **Ascendente** (de la A a la Z) o **Descendente** (de la Z a la A). Un ejemplo de ordenación por apellidos y nombre:

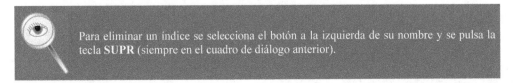

1. El índice se llama **Apellidos y nombre**.

2. Se ordena inicialmente según los primeros apellidos y, si se repite alguno, se utilizará el segundo apellido para la ordenación. Igualmente, si ambos apellidos se repiten, Access utilizará el campo **Nombre** para clasificarlos. Obsérvese que para los campos **Segundo apellido** y **Nombre** no se asigna nombre, puesto que, de lo contrario, se estarían creando tres índices y no uno solo.

3. Los índices creados en el ejemplo ordenan ascendentemente, es decir, de la A a la Z.

Para eliminar un índice se selecciona el botón a la izquierda de su nombre y se pulsa la tecla **SUPR** (siempre en el cuadro de diálogo anterior).

19.2 AÑADIR Y MODIFICAR REGISTROS EN LAS TABLAS

Cuando se ha definido una tabla, se puede rellenar con datos. Se accede a una tabla con el menú del panel de navegación. En él se elige **Tablas** y se hace doble clic en una.

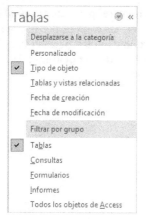

Se selecciona **Tablas** *en el menú*   *... y se hace doble clic en la tabla*

Se obtiene una ventana con la tabla lista para recibir información:

En las celdas que van apareciendo por filas (registros) iremos escribiendo los datos.

19.2.1 Edición de datos en las tablas

Cuando se va a rellenar una tabla con información existen distintas técnicas que aplicar:

1. La tabla debe rellenarse por filas (registros), sobre todo si entre los campos hay alguno que sea requerido, ya que, en ese caso, no se permitirá acceder a otro registro hasta haber completado el contenido de esos obligatorios.

2. Si se trata de un texto, se escribe sin más, al igual que los números, si bien estos últimos aparecen colocados a la derecha de cada celda, mientras que el texto lo hace a la derecha. Sin embargo, si en una celda ya existe un dato y se llega a él desde el anterior con la tecla del **TABULADOR**, será necesario pulsar **F2** para modificar el dato sin tener que escribirlo de nuevo (también es posible hacer clic en el dato).

3. En el caso concreto de los valores numéricos, no es necesario teclear elementos que acompañen a la cifra (como puntos separadores de millares o símbolos monetarios).

4. Si se trata de una casilla para un campo de tipo **Sí/No**, se puede activar y desactivar con el ratón o con la barra de espacio.

5. Si se trata de una fecha, se debe escribir en formato numérico: 29/05/2007. Access no nos permite escribir fechas incorrectas.

6. Si el campo tiene un formato asociado, no se observa su efecto hasta que se accede al siguiente campo.

7. Si el campo tiene una máscara de entrada asociada, esta tendrá el control sobre lo que se escribe y puede ocurrir que al teclear un carácter este no se refleje en la escritura por ser inesperado (se esperaba otro tipo de carácter, como un número o una letra). En los caracteres opcionales se utiliza la barra espaciadora para dejarlos vacíos. Debe tenerse una precaución especial en los campos que, además de contener una máscara, también contengan una regla de validación, ya que no se podrá acceder a otro campo si una función invalida la otra.

8. Los hipervínculos cambian de color de texto al azul y se subrayan automáticamente en cuanto se pasa al siguiente campo. Cuando se ven así, solo hay que hacer clic en ellos para acceder a su contenido.

9. Los datos para los objetos OLE se incorporan con la opción **Pegar** del menú **Edición** (habiendo copiado o cortado antes la información). También se pueden añadir desplegando el menú **Insertar** (una vez situados en uno de ellos) y seleccionando **Objeto**. Gracias a esta opción, se puede colocar como dato para un objeto OLE el contenido de un archivo del disco, o bien, un nuevo dato diseñado en ese momento con otra aplicación.

10. En los campos de tipo **Autonumérico** no se puede escribir valor alguno y su contenido automático no aparece hasta que se empieza a teclear información en otro campo del mismo registro. Si se elimina un registro que contenga un campo autonumérico, el número que contenga no se volverá a utilizar cuando se añada un nuevo registro.

11. Si es necesario abandonar la edición de un registro por alguno de los problemas anteriores u otros diferentes, se puede pulsar la tecla **ESC** (incluso dos veces).

12. Al terminar de escribir un registro se pulsa la tecla **TABULADOR** o **INTRO** para pasar a rellenar el siguiente.

Si algún dato es incorrecto, Access lo indicará mediante un mensaje cuando intentemos pasar al siguiente campo para continuar escribiendo datos. Por ejemplo, si tecleamos texto con letras o símbolos (guiones, comas, espacios, etc.) en una celda perteneciente a un campo numérico, obtendremos un error como el siguiente:

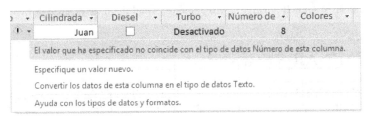

Otro ejemplo, si ha asignado la propiedad **Requerido** a un campo, no se podrá dejar vacío, y si así lo hacemos, obtendremos otro error:

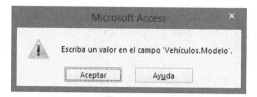

Un ejemplo más, si tiene un campo clave —o con la propiedad **Indexado Sí (sin duplicados)**— e intenta dejarlo vacío, o bien, escribir en él un dato idéntico a otro que ya haya tecleado en el mismo campo antes, obtendrá el siguiente error:

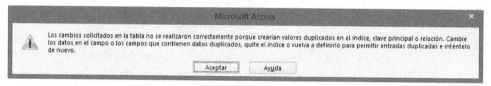

19.3 DESPLAZARSE A TRAVÉS DE LA TABLA

En la parte inferior de la ventana existe un indicador de nuestra posición actual en la tabla junto a unos botones que nos permiten desplazarnos por sus registros:

1. En el cuadro de texto (en la figura, *8 de 16*) se puede teclear el número de aquel al que se desea acceder y pulsar **INTRO**. Si se escribe un valor mayor que el del número total de registros, no se podrá acceder a él y se avisará mediante un cuadro de error.

2. El botón ⏮ nos lleva al primer registro.

3. El botón ◀ nos lleva al registro anterior.

4. El botón ▶ nos lleva al registro posterior.

5. El botón ⏭ nos lleva al último registro.

6. El botón ▶* nos lleva al registro vacío del final de la tabla, listo para ser rellenado.

19.4 ELIMINAR REGISTROS

Existen varias formas de eliminar un registro, aunque lo primero siempre es situarse en aquel que vamos a borrar, para lo cual utilizaremos los botones ⏮, ◀, ▶ y ⏭. Al ver el registro que se desea borrar, se hace clic en su cabecera.

Se hace clic...   *... y queda seleccionado*

Pueden eliminarse varios registros a la vez seleccionándolos antes si están juntos. Basta con pulsar sobre la cabecera del primero que se desea marcar y, sin soltar el botón del ratón, arrastrarlo hasta llegar al último.

Luego bastará con pulsar la tecla **Supr** o el botón del grupo **Registros** en la pestaña **Inicio** de la cinta de opciones. Antes de eliminar el registro, Access pedirá confirmación para el borrado mediante un cuadro de diálogo.

19.5 RELACIONES ENTRE TABLAS

Una de las herramientas más útiles que ofrecen los sistemas de bases de datos relacionales son las relaciones entre tablas (de ahí el nombre de dichos sistemas).

Dos tablas de una base de datos pueden tener un campo común (incluso más de uno), lo que facilita la relación entre ellas.

Las relaciones amplían las posibilidades de realizar consultas más complejas, puesto que permiten localizar datos de una tabla aun cuando solo se conoce información de otra.

19.5.1 Tipos de relaciones

En terminología de bases de datos dos tablas pueden estar relacionadas con diferente **correspondencia de cardinalidad**: el número de valores de una tabla relacionados con otra.

Hay tres tipos de relaciones o grados de correspondencia:

1. 1:1 (léase *uno a uno*). En este caso, por cada registro de una tabla cuyo campo relacionado contenga un dato único, encontramos solo otro registro en la tabla relacionada con el mismo dato único. Haciendo un símil familiar, la relación entre cónyuges es 1:1, por cada marido hay solo una mujer y viceversa.

2. 1:N (léase *uno a ene*). En este caso, por cada registro de una tabla cuyo campo relacionado contenga un dato único, podemos encontrar más de un registro en la tabla relacionada con el mismo dato. Haciendo un símil familiar, la relación entre padre (o madre) e hijos es 1:N, ya que por cada padre puede haber varios hijos.

3. N:N (léase *ene a ene*). En este caso, por cada registro de una tabla cuyo campo relacionado contenga un dato (no necesariamente único), podemos encontrar más de un registro en la tabla relacionada con el mismo dato. Haciendo un símil familiar, la relación entre hermanos es N:N, ya que varios hermanos pueden tener otros varios.

19.5.2 La integridad referencial

La integridad referencial es una función automática mediante la que el sistema se asegura de que los datos de dos tablas relacionadas mantienen su coherencia.

Aunque no se puede garantizar que un usuario se equivoque al escribir datos en una tabla, sí que es posible que los datos que escriban no estén fuera de los valores admitidos. En concreto, cuando se trata de escribir información en el campo relacionado con otra tabla, la idea consiste en que el valor que se escriba sea uno de los valores del campo relacionado en la otra tabla. Por ejemplo, si tenemos dos tablas de un videoclub (*Películas* y *Socios*) y el campo común relacionado es el *Número de socio* (en *Socios* para identificarlo y en *Películas* para distinguir al socio que la alquila), la integridad referencial se encargará de que, al escribir el número de socio en la tabla *Películas* cuando este alquile una, el valor que se escriba sea uno de los existentes en la tabla *Socios* (así no se podrá escribir un número de socio inexistente).

En Access, la integridad referencial se establece durante la creación o modificación de relaciones y nos permite, si se activa:

- Que se actualicen los campos en cascada, es decir, que si cambia el valor del campo relacionado en la tabla principal, se produzca automáticamente el mismo cambio en los campos de las tablas relacionadas. Un ejemplo, si disponemos de dos tablas relacionadas, *Clientes* y *Pedidos*, relacionadas por el *Número de cliente* (en *Clientes* para identificar al cliente y en *Pedidos* para distinguir al cliente que hace el pedido) y cambiamos dicho número en la tabla de *Clientes*, el sistema cambiaría igualmente y de forma automática el dato en la tabla de *Pedidos*.

- Que se eliminen los registros en cascada, es decir, que si se elimina un registro en la tabla relacionada, todos los registros cuyo campo relacionado tenga el mismo dato serán igualmente eliminados. Por ejemplo, si se dispone de las mismas tablas *Clientes* y *Pedidos* y se elimina un cliente en la tabla de *Clientes*, el sistema eliminaría automáticamente los registros de datos de *Pedidos* de ese cliente, al tener el mismo dato como *Número de cliente*.

19.5.3 Creación y edición de relaciones

Tanto la correspondencia de cardinalidad como la integridad referencial son elementos a tener en cuenta durante la creación o modificación de relaciones entre tablas, funciones a las que se accede mediante el botón **Relaciones** que se puede encontrar en el grupo del mismo nombre de la pestaña **Herramientas de base de datos** en la cinta de opciones. Se obtiene lo siguiente:

Relaciones

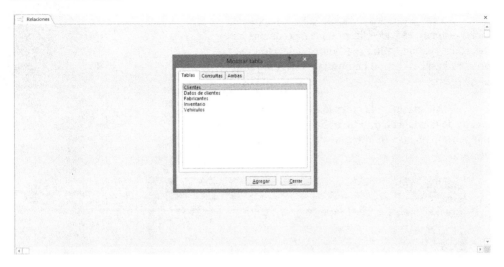

Este cuadro de diálogo permite indicar qué tablas o consultas se van a relacionar.

1. En la ficha **Tablas** aparecen únicamente las tablas de la base de datos.

2. En la ficha **Consultas** aparecen únicamente las consultas de la base de datos.

3. En la ficha **Ambas** aparecen tanto las tablas como las consultas de la base de datos.

4. El botón Agregar añade a la ventana de *Relaciones* las tablas o consultas que previamente se hayan seleccionado y cierra el cuadro de diálogo:

Debe apreciarse que la clave principal de cada tabla es el campo que muestra el icono de una pequeña llave a su izquierda.

Para mover una tabla, haga clic en su barra de título y, sin soltar el botón del ratón, arrástrela hasta colocarla en el lugar deseado.

Es aconsejable que, mientras sea posible, se amplíe el tamaño de cada ventanita de las tablas hasta que se distingan bien todos sus campos, ya que resultará más fácil manejarlos.

Si se necesita añadir más tablas o consultas al panel, se pulsa el botón **Mostrar tabla**, del grupo **Relaciones** en la cinta de opciones.

Si necesita eliminar una tabla (por ejemplo, porque aparezca dos veces y solo necesite una), haga clic en ella y pulse el botón **Ocultar tabla** del grupo **Relaciones** en la cinta de opciones.

Para crear una relación entre campos de tablas distintas, se hace clic en un campo de una de las tablas y, sin soltar el botón del ratón, se arrastra hasta el campo de otra tabla (figura junto al margen).

Al efectuar la relación arrastrando el campo de una tabla a otra, se obtiene un cuadro de diálogo en el que se dispone de los siguientes elementos:

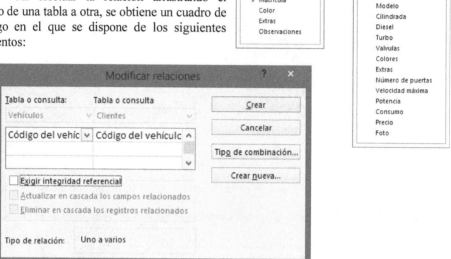

- En **Tabla o consulta** se ve la tabla o la consulta cuyo campo se eligió para la relación.

- En **Tabla o consulta relacionada** se ve la tabla cuyo campo se eligió para relacionar.

- Puede observarse que, en la parte inferior del cuadro, el **Tipo de relación** muestra la cardinalidad entre ambos campos de las tablas: **Uno a varios** (1:N), **Uno a uno** (1:1) o bien **Indeterminado** (N:N).

- Mediante **Exigir integridad referencial**, **Actualizar en cascada los campos relacionados** y **Eliminar en cascada los registros relacionados** se controla la integridad referencial.

- Con el botón Tipo de combinación... se establece la clase de relación que habrá entre los campos relacionados de ambas tablas. Por ejemplo, puede definirse la relación solo cuando los datos de un campo coincidan con los de su campo relacionado en la otra tabla.

- Una vez se hayan establecido todos los datos necesarios, se pulsa el botón Crear .

La ventana de **Relaciones** mostrará una línea que une los campos relacionados:

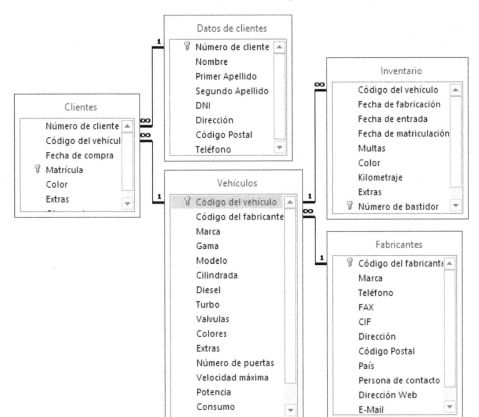

Si se necesita modificar una relación se hace doble clic en la línea que une los campos de dicha relación (o se hace clic en la línea para seleccionarla —con lo que aparecerá más gruesa— y se pulsa el botón **Modificar relaciones** del grupo **Herramientas** en la cinta de opciones). En ese caso, aparecerá el mismo cuadro de diálogo que se utilizó para crear la relación, aunque con datos ya establecidos.

Modificar relaciones

Si lo que se necesita es borrar una relación entre dos campos, se hace clic en la línea que los une y se pulsa la tecla **SUPR**. Access solicitará confirmación antes de borrar la relación definitivamente.

Cuando se acaban de crear o modificar las relaciones, se cierra la ventana, ante lo cual, Access le preguntará si desea grabar las relaciones mediante un cuadro de diálogo en el que deberemos responder afirmativamente.

Capítulo 20

CONSULTAS CON ACCESS

Las consultas se emplean para obtener datos precisos extraídos de las tablas con el fin de conseguir una información concreta. Las tablas representan los datos en bruto y las consultas permiten seleccionar información específica de dichas tablas.

Por otro lado, las consultas se actualizan automáticamente, de modo que, una vez se tenga una consulta terminada y guardada en la base de datos, al modificar información en cualquier tabla que afecte a esa consulta, esta cambiará por sí sola poniéndose al día.

20.1 CONSULTAS CON EL ASISTENTE

Como para las tablas, y otros elementos de bases de datos, Access proporciona un asistente para crear consultas.

Para empezar, si se desea crear una consulta nueva, se puede pulsar el botón **Asistente para consultas** del grupo **Consultas** que se encuentra en la pestaña **Crear** de la cinta de opciones. Se ofrecerán varias posibilidades en un cuadro de diálogo dependiendo de si se va a crear la consulta manualmente o si se empleará un asistente:

Asistente para consultas

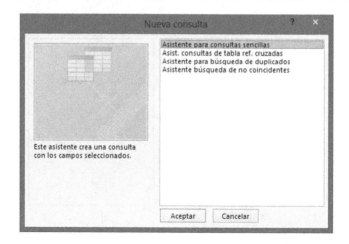

Existen cuatro asistentes para crear consultas, por lo que se debe establecer qué asistente se va a utilizar.

A continuación expondremos el **Asistente para búsqueda de duplicados**. Los demás asistentes funcionan de forma similar y sería recomendable practicar con todos después del que se va a ofrecer aquí como ejemplo. No obstante, el modo más completo para crear una consulta es el modo **Vista Diseño**, con el que se genera una consulta manualmente.

La consulta que se va a exponer como ejemplo tiene como finalidad localizar datos repetidos en una tabla, si los hay. El resultado es una nueva tabla cuyo contenido lo constituyen exclusivamente aquellos registros que se repiten, más un campo especial que añade Access indicando el número de veces que lo hacen.

Al elegir **Asistente para búsqueda de duplicados** se obtiene el primer paso del asistente para la mencionada consulta. Este es su aspecto:

1. La lista del cuadro muestra una relación con todas las tablas y consultas existentes en la base de datos. Ahí se elige una tabla o consulta sobre la que se ejecutará la nueva consulta.

2. Esa lista muestra su contenido según esté activado el botón **Tablas** (que solo muestra las tablas en la lista), el botón **Consultas** (que únicamente muestra las consultas en la lista), o bien **Ambas** (que muestra tablas y consultas en la lista).

Después de elegir la tabla o consulta, se accede al siguiente paso del asistente, en el que se seleccionan los campos de los que se desea saber si están duplicados. Bastará con elegirlos, seleccionándolos y pulsando los botones que hay a su derecha:

1. ⟨ > ⟩. Añade un campo de la lista de **Campos disponibles** a la lista de **Campos con valores duplicados**.

2. ⟨ >> ⟩. Incorpora todos los **Campos disponibles** a **Campos con valores duplicados**.

3. ⟨ < ⟩. Elimina un campo de la lista de **Campos con valores duplicados**.

4. ⟨ << ⟩. Elimina todos los campos de la lista de **Campos con valores duplicados**.

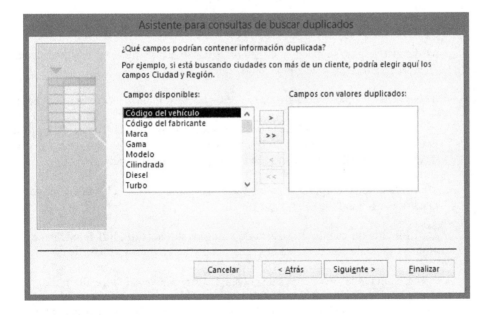

Una vez que se han elegido los campos, se accede al siguiente paso del asistente, cuyo aspecto es el que puede verse en la figura siguiente:

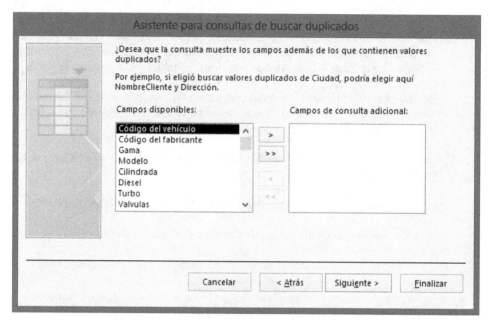

Mediante este paso se indica qué campos aparecerán al terminar la consulta, además, naturalmente, de aquellos que estén duplicados.

Se hace clic en aquellos campos que se desee obtener. Pueden usarse estos botones:

1. **>**. Añade un campo de la lista de **Campos disponibles** a la lista de **Campos de consulta adicional**. Para ello, elija primero el campo en la lista. Hasta que no añada al menos un campo a este cuadro, no podrá pasar al siguiente paso.

2. **>>**. Este botón incorpora todos los **Campos disponibles** a la lista de **Campos de consulta adicional**.

3. **<**. Elimina un campo de la lista de **Campos de consulta adicional**. Para ello, elija el campo de esta lista que desea eliminar y luego pulse el botón.

4. **<<**. Elimina todos los campos de la lista de **Campos de consulta adicional**.

Cuando se han elegido los campos, se accede al último paso del asistente, que presentará este aspecto:

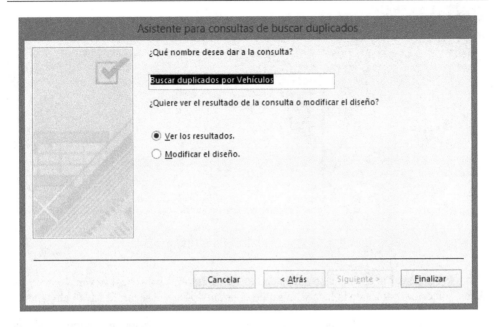

1. En este último paso del asistente se asigna un nombre a la consulta, para lo que se emplea el campo **¿Qué nombre desea dar a la consulta?**

2. Después, se puede activar el botón **Ver los resultados**, si se desea obtener el resultado en la pantalla en forma de tabla.

3. También se puede alterar la consulta sin asistente una vez terminada, activando el botón de opción **Modificar el diseño**.

20.1.1 Consultas en modo Vista Diseño

A pesar de la buena intención de los asistentes, no es posible crear cualquier tipo de consulta con ellos, por lo que existe otro modo de crear consultas manualmente utilizando ejemplos. Para ello se pulsa el botón **Diseño de consulta** del grupo **Consultas** en la pestaña **Crear** de la cinta de opciones. Al pulsar este botón, Access ofrecerá dos ventanas superpuestas:

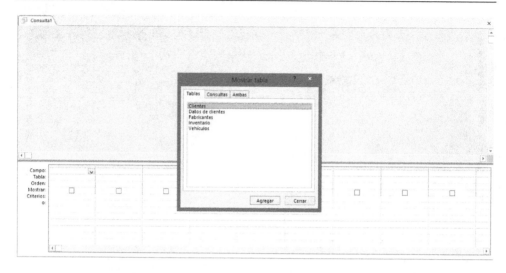

Para crear la consulta, se indica de qué tablas (u otras consultas) se van a extraer los datos, seleccionándolas en la lista y pulsando el botón [Agregar] según se vayan eligiendo.

Puede seleccionarse más de una tabla para obtener información más completa, si bien dichas tablas deberán estar relacionadas para que la consulta proporcione datos coherentes.

Un ejemplo. Si se buscan datos relativos a un automóvil (según la figura anterior), se debería seleccionar la tabla *Vehículos*, que es donde se podrá encontrar información sobre ellos.

Cuando se han elegido las consultas, se pulsa el botón [Cerrar] para definir los términos de la consulta. Esto llevará a la tabla que puede verse de fondo en la figura anterior, con las tablas elegidas:

Puede observarse que las tablas elegidas se muestran en una pequeña ventana. Se hace doble clic en cada campo que se desea que aparezca en la consulta (hay que recordar que cuando se termina, la consulta mostrará ciertos campos, por lo que ahora es el momento de elegir cuáles). Si tienen que aparecer todos los campos, se hace doble clic en el asterisco (*). Cada campo elegido irá apareciendo en una nueva columna de la parte inferior de la ventana.

Si se dejara la consulta con esos datos, aparecerían todos los registros en el resultado; pero las consultas están pensadas para que el usuario pueda establecer una condición que limite los datos que aparecerán como resultado (personas mayores de edad, las que viven en una determinada ciudad, etc.), filtrando del resultado los datos que no cumplan esa condición.

Un ejemplo. Si en la tabla *Vehículos* hiciésemos doble clic en su asterisco para mostrar todos sus campos en el resultado, la ventana de diseño mostraría lo que ve en la figura junto al margen.

La lista **Campo** muestra, entonces, el nombre de la tabla, estableciendo que el resultado debe contener todos sus datos (*Vehículos.**). Si se despliega esa lista, se podrá elegir otro campo en su lugar. Sin embargo, aún falta poner la condición que limitará los datos resultantes extraídos de la tabla. Esta condición se establece en los

Criterios. Si, por ejemplo, se desea obtener en la consulta un listado de vehículos de motor diésel, se ha de añadir el campo **Diésel** (ya que es el que contiene la información que interesa), haciendo doble clic en él en la ventanita del panel superior. El campo **Diésel** aparecerá a la derecha de *Vehículos.** (como puede ver en la figura junto al margen).

El campo **Diésel** no debe mostrarse, puesto que al haber seleccionado antes el asterisco (*) ya van a aparecer todos (incluyendo, por tanto, **Diésel**), lo que significa que si ahora también se muestra, aparecerá dos veces. Por tanto, en su columna, se debe desactivar la casilla **Mostrar** para que **Diésel** se vea en el resultado.

Para terminar, falta indicar la condición, para lo cual, se emplean los **Criterios** de la columna perteneciente a **Diésel**. Puesto que este es de tipo **Sí/No**, y se desean ver los que sí tengan el motor diésel, escribiremos **=Sí** (no olvide la tilde).

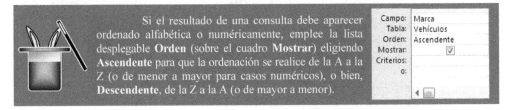

Si el resultado de una consulta debe aparecer ordenado alfabética o numéricamente, emplee la lista desplegable **Orden** (sobre el cuadro **Mostrar**) eligiendo **Ascendente** para que la ordenación se realice de la A a la Z (o de menor a mayor para casos numéricos), o bien, **Descendente**, de la Z a la A (o de mayor a menor).

Cuando se termina una consulta, se debe cerrar su ventana. Entonces, Access preguntará si se desea guardarla en la base de datos para volver a emplearla en el futuro. Si se responde afirmativamente, solicitará que se le dé nombre mediante el cuadro de diálogo que puede ver en la figura junto al margen.

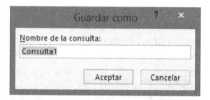

 Antes de salir de la consulta, puede ejecutarla para ver su resultado antes de grabarla. Para ello, pulse el botón **Ejecutar** del grupo **Resultados** en la cinta de opciones. Si así lo hace, podrá volver al modo de edición para seguir trabajando con ella pulsando el botón **Ver** también en la cinta de opciones.

En el ejemplo anterior sobre vehículos diésel se ha tecleado el dato *Sí* sin más. No obstante, otros tipos de datos no pueden (o mejor dicho no deben) escribirse sin más:

1. Los datos de tipo **Texto**, **Memo** e **Hipervínculo** deben ir entre comillas. Ejemplo:
   Criterios: | ="Seat"

2. Los datos de tipo **Número**, **Autonumérico** y **Moneda** no necesitan nada, pueden teclearse sin más. Ejemplo: Criterios: | =1800

3. Los datos de tipo **Fecha/Hora** deben teclearse entre almohadillas (#). Ejemplo:
   Criterios: | =#24/09/2007#

4. El tipo **Objeto OLE** no puede emplearse como criterio para las consultas.

5. Los datos de tipo **Sí/No** pueden teclearse sin más, pero, en el caso de **Sí**, no olvide teclear la tilde.

 Aunque lo que acabamos de exponer no es estrictamente necesario, puede haber casos especiales en los que, de no hacerlo, la consulta no funcionará o no lo hará correctamente. Por ejemplo, si en un campo *Apellidos* se busca el dato *Ortega y Gasset* se teclean las comillas forzosamente, puesto que de no hacerlo, Access las añadirá por sí mismo erróneamente: *"Ortega" y "Gasset"* en lugar de *"Ortega y Gasset"*. Esto es debido a que la letra **Y** tiene una función especial en Access como se va a detallar enseguida.

20.1.2 Operadores de comparación

Por otra parte, aunque nosotros hemos utilizado el operador de comparación *igual que* (=) para la condición de nuestro ejemplo para los vehículos diésel (=**Sí**), pueden utilizarse otros. Veamos todos:

= (igual que. Véase el ejemplo anterior sobre vehículos diésel)

< (menor que)

Campo:	Precio
Tabla:	Vehículos
Orden:	
Mostrar:	☑
Criterios:	<20000
o:	

Precio menor que 20.000

Campo:	Primer Apellido
Tabla:	Datos de clientes
Orden:	
Mostrar:	☑
Criterios:	<"Pérez"
o:	

Primeros apellidos que estén alfabéticamente antes que Pérez

Campo:	Fecha de compra
Tabla:	Clientes
Orden:	
Mostrar:	☑
Criterios:	<#16/02/1999#
o:	

Fecha de compra anterior al 16 de febrero de 1999

> (mayor que)

Campo:	Potencia
Tabla:	Vehículos
Orden:	
Mostrar:	☑
Criterios:	>100
o:	

Potencia superior a 100 caballos

Campo:	Marca
Tabla:	Vehículos
Orden:	
Mostrar:	☑
Criterios:	>"Mercedes"
o:	

Marcas alfabéticamente posteriores a Mercedes

Campo:	Fecha de matriculació
Tabla:	Inventario
Orden:	
Mostrar:	☑
Criterios:	>#01/01/2001#
o:	

Fecha de matriculación posterior al 1 de enero de 2001

<= (menor o igual que)

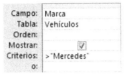

Campo:	Velocidad máxima
Tabla:	Vehículos
Orden:	
Mostrar:	☑
Criterios:	<=190
o:	

Velocidad máxima hasta 190 (incluidos): menor o igual que 190

>= (mayor o igual que)

Campo:	Fecha de fabricación
Tabla:	Inventario
Orden:	
Mostrar:	☑
Criterios:	>=#01/05/2007#
o:	

Fecha de fabricación a partir del 1 de mayo de 2007 (incluido)

<> (distinto que)

Campo:	Color
Tabla:	Inventario
Orden:	
Mostrar:	☑
Criterios:	<>"Rojo"
o:	

Todos los colores excepto el rojo

Existen otras posibilidades añadidas a los símbolos anteriores:

Es Nulo (buscar datos vacíos).

Clientes cuyo vehículo no tenga extras

Es No Nulo (o **Es NoEs Nulo**; buscar campos que contengan datos con independencia de los que sean).

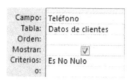

Clientes que tengan teléfono

Como "xxx*" (que comiencen por xxx; solo para **Texto, Hipervínculo** y **Memo**).

Vehículos cuya marca comience por S

Como "*xxx" (que terminen en xxx; solo para **Texto, Hipervínculo** y **Memo**).

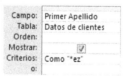

Clientes cuyo primer apellido termine en ez

Como "*xxx*" (que contengan xxx; solo para **Texto, Hipervínculo** y **Memo**).

Vehículos entre cuya gama de colores figure el blanco

Entre (que su valor oscile entre uno de dos datos; solo funcionará en consultas cuyo criterio incluya datos de los tipos numéricos y de fecha/hora).

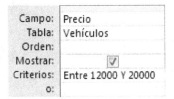

Vehículos cuyo precio oscile entre 12.000 y 20.000 €   *Vehículos que fueron fabricados entre el 1/1/98 y la fecha actual*

[Pregunta] (con el fin de que el sistema solicite un dato antes de ejecutar la consulta. Resulta muy práctico para que la consulta se adapte al dato que se solicita, en lugar de ofrecer el resultado basándose siempre en el mismo dato. Este tipo recibe el nombre de **consulta de parámetros**).

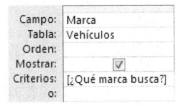

Que nos pregunte la marca antes de ofrecer el resultado

Recuerde **no** teclear entre los corchetes solamente el mismo nombre del campo o la pregunta no funcionará.

Delante de los corchetes puede emplear los símbolos que vimos antes (=, <, >, <=, >=, <> y *Como*) para mejorar el resultado de la consulta de parámetros. Por ejemplo, si tecleamos <>**[Escriba la marca]** como criterio para el campo *Marca*, obtendremos una lista de los vehículos de todas las marcas excepto la que tecleemos cuando se nos pregunte.

Se pueden crear condiciones más complejas ayudándose de los operadores lógicos **AND** (Y) y **OR** (O). Así podremos generar un criterio basado en dos condiciones o más.

1. Según el operador **AND** (Y), para que la condición general sea cierta, ambas condiciones deberán serlo igualmente. Ejemplo, supongamos que escribimos el siguiente criterio en una consulta para el campo *Edad* de una tabla que almacene datos de personas:

   >=18 AND <=30

   De esta forma, como resultado de la consulta aparecerán las personas cuya edad sea mayor o igual que 18 años y menor o igual a 30, es decir, las que tengan entre 18 y 30 años.

2. Según el operador **OR** (O), para que la condición general sea cierta, basta con que una de las dos condiciones lo sea. Por ejemplo, supongamos que escribimos el siguiente criterio en una consulta para el campo *Color de pelo* en una tabla que almacene datos de personas:

   ="Rubio" Or ="Castaño"

   Así aparecerán tanto los rubios como los castaños.

Tenga presente que cuando escriba un **OR** en un criterio, Access colocará una de las condiciones en la fila **O**. Esto es normal y no afectará al resultado de la consulta, de hecho, puede ir colocando las condiciones usted mismo en la fila **O** en lugar de teclear **OR** entre ellas.

Por otra parte, algunas versiones de Access permiten teclear estos datos en español: **Y** en lugar de **AND** y **O** en lugar de **OR**.

20.2 TIPOS DE CONSULTAS

Existen varios tipos de consultas que pueden seleccionarse desde el grupo **Tipo de consulta** de la pestaña **Diseño** en la cinta de opciones. Los registros que ofrece la consulta como resultado son siempre los mismos; sin embargo, lo que varía es la acción que Access llevará a cabo con esos datos.

A pesar de tratarse de otros tipos de consultas, siguen estando vigentes las posibilidades de aplicar **Criterios**, clasificaciones por **Orden** y demás funciones ya vistas anteriormente.

1. Consultas de selección (botón **Seleccionar**). Son las del tipo que hemos visto hasta ahora: ofrecen como resultado una lista de registros que coinciden con el criterio de búsqueda.

2. Consultas de creación de tabla (botón **Crear tabla**). Se utiliza para crear una nueva tabla cuyo contenido esté formado por el resultado de la consulta. Al seleccionar este tipo de consultas, Access solicita el nombre que tendrá la tabla que se genere. Por lo demás se manipulan igual que las consultas de selección.

3. Consulta de datos anexados (botón **Anexar**). Se utiliza para añadir datos a una tabla automáticamente. Los datos a añadir son los que forman el resultado de la consulta. Al seleccionar este tipo de consultas, Access solicita el nombre de la tabla en la que se van a añadir los datos. Naturalmente, la estructura y tipo de los datos a añadir deben coincidir con los de la tabla a la que se agreguen.

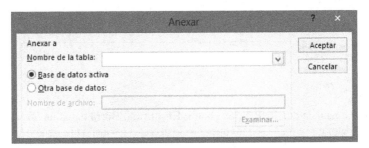

4. **Consulta de actualización**. Se utiliza para cambiar automáticamente datos de una tabla según el resultado de una consulta. Un ejemplo, se podría incrementar el valor de los productos de una tabla en un determinado porcentaje. Para ello, se ofrece una nueva fila en el panel de diseño, **Actualizar a**, en la que se escribe la fórmula cuyo resultado quedará registrado en la tabla. Veamos un ejemplo, si se desea incrementar un 2 por ciento el valor de los precios de los artículos de una tabla crearíamos una consulta con los datos que pueden verse en la figura junto al margen.

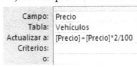

Como puede apreciarse en dicha figura, al *Precio* (los campos siempre se escriben entre corchetes) se le suma su mismo valor multiplicado por 2 y dividido entre 100.

5. Consultas de tabla de referencias cruzadas (botón **General**). Se utilizan para generar una tabla con dos campos que reúna un cálculo de numéricos de la tabla. Necesita un campo que actúe como cabecera de fila, otro como cabecera de columna y, finalmente, otro numérico con el que operar y mostrar el resultado. Un ejemplo, si en una tabla de vehículos deseamos generar un cuadro que muestre el promedio de cada modelo de vehículo clasificándolos por marcas, deberíamos aplicar lo siguiente:

Campo:	Marca	Modelo	Precio
Tabla:	Vehículos	Vehículos	Vehículos
Total:	Agrupar por	Agrupar por	Promedio
Tab ref cruz:	Encabezado de fila	Encabezado de colum	Valor
Orden:			
Criterios:			
o:			

Como puede apreciarse en la figura anterior, se emplea la *Marca* como **Encabezado de fila**, el *Modelo* como **Encabezado de columna** y el *Precio* como **Valor**, con cuya información se aplica un **Promedio** (la media aritmética). He aquí un ejemplo con el resultado:

Marca	406	A3	Alhambra	Astra	Bravo
Audi		18.030,36 €			
Citroen					
Fiat					11.419,23
Opel				11.419,23 €	
Peugeot	19.232,39 €				
Renault					
Seat			19.232,39 €		
Volkswagen					

6. Consultas de eliminación (botón **Eliminar**). Borra datos de una tabla. Los datos que elimina son los que coincidan con el resultado que genere la consulta.

 Access también ofrece en el mismo grupo los botones ⊙ Unión , ⊕ Paso a través y ⊠ Definición de datos que nos permiten crear otras consultas especiales programando en el lenguaje SQL (*Structured Query Language* = Lenguaje de consulta estructurado). Para poder emplearlas es necesario disponer de conocimientos de dicho lenguaje.

20.3 TOTALES

A veces se necesita que Access realice cálculos con datos numéricos de las tablas. Este trabajo resulta sencillo en el modo *Vista diseño* de las consultas. En dicho modo, el grupo **Mostrar u ocultar** ofrece un botón especial para esta tarea: **Totales**. Si se activa, podrá verse una nueva fila de datos en el panel de diseño de la consulta (entre **Tabla** y **Orden**) denominada **Total**.

Al desplegar las opciones de su lista se obtiene una relación de posibles operaciones sencillas que podrán aplicarse a los datos de la tabla (*Suma*, media —aquí llamada *Promedio*—, valor más alto —*Máx*—, valor más bajo —*Mín*—, etc.). Tan solo es necesario seleccionar la operación de la lista que desee, eso sí, en un campo de tipo numérico, ya que Access necesitará ese tipo de valores para poder operar.

20.4 CAMPOS CALCULADOS

También es posible realizar cálculos para cada registro de la tabla en lugar de obtener un único resultado aplicado con **Totales**.

Una vez que se han añadido a la consulta los campos que se desean mostrar, se accede a la primera columna libre y se teclea el nombre que mostrará la tabla encabezando la columna como cualquier otro campo. Al nombre le seguirán dos puntos y la fórmula con la que obtener el resultado, teniendo en cuenta que los campos se teclean entre corchetes y que se dispone de los siguientes operadores:

+ para sumas. Ejemplo: [Cantidad]+825

- para restas. Ejemplo: [Precio]-[Descuento]

* para multiplicaciones. Ejemplo: [Precio]*0,16

/ para divisiones. Ejemplo: [Precio]/2

^ para realizar potencias. Ejemplo: [Distancia]^2

() paréntesis: para agrupar operaciones. Ejemplo: ([Precio]+[IVA])/2

Al ejecutar la consulta, el resultado se muestra con números sin formato (sin separador de miles, o los símbolos monetarios como €). Para elegir un formato más legible se hace clic con el botón secundario del ratón en la la fórmula y se obtiene un menú en el que se elige **Propiedades** y que mostrará el panel de tareas:

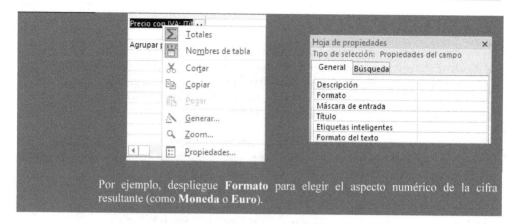

Por ejemplo, despliegue **Formato** para elegir el aspecto numérico de la cifra resultante (como **Moneda** o **Euro**).

Veamos un ejemplo completo. Se trata de una tabla en la que disponemos de un campo denominado **Precio**. Aunque no dispongamos de otro que muestre el IVA (o el precio con IVA) podemos crear nosotros una expresión que calcule estos datos y los muestre en la consulta. Para ello, añadiríamos el citado campo **Precio** (y todos los que fuesen necesarios) a las columnas de la consulta y en la última columna teclearíamos **Precio con IVA**: (no olvide los dos puntos).

Detrás de los dos puntos tendremos que teclear la fórmula que nos calcule el porcentaje del impuesto IVA añadido al precio en sí del producto, es decir, el precio multiplicado por 16 y dividido entre 100 (para calcular el 16%) más el precio (resumido, el precio multiplicado por 1,16). Valdrá cualquiera de las expresiones siguientes:

Con esto es suficiente para que la consulta nos muestre como resultado el precio con IVA del producto. Un ejemplo con el resultado:

Marca	Gama	Precio	Precio con I'
Seat	Toledo	18.030,36 €	21816,7356
Seat	Ibiza	13.823,28 €	16726,1688
Seat	Córdoba	15.025,30 €	18180,613
Citroen	C4	11.419,23 €	13817,2683
Renault	Clío	10.818,22 €	13090,0462
Renault	Megâne	9.015,18 €	10908,3678

Sin embargo, podemos mejorar este resultado: haga clic en el botón secundario del ratón sobre la expresión que ha escrito y, en el menú que aparezca, elija **Propiedades**. Entonces, en el panel de tareas, elegimos **Moneda** en la lista desplegable **Formato** (así aparecerá el símbolo € —o el de la moneda que desee— detrás de cada valor en el resultado).

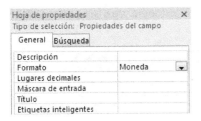

También se puede lograr que solo aparezcan los valores que cumplan una condición (tecleándola en el criterio). Por ejemplo, que solo aparezcan registros cuyo **Precio con IVA** oscile entre 15.000 y 20.000:

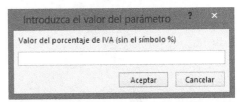

Una última mejora. El IVA es un valor que puede cambiar: si lo desea, puede conseguir que Access le pregunte el porcentaje de IVA antes de mostrar el resultado. Para ello, sustituya el valor 16 que ha tecleado en la expresión por **[IVA]** (no olvide los corchetes).

No olvide que lo que escriba entre los corchetes para la pregunta no puede coincidir exactamente con el nombre de otro campo de la tabla. Además, resulta aconsejable que teclee, entre los corchetes, un mensaje lo más aclaratorio posible para evitar que el usuario entienda mal el dato que debe teclear. Por ejemplo:

[Valor del porcentaje de IVA (sin el símbolo %)]

Así, Access preguntará al usuario el valor del IVA antes de ofrecer el resultado tecleando el mensaje más completo entre los corchetes de la pregunta:

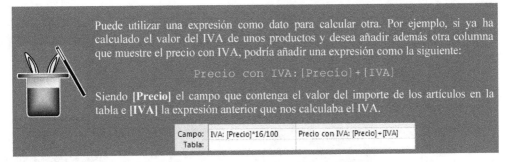

Puede utilizar una expresión como dato para calcular otra. Por ejemplo, si ya ha calculado el valor del IVA de unos productos y desea añadir además otra columna que muestre el precio con IVA, podría añadir una expresión como la siguiente:

```
Precio con IVA:[Precio]+[IVA]
```

Siendo **[Precio]** el campo que contenga el valor del importe de los artículos en la tabla e **[IVA]** la expresión anterior que nos calculaba el IVA.

Campo:	IVA: [Precio]*16/100	Precio con IVA: [Precio]+[IVA]
Tabla:		

20.5 CONSULTAS CON TABLAS RELACIONADAS

Si las tablas de nuestra base de datos disponen de relaciones, se pueden crear consultas de forma que mediante datos de una tabla podamos obtener datos de otra (que esté relacionada con la primera).

La creación de la nueva consulta se realiza tal y como vimos en el apartado *Consultas en modo Vista Diseño* de este mismo capítulo.

Llegados al paso en el que se deben elegir las tablas que intervendrán en la consulta, se seleccionan varias (más de una) que estén relacionadas (figura junto al margen).

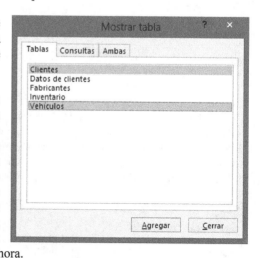

Así, si por ejemplo se seleccionan dos tablas (*Clientes* y *Vehículos*), se obtiene el panel de diseño de consultas en el que ambas tablas aparecen con la relación (la línea que une dos campos). Ahora se pueden añadir campos de cualquiera de las dos tablas como vimos en el apartado *Consultas en modo Vista Diseño* en este mismo capítulo. Se pueden establecer también ordenaciones, criterios, etc., tal y como haríamos en una consulta de las que hemos empleado hasta ahora.

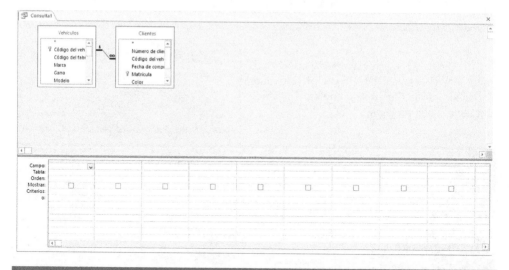

La *relación* solo funcionará en la consulta si los datos de las tablas relacionadas coinciden; de lo contrario, no obtendrá datos en el resultado. Por otra parte, también es posible que una consulta no ofrezca datos en su resultado si no encuentra nada en lo que busquemos.

20.6 ABRIR Y MODIFICAR CONSULTAS

Para obtener el resultado de la consulta, lo más cómodo suele ser utilizar el panel de navegación, en el que desplegamos su menú y seleccionamos **Consultas**. Aparecerán todas las que existan en la base de datos. Hacemos doble clic en una y obtendremos su resultado.

Si desea modificar una consulta, vuelva a utilizar el menú del panel de navegación para elegir **Consultas** y en cuanto localice la que desee haga clic con el botón secundario del ratón en ella y seleccione **Vista diseño** en el menú que aparezca. Esto le llevará de nuevo a la edición de la consulta, en la que podrá cambiar el criterio, el orden de los campos, etc.

Capítulo 21

FORMULARIOS

Los formularios permiten diseñar ventanas de trabajo que, habitualmente, contienen datos extraídos de tablas o consultas para trabajar más cómodamente con ellos. Un diseñador de aplicaciones también puede emplearlos como recipiente para sus controles: botones, menús, etc.

Como ocurre con otros elementos de base de datos descritos anteriormente, se dispone de un asistente para su creación. Incluso existe la creación rápida de formularios.

21.1 ASISTENTE PARA CREAR FORMULARIOS

Para crear un formulario con el asistente se accede a la pestaña **Crear** de la cinta de opciones y, en el grupo **Formulario**, se pulsa el botón [🔲 Asistente para formularios] . Se obtiene el primer paso del asistente:

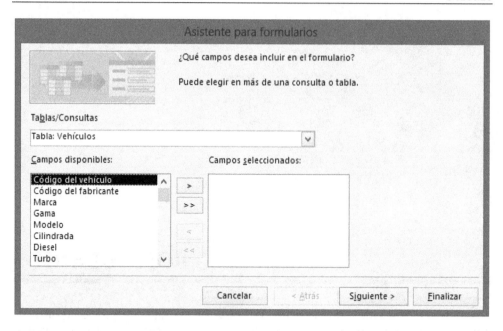

Lo primero es establecer qué campos de la tabla o consulta elegida se incorporarán al formulario. Lo habitual es añadirlos todos.

También se puede seleccionar en este paso la tabla o consulta que contiene aquellos campos que desee utilizar. Para ello, se utiliza la lista **Tablas/Consultas**.

Cuando la lista **Campos disponibles** contenga una relación adecuada de campos, se utilizan los siguientes botones:

1. > . Añade un campo de la lista de **Campos disponibles** a la lista de **Campos seleccionados**. Hasta que no se añada al menos un campo a este cuadro no se podrá pasar al siguiente paso del asistente.

2. >> . Incorpora todos los **Campos disponibles** a la lista de **Campos seleccionados**.

3. < . Elimina un campo de la lista de **Campos seleccionados**.

4. << . Elimina todos los campos de la lista de **Campos seleccionados**.

Una vez que se han elegido los campos se accede al [Siguiente >] paso del asistente:

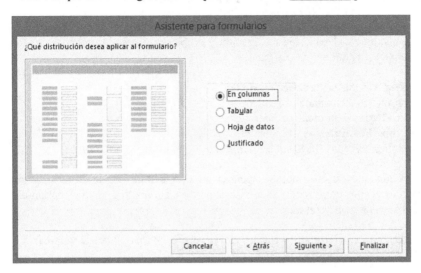

En este paso debe establecer cómo se distribuirán los datos en el formulario. Una vez elegido se accede al último paso del asistente mediante el botón [Siguiente >]:

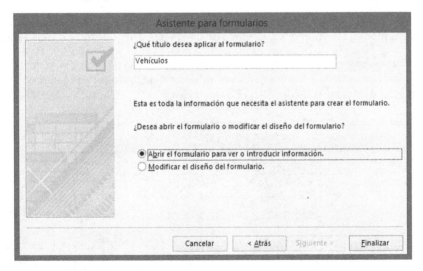

1. Si se desea asignar nombre al formulario, se utiliza el cuadro de texto **¿Qué título desea aplicar al formulario?**

2. Si se desea ver el resultado, se activa el botón de opción **Abrir el formulario para ver o introducir información**.

3. Si se desea alterar a mano el formulario que se acaba de crear, se activa el botón **Modificar el diseño del formulario**.

21.2 FORMULARIOS AUTOMÁTICOS

Existen varios sistemas de creación rápida de formularios. Se trata de elegir una tabla o consulta en el panel de navegación y emplear un botón que genera el formulario rápidamente y sin solicitar dato alguno.

Una vez que se ha seleccionado la tabla o consulta en dicho panel, se accede a la pestaña **Crear** de la cinta de opciones y, en el grupo **Formularios**, se pulsa uno de sus botones, excepto **Diseño del formulario** y **Formulario en blanco**.

Cada uno de esos botones genera un tipo distinto de formulario, y si bien se pueden retocar posteriormente, su construcción es automática y ya deberíamos tener a nuestra disposición el resultado.

Cuando se cierra su ventana, Access ofrece la posibilidad de guardarlo como un formulario más de la base de datos.

21.3 FORMULARIOS EN MODO *VISTA DISEÑO*

Si se desea crear un formulario sin asistente o modificar uno ya diseñado, se puede optar por el modo *Vista diseño*. Es un modo de trabajo manual que ofrece ciertas ventajas.

Para crearlo en este modo, se selecciona la tabla o consulta en el panel de navegación, se accede a la pestaña **Crear** de la cinta de opciones y se pulsa el botón **Diseño del formulario** del grupo **Formularios**.

Además de la propia área del formulario en la que se añadirán los campos y los elementos que lo rellenen, se obtienen diferentes elementos en la cinta de opciones para controlar el formulario:

En la cinta cobra vital importancia el botón **Agregar campos existentes** ya que esto muestra un panel a la derecha con la lista de tablas cuyos campos podemos añadir al formulario.

Normalmente, se arrastran hasta el formulario los campos que se desea que allí aparezcan (incluso varios a la vez, seleccionándolos primero mediante la ayuda de las teclas de **MAYÚSCULAS** y de **CONTROL**).

Cuando los campos se encuentran en el formulario, se les pueden aplicar varias funciones que mejoren su aspecto. Se trata los elementos de la pestaña **Formato** de la cinta de opciones.

También puede cambiarse la posición del campo arrastrándose a otro lugar. Esta acción suele desplazar el campo y, junto a él, la etiqueta que lo acompaña. Si necesitamos desplazar solo uno, en lugar de arrastrarlo normalmente, hacemos clic en el manejador más grande que tienen en su esquina superior izquierda y arrastramos desde ahí.

21.3.1 Secciones de los formularios

Un formulario se puede dividir en secciones que pueden aprovecharse para organizar y agrupar bien los datos:

1. **Encabezado o pie de formulario**. Todo aquello que se coloque en esta sección aparecerá únicamente al principio (encabezado) o al final (pie) del formulario. Para mostrar estos elementos se hace clic con el botón secundario del ratón en alguna zona vacía del formulario y se selecciona 📄 **Encabezado o pie de formulario**.

2. **Encabezado o pie de página**. Todo aquello que se coloque en esta sección aparecerá únicamente al principio (encabezado) o al final (pie) de cada página que abarque el formulario y solo se verá cuando se imprima en papel. Para mostrar estos elementos se hace clic con el botón secundario del ratón en alguna zona vacía del formulario y se selecciona 📄 **Encabezado o pie de página**.

3. **Detalle**. Todo aquello que se coloque en esta sección se repetirá por cada registro de la tabla o consulta. Aquí es donde se suelen colocar los campos.

Se puede hacer clic en la barra gris de cada sección y luego arrastrar desde su borde para ampliar o reducir su tamaño.

21.3.2 Incorporar objetos de control

Los elementos que muestra el grupo **Controles** de la pestaña **Diseño** en la cinta de opciones son elementos que se pueden añadir al formulario para ampliar las funciones del formulario y facilitar el trabajo al usuario.

Se pulsa en uno de estos elementos de control y luego se arrastra en diagonal en el formulario.

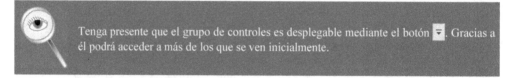

Tenga presente que el grupo de controles es desplegable mediante el botón ⬇. Gracias a él podrá acceder a más de los que se ven inicialmente.

Si está activado el botón **Utilizar Asistentes para controles** (desplegando el botón ⬇ del grupo **Controles**), en cuanto se termine de dibujar un objeto aparece el primer paso de un asistente que ayuda a programarlo. De este modo, sin disponer de grandes conocimientos de programación se pueden conseguir resultados interesantes.

Existen también dos botones que permiten dibujar líneas rectas y recuadros para mejorar el aspecto del formulario:

21.3.3 Propiedades de los objetos

Cualquier objeto incluido en un formulario contiene unas características y cualidades modificables: sus propiedades. Para acceder a ellas, una vez que se ha hecho clic en un elemento de control se pulsa el botón **Hoja de propiedades**, que se encuentra en el grupo **Herramientas** de la pestaña **Diseño** en la cinta de opciones.

En las fichas que ofrece su panel podemos encontrar diferentes funciones interesantes, como la posición del objeto en el formulario, los colores que utiliza, su alineación, etc.

Cada ficha contiene todas las propiedades específicas para una tarea, con excepción de **Todas**, que contiene el listado completo.

Si añadimos un **Cuadro de texto** podemos usarlo como recipiente de operaciones matemáticas añadiendo fórmulas tal y como vimos en el apartado de *Campos calculados*, empezando la fórmula, eso sí, con el símbolo *igual* (=).

Cunado necesitamos aplicar una fórmula matemática, se puede emplear el generador de expresiones. Se trata de un cuadro que contiene elementos que ayudan a incorporar operandos y operadores a las fórmulas. Cuando nos encontremos en un cuadro para escribir fórmulas, podremos emplear el botón [...] que aparece a su derecha, o seleccionar la opción **Generar** del menú que aparece si hacemos clic con el botón secundario del ratón en el cuadro. Al hacerlo aparece su cuadro de diálogo:

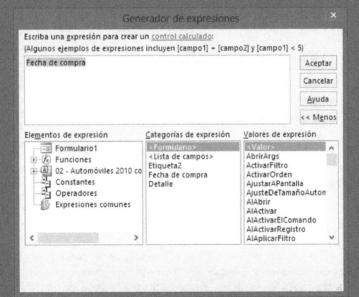

Observe los botones de los operadores. Al pulsar uno, el operador se añade a la fórmula (que también podemos teclear a mano). Además, disponemos de una lista de **Tablas**, **Consultas**, etc. (en la columna **Elementos de expresión**, desplegando el nombre de la base de datos), para encontrar objetos que necesitemos añadir a la fórmula. Por ejemplo, resultan muy interesantes las **Funciones**, ya que calculan valores para nosotros que pueden ser muy útiles en ciertas fórmulas.

21.4 ABRIR FORMULARIOS

Para abrir un formulario se accede a su sección en el panel de navegación, se despliega su menú y se selecciona **Formularios**.

En la lista aparecen todos los que contenga la base de datos. Para abrir uno se hace doble clic en él. Si lo que se necesita es modificar a mano las características de un formulario, se hace clic con el botón secundario del ratón en él, y, en el menú que aparece, se elige **Vista diseño**.

21.5 DESPLAZARSE A TRAVÉS DE FORMULARIOS

En la parte inferior de la ventana existe un indicador de nuestra posición actual en la tabla que muestra el formulario junto a unos botones que nos permiten desplazarnos por sus registros: Registro: ◄ ◄ 7 de 16 ► ►| ►*.

1. En el cuadro de texto (en nuestro ejemplo se ve *6 de 10*) podemos teclear el número de aquel al que queremos acceder y pulsar **INTRO**. Si tecleamos un valor mayor que el del número total de registros, nos avisará mediante un cuadro de error.

2. El botón |◄ nos lleva al primer registro.

3. El botón ◄ nos lleva al registro anterior.

4. El botón ► nos lleva al registro posterior.

5. El botón ►| nos lleva al último registro.

6. El botón ►* nos lleva al registro vacío del final de la tabla, listo para ser rellenado.

21.6 CERRAR FORMULARIOS

Se puede cerrar un elemento de una base de datos pulsando el botón ✕ de su correspondiente ventana. Cuando se cierra por primera vez un formulario recién diseñado, Access preguntará si se desea almacenarlo en la base de datos del disco mediante el siguiente cuadro de diálogo:

Access suele ofrecer el mismo nombre de la tabla o consulta asociada al formulario seguida de un número para diferenciarlo de los demás, pero si se prefiere otro, se puede teclear en el cuadro de texto **Nombre del formulario**.

Capítulo 22

INFORMES

Los informes constituyen una manera de presentar los datos de las tablas y consultas en la impresora, en forma de documento de texto.

El modo de tratar los informes es realmente similar al de los formularios. Básicamente, consiste en elegir una tabla (o una consulta) de la base de datos para generar después un documento que distribuye los datos en una página con una presentación atractiva. Por otro lado, en la misma página se pueden incorporar funciones automáticas como encabezados y pies de página.

22.1 CREAR INFORMES

La creación de informes en Access puede realizarse con asistentes. Para ello, se selecciona la tabla o consulta en el panel de navegación, se accede a la pestaña **Crear** de la cinta de opciones y se pulsa el botón ⬚ Asistente para informes del grupo **Informes**.

En los informes, la posibilidad de elegir una consulta en lugar de una tabla cobra una mayor importancia, ya que el listado que genere un informe puede ser más útil si se realiza solo con ciertos registros en lugar de con todos ellos.

Por ejemplo, no será necesario imprimir etiquetas de todos los clientes, sino únicamente de los que se necesiten según el resultado de una consulta, en cuyo caso, primero hay que diseñar esa consulta y luego generar el informe con ella.

Al hacerlo se accede a su primer paso:

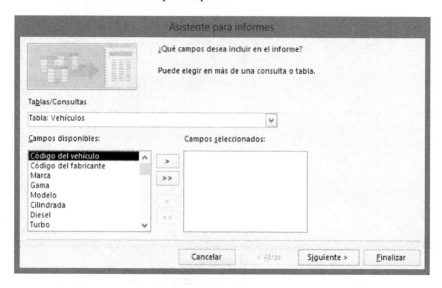

Como es habitual en los asistentes de Access, lo primero es elegir qué campos aparecerán en el nuevo objeto, en este caso, el informe. Para llevar a cabo esta tarea también se puede seleccionar, en este paso, la tabla o consulta que contiene esos campos. Para ello, se despliega la lista **Tablas/Consultas**.

Cuando la lista **Campos disponibles** contenga los campos que se necesitan, se emplean los botones `>`, `>>`, `<` y `<<` del mismo modo que hemos visto en ocasiones anteriores. Luego se accede al siguiente paso del asistente:

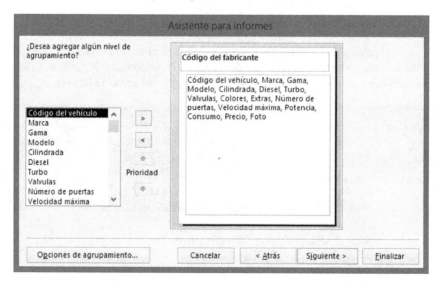

Con este paso, si se desea, pueden reunirse los datos por grupos:

1. ▷. Selecciona ese campo como dato para agrupar los demás. Se trata de que si un campo contiene un mismo dato en varios registros, estos los mostrará juntos. Un ejemplo agrupando por *Marca*:

Marca	Modelo	Cilindrada	Diesel	Potencia	Precio
Citroen					
	Xantia	2.100	☑	110	18.030,36 €
	Xsara	1.800	☐	105	11.419,23 €
Opel					
	Astra	1.600	☐	85	11.419,23 €
	Vectra	1.800	☐	105	15.025,30 €
Renault					
	Clio	1.400	☐	80	10.818,22 €
	Megane	1.900	☑	75	9.015,18 €
Seat					
	Alhambra	1.900	☑	90	19.232,39 €
	Córdoba	1.900	☑	90	15.025,30 €
	Ibiza	1.900	☑	90	13.823,28 €
	Toledo	1.900	☑	110	18.030,36 €

2. ◁. Con este botón se quita de la agrupación un campo que ya lo estuviese.

3. Si se agrupan varios campos, se pueden reordenar mediante los botones ▲ y ▼.

Una vez establecido el orden y la posición de los campos en el informe, se accede al siguiente paso del asistente, en el que se pueden ordenar los datos del informe.

Se elige el dato por el que desea ordenar en las listas desplegables numeradas del **1** al **4**. Access ordenará el informe clasificando según el primero de los datos, establecido en la lista **1** (por ejemplo, por apellidos). Pero si encuentra dos datos iguales en ese campo, los ordenará entre ellos según el campo **2** (por ejemplo, por nombre) y así sucesivamente.

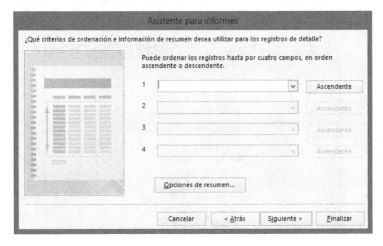

Por otra parte, la ordenación puede ser ascendente (de menor a mayor, o de la A a la Z) o descendente (a la inversa) según se pulse o no el botón [Ascendente] que hay a la derecha de cada lista.

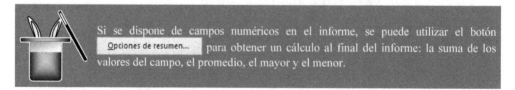

Si se dispone de campos numéricos en el informe, se puede utilizar el botón [Opciones de resumen...] para obtener un cálculo al final del informe: la suma de los valores del campo, el promedio, el mayor y el menor.

Cuando se haya elegido el tipo de ordenación que se desea, se accede al siguiente paso del asistente, aunque el aspecto que muestra dependerá de si se agruparon campos en uno de los pasos anteriores. En él se establece la distribución de los datos en la hoja. Se empieza por seleccionar cualquier botón del grupo **Distribución** para elegir la distribución y aspecto básicos. También se puede establecer con qué **Orientación** queremos obtener las páginas del informe: **Vertical** (la habitual) y **Horizontal** (apaisado). Por último se puede activar el botón **Ajustar el ancho del campo de forma que quepan todos los campos en una página** si se desea que Access reduzca la anchura de las columnas con los datos hasta que encajen todos en cada página.

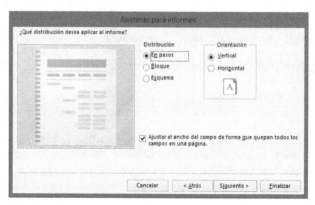

El último paso del asistente ofrece lo siguiente:

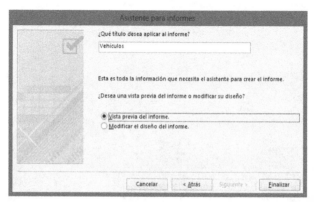

1. Se da nombre al informe escribiéndolo en el cuadro de texto **¿Qué título desea aplicar al informe?**

2. El resultado puede verse activando el botón de opción **Vista previa del informe** y finalizando el asistente.

3. Si se desea alterar a mano el informe que se acaba de crear, se activa el botón **Modificar el diseño del informe**, finalizando, a continuación, el asistente.

22.2 INFORMES PARA ETIQUETAS POSTALES

Un tipo de informe que puede resultar ciertamente práctico es el de etiquetas postales. Gracias a él se crean fácilmente etiquetas para pegar en sobres de correo. Los datos de las etiquetas serán los que contenga alguna tabla de la base de datos, por lo que debe existir alguna con datos adecuados.

Se selecciona la tabla o consulta en el panel de navegación, se accede a la pestaña **Crear** de la cinta de opciones y se pulsa el botón Etiquetas del grupo **Informes**.

No debe olvidarse que lo más común es elegir una consulta, ya que en la mayor parte de los casos, no se envía correo a todas las personas contenidas en una tabla, sino únicamente a las que cumplan ciertas condiciones, para lo cual es necesario crear una consulta y utilizarla en el informe de etiquetas.

Al hacerlo se accede al primer paso del asistente, en el que se establece qué tipo de etiquetas se emplearán.

Existen varios estándares que llevan asociadas ciertas especificaciones en cuanto a tamaño vertical y horizontal de las etiquetas, la separación entre ellas y su número por cada fila.

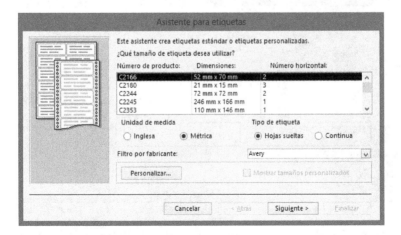

1. La lista **¿Qué tamaño de etiqueta desea utilizar?** muestra una relación con los distintos tipos de etiquetas predefinidos por Microsoft. Si el tipo de etiquetas que se utiliza habitualmente coincide con alguno de los que se listan, bastará con seleccionarlo. En tal caso, no será necesario hacer nada más en este paso; de lo contrario, será necesario emplear el resto de los elementos del cuadro.

2. Con el grupo **Unidad de medida** se elige el sistema de medida para precisar los distintos tamaños de etiqueta. Puede elegirse entre el sistema métrico y el sistema inglés, que emplea pulgadas para indicar las medidas.

3. Con el grupo **Tipo de etiqueta** se establece si las etiquetas están incluidas en **Hojas sueltas** o si, por el contrario, están distribuidas en papel continuo de impresora (opción **Continua**).

4. La lista desplegable **Filtro por fabricante** ofrece varias empresas fabricantes de etiquetas para que elija la que desee.

5. El botón [Personalizar...] permite establecer medidas distintas a las que ofrece la lista. Se utiliza este botón si las características de las etiquetas que se van a emplear no coinciden con las de la lista. Si se pulsa este botón, será necesario establecer varios datos para las etiquetas: su altura, su anchura, sus márgenes superior e inferior, el número de etiquetas por fila, la orientación de las etiquetas en el papel (vertical o apaisada) y un nombre para el nuevo tipo de etiquetas.

6. Si se crean etiquetas personalizadas, se debe solicitar que aparezcan en la lista en lugar de las de otros fabricantes (**Filtro por fabricante**). Para ello, se activa la casilla de verificación **Mostrar tamaños personalizados**.

El siguiente paso del asistente se utiliza para elegir el aspecto de la letra que rellenará las etiquetas:

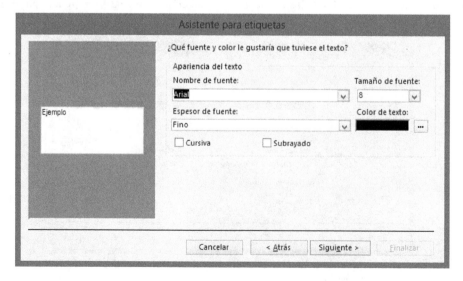

1. Con la lista **Nombre de fuente** se elige el tipo de letra del texto de las etiquetas.

2. La lista **Tamaño de fuente** permite establecer la medida que tendrá la letra en las etiquetas.

3. **Espesor de fuente** permite indicar la anchura de la letra, siendo posible elegir entre varias opciones que oscilan entre el fino y la negrita.

4. Se puede cambiar también el **Color de texto** con el botón que lleva ese nombre.

5. Se pueden establecer, además, los aspectos *Cursiva* y <u>Subrayado</u> con las casillas de verificación correspondientes.

El siguiente paso presenta este aspecto:

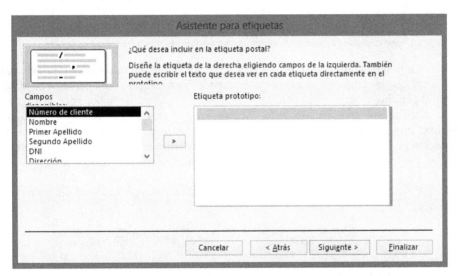

En este cuadro se indica qué campos de la tabla elegida aparecerán en las etiquetas (nombres, apellidos, direcciones, etc.) y de qué forma, añadiéndolos al cuadro titulado **Etiqueta prototipo**. Para ello, solo hay que incluir los campos que se desee de la lista **Campos disponibles** (seleccionándolos con el ratón y pulsando el botón [>]) y escribir, si es necesario, el texto que los acompañará en la etiqueta.

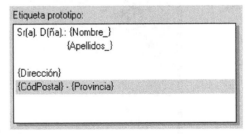

El siguiente paso del asistente presenta este aspecto:

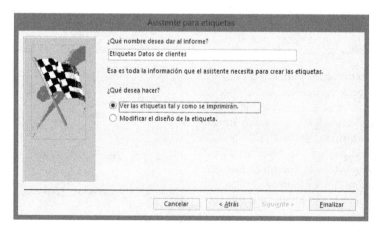

La lista de etiquetas puede aparecer ordenada por uno o más campos. Por ejemplo, si se desea que las etiquetas aparezcan ordenadas alfabéticamente por apellidos, se elige el campo **Apellidos** y se pulsa el botón ⟩ . Si se sabe que puede haber apellidos iguales, puede establecerse que, en ese caso, Access ordene esas etiquetas entre sí según el **Nombre**, eligiéndolo igualmente en la lista y volviendo a pulsar el mismo botón. Del mismo modo podrán añadirse más campos a la lista **Ordenar por**. Se utilizan los botones ⟩ , ⟩⟩ , ⟨ y ⟨⟨ del mismo modo que se ha visto en ocasiones anteriores.

Cuando se haya establecido el orden de clasificación, se accede al último paso del asistente:

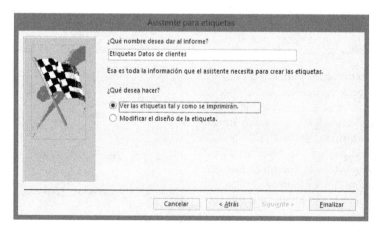

1. Si se desea ver las etiquetas resultantes, se activa el botón de opción **Ver las etiquetas tal y como se imprimirán**.

2. Si se desea alterar a mano el informe con las etiquetas que se acaban de crear, se activa el botón **Modificar el diseño de la etiqueta**.

22.3 INFORMES AUTOMÁTICOS

Existen varios sistemas de creación rápida de informes. Se trata de elegir una tabla o consulta en el panel de navegación y emplear un botón que genera el informe rápidamente y sin solicitar dato alguno.

Una vez que se ha seleccionado la tabla o consulta en dicho panel, se accede a la pestaña **Crear** de la cinta de opciones y, en el grupo **Informes**, se pulsa el botón **Informe**.

22.4 INFORMES EN MODO *VISTA DISEÑO*

Al igual que ocurre en los formularios, los informes pueden diseñarse manualmente en el modo *Vista diseño*. El procedimiento es el mismo: se selecciona la tabla o consulta en el panel de navegación, se accede a la pestaña **Crear** de la cinta de opciones y se pulsa el botón **Diseño del informe**.

Después, el método de trabajo es prácticamente idéntico al empleado con los formularios: se dispone del área de trabajo, y la pestaña **Diseño** de la cinta de opciones.

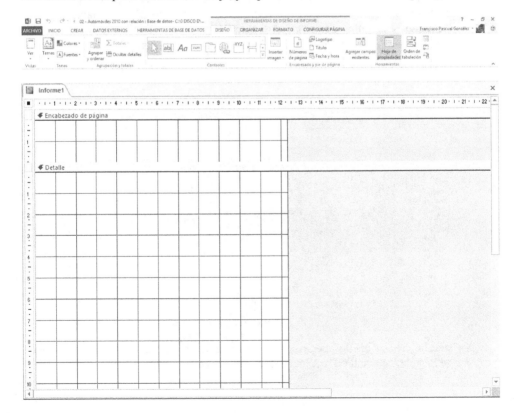

Al igual que en los formularios, se pueden mostrar los campos y es posible arrastrarlos hasta el informe. También disponemos de la posibilidad de mejorar su aspecto y de recolocarlos arrastrándolos hasta situarlos en el lugar correcto.

22.4.1 Secciones de los informes

Al igual que los formularios, los informes se pueden dividir en secciones que pueden aprovecharse para organizar y agrupar bien los datos:

1. **Encabezado o pie de página del informe**. Todo aquello que se coloque en esta sección aparecerá únicamente al principio (encabezado) o al final (pie) del informe. Para mostrar estos elementos se accede a la pestaña **Organizar** de la cinta de opciones y se pulsa el botón ⊞ del grupo **Mostrar u ocultar**.

2. **Encabezado o pie de página**. Todo aquello que se coloque en esta sección aparecerá únicamente al principio (encabezado) o al final (pie) de cada página que abarque el informe. Para mostrar estos elementos se accede a la pestaña **Organizar** de la cinta de opciones y se pulsa el botón ⊞ del grupo **Mostrar u ocultar**.

3. **Encabezado de campo**. Son los niveles de agrupamiento que vimos durante la creación de los informes con el asistente. Podemos crearlos mediante el botón **Agrupar y ordenar** del grupo **Agrupación y totales**. Esto abre un panel en la parte inferior de la ventana en el que se elige el campo a agrupar.

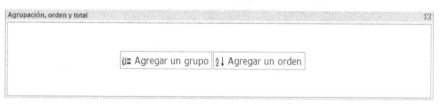

Se hace clic en Agregar un grupo...

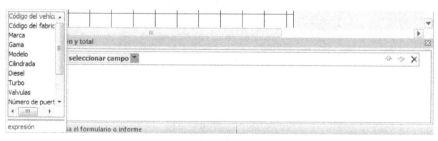

... y se selecciona el campo a agrupar.

4. **Detalle**. Todo aquello que se coloque en esta sección se repetirá por cada registro de la tabla o consulta. Es el lugar en el que se suelen colocar los campos.

Se puede hacer clic en la barra que separa las secciones y luego arrastrar desde su borde para ampliar o reducir su tamaño.

22.4.2 Objetos de control y propiedades

También en los informes se pueden añadir elementos de control (de forma idéntica a la descrita en los formularios) y modificar sus propiedades.

Sin embargo, hay que puntualizar que la mayoría de los objetos de formulario no se emplean habitualmente en un informe, puesto que el destino habitual de informe es el papel y ahí no funcionan. No obstante, algunos como los cuadros de texto o las casillas de verificación sí que pueden tener su utilidad en los informes.

Por ejemplo, los cuadros de texto son los recipientes idóneos para colocar en ellos fórmulas que tomen valores de los campos del informe, los procesen y muestren el resultado. El procedimiento para realizar trabajos de este tipo es el mismo que hemos detallado en los formularios, por lo que le sugerimos que lo revise de nuevo si desea recordarlo.

22.5 ABRIR INFORMES

Para abrir un formulario se accede a su sección en el panel de navegación, se despliega su menú y se selecciona **Informes**.

En la lista aparecerán todos los que contenga la base de datos. Para abrir uno se hace doble clic él. Aunque, si lo que se necesita es modificar a mano las características de un formulario, se hace clic con el botón secundario del ratón en él y, en el menú que aparece, se selecciona **Vista diseño**.

22.6 DESPLAZAMIENTO A TRAVÉS DE INFORMES

Al abrir un informe en el modo **Vista preliminar** (si se hace en modo **Vista presentación** solo hay que desplazarse arriba y abajo por el informe) se dispone de varios elementos en la parte inferior que permiten desplazarse a través de los distintos registros de la tabla o consulta asociada al informe.

Página en la que nos encontramos

1. En el cuadro de texto de la página en el que nos encontramos podemos teclear el número de aquella a la que queremos acceder y pulsar **INTRO**. Si tecleamos un valor más alto que el del número total de páginas, nos llevará a la última del informe, puesto que no se podrá acceder al solicitado.

2. El botón ⏮ nos lleva a la primera página del informe.

3. El botón ◀ nos lleva a la página anterior.

4. El botón ▶ nos lleva a la página siguiente.

5. El botón ▶| nos lleva a la última página del informe.

22.7 CERRAR INFORMES

Cuando cierre un informe de cualquier clase después de haberle aplicado cambios, Access le preguntará si desea grabarlo en la base de datos mediante el siguiente cuadro:

Si se pulsa en ⌊ Sí ⌋, Access requerirá un nombre para el informe.

Capítulo 23

HERRAMIENTAS MÁS ÚTILES DE ACCESS

Como complemento a todo lo que hemos ido viendo, vamos a destacar el uso de ciertas funciones que Access proporciona para hacernos más llevadero el trabajo habitual.

23.1 PORTAPAPELES CON ACCESS

En Access el trabajo con las funciones del portapapeles (**Cortar**, **Copiar** y **Pegar**) resulta algo peculiar.

Windows ofrece esta función de intercambio de datos entre aplicaciones o dentro del mismo programa y, gracias a ella, Access permite marcar datos de cualquier elemento de una base de datos y operar con ellos. Con los datos seleccionados se pueden realizar varias operaciones.

Pero lo primero es seleccionar los datos que vamos a utilizar con el portapapeles. Para seleccionar datos, el algoritmo es siempre el mismo. Antes que nada se marca el bloque de datos con las teclas definidas para ello y, de este modo, se indica qué datos se van a utilizar. Una vez hecho esto, se pone en marcha la acción que deseamos llevar a cabo con ellos.

En el caso de las tablas podemos seleccionar un registro completo pulsando sobre la cabecera que aparece a su izquierda.

Se hace clic en la cabecera...   *... y queda seleccionada*

Si se han de seleccionar varios, se pulsa en uno y se arrastra arriba o abajo hasta el otro:

Antes de pulsar   *Después de pulsar y arrastrar hacia abajo*

Después de haber seleccionado los datos, hemos de pulsar una nueva combinación de teclas para seleccionar la acción:

1. **Cortar**. Esta opción se utiliza para mover información, quitándola de donde esté para llevarla posteriormente a otro lugar. Se lleva a cabo con el botón ✄ del grupo **Portapapeles** en la pestaña **Inicio** de la cinta de opciones. El trabajo se complementa accediendo al lugar de destino y pulsando el botón **Pegar** que se encuentra en el mismo sitio.

2. **Copiar**. Esta opción se utiliza para duplicar información, dejando una copia donde esté y llevando otra posteriormente a otro lugar. Se lleva a cabo con el botón 🗐 del grupo **Portapapeles** en la pestaña **Inicio** de la cinta de opciones. El trabajo se complementa accediendo al lugar de destino y pulsando el botón **Pegar** que se encuentra en el mismo sitio.

3. **Borrar**. Hace desaparecer el bloque marcado. Para llevarla a cabo, se pulsa la tecla Suprimir (**SUPR**) una vez que hayamos seleccionado el bloque.

23.1.1 Copiar y mover tablas de una base de datos a otra

Es posible trasladar tablas de una base de datos a otra, ya sea moviéndolas y eliminándolas de la base de datos original, o duplicándolas en otra base de datos (o en la misma).

1. Se selecciona una tabla en la ventana de base de datos.

2. Se pulsa el botón 🗐 Copiar del grupo **Portapapeles** en la pestaña **Inicio** de la cinta de opciones; así, si lo que deseamos es mover la tabla de una base a otra, emplearíamos el botón ✄ Cortar en su lugar.

3. Se abre la base de datos en la que vayamos a alojar la copia de la tabla. Este paso no es necesario si la tabla se va a duplicar en la misma base de datos.

4. Se pulsa el botón **Pegar** que se encuentra junto a los de **Copiar** y **Pegar**.

Hasta aquí es el mismo proceso que hemos empleado siempre para el uso de las funciones del portapapeles. Ahora bien, cuando se pega una tabla en una base de datos aparece un cuadro de diálogo como el que mostramos en la figura junto al margen:

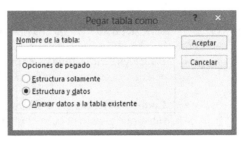

En este cuadro se da nombre a la copia de la tabla (en **Nombre de la tabla**) y se elige si se va a copiar la tabla sin sus datos (**Estructura solamente**), con ellos (**Estructura y datos**), o si esos datos deben añadirse a los de otra (**Anexar datos a la tabla existente**).

23.2 BÚSQUEDA DE DATOS

Con esta función se pueden localizar datos en una tabla; sin embargo, el proceso para encontrar datos en cualquier otro elemento de la base de datos es muy similar. Para ello, se pulsa el botón **Buscar** del grupo que tiene el mismo nombre en la pestaña **Inicio** de la cinta de opciones. Se obtiene el siguiente cuadro:

1. En la lista desplegable **Buscar** se escriben los caracteres que se buscan. Si ya se han escrito algunos para buscar con anterioridad, aparecen ya escritos y no será necesario reescribirlos para su búsqueda. Si Access encuentra alguna celda de la tabla que contiene el dato en cuestión, se situará sobre ella para que se pueda trabajar con el dato.

2. El botón ⬚ Buscar siguiente ⬚ se emplea para comenzar la búsqueda de nuevo. Se puede buscar el mismo dato en el resto de la tabla pulsando el botón más veces.

3. La lista **Buscar en** se utiliza para indicar si se va a buscar solo en el campo en el que se encuentre, o bien, en toda la tabla.

4. La lista **Coincidir** permite establecer en qué parte del campo se encuentra el dato que se intenta localizar:

- **Cualquier parte del campo** especifica que Access se detenga si el dato forma parte del dato total que haya en el campo.

- **Hacer coincidir todo el campo**. Con esta opción, Access solo se detendrá si el dato que se busca conforma él solo el campo en que se encuentre.

- **Comienzo del campo**. Funciona igual que la opción **Cualquier parte del campo**, salvo que el dato debe encontrarse al principio del campo, si se encuentra.

5. Es posible indicar la dirección global hacia la que deseamos buscar los datos. Inicialmente, el botón [Buscar siguiente] busca desde la celda en que se encuentre hacia el final de la tabla, pero se puede buscar en otras direcciones desplegando la lista **Buscar** (la de la parte inferior del cuadro de diálogo), que ofrece tres posibilidades:

- **Arriba**, que busca desde la posición actual hasta el principio de la tabla.

- **Abajo**, que busca desde la posición actual hasta el final de la tabla.

- **Todos**, que busca en todos los campos de la tabla, tanto en los que haya arriba como en los que se encuentren abajo.

6. Puede buscarse el texto (si es texto lo que se busca) tal y como se haya escrito indicando que se diferencie entre mayúsculas y minúsculas. Al activar la casilla **Coincidir mayúsculas y minúsculas** se obliga a Access a detenerse en el dato únicamente si coincide no solo en cuanto a contenido, sino también, letra por letra, en sus mayúsculas y minúsculas.

7. La casilla **Buscar los campos con formato** establece que se buscará también en los campos que tengan algún tipo de formato especial. Por ejemplo, aquellos campos que contengan una fecha con formato específico, o los que contengan datos numéricos con formato monetario.

23.3 REEMPLAZO AUTOMÁTICO DE DATOS

Se pueden reemplazar automáticamente varios datos (iguales) de una tabla. Para ello se pulsa el botón ab Reemplazar del grupo **Buscar** en la pestaña **Inicio** de la cinta de opciones. También se puede acceder activando la ficha **Reemplazar** en el cuadro de búsqueda. En cualquiera de ambos casos, se obtiene un cuadro de diálogo similar al que aparece al solicitar una búsqueda, pero con ciertos cambios:

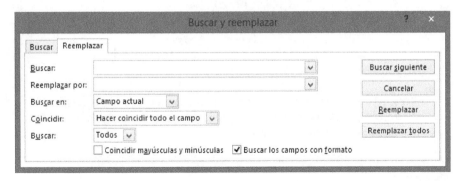

1. Como puede observarse, el cuadro es similar al utilizado para las búsquedas, con la diferencia de que se añade el cuadro de texto **Reemplazar por**, en el que se especifica la palabra (o dato) que sustituirá a la que se ha escrito en el cuadro de texto **Buscar**.

2. Llegados a este punto existen tres posibilidades:

   - Con <kbd>Buscar siguiente</kbd> Access llevará al dato que se busca. Si se vuelve a pulsar, dejará como estaba el dato que se encontró, continuando la búsqueda.

   - Con <kbd>Reemplazar</kbd>, se sustituye el dato que se busca y se localiza la siguiente.

   - Con <kbd>Reemplazar todos</kbd> Access sustituirá el dato que se busca automáticamente en toda la tabla. Esta función no pide ningún tipo de confirmación, de modo que, al pulsar el botón, se reemplaza en todos los sitios en los que se encuentre.

23.4 FILTROS

Cuando se encuentre en una tabla o una consulta, puede depurar la información para que solo aparezcan los datos que cumplan una condición. El resultado es similar al de las consultas, pero un filtro, mucho más simple, se activa y se desactiva con facilidad, con lo que podemos acceder rápidamente a ciertos datos que nos interesen en un momento determinado.

El filtro no se graba ni almacena en modo alguno en la base de datos, por lo que una vez que se aprecian sus resultados, desaparecen.

Para aplicar un filtro se abre una consulta o una tabla desde el panel de navegación y se utiliza el grupo **Ordenar y filtrar** de la pestaña **Inicio** que podemos encontrar en la cinta de opciones.

1. **Filtro**. Al pulsar este botón se despliega un menú desde el dato del campo en el que nos encontremos para emplearlo en el filtro (puede verlo en la figura junto al margen izquierdo).

   Este menú permite ordenar los datos de la tabla con sus dos primeras opciones.

   También permite activar y desactivar las casillas de aquellos datos del campo que se desean mostrar o no, respectivamente, aplicando así el filtro.

   Cuando se pulsa el botón ⟨ Aceptar ⟩, los datos de la tabla cuyas casillas se hayan mantenido activadas se ven en ella, al contrario que los de aquellas que se hayan desactivado.

   Esta situación es temporal, ya que al pulsar el botón ⟨ Alternar filtro ⟩ Access vuelve a mostrar la tabla completa. Este botón puede pulsarse de nuevo para aplicar el último filtro empleado en la tabla.

2. ⟨ Selección ⟩ . Despliega una lista de filtros posibles que coincidan (**Igual a...**), que no coincidan (**No es igual a...**), que lleven en alguna parte de su contenido (**Contiene...**) o no (**No contiene...**) el dato en el que estemos posicionados en la tabla. Puede ver un ejemplo junto al margen.

Igual a "Seat"
No es igual a "Seat"
Contiene "Seat"
No contiene "Seat"

3. ⟨ Avanzadas ⟩ . Ofrece varios tipos avanzados de formulario y otras funciones para trabajar con ellos:

   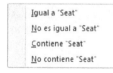

   - **Borrar todos los filtros** los elimina de forma que ya no reducen la lista de datos de la tabla.

   - **Filtro por formulario**. Esta opción permite desplegar cualquier campo de la tabla para que elijamos un dato en él. Access reducirá la lista de registros mostrando únicamente aquellos en los que, en ese campo, aparezca el dato elegido al desplegar la lista.

   Si, una vez activada la opción **Filtro por formulario**, desplegamos el campo **Marca**, elegimos **Seat** y pulsamos el botón ⟨ Alternar filtro ⟩ obtenemos una relación de registros que contienen como marca *Seat* exclusivamente.

No tenemos por qué limitarnos a desplegar un solo campo para el filtro: antes de activarlo podemos desplegar otros campos para elegir más datos que limiten aún más el resultado que deberá mostrar el filtro. Por ejemplo, además de la marca **Seat**, podemos elegir la cilindrada **1900** y **Diésel** para que se muestren solo los vehículos de marca Seat que tengan una cilindrada de 1900 c.c. y que sean diésel.

- **Aplicar filtro u ordenar**. Tiene la misma función que el botón [Alternar filtro].

- **Filtro avanzado/Ordenar**. Ofrece una ventana de trabajo idéntica a la de las consultas para que podamos filtrar los datos mediante el mismo método que utilizaríamos para crear una consulta (si lo desea, consulte el apartado *Consultas en modo Vista Diseño* para recordar su manejo y todas las funciones que en ellas hay para poder aplicarlas igualmente a los filtros de este tipo):

Los datos de una tabla o consulta pueden ordenarse de forma rápida y sencilla mediante los botones [Ascendente] y [Descendente] del mismo grupo **Ordenar y filtrar** de la cinta de opciones. Solo hay que situarse en la columna de la tabla que se desea ordenar y pulsar uno de los dos, dependiendo de si se desea una clasificación ascendente o descendente. El botón **Quitar orden** anula la ordenación de los datos, dejándolos como estaban originalmente.

23.5 IMPRIMIR DATOS

La fase de impresión de datos es un proceso idéntico para cada elemento de la base de datos, si bien el resultado será obviamente diferente: si elegimos una tabla y activamos la impresión, el resultado será, naturalmente, una tabla (si antes de imprimir hemos hecho doble clic en una en el panel de navegación), mientras que si elegimos un informe y lo imprimimos, obtendremos en la página el informe correspondiente.

La función de imprimir resulta muy importante en los **Informes**, ya que un informe suele estar destinado a la impresora para obtener en papel los resultados que se hayan extraído de una tabla o una consulta.

Para imprimir cualquier parte de una base de datos, bastará con abrir el elemento en cuestión mediante el panel de navegación, acceder a la pestaña **Archivo** y activar la opción **Imprimir** (que a su vez ofrece un botón **Imprimir**, entre otros). Se obtiene en pantalla un cuadro de diálogo, el mismo para todos los elementos de la base de datos, aunque ofrece distintos resultados impresos para cada uno:

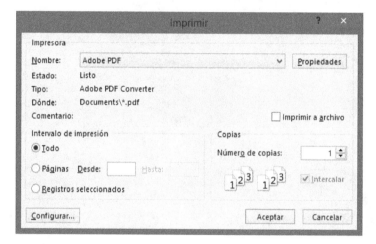

1. **Todo**: imprime el elemento completo (toda la tabla, el formulario, etc.).

2. **Páginas**: con este botón imprimiremos algunas páginas del elemento elegido en lugar de todas. Para ello, establezca en el cuadro de texto **Desde** la primera hoja que vaya a imprimir, y en **Hasta**, la última.

3. **Registros seleccionados**: imprime solo los datos que se hayan seleccionado previamente (varios registros, algunas páginas del informe, etc.). Para más información sobre la selección de datos consulte el apartado *Portapapeles con Access* en este mismo capítulo.

4. **Imprimir a archivo**: si se activa este botón, Access reproducirá en un archivo del disco lo mismo que aparecería por la impresora. Si utiliza este dato, será necesario escribir un nombre para el archivo.

5. **Número de copias**: establece el número de ejemplares que se obtendrán impresos. Utilícelo si desea imprimir varias copias del mismo elemento.

6. **Intercalar**: si se establecen varias copias (con la opción anterior), podrán intercalarse, o no, activando el botón que posee este nombre. Si las copias se intercalan, aparecerá la primera copia completa del texto que se imprime, a continuación, la segunda, etc. Si no se intercalan, Access imprime la primera página del documento tantas veces como sea necesario, después, la segunda página, etc., hasta llegar al final del documento.

7. [Propiedades]: utilice este botón cuando desee modificar las características de impresión. El cuadro de diálogo que aparece muestra ciertas funciones que dependen enteramente de la impresora que se tenga conectada al equipo. Pero, en general, estas funciones son modificar la calidad de impresión, la orientación del papel, el tamaño de las hojas, etc.

8. Cuando haya terminado de seleccionar los datos necesarios, pulse el botón [Aceptar] para que la impresión se ponga en marcha.

23.6 ELIMINAR ELEMENTOS DE LA VENTANA DE BASE DE DATOS

Si un elemento (una tabla, consulta, informe, formulario, etc.) se vuelve innecesario, lo mejor es eliminarlo de la base de datos. Para ello, se selecciona el elemento en la ventana de base de datos y se pulsa la tecla **Supr** (o el botón ✕ Eliminar ▾ del grupo **Registros** de la pestaña **Inicio** en la cinta de opciones).

Antes de eliminar el elemento, Access pedirá confirmación del borrado mediante un cuadro de diálogo.

23.7 CAMBIAR DE NOMBRE A LOS ELEMENTOS DE UNA BASE DE DATOS

Si el nombre de un elemento de la base de datos no es correcto, puede cambiarse por otro mediante la tecla **F2**, o mediante el botón secundario del ratón, seleccionando **Cambiar nombre** en el menú que ofrece.

Aparecerá el cursor de texto en el nombre del elemento para que se pueda modificar directamente en ese sitio. Se pulsa **INTRO** cuando se termina.

23.8 COMPACTAR Y REPARAR BASES DE DATOS

Con todos los cambios que se realizan en una base de datos, el archivo que la contiene en el disco suele plagarse de huecos vacíos que pertenecieron a datos ahora eliminados. Esto provoca que el tamaño del archivo ocupe un espacio artificialmente alto en el disco. Si ese espacio se elimina, el archivo de la base de datos ocuparía menos espacio. Esto puede lograrse desde el menú que ofrece la pestaña **Archivo**, seleccionando la opción **Información** y pulsando el botón **Compactar y reparar base de datos**. Esta opción no solicita ningún otro dato, simplemente se pondrá a trabajar para conseguir el objetivo.

Así mismo, si una base de datos está dañada, esa misma opción podría repararla (dependiendo del tipo de daño de la base de datos). Siempre es aconsejable intentar repararla con dicha opción por si puede corregir el error, si bien realizar antes una copia de seguridad podría ser una buena idea.

23.9 FORMATOS PARA LAS TABLAS

Como su propio nombre indica, la opción de formato permite dar forma. En nuestro caso vamos a dar forma a las tablas para que tengan un aspecto a gusto del usuario.

Cuando se abre una tabla para trabajar con su contenido (desde el panel de navegación), disponemos del grupo **Fuente** en la pestaña **Inicio** de la cinta de opciones. Este grupo tiene varias opciones para darle forma a la tabla.

 Tenga presente que las opciones que ofrece este grupo afectan a toda la tabla. Por ejemplo, no servirá de nada seleccionar un par de columnas con la intención de cambiar su tipo de letra porque Access cambiará el tipo de letra de todas las columnas de la tabla a pesar de que haya seleccionado esas dos.

1. Con los elementos Calibri ▾, 11 ▾, **N _K_ S** y **A ▾** se establece la fuente, el tamaño, el estilo (negrita, cursiva y subrayado) y color de texto, respectivamente.

2. Para colocar los datos tenemos los botones de alineación (≡ ≡ ≡).

3. También disponemos de botones para aplicar sangría (▤ y ▤) y numeración de párrafos (▤ y ▤), aunque estos no siempre están disponibles.

4. Desplegando el botón ▦ ▾ (**Líneas de división**) se puede elegir qué bordes de cada celda de la tabla aparecerán dibujados.

5. Desplegando el botón ▥ ▾ (**Color de fondo o de relleno alternativo**) se puede elegir un color con el que rellenar las celdas de la tabla.

Además de esas funciones, disponemos de otras para mejorar el aspecto de la tabla:

1. Se cambia la altura de las filas seleccionándolas (tal y como vimos para eliminar registros) y haciendo clic con el botón secundario en ellas. En el menú que aparece se selecciona **Alto de fila**. Esta opción le ofrecerá el cuadro que puede verse junto al margen.

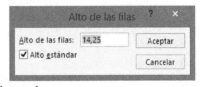

- Establezca la nueva altura con el cuadro de texto **Alto de las filas**.

- Active la casilla **Alto estándar** para establecer la altura original de las tablas.

2. Se cambia la anchura de las columnas seleccionándolas en su cabecera y haciendo clic con el botón secundario en ellas. En el menú que aparece se selecciona **Ancho del campo**. Esta opción ofrece el cuadro de diálogo que mostramos junto al margen.

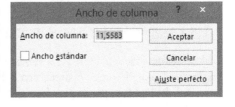

- Establezca la nueva anchura con el cuadro de texto **Ancho de columna**.

- Active la casilla **Ancho estándar** para asignar la anchura original de la tabla.

- El botón Ajuste perfecto ajusta cada columna a su anchura ideal, ampliándola o reduciéndola hasta que encajen perfectamente todos sus datos.

3. Seleccionando las columnas de la tabla y haciendo clic en ellas con el botón secundario del ratón obtenemos un menú en el que encontramos las opciones **Ocultar campos**, que las esconde, y **Mostrar campos**, que abre un cuadro de diálogo con el que se pueden volver a mostrar las columnas que hayamos ocultado antes. Para ello ofrece un cuadro de diálogo en el que se muestran todos los campos precedidos de otras tantas casillas de verificación. Solo será necesario activar o desactivar las casillas de aquellos campos que deseemos mostrar u ocultar, respectivamente. Puede verse un ejemplo en la figura que mostramos junto al margen derecho.

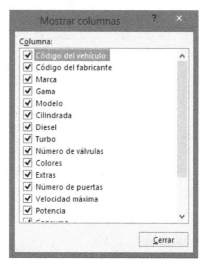

4. En el menú anterior, **Inmovilizar campos** fija la columna o columnas seleccionadas a la izquierda de la tabla y no podrán moverse a otro lugar entre las demás. Se pueden desbloquear mediante la opción **Liberar todos los campos** también en ese menú.

Estas últimas funciones pueden aplicarse también desde el botón ⊞ Más▾ del grupo **Registros** que se encuentra en la pestaña **Inicio** de la cinta de opciones.

23.9.1 Hojas secundarias de datos

Cuando una tabla está relacionada con otras, puede resultar interesante que podamos ver de forma ágil y sencilla datos de esas tablas relacionadas desde aquella en la que nos encontramos. Esa tarea la podemos realizar creando hojas secundarias de datos.

Comience por abrir una tabla y observe que a la izquierda de la columna que compone el primer campo aparece una columna con un signo de sumar (+) en cada fila. Se trata del **indicador de expansión** (ya que muestra si la hoja secundaria está o no expandida):

	Código del v ▾	Código del f ▾	Marca ▾
+	1	1	Seat
+	2	1	Seat
+	3	1	Seat
+	4	2	Citroen

Haga clic en uno de esos indicadores de expansión (+) para crear la nueva hoja de datos. Si la tabla está relacionada con otras dos o más, Access ofrecerá el siguiente cuadro de diálogo:

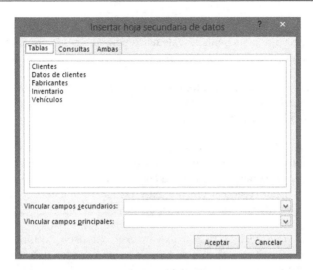

En la lista de tablas (en nuestro ejemplo, *Clientes*, *Datos de clientes*, *Fabricantes*, *Inventario*, *Provincias* y *Vehículos*) debemos elegir aquella cuyos datos deseamos ver en la hoja secundaria. Al hacerlo, podrá elegir los campos que relacionen ambas tablas en las listas **Vincular campos secundarios** y **Vincular campos principales** (normalmente debe ser el mismo campo, pero, como vimos en las relaciones, lo importante no es que ambos campos se llamen igual, sino que contengan datos que coincidan). En cuanto acepte el resultado, ambas tablas quedarán vinculadas y podrá ver los datos relacionados de las dos en la misma ventana.

Así, en nuestro ejemplo puede ver que el vehículo *SEAT Toledo* está relacionado con dos unidades del inventario.

Para esa fila (la del *Seat Toledo*) ha cambiado el indicador de expansión (+: que realiza la función de desplegar) y, en su lugar, tenemos uno con el símbolo de restar (−: que realiza la función de contraer). Así pues, haga clic en el nuevo indicador de expansión si desea que desaparezca momentáneamente la hoja secundaria. Bastará con hacer clic de nuevo sobre él (en cualquier fila) para volver a ver sus datos relacionados en una hoja secundaria.

El botón ⊞ Más ▾ del grupo **Registros** (en la pestaña **Inicio** de la cinta de opciones) despliega un menú que ofrece, entre otras, la opción **Hoja secundaria de datos**. Se trata de un submenú de cuatro opciones que mostramos junto al margen.

1. **Hoja secundaria de datos** lleva de nuevo al cuadro de diálogo anterior con el que puede elegir otra tabla de la base de datos para que desde ese momento la hoja que se despliegue muestre su contenido.

2. **Quitar** elimina el vínculo entre las tablas. Gracias a él podremos, además, crear un vínculo distinto con otras tablas creando otras hojas secundarias de datos cuando volvamos a hacer clic en el botón ⊞.

3. Con **Expandir todo** se desplegarán todas las filas mostrando sus datos relacionados en hojas secundarias. Es el equivalente de hacer clic en todos los indicadores de expansión de la tabla cuando están en el estado ⊞. Si se emplea esta opción sin haber creado el vínculo entre las tablas, aparecerá el cuadro de diálogo que vimos antes para que podamos crear el vínculo ahora.

4. **Contraer todo** realiza la función inversa, es decir, contrae todas las hojas secundarias. Es el equivalente de hacer clic en todos los indicadores de expansión de la tabla cuando se encuentran en el estado ⊟.

23.10 IMPORTAR Y EXPORTAR TABLAS

Una posibilidad que ofrece Access es la de utilizar tablas de otros sistemas de base de datos como dBase, Paradox o Fox Pro. Las dos funciones que pueden realizarse con respecto a esto son las importaciones y las exportaciones:

1. Importar consiste en traer a un programa datos de otro utilizando el archivo en que esos datos fueron almacenados. En nuestro caso, Access puede importar tablas de otras bases de datos y de otros programas, como hojas de cálculo o procesadores de texto.

2. Exportar es la operación contraria: grabar datos de una tabla de Access como si se estuviesen grabando con otro sistema. El resultado es una tabla con el formato de otro programa.

Las funciones de importar y exportar datos con Access se encuentran en la pestaña **Datos externos** de la cinta de opciones.

Para importar datos de otro programa, utilizaremos los elementos del grupo **Importar y vincular** en el que podemos ver botones con nombres de programas y formatos de archivo (**Excel**, **Access**, Archivo de texto , etc.). El botón Más ▾ despliega una lista con otros formatos para importar a la base de datos. Al elegir uno de ellos (como **Excel**) aparece un cuadro de diálogo con el que establecemos de dónde proceden los datos que se van a importar y dónde se van a depositar:

Los botones de opción de este cuadro varían en función del botón que se pulsó para acceder al cuadro de diálogo. Veamos los más comunes:

1. Se utiliza el botón [Examinar...] para localizar el archivo cuyos datos vamos a trasladar a Access.

2. Se opta por el botón **Importar el origen de datos en una nueva tabla de la base de datos actual** para que los datos que se traen a Access lo hagan a una nueva tabla de la base de datos con la que estemos trabajando en ese momento. El sistema lleva a un asistente en el que hay que establecer el origen de los datos (por ejemplo, la hoja de cálculo de un libro de Excel), si la primera fila contiene los nombres de campo, el tipo de datos de cada columna de información a importar, cuál será la clave principal de la tabla y el nombre que pondremos a esa tabla.

3. Se opta por el botón **Anexar a una copia de los registros a la tabla** para que los datos que se traen a Access se agreguen a una tabla ya existente de la base de datos con la que estemos trabajando en ese momento. El sistema lleva a un asistente en el que hay que establecer el origen de los datos (por ejemplo, la hoja de cálculo de un libro de Excel), si la primera fila contiene los nombres de campo, y el nombre que pondremos a esa tabla. Naturalmente, los datos a importar deben encajar perfectamente en los campos de la tabla que los recibe, de lo contrario, Access no podrá importarlos.

4. Se opta por el botón **Vincular al origen de datos creando una tabla vinculada** para que los datos que se traen a Access lo hagan a una nueva tabla de la base de datos con la que estemos trabajando en ese momento. La nueva tabla no forma realmente parte del contenido de la base de datos, sino que está vinculada a esta y funciona de forma externa. El sistema lleva a un asistente en el que hay que establecer: el origen de los datos (por ejemplo, la hoja de cálculo de un libro de Excel), si la primera fila contiene los nombres de campo y el nombre que pondremos a esa tabla.

En el último paso del asistente de importación, Access pregunta si deseamos guardar los pasos de importación mediante una casilla de verificación. Gracias a ello, podemos repetir la importación más adelante mediante el botón **Importaciones guardadas**. Este botón ofrece una lista de importaciones guardadas para elegir una que deseemos repetir:

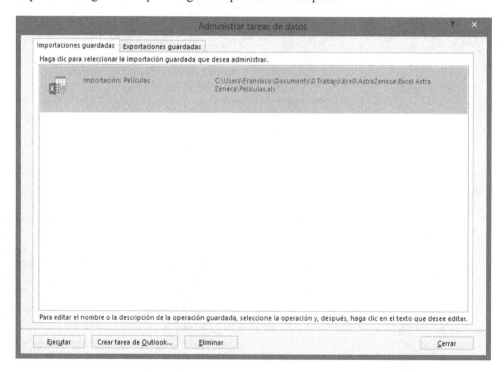

La exportación se realiza de un modo similar. Lo primero es elegir una tabla de la base de datos en el panel de navegación y después pulsar uno de los botones del grupo **Exportar** en la pestaña **Datos externos** de la cinta de opciones. Este grupo contiene varios botones que representan otros programas o formatos con los que Access es capaz de guardar la información de las tablas (**Excel, Archivo de texto, Combinar con Word**, etc.).

Al pulsar uno de estos botones se obtiene un cuadro de diálogo muy similar al que se emplea para importar, si bien su contenido contiene funciones especializadas en guardar en el disco información de las tablas de una base de datos en un formato ajeno, como Excel, RTF compatible con Word o formato de texto simple.

El cuadro de diálogo en general tiene un aspecto como el siguiente:

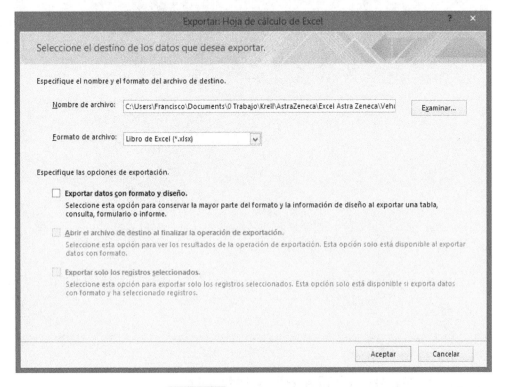

1. Se utiliza el botón [Examinar...] para localizar una carpeta en la que guardar los datos exportados. En el cuadro **Nombre de archivo** podemos añadir el nombre del archivo con el que se guardarán, si bien Access ya ofrecerá escrito el nombre de la tabla elegida.

2. La lista desplegable **Formato de archivo** permite elegir la versión del programa o formato con el que se grabarán los datos en el disco.

3. Puede activar las casillas del grupo **Especifique las opciones de exportación** para complementar la exportación con otras funciones interesantes como, por ejemplo, **Exportar datos con formato y diseño**, que se asegura de que los datos se guarden con todos sus formatos de aspecto intacto (fuente, tamaño de letra, color, tipo de dato, etc.), siempre que sea posible (un archivo de texto sencillo no los admite).

En el último paso del asistente, Access pregunta si deseamos guardar los pasos de exportación mediante una casilla de verificación. Gracias a ello, podemos repetir la exportación más adelante mediante el botón **Exportaciones guardadas**. Este botón ofrece una lista de exportaciones guardadas para elegir una que deseemos repetir:

Exportaciones
guardadas

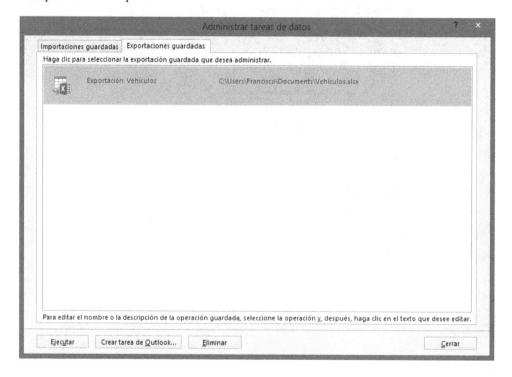

23.11 EL MODO *VISTA PRELIMINAR*

Existe un modo de saber con antelación cómo aparecerá impreso cualquier elemento de la base de datos.

Para activar ese modo se abre el elemento (tabla, consulta, etc., o bien se selecciona en el panel de navegación), se despliegan el menú que ofrece la pestaña **Archivo** y su opción **Imprimir** y se elige **Vista preliminar**. Al hacerlo, obtenemos un boceto con la muestra de lo que se va a imprimir. La ventana que se ofrece para ello es la siguiente:

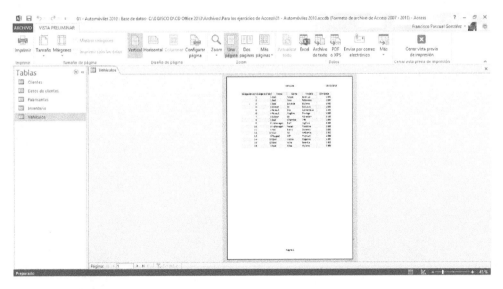

El cursor del ratón cambia de aspecto mostrando una pequeña lupa. Al hacer clic en cualquier parte de la hoja que se muestra, Access aumenta el tamaño de la muestra para una mejor percepción de los detalles de esa parte de la hoja. Si se vuelve a pulsar, se obtendrá de nuevo una vista general.

Para salir del modo de presentación preliminar podemos pulsar el botón **Cerrar vista previa de impresión** que ha aparecido en la cinta de opciones.

Cerrar vista previa de impresión

23.12 COPIAS DE SEGURIDAD

Todos conocemos la importancia de disponer de copias de seguridad de nuestros documentos. Si no las creamos y los archivos originales sufren algún percance, podemos perder mucha información valiosa y tiempo y esfuerzo para recuperarla, lo que no siempre es posible.

Con Access, podemos emplear la función de copia de seguridad, localizada en la pestaña **Archivo**. Al desplegarlo, se selecciona **Guardar & Publicar** y se pulsa el botón **Realizar copia de seguridad de la base de datos**. Después se pulsa el botón **Guardar como** debajo del anterior y el sistema lleva al tradicional cuadro de diálogo para guardar documentos. En él podremos apreciar que Access sugiere como nombre para la copia el mismo de la base original, seguido de la fecha en la que se crea (un buen modo de reconocer la base de datos, así como el tiempo que hace que se realizó la última copia).

Capítulo 24

TÉCNICAS AVANZADAS CON ACCESS

En el presente capítulo vamos a tratar funciones que solicitan una mayor contribución por parte del usuario y que, al mismo tiempo, ofrecen unos resultados muy completos.

24.1 INICIO DE BASES DE DATOS

Access proporciona una serie de funciones con las que se puede asignar el modo de iniciar una base de datos. En principio, cada una arranca mostrando la ventana de base de datos, pero es posible modificar esto, junto con otras funciones que nos permitirán establecer características tales como si debe mostrarse el menú, qué ventana debe mostrarse al arrancar, etc.

Para establecer todo esto, se accede a la pestaña **Archivo**, se selecciona **Opciones** y, en el cuadro de diálogo que aparece, se activa la categoría **Base de datos actual**. Esto nos llevará al siguiente cuadro de diálogo:

Le sugerimos que ponga especial cuidado con las siguientes funciones. Si no las emplea con prudencia, podría bloquear su propia base de datos, impidiéndose a usted mismo su control.

Antes de practicar con ellas, sería importante hacer una copia de seguridad de la base de datos completa como precaución.

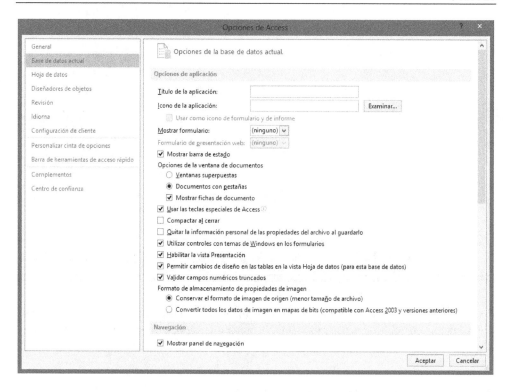

A continuación detallamos los elementos del cuadro relacionados con el momento de abrir la base de datos:

1. **Título de la aplicación** permite escribir un rótulo que mostrará la ventana de Access cuando se abra la base de datos.

2. **Icono de la aplicación** permite elegir un icono para la base de datos mientras esté abierta.

3. **Mostrar formulario** permite seleccionar un formulario de la base de datos como elemento que se mostrará primero al abrir la base de datos. Suele utilizarse un formulario que actúe a modo de menú principal. Se suele diseñar un formulario especial que haga las veces de ese menú principal. Para ello, se emplean los llamados *Paneles de control*, de los que hablaremos enseguida en este mismo capítulo (*Administrador de paneles*).

4. **Mostrar barra de estado** ofrece o no la barra de estado al abrir la base de datos según se active o no esta casilla.

5. **Opciones de la ventana de documento** ofrece dos modos de trabajo con las ventanas que genera Access cuando el usuario abre un elemento de la base de datos (una tabla, una consulta, etc.). Así, se asegura de que cada nuevo elemento aparezca en una ventana independiente que puede controlarse dentro de Access (maximizar, minimizar, cerrar, etc., mediante el botón **Ventanas superpuestas**) o bien cada elemento aparece en una ficha con su pestaña para permitir el acceso a cada uno (mediante el botón **Documentos con fichas**). Si cambia un botón por otro, tenga en cuenta que necesitará cerrar la base de datos y abrirla de nuevo para que el cambio funcione.

6. También se puede impedir que un usuario acceda a funciones de Access si se desactiva la casilla **Usar las teclas especiales de Access**.

7. Mantenga activa la casilla **Mostrar panel de navegación** si desea que ese elemento aparezca al abrir la base de datos. De lo contrario, desactívela.

8. Despliegue la lista **Barra de menú contextual** para elegir una barra de menú contextual que se empleará en la base de datos y que deberá haber sido creada o importada antes.

24.2 MACROS

En palabras sencillas, una macro es una función que reúne varias. Suelen utilizarse para procesos que requieren varias funciones que se emplean con frecuencia. La macro se encargará de ejecutar automáticamente todas las funciones que se hayan incorporado en ella.

Las macros en Access, y en cualquier otro sistema de su categoría, forman todo un lenguaje de programación completo, mediante el cual se pueden llegar a construir funciones realmente complejas. En el caso de Access, las macros y la programación forman dos partes bien diferenciadas.

De modo que en este tema comenzaremos por ver cómo se crean macros más o menos sencillas y después iniciaremos una breve inspección de la programación con Access.

24.2.1 Creación de macros

Las macros se crean como un elemento más de la base de datos. Para ello, en el grupo **Macros y código** de la pestaña **Crear** de la cinta de opciones disponemos del botón **Macros**.

Macro

Lo que se obtiene al pulsarlo es una ventana con la que podremos definir la macro. Su aspecto y manejo es similar al de la creación de tablas.

Las macros son secuencias de instrucciones, por lo que debemos ir añadiendo una por una todas las acciones que deberá realizar la macro cuando se ejecute.

La lista desplegable Agregar nueva acción ▼ contiene, pues, una lista alfabética (excepto por sus primeras opciones) de las funciones que la macro es capaz de ejecutar. Se puede elegir en esa lista el dato **Comentario** para establecer una pequeña descripción de lo que hace cada función, aunque se trata de algo opcional.

Según se vayan implantando acciones, la macro las ejecutará por riguroso orden automáticamente (desde la primera hasta la última).

Cuando se elige una acción de esta lista aparecen sus argumentos (similares a las propiedades de las tablas). Por ejemplo, si utilizamos la función **AbrirTabla**, uno de los argumentos será el nombre de la tabla que se va a abrir. Veámoslo:

Los argumentos de la función **AbrirTabla** son **Nombre de la tabla**, **Vista** y **Modo de datos**. Si se despliega (con su botón ▼) **Nombre de la tabla**, se mostrará una lista con todas las tablas que hay en la base de datos para poder elegir una.

Observe también que, a la derecha del nombre de la función **AbrirTabla** ha aparecido el botón ✕. Púlselo cuando necesite eliminar esa acción de la macro.

Access dispone de una gran cantidad de funciones que pueden incorporarse a cualquier macro. La mejor forma de aprender el funcionamiento de todas ellas es

⊟ 🗀   Acciones
  ⊞ 🗀   Administración de ventanas
  ⊞ 🗀   Comandos de interfaz de usuario
  ⊞ 🗀   Comandos de macro
  ⊞ 🗀   Comandos del sistema
  ⊞ 🗀   Filtro o consulta o búsqueda
  ⊞ 🗀   Importación o exportación de datos
  ⊞ 🗀   Objetos de la base de datos
  ⊞ 🗀   Operaciones de entrada de datos

practicando. La información sobre las funciones aparece en el sistema de ayuda de Access, que puede mostrar todas las funciones, para qué sirve cada una y cuáles son sus argumentos. Todas ellas están agrupadas por categorías en el panel **Catálogo de acciones** a la derecha de la ventana de Access (disponemos de un botón con ese mismo nombre en la cinta de opciones en caso de que se haya ocultado y se desee mostrar de nuevo).

Vamos a realizar un ejemplo sencillo de macro. Crearemos una que abra una tabla, nos lleve hasta el último registro de esta y, para terminar, produzca un pitido.

Comenzaremos pues por crear la nueva macro desde la ventana de base de datos tal y como comentábamos al principio de este apartado. Cuando nos muestre la ventana de edición de macros, iremos añadiendo las siguientes acciones:

1. **AbrirTabla** (recuerde que para elegir una función deberá desplegar la lista 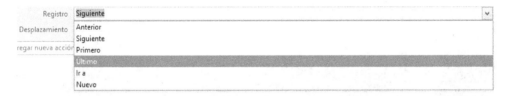). Como hemos dicho, esta función se encargará de abrir una tabla. Iremos a los argumentos (en **Tipo de objeto** y **Nombre del objeto**) y allí elegiremos, respectivamente, la opción **Tabla** y una tabla de la base de datos.

2. Como segunda función en la siguiente acción elegiremos **IrARegistro** (recuerde que las funciones están listadas por orden alfabético). Esta función nos lleva a un registro de la tabla que determinemos en los argumentos (en **Registro**) y en la lista elegiremos **Último**, para acceder a él. Si en dicho argumento **Registro** se elige la opción **Ir a**, se podrá emplear el argumento **Desplazamiento** para teclear el número del registro al que se quiere acceder.

3. Para hacer sonar un pitido hemos de elegir como tercera acción la función **Bip**, que, al ser una función tan simple, no lleva ningún argumento.

4. Para terminar la creación de la macro la cerraremos, lo que solicitará que la guardemos primero. Para ello, obtenemos un cuadro de diálogo en el que debemos ponerle un nombre a la nueva macro, a no ser que ya la hubiéramos grabado con anterioridad, en cuyo caso Access almacenará la macro automáticamente con el nombre que le pusiéramos entonces. Este es el cuadro que pide el nombre:

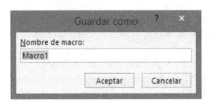

Utilizaremos el cuadro de texto **Nombre de la macro** para escribirlo. Una vez escrito el nuevo nombre, pulsaremos el botón Aceptar y la macro se incorporará a la base de datos. Podremos acceder a ella seleccionando **Macros** en el menú del panel de navegación.

24.2.2 Condiciones en las macros

Algunas de las acciones de las macros no han de ejecutarse siempre. En ocasiones, y dependiendo de las circunstancias, es interesante que ciertas acciones no funcionen para que no realicen labores que modifiquen el transcurso habitual de la macro.

La idea es que si una comprobación de datos resulta cierta, se ejecuten las instrucciones adecuadas y, de no ser así, se ejecuten otras o ninguna.

Para añadir una condición se ha de desplegar la lista Agregar nueva acción ▼ y seleccionar **Si** entre sus primeras opciones (también puede hacerse en el panel **Catálogo de acciones**, a la derecha de la ventana).

Aparecerán los parámetros necesarios para establecer la condición consistente en comparar dos datos. Si la comparación es cierta, si se cumple, la acción que haya a su lado se ejecuta, de lo contrario, se ignora.

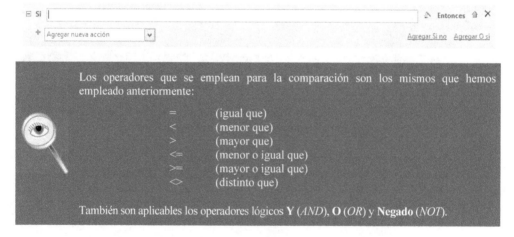

Los operadores que se emplean para la comparación son los mismos que hemos empleado anteriormente:

=	(igual que)
<	(menor que)
>	(mayor que)
<=	(menor o igual que)
>=	(mayor o igual que)
<>	(distinto que)

También son aplicables los operadores lógicos **Y** (*AND*), **O** (*OR*) y **Negado** (*NOT*).

Debajo de la condición aparece una nueva lista Agregar nueva acción ▼. Se utiliza para elegir las acciones que funcionarán si la condición se cumple.

También disponemos de los vínculos **Agregar si no** y **Agregar O si**. Haciendo clic en el primero la acción **Si** se amplia permiéndonos establecer qué sucederá si la condición del **Si** no se cumple. Haciendo clic en el segundo se puede establecer otra condición **Si** que se evalúe además de la primera.

Veamos un ejemplo. Supongamos que necesitamos una macro que permita agregar registros a una tabla solo si nos encontramos en una fecha anterior al último día del año 2011. Deberíamos aplicar las siguientes acciones:

1. Usamos la acción **AbrirTabla** para indicar que ese es el primer trabajo que debe realizar la función. En los **Argumentos de acción** (la parte inferior del panel) debemos asegurarnos de que se abre la tabla adecuada, seleccionándola en **Nombre de tabla**.

2. A continuación estableceremos la condición con un **Si**. La condición que establecemos es *Fecha()>#31/12/2007#* lo que obliga a ejecutar posteriormente las acciones **Bip** y **CerrarVentana** cuando esa premisa se cumpla (cuando la fecha sea posterior al *31/12/07*), de lo contrario, se ignorará.

3. Las acciones **Bip** y **CerrarVentana** serán las que se ejecuten si la fecha no es la adecuada. Sus trabajos son, respectivamente, producir un pitido y cerrar la tabla. Hemos de añadirlas en el botón Agregar nueva acción ⯆ que hay dentro del **Si**.

4. La acción **CerrarVentana** solicita algunos argumentos. Así, hemos de establecer el tipo de ventana que se va a cerrar (**Tipo de objeto** = **Tabla**), el nombre de esta (**Nombre de objeto**) y si debe o no solicitar el guardado de los datos antes de cerrar (**Guardar**).

5. Ahora debemos pulsar en el vínculo **Agregar Si no** del **Si**, para establecer lo que debe hacer la macro si la fecha es anterior al último día del año 2011.

6. En él desplegaremos la lista  para añadir la acción **IrARegistro**, que nos lleve a un nuevo registro de la tabla en el que añadir datos.

Si el trabajo exigiese más acciones, deberíamos prever las condiciones en las que se ejecutarían y aplicarlas del mismo modo.

24.2.3 Ejecución y modificación de macros

En el menú del panel de navegación podemos seleccionar **Macros** para ver el listado de las macros que están disponibles.

Una vez que tenemos la lista podemos:

1. Hacer doble clic en el nombre de una para ponerla en marcha.

2. Hacer clic con el botón secundario del ratón en su nombre y seleccionar **Vista diseño** para modificarla. La ventana a la que nos lleva es la misma que se emplea para crearla.

24.2.4 Introducción a Visual Basic con Access

Access incorpora un lenguaje de programación con el que podemos realizar funciones más complejas que las macros. Este lenguaje de programación es un descendiente directo de Visual Basic, cuyo nombre completo es Visual Basic for Applications (VBA).

Antes de comenzar, hemos de decir que lo que vamos a crear aquí son programas: secuencias de instrucciones agrupadas con el fin de realizar una tarea.

Como crear un programa grande en una sola pieza resulta difícil, hace tiempo que se desarrollaron unas normas para crear programas. Con ellas se llegó a la que hoy se denomina *programación estructurada y modular*. Básicamente consiste en dividir la gran tarea que realizará el programa en varias otras más pequeñas, ya que resulta más cómodo resolver el programa por partes que en conjunto.

Access y también Visual Basic utilizan una mejora sobre la programación estructurada que Windows se encarga de hacer más fácil gracias a su entorno gráfico. Esta mejora recibe el nombre de *programación orientada a objetos*. En ella, cada elemento del programa es un objeto con unas propiedades y características que pueden incluso heredarse para otros objetos. Por ejemplo, un botón de una ventana puede ser un objeto que tiene asociado cierto grupo de instrucciones, de modo que cuando se pulsa el botón, las instrucciones asociadas a él se ponen en marcha realizando, entre todas, una tarea para el usuario. De hecho, este es el modo general en que trabaja Windows.

Access, por tanto, permite crear un programa por objetos que son partes del programa general. Este programa contiene módulos con instrucciones que se ejecutan desde las macros. Cada módulo, a su vez, puede dividirse en varias funciones o procedimientos (partes del programa). Cada procedimiento o función puede hacerse funcionar desde otro o desde una macro.

24.2.5 Creación y manejo de módulos

Así pues, será necesario crear módulos y macros:

1. Los módulos estarán divididos en funciones o procedimientos (o ambos) que contendrán las instrucciones cuya función será resolver la tarea para la que sean programados.

2. Las macros contienen la orden que pondrá en marcha la ejecución de las funciones o procedimientos que hayamos programado en los módulos. Esa orden es, en realidad, la instrucción **EjecutarCódigo** que tiene un solo argumento: **Nombre de función**.

Para crear un nuevo módulo con instrucciones, se accede a la pestaña **Crear** de la cinta de opciones y se localiza el grupo **Macros y código**. En él se dispone del botón ⚙ Módulo .

Al pulsarlo, se obtiene en la pantalla una ventana nueva en la que podremos escribir las instrucciones para el módulo y una barra de herramientas adaptada al manejo de este:

Para crear un nuevo procedimiento o función para el módulo, accederemos al menú **Insertar** en el que seleccionaremos **Procedimiento** y, así, obtendremos un cuadro de diálogo para las especificaciones iniciales (véalo en la figura junto al margen).

Elegiremos **Procedimiento** o **Función** dependiendo de lo que deseemos crear. La función (o el procedimiento) debe tener un identificador para distinguirla de las demás; para ello, escribiremos este identificador en el cuadro de texto **Nombre** (pongamos, por ejemplo, el nombre *Diálogo*). Si deseamos que el procedimiento pueda ser utilizado desde cualquier parte del programa de Access, elegiremos **Público**, pero si queremos que el procedimiento solo funcione dentro de otro, optaremos por **Privado**. Nosotros elegiremos **Público** y **Función** para seguir el ejercicio.

Cuando pulsemos el botón ⟨Aceptar⟩, obtendremos la ventana vacía para rellenar la función con instrucciones.

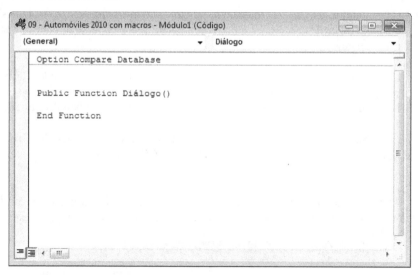

Public Function Diálogo() es el encabezado que marca el inicio de la función, mientras que **End Function** marca su final. El cursor aparece entre medias de ambos para que escribamos ahí las instrucciones de esta función. Naturalmente, estas instrucciones también pueden teclearse en el programa.

Llegados a este punto, las instrucciones tienen unas posibilidades casi ilimitadas. Nosotros vamos a ir siguiendo estos pasos para poner un ejemplo sencillo de programación; sin embargo, la creación de un programa completo puede ser larga, por lo que debe estar bien estudiada y exige un amplio conocimiento del lenguaje Access Basic.

Vamos a crear un ejemplo sencillo con programación. Se trata de un sencillo programa que realiza una pregunta y nos responde con el dato que hemos tecleado como respuesta, o bien nos avisa si hemos pulsado el botón de anulación (**Cancelar**). Para ello, teclearemos:

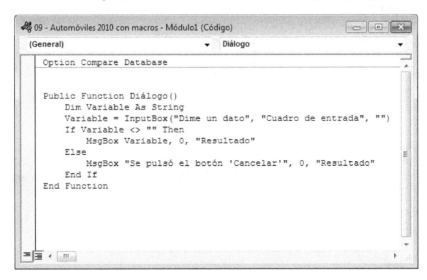

1. **Dim Variable As String**. Define un nuevo dato (llamado *Variable*) de tipo texto (*string*).

2. **Variable = InputBox…** Con esta instrucción asignamos al dato *Variable* un valor con la función *InputBox*.

3. **InputBox("Dime un dato", "Cuadro de entrada", "")**. Abre un cuadro de diálogo que lleva por título *Cuadro de entrada* y que muestra el mensaje *Dime un dato* esperando a que escribamos uno. El aspecto que generará este cuadro cuando lo hagamos funcionar es el siguiente:

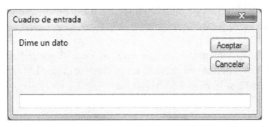

Supongamos que escribimos el mensaje *Ejemplo de programa*.

4. **If Variable<>"" Then**. Traducido literalmente significa "Si la Variable no está vacía, entonces…". Por tanto, en nuestro ejemplo, si la variable no está vacía, se ejecutará la instrucción MsgBox Variable, 0, "Resultado" y de lo contrario, (**Else**) MsgBox "Se pulsó el botón 'Cancelar`", 0, "Resultado".

5. **MsgBox Variable, 0, "Resultado"**. Ofrece un cuadro de diálogo con el título *Resultado* conteniendo el dato *Ejemplo de programa* que habíamos escrito en el cuadro de diálogo anterior. El valor 0 implica que solo aparecerá el botón [Aceptar] en este cuadro:

6. **MsgBox "Se pulsó el botón 'Cancelar'", 0, "Resultado"**. Muestra un cuadro de diálogo de características similares al anterior, con el título *Resultado* y el aspecto siguiente:

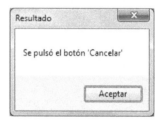

Cuando se tienen varios procedimientos o funciones en el mismo módulo es posible desplazarse a través de ellos con la lista **Procedimiento** que aparece en la parte superior derecha de la ventana del módulo. Haga un clic en ella y elija el módulo al que desea acceder.

Para grabar el programa que hemos escrito, pulsamos el botón 🖫 de la barra de herramientas. Aparece un cuadro de diálogo para ponerle nombre al módulo (puede verlo junto al margen).

Por ejemplo, aceptaremos el que se nos sugiere: **Módulo1**, y quedará registrado en la base de datos. Lo verá en el panel de navegación, desplegando su menú y seleccionando **Módulos**.

24.2.6 Ejecución de funciones

Como ya hemos dicho, las funciones de los módulos se ejecutan mediante macros. Por ello, el siguiente paso es acceder al grupo **Macros y código** de la pestaña **Crear** de la cinta de opciones y pulsar el botón **Macros**.

Macro

Al hacer esto, como ya hemos visto en un apartado anterior, obtendremos una ventana en la que tendremos que establecer las acciones que conformarán la macro:

La única acción que es realmente necesaria es **EjecutarCódigo**, de modo que se despliega la lista ⌞Agregar nueva acción ▾⌟ y se elige esa acción (recuerde que todas ellas aparecen por orden alfabético de modo que resulta mucho más fácil localizar una entre todas).

Una vez hecho esto aparece el el argumento **Nombre de función** y en él se escribe el nombre que se le puso a la función: **Diálogo()**.

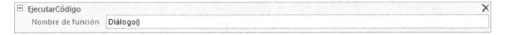

Cuando cierre esta ventana y, una vez grabada la macro, si todos los datos son correctos y están bien escritos, podremos poner en marcha el pequeño programa que hemos escrito antes.

En el panel de navegación, desplegando su menú y seleccionando **Macros**, tendremos la nueva macro con ese nombre. Para ejecutarla, debemos hacer doble clic en el nombre de la macro. Al hacerlo, la macro se pondrá en marcha ejecutando una a una las instrucciones que habíamos escrito en la función del módulo.

Recuerde que si desea modificar la macro para añadir, eliminar o modificar alguna acción, puede hacerlo haciendo clic con el botón secundario del ratón en su nombre (en el panel de navegación) y seleccionando **Vista diseño** en el menú que aparece.

24.2.7 La macro *AUTOEXEC*

Existe la posibilidad de asegurarse de que una macro actúa nada más abrir la base de datos. Lo único que se necesita es darle el nombre **AUTOEXEC**. Es imperativo darle el nombre con mayúsculas y no equivocarse al escribirlo. Si está mal, solo hay que cambiarlo mediante el procedimiento habitual: haciendo clic con el botón secundario del ratón en el nombre de la macro y seleccionando, en el menú que aparece, la opción **Cambiar nombre**.

No es necesario borrar esa macro para que deje de actuar, ya que podría ser útil en el futuro. Solo es necesario cambiar su nombre por otro cualquiera para que no actúe cuando se abra la base de datos.

24.3 ADMINISTRADOR DE PANELES

Un modo rápido, cómodo y sencillo de crear un menú principal en la base de datos consiste en crear paneles de control mediante el administrador de paneles.

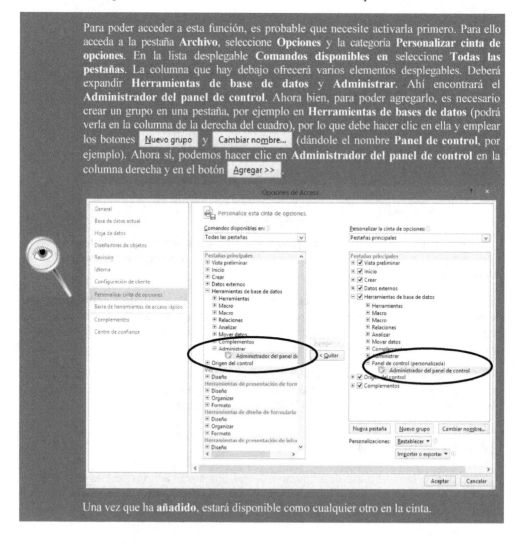

Para poder acceder a esta función, es probable que necesite activarla primero. Para ello acceda a la pestaña **Archivo**, seleccione **Opciones** y la categoría **Personalizar cinta de opciones**. En la lista desplegable **Comandos disponibles en** seleccione **Todas las pestañas**. La columna que hay debajo ofrecerá varios elementos desplegables. Deberá expandir **Herramientas de base de datos** y **Administrar**. Ahí encontrará el **Administrador del panel de control**. Ahora bien, para poder agregarlo, es necesario crear un grupo en una pestaña, por ejemplo en **Herramientas de bases de datos** (podrá verla en la columna de la derecha del cuadro), por lo que debe hacer clic en ella y emplear los botones Nuevo grupo y Cambiar nombre... (dándole el nombre **Panel de control**, por ejemplo). Ahora sí, podemos hacer clic en **Administrador del panel de control** en la columna derecha y en el botón Agregar >> .

Una vez que ha **añadido**, estará disponible como cualquier otro en la cinta.

Ahora encontraremos el grupo **Panel de control** en la pestaña **Herramientas de base de datos**, y en ella el botón **Administrador del panel de control**. Si se pulsa, se obtiene un cuadro de diálogo tanto para construirlo como para modificarlo:

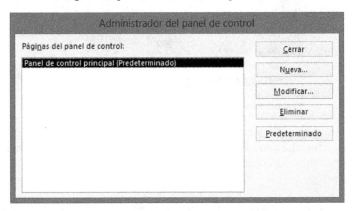

Tenga en cuenta que con este cuadro se puede crear el panel de control principal y otros enlazados a este, cada uno como si fuese un submenú del principal. De ahí que el panel de control recién creado sea el **Panel de control principal** como puede verse en la figura.

1. El botón [Nueva...] crea un panel de control. Lo veremos en el próximo apartado.

2. El botón [Modificar...] permite cambiar el trabajo que realiza el panel de control. El cuadro de diálogo que se obtiene para ello es el mismo que el que se emplea para crear nuevos paneles, por lo que describiremos su función en el próximo apartado.

3. El botón [Eliminar] borra un panel de control pidiendo antes la confirmación. No se puede eliminar el panel de control predeterminado (consulte el siguiente párrafo).

4. El botón [Predeterminado] establece cuál es el panel de control que actúa inicialmente cuando se abre la base de datos.

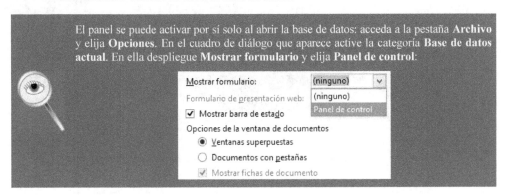

El panel se puede activar por sí solo al abrir la base de datos: acceda a la pestaña **Archivo** y elija **Opciones**. En el cuadro de diálogo que aparece active la categoría **Base de datos actual**. En ella despliegue **Mostrar formulario** y elija **Panel de control**:

24.3.1 Crear y modificar paneles de control

Si en el cuadro de diálogo anterior se pulsa el botón 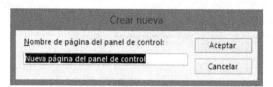, el sistema solicita un nombre para el nuevo panel.

Una vez que se ha escrito y aceptado ese nombre, el sistema lleva al cuadro de diálogo anterior, en el que podemos ver el nuevo panel ya listado. Para acceder al cuadro de diálogo que permite añadir elementos al panel, lo seleccionaremos en esa lista y pulsaremos el botón Modificar....

El cuadro de diálogo en cuestión permite realizar las siguientes tareas:

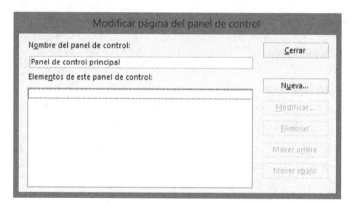

1. Teclee un nuevo nombre para el panel en **Nombre del panel de control**.

2. Utilice el botón Nueva... para agregar un elemento al panel. Al pulsar este botón se obtiene otro cuadro de diálogo para especificar el elemento que se va a añadir así como el texto que lo acompañará para que el usuario capte su función.

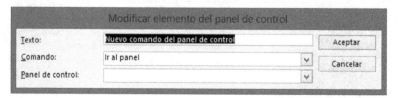

- Escriba el rótulo que acompañará al botón del panel en **Texto**.

- La lista **Comando** permite elegir la acción que realizará Access cuando el usuario pulse el botón del panel. Se puede elegir entre acciones que llevan a formularios, a informes, a un panel de control, a diseñar o cerrar la aplicación y a ejecutar una macro o un módulo.

- Dependiendo de lo que se seleccione en esta lista **Comando**, la lista **Panel de control** ofrecerá un contenido u otro. Así, si el comando elegido es **Ir al panel**, la lista **Panel de control** ofrecerá la relación de paneles para que elijamos aquel al que llevará el botón cuando el usuario lo pulse en el panel.

3. El botón [Modificar...] permite cambiar las especificaciones de un elemento del panel. Nos lleva al mismo cuadro que [Nueva...].

4. El botón [Eliminar] borra un elemento del panel.

5. Dado que esos elementos aparecen en el panel en un determinado orden, podremos recolocarlos con los botones [Mover arriba] y [Mover abajo].

Los paneles son realmente formularios especializados en contener botones, por lo que si no le gusta el diseño de un panel, puede acceder al panel de navegación, desplegar su menú para **mostrar** los **Formularios** y modificarlo como cualquier otro.

24.4 ADMINISTRADOR DE TABLAS VINCULADAS

Como sabemos, Access puede contener tablas que realmente no estén contenidas en la base de datos, sino que sea información externa la que se utiliza en la base de datos como si fuera parte de esta.

Estas tablas están vinculadas y, en principio, cuando se modifica la información del archivo externo, los cambios se ven reflejados automáticamente en la base de datos de Access.

Sin embargo, este sistema de trabajo tiene un inconveniente. Cuando el archivo externo cambia de carpeta o de disco, Access le pierde la pista, con lo que ya no puede mostrar su contenido ni mucho menos mantenerlo actualizado. Lo mismo sucede si la base de datos se migra a otro ordenador, ya que es muy probable que, aunque copiemos la base de datos y todos los archivos externos vinculados, ya no se encuentren en carpetas que se llamen igual que aquellas en las que estaban originalmente, con lo que, de nuevo, se desvincularían.

Si este es nuestro problema, podemos emplear el **Administrador de tablas vinculadas**, que nos permite actualizar la información y también especificar la nueva carpeta o disco en la que se ha colocado el archivo externo.

A esta función se accede mediante la pestaña **Datos externos** de la cinta de opciones, concretamente mediante el botón **Administrador de tablas vinculadas** del grupo **Importar y vincular**, que nos lleva al siguiente cuadro:

Administrador de tablas vinculadas

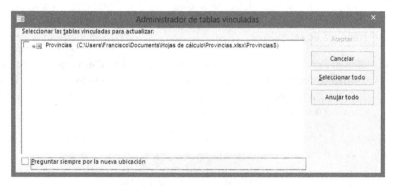

Active la casilla de la tabla que desea actualizar.

También puede activar **Preguntar siempre por la nueva ubicación** para que, al pulsar el botón ⬚ Aceptar ⬚, podamos establecer la carpeta o disco en el que se encuentra el archivo vinculado. Así, si ha cambiado de emplazamiento se puede informar a Access para que su información esté siempre actualizada.

24.5 ANALIZADOR DE RENDIMIENTO

Cuando damos por finalizado el diseño de la estructura de una base de datos, suele ser buena idea consultar el analizador de rendimiento de Access. Esta herramienta se encarga de examinar cualquier elemento de la base de datos comprobando si su productividad es mejorable. Si es así, ofrece un informe con todos los puntos que se pueden optimizar.

Para iniciar el analizador hemos de acceder a la pestaña **Herramientas de base de datos** de la cinta de opciones y, en su grupo **Analizar**, pulsar el botón 🗄 Analizar rendimiento . Este botón lleva a un cuadro de diálogo en el que debemos comenzar por elegir el tipo de elemento que queremos analizar.

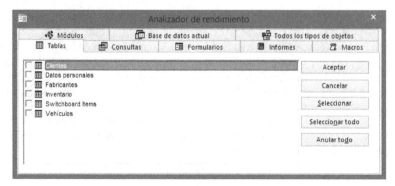

Solo hemos de acceder al tipo de elemento (**Tablas, Consultas**, etc.), seleccionar los elementos deseados (para ello podemos ayudarnos de los botones [Seleccionar] y [Seleccionar todo]) y pulsar el botón [Aceptar] para comenzar el análisis.

El informe ofrece tres tipos de resultados sobre su inspección en un nuevo cuadro:

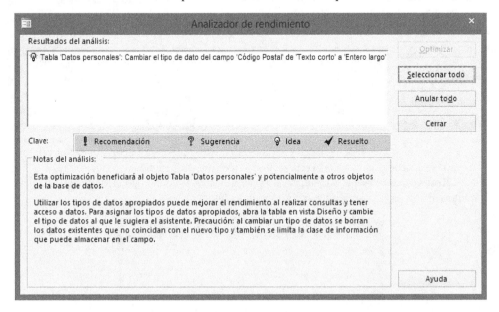

1. Si existe algún motivo importante que disminuya el rendimiento de un elemento de la base de datos, Access lo clasificará como **Recomendación** para que el usuario lo considere como algo importante a modificar.

2. Si existe algún motivo mejorable, pero que puede conllevar efectos adversos que deba considerar el usuario, Access lo clasificará como **Sugerencia**.

3. Si existe algún motivo que podría ser de interés para mejorar el rendimiento a pesar de que Access no haya encontrado prueba evidente de ello, lo clasificará como **Idea**.

Si en la lista de mejoras se encuentran recomendaciones y/o sugerencias, se pueden resolver automáticamente mediante el botón [Optimizar], mientras que si se trata de ideas, será el propio usuario el que deberá aplicarlas siguiendo las instrucciones que se muestran en las **Notas del análisis** del cuadro de diálogo.

24.6 CIFRAR Y DESCIFRAR BASES DE DATOS

Access dispone de varios sistemas para la protección de una base de datos. El más sencillo consiste en cifrarla mediante una contraseña.

Tanto si se desea cifrar una base de datos como si se va a anular el cifrado, es necesario empezar por abrirla en modo exclusivo.

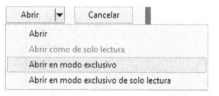

Para abrirla en modo exclusivo, hay que acceder a la pestaña **Archivo** y seleccionar su opción **Abrir**. El proceso en este cuadro es el mismo que cuando se va a abrir una base de datos, aunque una vez seleccionada esta en la carpeta o disco en que se encuentre, no hay que limitarse a pulsar el botón , hay que desplegarlo para elegir el modo exclusivo:

Si una base de datos se abre en este modo, ningún otro miembro puede abrirla al mismo tiempo. Existen privilegios que pueden asignarse a usuarios de la red. Por ejemplo, se puede asignar a un usuario únicamente la capacidad de leer una base de datos, con lo cual **tendrá** restringido el acceso para cualquier otra operación como, por ejemplo, grabar los datos que incorpore a la base.

Una vez que la base de datos está abierta en este modo, se puede aplicar el cifrado. Para ello, se accede a la pestaña **Archivo** y se selecciona **Información**, donde se puede ver el botón **Cifrar con contraseña**. Al pulsarlo se obtiene un cuadro de diálogo en el que se establece la contraseña necesaria para poder abrir la base de datos.

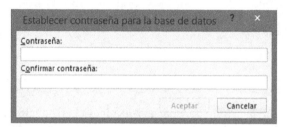

La nueva clave debe escribirse en el cuadro de texto **Contraseña**. La contraseña no puede verse para mayor seguridad e irán apareciendo asteriscos al teclear. En el cuadro de texto **Confirmar contraseña** escribiremos la clave de nuevo ya que así, si nos equivocamos al escribir una de ellas, al ser diferentes, Access nos advertirá de ello y será necesario escribir ambas de nuevo (él no puede saber cuál de las dos claves es la correcta).

Si una base de datos está cifrada con contraseña, se puede liberar de esta. Para ello, en la misma pestaña **Archivo** se puede ver, en una base de datos cifrada, el botón **Descifrar base de datos**. Al pulsarlo se vuelve a solicitar la contraseña original y, si no se teclea correctamente, no se podrá eliminar el cifrado. De este modo se evita que un usuario casual encuentre abierta nuestra base de datos y elimine su cifrado para poder acceder a ella.

Puesto que la contraseña es tan importante, es primordial no perderla u olvidarla. Sería recomendable emplear una contraseña que sea difícil de descubrir para otros usuarios, anotarla y mantenerla en lugar seguro. Tenga en cuenta que si se pierde y olvida la contraseña, no será posible abrir la base de datos y trabajar con ella.

POWERPOINT

INTRODUCCIÓN A POWERPOINT

De todas las funciones para las que es útil un sistema informático, son quizás las relacionadas con las imágenes las que más llaman la atención: desde los sencillos programas de dibujo que aparecieron con las primeras tarjetas gráficas, hasta los modernos y sofisticados programas de diseño gráfico y CAD (diseño asistido por ordenador), pasando por los sistemas de tratamiento de imágenes, tanto fijas como en movimiento.

Hoy en día, mediante un sistema informático, pueden crearse imágenes sencillas o diseñarse secuencias completas de imágenes cinematográficas.

Pero una parte especial del tratamiento de imágenes es la que está formada por los programas de presentación, que mezclan esas imágenes con texto y sonidos para la exposición de datos en salas con un público más o menos amplio.

PowerPoint, de la compañía Microsoft, es uno de los programas de presentación más extendidos en la actualidad. Este viene integrado en el paquete Microsoft Office como un miembro más, que puede aprovechar las ventajas que le ofrecen los demás componentes del equipo para obtener un resultado óptimo.

Con PowerPoint podremos crear todo tipo de productos relacionados con las presentaciones: diapositivas estándar de 35 mm, transparencias, documentos impresos para los asistentes a la presentación, así como notas y esquemas para el presentador.

COMIENZO

Lo primero que ofrecerá PowerPoint al entrar es una presentación con una única diapositiva vacía esperando a que la rellenemos. El aspecto que presentará será similar a este:

1. Pestaña **Archivo**. Contiene el menú con las opciones principales (**Abrir, Guardar, Imprimir**, etc.).

2. **Cinta de opciones**. Contiene botones con las funciones del programa organizadas por pestañas. Al pulsar sobre los botones, las tareas que tengan asociadas entran en funcionamiento. Haciendo clic en las pestañas se cambia de cinta para acceder a otros botones y, por tanto, a otras funciones.

3. **Grupos**. Reúnen botones cuyas funciones pertenecen a un mismo tipo de trabajo.

4. **Diapositiva**. Es el lienzo sobre el que se desarrolla el trabajo, en el que iremos incorporando los diferentes objetos: cuadros de texto, imágenes, animaciones, etc.

5. **Cuadros de texto**. Son objetos rectangulares capaces de contener texto en su interior.

6. **Barra de estado**. Muestra continuamente la situación en que se encuentra el documento.

Capítulo 25

BÁSICO EN POWERPOINT

Lo primero es comenzar por los elementos que componen una presentación. En este capítulo trataremos los fundamentos que rigen este sistema para, posteriormente, describir con más detalle el aprovechamiento de las funciones que puede ofrecer PowerPoint.

Si no se tiene conocimiento alguno de lo que es un sistema de presentaciones, será necesario comenzar por aquí, ya que quien esté familiarizado con este tipo de programas (como Harvard Graphics) no necesita esta pequeña introducción.

25.1 ELEMENTOS DE UNA PRESENTACIÓN

El conjunto global de una presentación puede dividirse en varias partes que servirán de ayuda al diseñador:

1. **Diapositivas**. Elementos fundamentales que constituyen la presentación. Las diapositivas son los cuadros con información que se van sucediendo secuencialmente durante la ejecución de la presentación.

2. **Esquema**. Las diapositivas se pueden agrupar por temas que constituyen el contenido completo. El esquema de la presentación muestra todos los temas, así como las diapositivas que contiene cada uno.

3. **Notas**. Con PowerPoint pueden generarse anotaciones que el orador puede utilizar para guiarse durante la presentación. Generalmente, suelen ser notas aclaratorias, ya que, como guía, tenemos el esquema.

Para añadir nuevas diapositivas a la presentación, despliegue el botón **Nueva diapositiva** del grupo **Diapositivas** en la pestaña **Inicio** de la cinta de opciones. Se podrá elegir un tipo de diapositiva que ya contenga ciertos elementos

Nueva
diapositiva ▾

prediseñados. Por ejemplo, si la que vamos a añadir es la diapositiva que contiene el título de la presentación, podemos elegir la primera de la lista (**Diapositiva de título**), que ya está prediseñada para contener uno:

En cualquier caso, será necesario tener abierta una presentación en la que podamos incorporar la diapositiva.

No es necesario elegir una diapositiva para un propósito concreto, ya que podemos elegir el tipo de diapositiva **En blanco** y diseñar su contenido a nuestro gusto.

Una vez añadida la diapositiva, esta aparece con el formato elegido para que incorporemos los datos relacionados con la diapositiva. Por ejemplo, si elegimos el tipo de diapositiva **Título y objetos**, obtendremos lo siguiente:

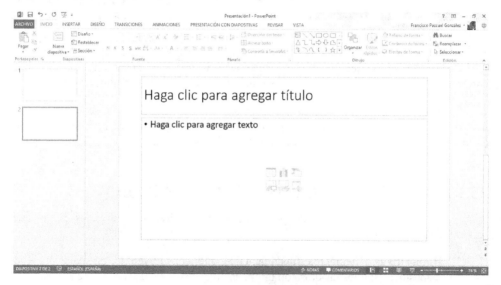

Como podemos ver, existen dos cuadros de texto bien diferenciados que PowerPoint sitúa ahí para facilitarnos el trabajo de crear el título. Bastará con hacer clic en cualquiera de los cuadros para poder escribir en su interior el texto que rellenará su contenido. También podremos hacer clic en uno de los iconos para añadir un elemento del tipo representado por ellos. Por ejemplo, haciendo clic en ▮▮ (**Insertar gráfico**) podremos agregar un gráfico a la diapositiva.

El resto de los tipos de diapositivas contienen cuadros de texto similares a estos, pero con funciones distintas para incorporar en ellos elementos diferentes, tales como gráficos matemáticos, imágenes, etc.

Sin embargo, el hecho de que hayamos elegido la diapositiva de tipo **Título y objetos** no significa que no podamos añadirle más elementos, como imágenes, gráficos e incluso sonidos.

25.2 SELECCIONAR OBJETOS DE LAS DIAPOSITIVAS

Generalmente, es necesario seleccionar un objeto para trabajar con él después. Puede consultar cómo dibujar esos objetos en el apartado *Dibujar* del capítulo 3: *Funciones elementales y compartidas de Office* (lo que se puede ver ahí funciona de forma idéntica en PowerPoint). De hecho, existe la posibilidad de seleccionar varios para realizar una acción común sobre ellos.

Si deseamos seleccionar un solo objeto, bastará con hacer clic en él.

Reconoceremos un objeto seleccionado porque a su alrededor aparecen sus puntos controladores de cambio de tamaño:

Objeto de la diapositiva

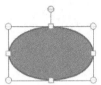

Objeto seleccionado

En los objetos que no tengan relleno solo puede realizarse la selección haciendo el clic en su borde. También sucede en objetos que aún no tengan contenido (por ejemplo, en los que aparezca un mensaje similar a **Haga clic para...**).

Si deseamos seleccionar varios objetos mediante este método, haremos clic en todos ellos manteniendo pulsada la tecla de **MAYÚSCULAS**.

Otra forma de seleccionar objetos es englobarlos con el ratón, tanto si se trata de uno solo como de varios. Para ello, será necesario hacer clic en algún lugar de la diapositiva que no contenga objeto alguno y, sin soltar el botón del ratón, arrastrar, generando así un recuadro punteado que debe contener todos los elementos que se quieren seleccionar. Asegúrese de que engloba solo aquellos objetos que desea, ya que lo que haga después afectará a todos los que queden seleccionados.

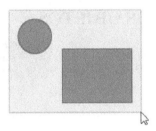

Se engloban los objetos...

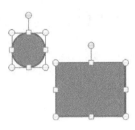

... y quedan seleccionados

Si desea seleccionar varios objetos entre los que se encuentra uno que no debe seleccionarse, puede hacer lo siguiente:

1. Englóbelos todos con el ratón, según hemos explicado.

2. Pulse la tecla de **MAYÚSCULAS** y, sin soltarla, haga clic en el elemento que **no** debe seleccionarse.

Para seleccionar todos los objetos de una diapositiva, se puede pulsar las teclas **CONTROL + E** o el botón ⌖ Seleccionar▾ del grupo **Edición** que se encuentra en la pestaña **Inicio** de la cinta de opciones. Estas teclas funcionan así en la mayor parte de los programas para Windows.

25.3 ELIMINAR OBJETOS DE LAS DIAPOSITIVAS

Tan importante como incorporar elementos a las diapositivas puede ser eliminarlos. Para eliminar un objeto de una diapositiva basta con seleccionarlo, según hemos visto en el tema anterior, y a continuación, pulsar la tecla **SUPR** en el teclado.

25.4 MOVER OBJETOS

Para mover un objeto a través de la diapositiva, con el fin de colocarlo en otra parte, bastará con hacer clic en el objeto (u objetos) previamente seleccionado(s) y, sin soltar el botón del ratón, arrastrar. Según arrastramos, un boceto del objeto en cuestión acompaña nuestro movimiento, indicando el lugar en que situaríamos el objeto en ese instante.

Para depositarlo, bastará con liberar el botón del ratón, con lo que el objeto queda colocado en el punto en que se suelta.

Recuerde que los objetos que no tengan relleno, como los cuadros de texto, solo pueden seleccionarse (y por lo tanto, moverse) haciendo el clic en su borde.

25.5 CAMBIAR EL TAMAÑO DE LOS OBJETOS

Recordemos el aspecto que tiene un objeto cuando está seleccionado y aparecen a su alrededor los puntos controladores. Observe la figura junto al margen.

Puede apreciarse que cuando se selecciona una figura aparece un punto verde redondo sobre ella: se trata del controlador de giro. Si se hace clic en él y, sin soltar el botón del ratón, se arrastra, se conseguirá girar la figura en mayor o menor medida.

Para cambiar el tamaño y la forma de los objetos, podemos hacer clic en cualquiera de sus puntos controladores y, sin soltar el botón del ratón, arrastrar en la dirección adecuada. El objeto se irá deformando y mostrará el aspecto resultante si en ese momento soltamos el botón del ratón. Eso es exactamente lo que debemos hacer cuando el objeto adquiera la forma o tamaño deseado: liberar el botón del ratón.

Cuando situamos el cursor del ratón sobre alguno de los puntos controladores, su aspecto cambia, mostrando uno de los siguientes: ⇔ ↕ ⬉ ⬈.

Entonces podemos hacer clic en el punto controlador y arrastrar para alterar el tamaño del objeto.

Veamos un ejemplo. Si queremos alargar horizontalmente el objeto anterior, haremos lo siguiente:

1. Seleccionaremos uno de los puntos controladores horizontales, por ejemplo, el de la derecha:

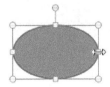

2. Haremos clic y arrastraremos sin soltar el botón del ratón. Al liberar el botón, obtendremos el resultado:

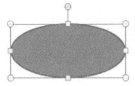

25.6 AÑADIR Y ELIMINAR DIAPOSITIVAS

Puesto que las diapositivas son el alma de una presentación, es necesario saber cómo agregarlas.

Cuando se necesite añadir una diapositiva únicamente deberemos pulsar el botón **Nueva diapositiva** que se encuentra en el grupo **Diapositivas** de la pestaña **Inicio** en la cinta de opciones.

La diapositiva siempre se añade detrás de aquella en la que nos encontremos en el momento de insertarla. Sin embargo, se puede mover a otra posición desplazándola entre las miniaturas de las diapositivas (en la parte izquierda de la ventana de PowerPoint) hasta situarla entre otras dos. Para ello, se hace clic en su miniatura y, sin soltar el botón del ratón, se arrastra arriba o abajo.

Cuando desee eliminar una diapositiva, sitúese en ella y pulse el botón ⁅Eliminar⁆ del grupo **Diapositivas** en la pestaña **Inicio** de la cinta de opciones.

Si se encuentra en el *Clasificador de diapositivas*, puede eliminar una haciendo clic en ella (recuerde que aparecen más pequeñas y es fácil seleccionarlas de este modo) y pulsando la tecla **SUPR**.

Si en lugar de pulsar el botón **Nueva diapositiva** lo despliega haciendo clic en su parte inferior, obtendrá varios diseños de diapositiva para que la nueva disponga de unos objetos ya prediseñados.

> **Tema de Office**
>
> | Diapositiva de título | Título y objetos | Encabezado de sección |
> | Dos objetos | Comparación | Solo el título |
> | En blanco | Contenido con título | Imagen con título |
>
> 🗐 <u>D</u>uplicar diapositivas seleccionadas
> 🗐 Diapo<u>s</u>itivas del esquema...
> 🗐 <u>V</u>olver a utilizar diapositivas...

De esto hablaremos en el apartado *Cambiar el diseño y el estilo de una diapositiva* del capítulo 27: *Formatos con PowerPoint*.

25.7 DESPLAZAMIENTOS POR LAS DIAPOSITIVAS

Si existen varias diapositivas en una presentación, podremos pasar de una a otra utilizando los botones que aparecen en la parte inferior derecha de la ventana que contiene las diapositivas.

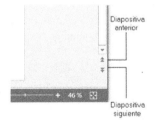

Observe la figura que le ofrecemos junto al margen derecho.

Otra alternativa para realizar la misma tarea consiste en pulsar las siguientes teclas para movernos por las diapositivas de la presentación:

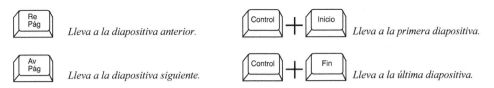

Por último, disponemos de la posibilidad de movernos por las diapositivas de la presentación utilizando la barra de desplazamiento vertical que se encuentra situada en la parte derecha de la ventana de PowerPoint:

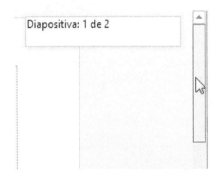

Recuerde que, para realizar esta tarea, puede utilizar los botones de las flechas que contiene la barra en sus extremos, o el recuadro gris de su interior, arrastrándolo en una u otra dirección.

Una vez que esté en una diapositiva, esta puede borrarse de la presentación, haciendo clic en su miniatura con el botón secundario del ratón (en las miniaturas de las diapositivas, a la izquierda de la ventana) y seleccionando la opción **Eliminar diapositiva** del menú que aparece.

25.8 MODOS DE TRABAJO CON POWERPOINT

La ventana de PowerPoint siempre aparece inicialmente dividida en dos paneles bien diferenciados:

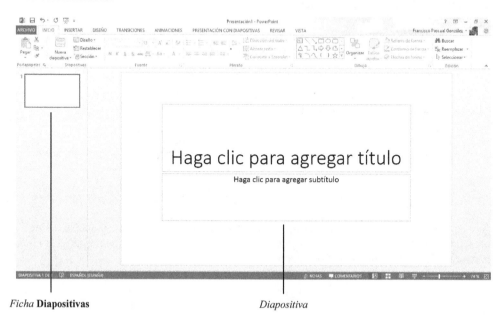

Ficha **Diapositivas**   *Diapositiva*

Las funciones de los grupos **Vistas de presentación** y **Vistas Patrón** en la pestaña **Vista** (en la cinta de opciones) tienen como finalidad permitir indicar el modo de trabajo.

1. Con el botón **Normal** vemos los tres paneles como hemos presentado hace un momento. Como indica su nombre, es el modo normal de trabajo. Podemos acceder a este modo de trabajo pulsando el botón que aparece en la parte inferior derecha de la ventana de la presentación.

2. El botón **Vista Esquema** permite trabajar, como su nombre indica, con el esquema de la presentación. Cuando se activa este botón, se amplía el panel de esquema (a la derecha de la ventana) y se reducen los otros dos (diapositivas y notas).

3. **Clasificador de diapositivas** muestra todas las diapositivas de nuestra presentación en tamaño reducido. Este modo también es accesible pulsando

el botón que aparece en la parte inferior derecha de la ventana de la presentación. En el clasificador se realizan fácilmente ciertas funciones:

- **Seleccionar varias diapositivas**. Como este modo muestra las diapositivas en forma de lista, podremos seleccionar varias (con el fin de hacer algo con ellas más tarde) pulsando la tecla de **MAYÚSCULAS** y, sin soltarla, haciendo clic en las que se desea elegir. Para quitar la selección, haga clic fuera de cualquier diapositiva.

- **Borrar diapositivas**. Una vez seleccionadas varias diapositivas (o una sola) son fácilmente borrables pulsando la tecla **SUPR**.

- **Cambiar diapositivas de posición**. Haga clic en una diapositiva y, sin soltar el botón del ratón, arrástrela hasta llevarla entre otras dos (o al principio o al final).

4. **Página de notas** muestra en un modo más amplio las notas para el orador y permite teclear los apuntes que el orador necesite durante su conferencia al público.

Página de notas

5. **Vista de lectura** muestra la presentación como si se tratase de un libro. Este modo también es accesible pulsando el botón que aparece en la parte inferior derecha de la ventana de la presentación.

Vista de lectura

6. **Presentación con diapositivas** ejecuta una presentación. Puede utilizarse para hacer un ensayo de esta, o bien, para realizar la presentación si se va a llevar a cabo mediante un ordenador y una pantalla gigante. Puede accederse también a este modo pulsando el botón que aparece en la parte inferior izquierda de la ventana de la presentación.

7. **Patrón de diapositivas** lleva a una diapositiva especial en la que podemos diseñar elementos que aparecerán automáticamente en todas las diapositivas de la presentación.

Patrón de diapositivas

8. **Patrón de documentos** lleva a una página especial en la que podemos diseñar elementos que aparecerán automáticamente en todos los documentos impresos de la presentación.

Patrón de documentos

9. **Patrón de notas** lleva a una página especial en la que podemos diseñar elementos que aparecerán automáticamente en todas las notas de orador de la presentación.

Patrón de notas

Hablaremos de los *Patrones* con mayor detalle en el apartado que lleva ese nombre del capítulo 28: *Herramientas más útiles de PowerPoint*.

25.9 PRESENTACIÓN DE FUNCIONES EN PANTALLA

Siguiendo con los grupos de la cinta de opciones en la pestaña **Vista**, nos encontramos con **Mostrar**, que ofrece tres funciones que pueden verse o no:

1. **Regla**. Su función es presentar o no las reglas. Estas nos permiten realizar funciones como modificar los márgenes o las tabulaciones. Además, la regla nos permitirá percibir mejor las medidas de las distintas partes de las diapositivas.

2. **Líneas de la cuadrícula**. Expone u oculta las líneas de la cuadrícula en pantalla. Estas actúan como un imán que atrae los objetos que arrastremos o cambiemos de tamaño cerca de ellas.

3. **Guías**. Muestra u oculta las guias que se emplean para una mayor precisión a la hora de situar objetos en las diapositivas. Se trata de líneas rectas que aparecen dibujadas (aunque no forman parte visual de la diapositiva) que atraen los objetos próximos cuando se desplazan cerca de ellas (como si fuesen imanes de esos objetos).

El grupo **Zoom** ofrece dos botones:

1. **Zoom**. Permite ampliar o reducir la vista de una diapositiva para percibir mejor los detalles o tener una vista más general. Al pulsar este botón, se obtiene un cuadro de diálogo en el que podremos establecer el porcentaje de visualización:

    - El porcentaje normal es el **100 %**. Basándonos en esta medida, podemos ampliar o reducir la imagen. Por ejemplo, si elegimos el botón **200%**, ampliamos la imagen al doble de lo normal, y si utilizamos el botón **50%**, la reducimos a la mitad.

    - El cuadro de texto **Porcentaje** permite establecer otro tamaño distinto al que ofrecen el resto de los botones.

2. **Ajustar a la ventana**. Amplía o reduce la vista de la diapositiva hasta que encaje en la ventana de PowerPoint.

En el grupo **Color o escala de grises** se ofrecen funciones que muestran las diapositivas, según trabajamos con ellas, de tres posibles formas:

1. Color Permite trabajar en el modo normal, a todo color.

2. Escala de grises Permite trabajar únicamente con tonos de gris.

3. Blanco y negro Permite trabajar solo con los colores blanco y negro.

 PowerPoint mantiene los colores originales de las diapositivas aun cuando trabajemos en los modos **Escala de grises** o **Blanco y negro** por si más adelante decidiéramos continuar trabajando en color.

El grupo **Ventana** ofrece botones para tratar las ventanas de diseño de las presentaciones:

1. **Nueva ventana**. Abre otra ventana con la misma presentación en que se esté trabajando. Se podrán realizar cambios en ambas.

2. Organizar todas . Divide la ventana de PowerPoint en tantas otras como documentos tengamos, asignando el mismo tamaño de ventana a cada una.

3. Cascada . Coloca las ventanas de documento formando una cascada.

4. Mover división . Permite modificar el tamaño de los paneles de trabajo de la presentación. Solo hay que hacer clic y arrastrar hasta que tengan el tamaño deseado.

5. **Cambiar ventanas**. Despliega una lista de presentaciones abiertas para que, al seleccionar una, pasemos a ella.

25.10 EJECUCIÓN DE UNA PRESENTACIÓN

Una vez que se ha finalizado el desarrollo de una presentación, o durante este, podemos ejecutar la presentación para estudiar el resultado. Para ello, pulsaremos el botón que aparece en la parte inferior derecha de la ventana de la presentación.

Cuando comienza la presentación diseñada para exponerse en público, al mover el ratón durante unos instantes, se obtienen varios botones en la parte inferior izquierda de la pantalla:

La función de estos botones es permitir al orador decidir el siguiente paso a seguir en la presentación:

1. Si se activan los botones de las flechas (◁ y ▷), accederemos a la diapositiva anterior y a la siguiente, respectivamente.

2. Si se despliega el botón ✎, se obtienen opciones relativas al puntero del ratón. En este caso, podremos elegir un puntero que deje rastro (para que el orador pueda resaltar objetos de las diapositivas) así como todas sus características (**Pluma**, colores para el trazo, etc.).

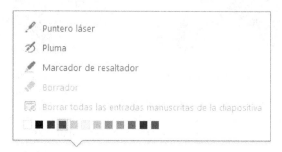

3. Haciendo clic en el botón 🖱, se obtiene una lista de las diapositivas en miniatura para que el orador pueda acceder fácilmente a la que desee, haciendo clic en una.

4. Al hacer clic en el botón 🔍, se puede seleccionar una zona de la imagen que se ampliará a la vista. Se vuelve al modo normal, una vez ampliado, pulsando la tecla **ESC**.

5. Si se hace clic en el botón ⚬⚬⚬, se obtienen más opciones:

- **Última diapositiva vista**. Lleva a la diapositiva anterior que se ha mostrado.

- **Presentación personalizada**. Una presentación personalizada es una presentación dentro de otra. Su función es que pueda accederse a ella fácilmente desde la principal. De este modo, la personalizada puede mostrarse solo para ciertos públicos y no para otros. Esta opción genera un cuadro de diálogo en el que debemos elegir la presentación personalizada que deseamos ejecutar en ese mismo momento. Cuando esta termina, continúa la principal, que dejamos en pausa.

- **Mostrar vista del moderador**. Lleva a una pantalla que funciona a modo de panel de control de la presentación durante su exposición al público. Esta pantalla se ve únicamente en el equipo del orador, siempre y cuando se estén empleando dos pantallas: una para él y otra para proyectar a la audiencia.

Gracias a este panel, el orador dispone de herramientas para navegar fácilmente por las diapositivas (anterior, siguiente, pausa, fin), así como de información útil (hora actual, tiempo transcurrido desde el inicio de la presentación, etc. Se puede abandonar el panel pulsando la tecla **ESC**.

- **Pantalla**. Ofrece un submenú con elementos que se pueden mostrar durante la presentación al público. Así, podremos oscurecer momentáneamente la pantalla (**Pantalla en negro**), aclararla (**Pantalla en blanco**), etc.

- **Opciones de flecha**. Contiene un pequeño submenú con el que establecemos el modo de funcionamiento del puntero que controla el orador durante su exposición a la audiencia. Controla si el puntero ha de estar continuamente a la vista (**Visible**), **Oculto** o mostrarse de modo **Automático** cuando el orador desplace el ratón:

- **Ayuda**. Ofrece un cuadro de diálogo con teclas útiles que pueden emplearse durante la ejecución de la presentación.

- **Pausa**. Detiene la presentación momentáneamente.

- **Fin de la presentación**. Termina la ejecución de la presentación en ese instante volviendo a la ventana de trabajo de PowerPoint. Puede hacer lo mismo pulsando la tecla Escape (**ESC**).

Capítulo 26

ARCHIVOS Y DOCUMENTOS CON POWERPOINT

En este capítulo vamos a estudiar cómo trabajar con presentaciones completas. Las tareas que vamos a contemplar son:

1. La creación de nuevas presentaciones (cómo empezamos una presentación nueva si nos encontramos en otra, puesto que una nueva presentación se puede crear solo con entrar en PowerPoint).

2. Presentaciones nuevas con el asistente de autocontenido (un asistente que ayuda a crear una presentación por pasos según el contenido que deseemos darle).

3. Imprimir la presentación (todas las posibilidades que ofrece PowerPoint para imprimir los distintos elementos de una presentación en la impresora).

26.1 PRESENTACIONES NUEVAS

Para acceder a una nueva presentación de PowerPoint, hemos de dirigirnos a la pestaña **Archivo** y seleccionar la opción **Nuevo**. Aparecerá una ventana como la siguiente:

1. Si se va a tratar de una presentación vacía, se hace clic en **Presentacion en blanco**.

2. Si se va a crear un documento de un tipo específico, se pueden utilizar las plantillas que se ven en la pantalla. Se trata de documentos que ya contienen cierta información que se podrá completar con nuevos datos. Además de las que ya incorpora PowerPoint inicialmente, se pueden teclear términos descriptivos del tipo de plantillas que nos gustaría emplear en el cuadro de texto superior para obtener más.

26.2 IMPRIMIR PRESENTACIONES

Entre otras funciones básicas de PowerPoint, existe la posibilidad de obtener impresos los datos que conforman una presentación.

Debemos recordar que una presentación dispone de varios tipos de elementos (diapositivas, notas de orador, etc.) y, por lo tanto, podremos imprimir estas, juntas o por separado.

Por otra parte, PowerPoint permite generar copias impresas de los distintos elementos que integran la presentación para repartirlas entre el público presente durante su proyección. De esto también hablaremos en este capítulo.

Para comenzar a imprimir datos, podemos elegir la opción **Imprimir** del menú que ofrece la pestaña **Archivo**. Al hacerlo se obtiene un cuadro de diálogo en el que se puede especificar lo que se desea imprimir:

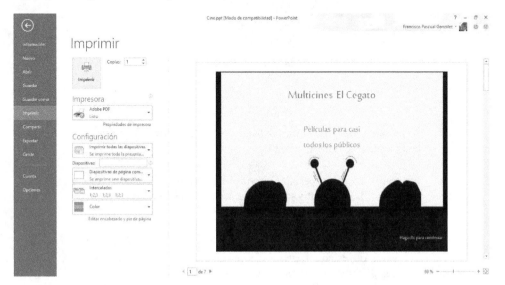

26.2.1 Seleccionar impresora y número de copias

Si se dispone de varias impresoras o si la que lo está es compatible con otras, puede indicarse con cuál se desea imprimir las presentaciones. Para ello, se utiliza la lista **Impresora**. Con ella se obtiene una lista de impresoras instaladas en Windows, lo que significa que podrá utilizar cualquiera de ellas para imprimir.

Después podemos establecer el número de **Copias** que deseamos obtener.

26.2.2 Selección de la parte de la presentación para imprimir

1. Para especificar qué parte de la presentación se va a reproducir por la impresora se emplean los elementos del grupo **Configuración**:

   - La primera lista que en nuestro ejemplo anterior aparece mostrando **Imprimir todas las diapositivas**, permite seleccionar:

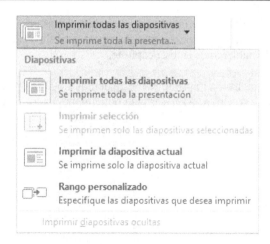

- **Imprimir todas las diapositivas** nos permite imprimir la presentación completa con la que estemos trabajando.

- **Imprimir selección** permite imprimir las diapositivas que se elijan previamente. Para elegir las diapositivas (antes de acceder a la ventana de impresión) haremos lo siguiente:

  a) Pase al clasificador de diapositivas pulsando el botón ▦ en la barra de estado (parte inferior de la ventana) o el botón **Clasificador de diapositivas** del grupo **Vistas de presentación** (en la pestaña **Vista** de la cinta de opciones). Acerca de los modos de trabajo con PowerPoint consulte el apartado *Modos de trabajo con PowerPoint* en el capítulo 25: *Básico en PowerPoint*.

  b) Obtendrá una relación de todas las diapositivas de la presentación en tamaño reducido. Seleccione las diapositivas que desee manteniendo pulsada la tecla de **MAYÚSCULAS** y haciendo clic en todas ellas.

  c) Acceda al cuadro de diálogo de imprimir y active el botón **Selección** en el grupo **Intervalo de impresión**.

- **Imprimir la diapositiva actual** imprime únicamente la diapositiva en la que nos encontremos en ese instante.

- **Rango personalizado**. Permite elegir las diapositivas que serán impresas utilizando su número de orden. Nos llevará al cuadro **Diapositivas** para escribirlas:

  a) Si escribimos las diapositivas que deseemos separadas por un punto y coma, se imprimirán tales diapositivas.

b)   Si escribimos el número de una diapositiva, un guión y el número de otra, se imprimirá desde la primera diapositiva escrita antes del guión hasta la otra. Ejemplo:

5-18 => Imprimirá desde la diapositiva 5 hasta la 18, ambas inclusive.

2.   También podemos establecer cuántas diapositivas entrarán en cada hoja mediante la lista desplegable que en nuestro ejemplo ofrece el dato **Diapositivas de página completa**. Esta lista desplegable también permite establecer qué parte de la presentación se va a imprimir (Páginas de notas, Esquema), si se desea **Enmarcar diapositivas** (Añadir un borde a cada diapositiva de la presentación que se vaya a imprimir), **Ajustar al tamaño del papel** (Amplíar o reducir automáticamente los datos de las diapositivas hasta hacerlos encajar perfectamente al papel que vayamos a utilizar para imprimir) e imprimir en **Alta calidad**.

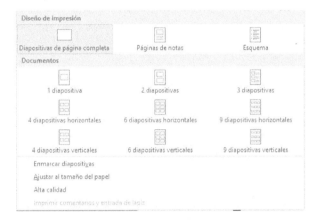

3.   La siguiente lista permite elegir **Intercaladas**, para imprimir la primera copia completa antes de pasar a la siguiente, o **Sin intercalar**, en cuyo caso se imprimirá la primera página de cada copia antes de pasar a la segunda, y así sucesivamente.

4.   La lista desplegable que en nuestro ejemplo muestra el dato **Color** permite establecer el modo tonal en el que se imprimirán las diapositivas. Podremos elegir entre las opciones:

- **Color**. Imprime las diapositivas con los mismos colores con los que se diseñaron en pantalla.

- **Escala de grises**. Imprime en escala de grises en modo similar a como veíamos una imagen en un televisor en blanco y negro.

- **Blanco y negro puros**. Imprime las diapositivas utilizando únicamente los colores blanco y negro. Todos los objetos de color blanco de la diapositiva se imprimirán como tales, mientras que el resto de los colores se imprimirán en negro.

Capítulo 27

FORMATOS CON POWERPOINT

Una de las características que más hace resaltar la calidad de cualquier programa es añadir formatos a los datos que haya en su contenido. Gracias a ellos se puede asignar color, cambiar tipos de letra, poner formatos numéricos y otras funciones que suelen tener como objetivo una mejor presentación y una mayor legibilidad de los datos que componen la información, en nuestro caso, de la presentación.

Esta es, quizás, la parte que más se asemeja a un procesador de textos, al menos en lo que a textos se refiere, ya que contiene funciones muy similares a las que encontramos en uno (por ejemplo, en Microsoft Word).

Este capítulo vamos a dedicarlo a mostrar cómo se puede manejar PowerPoint para conseguir unos resultados claros, agradables a la vista y bien presentados, condiciones fundamentales para una buena presentación con diapositivas.

Tenga en cuenta que estamos hablando de formatos para texto, por lo que antes de utilizarlos **deberá** haber trazado un cuadro de texto y haber seleccionado todo él, o una parte, para aplicarle las funciones que vamos a describir.

27.1 FUENTES

Las fuentes confieren una mayor calidad a la hora de exponer una presentación.

Existen algunos estilos de la letra que son utilizados con mayor frecuencia, por lo que son fácilmente accesibles desde la pestaña **Inicio** de la cinta de opciones (en el grupo **Fuente**):

Se selecciona el texto y se activan los botones correspondientes. Para desactivarlos, se selecciona de nuevo esa parte del texto y se vuelve a pulsar el mismo botón.

Observe, sin embargo, que la esquina inferior derecha del grupo ofrece un pequeño botón ⌐. Cuando se pulsa, se obtiene un cuadro de diálogo:

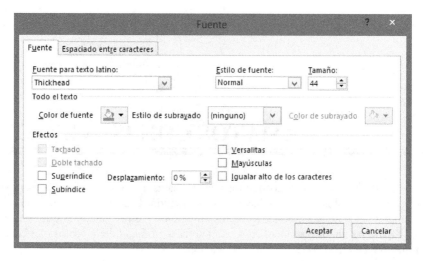

En la lista **Fuente para texto latino** puede elegir el tipo de letra básico para el texto. A su lado, el **Estilo de fuente** le permitirá modificar el aspecto de ese tipo de letra añadiendo atributos al texto, como negrita, cursiva o subrayado. Con **Tamaño**, podrá utilizar una letra más o menos grande según su necesidad. Veamos la lista del resto de las posibilidades del cuadro:

1. La lista desplegable **Color de fuente** le permitirá dar color a su texto. Al pulsar el botón correspondiente, se nos ofrece una lista con los colores disponibles.

2. La lista desplegable **Estilo de subrayado** podrá indicar qué tipo de subrayado quiere que aparezca en el texto. También podrá elegir un color para ese tipo de subrayado mediante la lista **Color de subrayado**.

3. Se pueden añadir **Efectos** al texto utilizando el correspondiente grupo (excepto **Oculto**, que esconde el texto):

    -   ~~Tachado~~
    -   ~~Doble tachado~~
    -   Superíndice
    -   Subíndice

    -   VERSALITAS
    -   MAYÚSCULAS
    -   Igualar Alto De Los Caracteres

27.2 NUMERACIÓN Y VIÑETAS

El modo más sencillo de aplicar esta función consiste en pulsar cualquiera de los botones que la activan y desactivan en el grupo **Párrafo** de la pestaña **Inicio** (en la cinta de opciones):  (**Viñetas**) o (**Numeración**). Estos botones se despliegan y ofrecen varias posibilidades. Empecemos por las viñetas:

1. Haga clic en cualquiera de los modelos de muestra para aplicarlo a los párrafos que haya seleccionado. El cuadro **Ninguno** desactiva las viñetas.

2. La opción **Numeración y viñetas** lleva a un cuadro de diálogo en el que se puede especificar más concretamente el tipo y carácter de la viñeta:

3. El modelo de viñeta que desea utilizarse se elige activando con el ratón cualquiera de los siete formatos que aparecen. El primer cuadro, que aparece marcado con el dato **Ninguno**, desactiva los esquemas. Para realizar bien la tarea, deberemos seleccionar previamente todos los párrafos que contienen numeración o viñetas.

4. Utilice el cuadro de texto **Tamaño** para utilizar viñetas más grandes o más pequeñas que el texto. El **100 %** confiere un tamaño idéntico al del texto de los párrafos: si teclea un **200 %** conseguirá una viñeta con el doble del tamaño del texto y si teclea un **50 %** conseguirá la mitad.

5. Utilice la lista desplegable **Color** para que las viñetas aparezcan en ese color (el color del texto de los párrafos no varía).

6. Con el botón ⬚ Imagen... podremos elegir una imagen archivada en el disco como viñeta para los párrafos. Aunque se le permitirá incorporar como viñeta cualquier tipo de imagen, le recomendamos que emplee dibujos pequeños o el resultado no será muy bueno. Este botón le ofrecerá una lista de imágenes que podemos emplear como viñetas.

7. El botón ⬚ Personalizar... permite configurar las características de la viñeta que se elija. De ello hablaremos enseguida.

8. Si ha personalizado un tipo de viñetas, podrá volver a dejar la configuración original mediante el botón ⬚ Restablecer .

Como hemos visto, las numeraciones y viñetas pueden configurarse mediante el botón ⬚ Personalizar... . Este botón nos ofrece otro cuadro de diálogo con los datos necesarios para este trabajo:

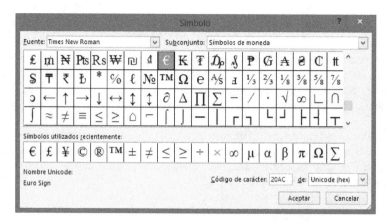

1. Elija el símbolo que desee emplear para las viñetas, haciendo clic en él.

2. La lista desplegable **Fuente** permite elegir un tipo de letra. Dicho tipo de letra puede contener otros símbolos que se pueden emplear para los párrafos. Si elige un tipo de letra, la lista de símbolos cambiará mostrando los que pertenecen a él.

27.2.1 Párrafos numerados

Si lo que necesita es que algunos párrafos aparezcan encabezados con números, despliegue el botón ☰ ▾ (**Numeración**) para designar el tipo de numeración.

1. Haga clic en cualquiera de los modelos de numeración para aplicarlo a los párrafos seleccionados. El cuadro **Ninguno** desactiva la numeración.

2. Si necesita modificar uno de los modelos o diseñar uno nuevo, puede utilizar la opción **Numeración y viñetas**, que le llevará a un cuadro de diálogo para la tarea:

Esta ficha contiene un cuadro de texto añadido, **Comenzar por**, con el que podemos indicar el número que marcará el valor de inicio de la numeración de los párrafos (para que la lista de párrafos no comience forzosamente en el **1** o en su equivalente en otras numeraciones —**I** o **A**—).

27.3 ALINEACIÓN Y JUSTIFICACIÓN

Cuando sea necesario colocar un texto de diferentes formas dentro del cuadro que lo contiene, utilizaremos las funciones de alinear y justificar, que pueden llevarse a cabo desde el grupo **Párrafo** de la pestaña **Inicio** (en la cinta de opciones).

1. **Alinear a la izquierda**: el texto queda perfectamente alineado en el margen izquierdo, pero no así en el derecho. Para aplicarlo se activa el botón ≡ del grupo **Párrafo** (pestaña **Inicio**).

2. **Centrar**: las líneas del texto quedan centradas entre los márgenes izquierdo y derecho. Para aplicarlo se activa el botón ≡ del grupo **Párrafo** (pestaña **Inicio**).

3. **Alinear a la derecha**: el texto queda perfectamente alineado en el margen derecho, pero desordenado en el izquierdo. Para aplicarlo se activa el botón ≡ del grupo **Párrafo** (pestaña **Inicio**).

4. **Justificar**: el texto queda alineado perfectamente tanto en el margen izquierdo como en el derecho. Para aplicarlo se activa el botón ≡ del grupo **Párrafo** (pestaña **Inicio**).

27.4 ESPACIO ENTRE LÍNEAS

Otra función regulable es el espacio existente entre dos (o más) líneas de un cuadro de texto. Para modificar este parámetro se despliega el botón ≔▾ del grupo **Párrafo** de la pestaña **Inicio** en la cinta de opciones. Se obtiene una lista de espacios de entre cuyas opciones se elige una, o bien, la opción **Opciones de interlineado**, que lleva a un cuadro de diálogo en el que podemos modificar este dato:

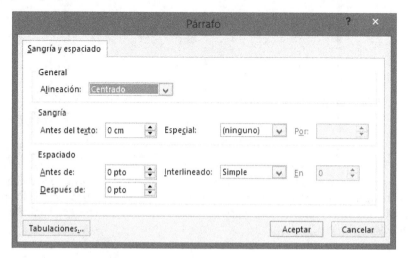

Gracias a su grupo **Espaciado** podemos establecer tres funciones:

1. **Antes de** le permite indicar el espacio que desea entre el párrafo anterior y el párrafo en cuestión.

2. **Después de** le permite indicar el espacio que desea entre el párrafo en cuestión y el párrafo siguiente.

3. **Interlineado** asigna un espacio entre las líneas del párrafo: **Simple**, **Doble**, etc. Se utiliza el cuadro de texto situado a su derecha para especificar una distancia (medida en puntos) entre líneas diferente a las que se listen en **Interlineado**.

27.5 ESPACIO ENTRE CARACTERES

También se pueden separar unos de otros los caracteres del texto escrito. Para ello, se accede al grupo **Fuente** de la pestaña **Inicio** (en la cinta de opciones) y se despliega el botón ⚊ᴬⱽ⚊ ▾. Ofrece varias medidas de separación, junto con la opción **Más espacio**, que ofrece un cuadro de diálogo en el que podremos concretar la separación:

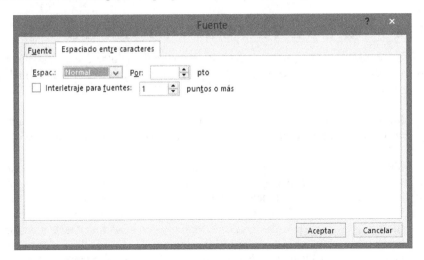

1. La lista desplegable **Espac**. Permite establecer la separación entre los caracteres del texto. Se mide en puntos que se teclean en el cuadro de texto **Por**: un número negativo de puntos aproxima los caracteres entre sí, mientras que un número positivo de puntos los separa.

2. La casilla **Interletraje para fuentes** establece la cantidad de espacio entre ciertas mezclas de caracteres, de forma que parezcan estar espaciados de manera uniforme. Se teclea el tamaño de fuente más pequeño y Word aplica el interletraje por sí mismo a todas las fuentes de ese tamaño o superior, aunque no funciona con cualquier tipo de fuente.

27.6 CAMBIO A MAYÚSCULAS Y MINÚSCULAS

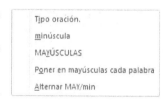

Igualmente, un texto que hayamos seleccionado puede ser transformado convirtiéndolo a mayúsculas o a minúsculas. Utilizaremos el botón Aa ▾. Al desplegarlo obtenemos una lista con cinco funciones:

1. **Tipo oración**: asigna mayúsculas a la primera letra de cada frase. El resto queda en minúsculas.

2. **minúscula**: asigna minúsculas a todo el texto seleccionado.

3. **MAYÚSCULAS**: asigna mayúsculas a todo el texto seleccionado.

4. **Poner en mayúsculas cada palabra**: asigna minúsculas a todas las letras excepto a la primera de cada palabra que quedará en mayúsculas.

5. **Alternar MAY/min**: cambia las que están en mayúsculas por minúsculas, y viceversa.

27.7 FUNCIONES ESPECIALES DE PÁRRAFO

Un cuadro de texto en una diapositiva puede manipularse con tres botones de funciones especiales. Los tres se encuentran en el grupo **Párrafo** de la pestaña **Inicio** en la cinta de opciones.

1. Mediante el botón ⫿⫿ Dirección del texto ▾ podemos inclinar el contenido de uno de estos cuadros. Basta con desplegar el botón y elegir una de las opciones que ofrece.

2. Mediante el botón ⬍ Alinear texto ▾ podemos colocar automáticamente el texto en la parte superior, intermedia o inferior del cuadro. Esto solo funcionará si antes hemos desactivado la función de autoajuste de tamaño del cuadro. Si no lo hacemos, el tamaño del cuadro se adaptará al texto que contenga y emplear esta función no servirá de nada. Para hacerlo, junto con otras funciones, al desplegar el botón en cuestión, seleccionamos **Más opciones**, lo que nos lleva a otro cuadro de diálogo en el que elegiremos **No autoajustar**. En este cuadro también dispondremos de otras funciones como la de separar el texto del borde del cuadro con sus márgenes.

3. Mediante el botón ▤ ▾ (**Agregar o quitar columnas**) podemos distribuir el texto contenido en un cuadro en dos o más columnas. Al desplegar el botón podemos optar por unas columnas ya diseñadas, o bien, por la opción **Más columnas**, que lleva a un sencillo cuadro de diálogo en el que se establece el **Número** de columnas y el espacio que habrá entre ellas (**Espac.**).

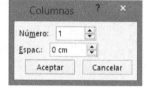

27.8 REEMPLAZAR FUENTES AUTOMÁTICAMENTE

Esta función permite cambiar un tipo de letra de toda la presentación por otro. De este modo, todos los textos que aparezcan escritos hasta ahora con una determinada fuente se presentarán, a partir de ahora, con otra distinta.

Despliegue el botón que puede encontrar en el grupo **Edición** de la pestaña **Inicio** (en la cinta de opciones) y, en el menú que ofrece, elija **Reemplazar fuentes**. Obtendrá el cuadro de diálogo que puede ver junto al margen:

1. Utilice la lista **Reemplazar** para elegir el tipo de letra que debe sustituirse.

2. Utilice la lista **Con** para elegir el tipo de letra que sustituirá al otro.

> Recuerde que esta función cambia los tipos de letra de todas las diapositivas de la presentación y **no únicamente** en el cuadro de texto en el que se encuentre.
>
> Por otro lado, tenga en cuenta que ciertos tipos de letra no se pueden cambiar por otros (las de dos bytes no pueden cambiarse por las de un byte).

27.9 CAMBIAR EL DISEÑO Y EL ESTILO DE UNA DIAPOSITIVA

Como ya sabemos, siempre que añadimos una nueva diapositiva, PowerPoint la añade con una estructura básica: su diseño.

Si una diapositiva no contiene una estructura que resulte útil para el contenido que pretendemos agregarle, podremos cambiarla por otra:

1. Sitúese en la diapositiva a la que va a cambiar el tipo (por ejemplo, haciendo clic en ella dentro de las miniaturas de las diapositivas, en la parte izquierda de la ventana).

2. Acceda a la pestaña **Inicio** de la cinta de opciones. En el grupo **Diapositivas** despliegue el botón Diseño . Obtendrá una lista de diseños para elegir uno:

 Si desea aplicar un mismo diseño o un mismo estilo a varias diapositivas, selecciónelas primero en las miniaturas de las diapositivas y luego haga clic en el diseño o el estilo del panel de tareas que necesite. Para seleccionar varias diapositivas, mantenga pulsada la tecla de **CONTROL** y haga clic en aquellas diapositivas que desee seleccionar (en las miniaturas).

27.10 FONDOS PARA DIAPOSITIVAS

El fondo de una diapositiva puede rellenarse con colores y degradados. Para ello, se accede a la pestaña **Diseño** de la cinta de opciones y se despliega el botón **Formato del fondo** del grupo **Personalizar**.

Aparece el panel de tareas ofreciendo las diferentes propiedades del fondo que se pueden modificar:

Para empezar, podemos optar por el tipo de relleno que tendrá el fondo. Según se opte por una de las siguientes posibilidades, el cuadro de diálogo se adaptará para poder concretar lo necesario:

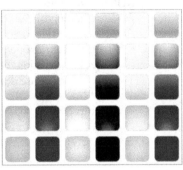

1. **Relleno sólido** permite rellenar el fondo de la diapositiva con un único color. Para ello, en la parte inferior del cuadro disponemos de un botón con el que se selecciona el color ( ) y de un deslizador que permite seleccionar un nivel de **Transparencia** de dicho color.

2. **Relleno degradado** permite rellenar el fondo de la diapositiva con una transición entre colores (puede ver unas muestras junto al margen):

- La lista **Colores preestablecidos** ofrece varios degradados ya diseñados.

- La lista **Tipo** permite elegir la forma del degradado:

    Lineal   *Radial*   *Rectangular*   *Camino*

- Podemos establecer la **Dirección** de dibujo del degradado: hacia arriba, hacia abajo, en diagonal, etc.

- También podemos hacerlo mediante el **Ángulo** de inclinación del degradado.

- Podemos establecer cuántos colores formarán el degradado mediante los **Puntos de degradado**. Inicialmente, tendrá un determinado número de puntos ( ). Se pueden añadir haciendo clic en la barra de degradado y quitar arrastrándolos fuera de esta. También se pueden desplazar a los lados para establecer dónde va a ser este más intenso (en qué extremo, aunque esto también se puede indicar en la **Posición**: 0 % en un extremo, 100 % en el extremo opuesto, otro porcentaje en un punto intermedio). En cada punto se puede establecer su **Color**, su **Brillo** y qué nivel de **Transparencia** va a tener.

- Si se activa la casilla **Girar con forma**, el degradado girará si así lo hace la figura, manteniendo su aspecto con relación a esta.

3. **Relleno con imagen o textura** permite rellenar el fondo de la diapositiva con una imagen:

- La lista **Textura** permite elegir una imagen que dará la sensación de que la diapositiva está construida con un determinado material.

- Si lo prefiere puede añadir la imagen desde un Archivo... almacenado en alguno de sus discos, desde el Portapapeles (para lo que necesita haber copiado antes una imagen en él) o desde una de las En línea... (imágenes de ejemplo que ofrecen los programas de Office).

- Si mantiene activa la casilla **Mosaico de imagen como textura**, la imagen que haya elegido rellenará el fondo como los azulejos de una pared, es decir, varias copias de la imagen colocadas contiguas. Si se mantiene activa, se podrá elegir la distancia de la primera imagen con respecto al borde de la diapositiva (**Desplazamiento X** y **Desplazamiento Y**), el tamaño de las copias de la imagen tanto horizontal (**Escala X**) como vertical (**Escala Y**), su **Alineación** (si estarán junto a un borde concreto de la imagen repitiéndose desde ahí), su **Tipo de simetría** (si cada copia de la imagen debe ser simétrica con respecto a la anterior) y su **Transparencia**.

4. **Relleno de trama** permite rellenar el fondo con un tramado de líneas, puntos, recuadros y otras figuras sencillas.

   Únicamente hay que elegir el modelo de trama, el **Color de primer plano** (el que se emplea para la propia trama) y el **Color de fondo** (el que rellena el resto).

5. Active la casilla **Ocultar gráficos del fondo** para que no se vean las figuras del patrón de diapositivas, facilitando así la lectura del texto que se encuentre en ella.

Según haya ido manipulando los elementos anteriores, podrá ver que la diapositiva en la que se encuentre se adapta a ellos, sin embargo, puede pulsar el botón $\boxed{\text{Aplicar a todo}}$ para que el resultado obtenido se aplique a todas las diapositivas de la presentación.

También puede pulsar el botón $\boxed{\text{Restablecer fondo}}$ para restaurar el aspecto que tenía la diapositiva antes de manipular los elementos para el cambio de fondo.

27.11 FORMATO DE OBJETOS

Las características de un objeto que hayamos colocado en una diapositiva pueden modificarse mediante varios elementos de la cinta de opciones, concretamente en el grupo **Dibujo** de su pestaña **Inicio**.

1. Con el botón  **Relleno de forma ▾**, cambiamos el aspecto de relleno del objeto. Solo hay que desplegarlo y elegir una de las opciones que nos ofrece. Entre ellas, disponemos de la posibilidad de elegir un único color en la lista de tonos que nos ofrece, una **Imagen**, un **Degradado**, una **Textura**, o bien, quitar el relleno (**Sin relleno**).

2. Con el botón **Contorno de forma ▾** cambiamos el aspecto del borde que rodea la figura. Solo hay que desplegarlo y elegir una de las opciones que nos ofrece. Entre ellas, disponemos de la posibilidad de elegir un color para el borde, un **Grosor**, uno de los tipos de **Guiones**, uno de los tipos de **Flechas** (si el objeto es una única línea), o bien, quitar el borde (**Sin contorno**).

3. Con el botón **Efectos de forma ▾** aplicamos un efecto especial que simulará algún tipo de apariencia al objeto (sombra, efecto tridimensional, reflejos, biseles, etc.).

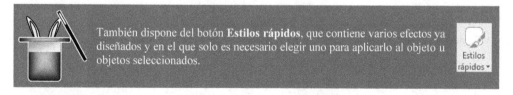

También dispone del botón **Estilos rápidos**, que contiene varios efectos ya diseñados y en el que solo es necesario elegir uno para aplicarlo al objeto u objetos seleccionados.

27.12 FORMATO PARA IMÁGENES

Si lo que se selecciona en la diapositiva es una imagen, se puede pulsar el botón ⌐ de la esquina inferior derecha del grupo **Dibujo** (en la pestaña **Inicio** de la cinta de opciones). Se accede al panel de tareas y, en él, hacemos clic en el icono **Imagen** (🖼). El panel ofrece tres categorías para retocar la imagen:

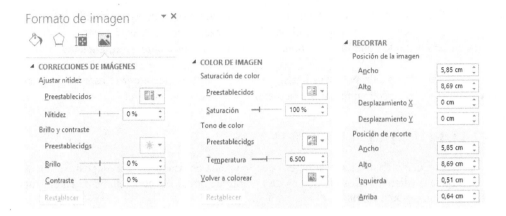

1. Con los elementos de la categoría **Correcciones de imágenes** se puede manipular su enfoque, ya sea con los modelos **Preestablecidos**, o manualmente con el deslizador **Nitidez** (o su cuadro de porcentaje), modificar el **Brillo** y **Contraste** (como en un televisor).

2. Con los elementos de **Color de imagen** se pueden modificar las características del color, como su intensidad (**Saturación**) o su **Temperatura** (más fríos o más cálidos).

3. Con los elementos de **Recortar** se pueden eliminar áreas más próximas a los bordes de la imagen, consiguiendo que estas no se vean en la diapositiva.

4. El botón Restablecer restaura el aspecto que tenía la imagen antes de manipularla con los elementos del cuadro.

27.13 OBTENER Y APLICAR PROPIEDADES

Una función práctica de PowerPoint es la posibilidad de almacenar las propiedades de un objeto para aplicárselas a otro después. De este modo, si varios objetos deben tener las mismas propiedades (fondos, tramados, bordes, rellenos, y otras que veremos más adelante), no será necesario definirlas para todos ellos, sino que bastará con recogerlas de uno, crear el resto de los objetos y aplicarles las propiedades recogidas del primero.

Para recoger las propiedades, debemos seleccionar un objeto de la imagen y, a continuación, pulsar el botón (**Copiar formato**) del grupo **Portapapeles** que se encuentra en la pestaña **Inicio** de la cinta de opciones. Después haremos otro clic en el objeto que debe tener las mismas propiedades que el original.

27.14 CONFIGURAR PÁGINA

En PowerPoint también existe la posibilidad de ajustar las características generales de las diapositivas sobre las que generamos la presentación desplegando el botón **Tamaño de diapositiva** del grupo **Personalizar** en la pestaña **Diseño** de la cinta de opciones y seleccionando **Personalizar tamaño de diapositiva**:

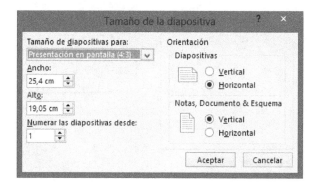

1. Puede seleccionarse el tamaño de las diapositivas mediante dos formas diferentes:

   - Utilizando la lista **Tamaño de diapositivas para**, que ofrece una lista con varios tamaños estándar (DIN-A4, diapositivas de 35 milímetros, etc.).

   - Utilizando los cuadros de texto **Ancho** y **Alto**, con los que podremos ajustar el tamaño a nuestro gusto.

2. **Numerar las diapositivas desde**. Las presentaciones nuevas numeran las diapositivas desde el número **1**. Sin embargo, con esta opción podemos indicar que la primera diapositiva tendrá otro número, así como las que la sigan, que continuarán la numeración automáticamente.

3. **Orientación**. Permite establecer si el contenido de la diapositiva aparecerá en modo normal (con el botón **Vertical**), o apaisado (con el botón **Horizontal**).

4. **Notas, documentos y esquema**. Permite elegir si las notas de orador, los archivos que incorporemos a las diapositivas y los esquemas aparecerán en modo normal (con el botón **Vertical**), o apaisado (con el botón **Horizontal**).

Capítulo 28

HERRAMIENTAS MÁS ÚTILES DE POWERPOINT

Algunas de las funciones que más se utilizan con PowerPoint no están directamente relacionadas con la creación de presentaciones, sino con su manejo. PowerPoint proporciona una serie de accesorios para un manejo más cómodo y rápido de los datos que se añaden a una presentación. Dedicaremos el presente capítulo a estas funciones.

28.1 BÚSQUEDA Y REEMPLAZO AUTOMÁTICO DE DATOS

He aquí dos funciones cuyo uso se extiende, sobre todo, a presentaciones de gran tamaño en las que es difícil encontrar una palabra (o un conjunto de caracteres). Como su nombre indica, la primera se utiliza para buscar palabras o grupos de caracteres. Con grupos de caracteres nos referimos no solamente a letras o números, sino también a otros datos (por ejemplo, signos de puntuación, paréntesis, etc.).

Cuando se desea encontrar una palabra (o una expresión o cualquier otro dato similar) en una presentación de PowerPoint, se pulsa el botón **Buscar** del grupo Edición (pestaña **Inicio** de la cinta de opciones), o bien se pulsan las teclas **Control + B**. Al hacerlo, se obtiene un cuadro de diálogo en el que se pueden indicar todos los datos necesarios acerca de la palabra o, mejor dicho, del texto que deseamos encontrar.

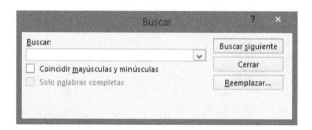

1. En la lista desplegable **Buscar** podemos escribir lo que buscamos. Si ya habíamos buscado algún dato anteriormente, este aparece ya en este cuadro de texto y no será necesario escribirlo de nuevo. Si PowerPoint encuentra algún objeto de la presentación que contenga el dato en cuestión, se situará sobre él para que se pueda trabajar con el dato. Si ha buscado varios datos distintos, podrá desplegar la lista **Buscar**, que le ofrecerá una lista con todos ellos. Bastará con elegir uno y hacer clic en el botón [Buscar siguiente] para que se comience la búsqueda sin necesidad de escribirlo de nuevo.

2. Puede buscarse el texto indicando que se diferencien mayúsculas de minúsculas. Al activar la casilla marcada como **Coincidir mayúsculas y minúsculas**, obligamos a PowerPoint a que señale el dato si lo que se ha hallado coincide no solo en cuanto a contenido, sino también letra por letra, en sus mayúsculas y minúsculas.

3. La casilla **Solo palabras completas** fuerza a PowerPoint a detectar el texto que se buscaba únicamente si lo que se escribió aparece en la presentación formando una palabra aislada. Por ejemplo, si este botón **no** se activa e indicamos que se busque la palabra *que*, PowerPoint se detendrá en palabras como *queso* y no solo en la palabra *que*, ya que la palabra *queso* contiene las letras *q*, *u*, y *e*, que son las que se buscan. Del mismo modo, se detendría en palabras como *aquel* o *choque*, que contienen, igualmente, las tres letras especificadas para la búsqueda. Por el contrario, si se activa el botón que ahora nos ocupa, PowerPoint solo se detendría si encontrara la palabra *que* aislada de las demás letras en un objeto cualquiera que pertenezca a la presentación.

4. Pulse el botón [Buscar siguiente] para comenzar la búsqueda una vez que haya establecido todos los datos necesarios.

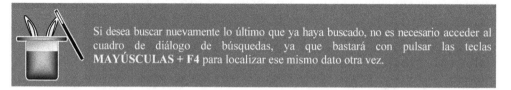

Si desea buscar nuevamente lo último que ya haya buscado, no es necesario acceder al cuadro de diálogo de búsquedas, ya que bastará con pulsar las teclas **MAYÚSCULAS + F4** para localizar ese mismo dato otra vez.

5. Podemos reemplazar automáticamente varios datos (iguales) de la presentación pulsando [Reemplazar...] o, directamente desde la cinta de opciones, pulsando el botón ᵃᵇ⫯ₐc Reemplazar ▾ del grupo **Edición** (pestaña **Inicio**). En cualquiera de estos casos, el cuadro de diálogo cambia:

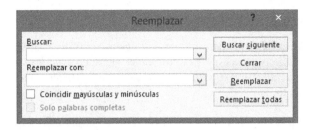

- Como puede verse, el cuadro es similar al utilizado para las búsquedas, con la diferencia de que se añade la lista desplegable **Reemplazar con**, en el que debemos especificar la palabra (o dato) que sustituirá a la que hayamos escrito en el cuadro de texto **Buscar**. Por tanto, escriba en este cuadro de texto el dato o datos que desea encontrar para su sustitución y en el de **Reemplazar con** el dato que va a sustituir al que se busca.

- Llegados a este punto existen dos posibilidades:

    a) Utilizar el botón   Reemplazar... , con lo que PowerPoint nos llevará a la primera coincidencia que encuentre para que, al pulsarlo de nuevo, sea reemplazada y podamos pasar a la siguiente.

    b) Utilizar el botón Reemplazar todas , con lo que PowerPoint sustituirá el texto que se busca en la totalidad de la presentación automáticamente. Esta función no pide ningún tipo de confirmación, de modo que, al pulsarlo, se modifican de una vez todos los datos coincidentes.

6. Cuando termine de trabajar con el cuadro de diálogo, ya sea para buscar o para reemplazar datos, pulse el botón   Cerrar   .

28.2 IMÁGENES EN DIAPOSITIVAS

Algo que resulta extraordinariamente importante en PowerPoint es la incorporación de imágenes en las diapositivas de una presentación, ya sean estas digitalizadas (hoy se emplea mucho el término *escaneadas*) o dibujos creados mediante algún programa de diseño gráfico por ordenador, como el propio PowerPoint. Las imágenes confieren calidad a la presentación y, por otra parte, resultan explicativas.

Hemos de distinguir entre dos posibles acciones a la hora de incorporar un dibujo a una diapositiva de PowerPoint:

1. Incorporar un dibujo ya creado.

2. Incorporar un dibujo que nos disponemos a diseñar en ese momento.

28.2.1 Incorporar imágenes

En PowerPoint pueden agregarse imágenes a las diapositivas tal y como se hace en Word o Excel. El proceso fue descrito en el apartado *Añadir imágenes* del capítulo 3: *Funciones elementales y compartidas de Office*. Le sugerimos que lo revise para recordar su funcionamiento.

En el mismo capítulo puede encontrar los apartados *Editar imágenes* (para revisar cómo se pueden modificar dichas imágenes), *Dibujar* (para revisar cómo dibujar nuevas imágenes en las diapositivas), *WordArt* (para revisar cómo agregar rótulos atractivos) y *Diagramas SmartArt* (para revisar cómo agregar diagramas de todo tipo).

28.2.2 Gráficos matemáticos y estadísticos

Una herramienta sumamente útil a la hora de diseñar una presentación es incorporar gráficos que muestren datos de una forma esquemática a una diapositiva para su rápida comprensión o percepción.

PowerPoint recurre a una aplicación independiente para añadir gráficos de este tipo a las diapositivas. De hecho, el procedimiento que vamos a exponer para diseñar los gráficos es idéntico en otros programas como, por ejemplo, Microsoft Word.

Para agregar uno, debemos pulsar el botón **Gráfico** que se encuentra en el grupo **Ilustraciones** de la pestaña **Insertar**.

Gráfico

Se obtiene el siguiente cuadro de diálogo:

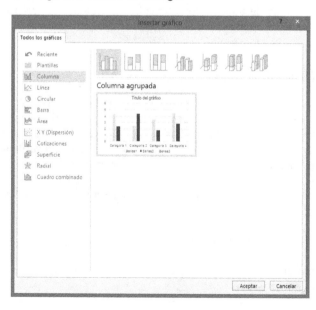

Si no tiene instalado Excel en su equipo, obtendrá un cuadro de diálogo diferente y el procedimiento para diseñar el gráfico será distinto.

A partir de este punto, el diseño de un gráfico se realiza, paso a paso, tal y como hemos descrito en los apartados *Creación de un gráfico* y *Edición de gráficos* del capítulo 16: *Gráficos matemáticos*. Le sugerimos que lo revise para recordar su manejo y aplicar de ese modo gráficos a las diapositivas.

28.3 SECCIONES

Las secciones de PowerPoint permiten agrupar las diapositivas para conseguir una mejor organización. Al crear una sección, las diapositivas que existan desde ese punto hasta el final o la siguiente sección formarán parte de ella.

Las secciones son plegables. Cuando se pliega una, todas sus diapositivas se ocultan; y cuando se vuelve a desplegar, aparecen de nuevo.

28.3.1 Crear una sección

Para añadir una sección en una presentación hay que llevar el ratón entre dos diapositivas (en las miniaturas de las diapositivas de la vista **Normal** o en el **Clasificador de diapositivas**) y hacer clic con el botón secundario del dispositivo. Aparece un menú contextual entre cuyas opciones se selecciona **Agregar sección**.

No ofrece ninguna otra función, sino que simplemente aparece el separador de la nueva sección, inicialmente sin título.

Las diapositivas posteriores pertenecen desde ese momento a esa sección, al menos hasta que se agreguen otras secciones en otra posición más próxima hacia el final de la presentación.

Haciendo clic en la flecha (⊿) de ese separador, la sección pliega todas sus diapositivas, y, volviendo a hacerlo, se vuelven a mostrar.

28.3.2 Configurar secciones

Una vez que la sección está creada, se pueden ajustar sus características. Para ello se hace clic con el botón secundario del ratón en el separador de la sección entre las diapositivas. Se obtiene el menú que podemos ver en la figura junto al margen:

1. **Cambiar nombre de sección**, como indica su nombre, permite dar o modificar el nombre de la sección.

2. **Quitar la sección** se emplea para eliminarla.

3. **Eliminar sección y diapositivas** borra la sección y todas las diapositivas que contenga.

4. **Eliminar todas las secciones** borra las secciones de la presentación manteniendo las diapositivas.

5. **Subir sección** eleva una sección por encima de la anterior, resituando sus diapositivas hacia el principio de la presentación.

6. **Bajar sección** desciende una sección por debajo de la siguiente, resituando sus diapositivas hacia el final de la presentación.

7. **Contraer todo** pliega todas las secciones de la presentación.

8. **Expandir todo** despliega todas las secciones de la presentación.

28.4 ENCABEZADOS Y PIES PARA DIAPOSITIVAS

Una función útil es crear encabezados y pies de página en las presentaciones. De este modo, conseguiremos repetir ciertas partes de texto en todas las diapositivas y notas del orador de la presentación. Avanzamos que en las diapositivas solo pueden incluirse pies de página.

Para poder definir los encabezados y pies de página, debemos pulsar el botón **Encabezado y pie de página** del grupo **Texto**, que se encuentra situado en la pestaña **Insertar** de la cinta de opciones. Obtendremos el siguiente cuadro:

Encabez.
pie pág.

Como puede verse, en el cuadro hay dos fichas cuyas pestañas son **Diapositiva** y **Notas y documentos para distribuir**:

1. **Diapositiva**. Permite establecer los datos destinados al pie de página en las diapositivas (puede ver sus elementos en la figura anterior):

   - **Fecha y hora**. Permite incorporar la fecha y la hora actuales como pie de página en las diapositivas. Podremos elegir **Actualizar automáticamente**, que asigna la hora actual (renovándose por sí sola cada día), o bien, **Fija**, que no modificará la hora o fecha una vez que la hayamos escrito en el cuadro de texto correspondiente.

   - **Número de diapositiva**. Añade el número de la diapositiva actual.

   - En el cuadro de texto **Pie de página** debemos escribir el texto que formará el pie. Para ello deberá haber activado antes su casilla de verificación.

   - **No mostrar en diapositiva de título**. Se encarga de ocultar el pie de página en la diapositiva de tipo título que haya en la presentación.

   - Aplicar a todo . Añade el pie de página a todas las diapositivas de la presentación.

   - Aplicar . Añade el pie de página solo a la diapositiva actual de la presentación.

2. **Notas y documentos para distribuir**. Permite establecer los datos para el pie de página o el encabezado de las notas de orador y de los folletos que se repartirán entre el público asistente:

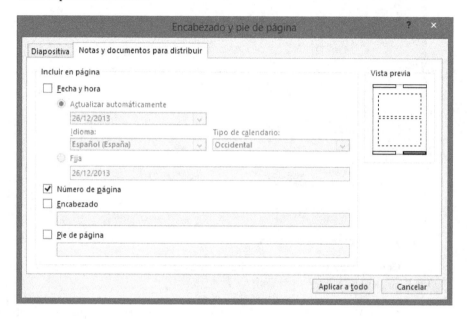

Este cuadro contiene los mismos elementos que para las diapositivas, a excepción del cuadro de texto **Encabezado**, en el que podremos escribir el texto que conformará el encabezamiento de todas las notas de orador, así como de todos los folletos que distribuiremos entre los asistentes. El botón Aplicar no existe, ya que es obligatorio realizar el encabezado (o pie) en todas las notas y folletos.

28.5 PATRONES

Los patrones se encargan de que ciertos objetos aparezcan fielmente en todas las diapositivas de la presentación. Además, los estilos de presentación que se apliquen al patrón también se verán reflejados en las diapositivas. Por ejemplo, si seleccionamos una fuente en el patrón, todos los objetos de texto la emplearán por defecto, si bien el usuario podrá cambiar la fuente puntualmente en los cuadros de texto que desee, como siempre.

El patrón se diseña en una pantalla especial que muestra un esquema con los elementos típicos de una diapositiva genérica. Para acceder a esa pantalla se pulsa el botón **Patrón de diapositivas** del grupo **Vistas Patrón** que se encuentra situado en la pestaña **Vista** de la cinta de opciones.

Patrón de diapositivas

Al pulsarlo, el área de trabajo de PowerPoint cambia los dos paneles habituales.

Comenzando por el panel izquierdo, puede observar una diapositiva de la que penden varias otras (figura junto al margen izquierdo).

La primera hace referencia a un patrón genérico que, de ser modificado, afectará a todas las diapositivas de la presentación.

Las demás hacen referencia, cada una, a los distintos diseños de diapositiva de PowerPoint (diapositivas de tipo *Título*, de tipo *Título y objetos*, etc.). Si modificamos una el resultado afectará únicamente a las diapositivas de ese tipo que haya o añadamos a la presentación.

Para modificar una de esas diapositivas, hay que hacer clic primero en una de sus miniaturas (como las que mostramos junto al margen).

Cuando hacemos clic en una de esas miniaturas, podemos ver que cambia el panel a su derecha, el cual muestra una diapositiva tipo lista para que apliquemos los cambios que deseemos. Estos se verán reflejados en las diapositivas de ese diseño que ya tengamos o añadamos en el futuro.

Para ayudarnos a diseñar el patrón, PowerPoint añade una pestaña especial en la cinta de opciones: **Patrón de diapositivas**.

Como puede apreciarse, esta pestaña contiene varios grupos. Destacaremos varias de sus funciones:

1. Las casillas **Título** y **Pies de página** muestran u ocultan sus respectivos contenidos: el título de la diapositiva y el pie de la página de la parte inferior.

2. Los elementos del grupo **Editar tema** afectan a la totalidad de la diapositiva. Por ejemplo, el botón [A Fuentes ▼] permite cambiar la fuente con la que aparecerán todos los textos de ese tipo de diapositivas. Recuerde que si aplica el cambio en la primera de las miniaturas del panel izquierdo, afectará a todas las diapositivas de la presentación.

3. Mediante el botón [Estilos de fondo ▼] puede seleccionar un fondo que se aplicará a todas las diapositivas de ese tipo.

4. Puede emplear el botón **Insertar patrón de diapositivas** para crear nuevos patrones y poder elegir así qué patrón se aplica a qué diapositivas. Cuando se pulsa, aparece otra copia de miniaturas en el panel izquierdo para que pueda diseñar su aspecto y contenido tal y como lo hemos visto hasta ahora.

Insertar patrón de diapositivas

5. Puede emplear el botón para quitar de la lista de miniaturas de patrón una que no vaya a emplear.

> No olvide que puede añadir los elementos que desee: autoformas, cuadros de texto, etc. Todos ellos aparecerán invariablemente en las diapositivas de ese tipo que añada a la presentación o que ya existan en ella.

Cuando termine de diseñar un patrón (al que podrá volver en cualquier momento) pulse el botón **Cerrar vista Patrón** que puede ver en el margen derecho de la cinta de opciones.

Cerrar vista Patrón

28.6 INSERCIÓN DE SONIDOS

Los efectos sonoros pueden remarcar y acentuar un mensaje que deseemos transmitir durante la presentación. Igualmente, pueden ser útiles para añadirle comicidad y conseguir, gracias a ello, una mayor atención del público.

Si se desea incorporar un sonido a una diapositiva, será necesario acceder a la pestaña **Insertar** de la cinta de opciones. En ella, el grupo **Multimedia** contiene el botón **Sonido** que desplegaremos para seleccionar de dónde procede el sonido que vamos a incorporar. Para ello ofrece las siguientes opciones:

Audio

1. **Audio en línea**. Lleva a un cuadro de diálogo en el que podemos localizar sonidos gratuitos de Microsoft.

2. **Audio en Mi PC**. Lleva a un cuadro de diálogo en el que podremos seleccionar un archivo de sonido que haya grabado en el disco. El cuadro de diálogo que se muestra es el mismo que se emplea para abrir cualquier tipo de documentos. PowerPoint ofrece varios sonidos de ejemplo que se pueden incorporar a la presentación. Bastará con elegir uno para que quede incorporado a esta.

3. **Grabar audio**. Lleva a la grabadora de sonidos de PowerPoint con el fin de que podamos grabar uno apropiado para la presentación. He aquí el aspecto de la grabadora:

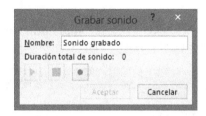

- En el cuadro de texto **Nombre** debemos darle uno al nuevo sonido.

- El botón ▶ pone en marcha la reproducción del sonido que acabamos de grabar.

- El botón ■ detiene la reproducción. Solo estará disponible mientras se escucha un sonido.

- El botón ● pone en marcha la grabación. Será necesario disponer de un micrófono o reproducir algún sonido para que el programa lo registre.

Una vez incorporado el sonido, en el centro de la diapositiva aparece un icono: ◀. Este icono se comporta como un objeto más de la imagen, por lo que sería recomendable desplazarlo fuera de la diapositiva para que no interfiera con el resto de los objetos de la misma y no se vea durante la proyección de la presentación al público. Sin embargo, si desea poder escuchar el sonido en cualquier momento durante la proyección de la presentación, deberá dejarlo dentro de la diapositiva (aunque ligeramente apartado para que no estorbe ni resalte mucho, puesto que el público lo verá) para poder hacer clic en él en cualquier momento y escuchar el sonido.

Cuando el icono del altavoz se encuentra en la diapositiva, podemos hacer clic en él para modificar su comportamiento (también aparece un control flotante que permite reproducir el sonido). Para ello, PowerPoint ofrece una pestaña especial, **Reproducción**:

Las funciones específicas de esta pestaña para controlar el sonido son:

1. Puede pulsar el botón **Reproducir** para escuchar el sonido.

2. Puede agregarse un marcador para localizar fácilmente un punto del sonido. Sitúese en ese punto (por ejemplo, escuchándolo con el control flotante) y cuando lo haga, pulse el botón **Agregar marcador**.

3. Si un marcador está mal situado o sobra, se puede borrar mediante el botón **Quitar marcador**.

4. Puede utilizarse el botón **Recortar audio** para eliminar partes del sonido que no interesen. Para ello, al pulsar el botón se obtiene el siguiente cuadro de diálogo:

- Establezca el punto del sonido en el que deberá comenzar a escucharse. Tecléelo en el cuadro **Hora de inicio**. Esto también puede hacerlo desplazando el deslizador verde que se encuentra inicialmente en el extremo izquierdo de la barra que representa el sonido.

- Establezca el punto del sonido en el que deberá terminar de escucharse. Tecléelo en el cuadro **Hora de finalización**. Esto también puede hacerlo desplazando el deslizador rojo que se encuentra inicialmente en el extremo derecho de la barra que representa el sonido.

- Puede utilizar los botones situados bajo la barra que representa el sonido para reproducirlo (▶), avanzar levemente (▶) o retroceder del mismo modo (◀).

5. Los fundidos de entrada y salida suavizan el arranque y finalización de un sonido. Con el **Fundido de entrada**, el audio arranca sin escucharse y se va elevando su volumen gradualmente hasta alcanzar su máximo natural original. Con **Fundido de salida**, el audio va disminuyendo su volumen gradualmente durante los últimos instantes de su reproducción. El período que duran ambos fundidos se establece en cada uno en una cantidad de tiempo (00,00).

6. Puede desplegar el botón **Volumen** para elegir la intensidad con la que se escuchará el sonido durante su reproducción.

7. Se puede desplegar el botón **Iniciar** para indicar cuál será el evento que marque el inicio de la reproducción del sonido:

- **Automáticamente**: el sonido se inicia en cuanto la diapositiva aparece, respetando el orden con respecto a otros sonidos y animaciones que pudiera haber en ella.

- **Al hacer clic**: el sonido se inicia cuando el usuario que esté visualizando la presentación haga clic en el icono del altavoz del sonido.

8. Se puede activar la casilla **Ocultar durante presentación** para que el icono del altavoz no se vea cuando se reproduzca la presentación. Esta es una buena alternativa que puede emplearse en lugar de arrastrar el altavoz fuera de la diapositiva.

9. Se puede activar la casilla **Repetir la reproducción hasta su interrupción** para que el sonido se escuche automáticamente una y otra vez hasta que, por ejemplo, se cambie de diapositiva.

10. Se puede activar la casilla **Rebobinar después de la reproducción** para que el sonido retroceda hasta su inicio al terminar, de modo que si se reproduce de nuevo, lo hará desde el principio y no desde otro punto.

 Para eliminar el sonido, haga clic en el icono del altavoz y pulse la tecla **SUPR**.

28.7 INSERCIÓN DE VIDEOCLIPS

Si se dispone de vídeos para complementar la presentación, podrán añadirse a la presentación según vamos a describir. El proceso es realmente similar al que acabamos de ver para añadir sonidos.

Se recurre a la pestaña **Insertar** de la cinta de opciones. En ella, el grupo **Clip multimedia** contiene el botón **Película** que desplegaremos para seleccionar de dónde procede el vídeo que vamos a incorporar. Para ello ofrece las siguientes opciones:

Vídeo

1. **Vídeo en línea**. Lleva a un cuadro de diálogo en el que se puede indicar una película de vídeo procedente de un sitio web para incluirlo en la presentación.

2. **Vídeo en Mi PC**. Lleva al cuadro de diálogo en el que podremos seleccionar un archivo de vídeo que haya grabado en el disco. El cuadro de diálogo que se mostrará es el mismo que se utiliza para abrir cualquier tipo de documentos (que ya hemos comentado en el apartado *Archivar y abrir documentos* del capítulo 3: *Funciones elementales y compartidas de Office*). PowerPoint ofrece una serie de vídeos de ejemplo que se pueden incorporar a la presentación. Bastará con elegir uno para que quede incorporado a esta.

Tras elegir el archivo de la película, aparece bajo su primer fotograma un control flotante que permite reproducir el vídeo.

El elemento se encuentra en un objeto rectangular. Este objeto indica la posición de la diapositiva en la que se reproducirá la película. El tamaño de este elemento depende del que ocupen las imágenes del vídeo; sin embargo, podemos ampliar o reducir su tamaño como si se tratase de un objeto cualquiera de la presentación. Para recordar el cambio de tamaño en los objetos, consulte el apartado *Cambiar el tamaño de los objetos* del capítulo 25: *Básico en PowerPoint*.

No es muy aconsejable ampliar demasiado el tamaño de la ventana de proyección, ya que las imágenes perderán calidad y se podrá apreciar un cierto parpadeo. Piense que un archivo de vídeo va mostrando imagen tras imagen, ofreciendo una sensación de movimiento que se ve acentuada si la secuencia de las imágenes fijas que la componen se sucede a gran velocidad. Como el ordenador debe dibujar línea a línea cada una de las imágenes de vídeo, cuanto más grandes sean estas (y, por tanto, más área de la pantalla deba dibujar), peor resulta el efecto de movimiento y más se deteriora la calidad de la proyección.

Cuando el recuadro con la película se encuentra en la diapositiva, podemos hacer clic en él para modificar su comportamiento. Para ello, PowerPoint ofrece una pestaña especial, **Reproducción**:

Las funciones específicas de esta pestaña para controlar la película son:

1. Puede pulsar el botón **Reproducir** para ver la película.

2. Puede agregarse un marcador para localizar fácilmente un punto de la película. Sitúese en ese punto (por ejemplo, viéndola con el control flotante) y cuando lo haga, pulse el botón **Agregar marcador**.

3. Si un marcador está mal situado o sobra, se puede borrar mediante el botón **Quitar marcador**.

4. Puede utilizarse el botón **Recortar vídeo** para eliminar partes de la película que no interesen. Para ello, al pulsar el botón se obtiene un cuadro de diálogo. En él:

- Establezca el punto de la película en el que deberá comenzar a reproducirse. Tecléelo en el cuadro **Hora de inicio**. Esto también puede hacerlo desplazando el deslizador verde que se encuentra inicialmente en el extremo izquierdo de la barra que representa la película.

- Establezca el punto de la película en el que deberá terminar de reproducirse. Tecléelo en el cuadro **Hora de finalización**. Esto también puede hacerlo desplazando el deslizador rojo que se encuentra inicialmente en el extremo derecho de la barra que representa la película.

- Puede utilizar los botones situados bajo la barra que representa la película para reproducirla (▶) y avanzar (▶) o retroceder (◀) un fotograma.

5. Los fundidos de entrada y salida suavizan el arranque y finalización de una película. Con el **Fundido de entrada**, esta arranca totalmente en negro y va ganando brillo gradualmente hasta alcanzar su máximo natural original. Con **Fundido de salida**, el brillo se va diluyendo gradualmente durante los últimos instantes de su reproducción. El período que dura cada uno de los fundidos se establece en una cantidad de tiempo (00,00 ⇕).

6. Puede desplegar el botón **Volumen** para elegir la intensidad con la que se escuchará el sonido durante su reproducción.

7. Se puede desplegar el botón **Iniciar** para indicar cuál será el evento que marque el inicio de la reproducción del sonido: `Automáticamente` `Al hacer clic`

- **Automáticamente**: el sonido se inicia en cuanto la diapositiva aparece, respetando el orden con respecto a otros sonidos y animaciones que pudiera haber en ella.

- **Al hacer clic**: el sonido se inicia cuando el usuario que esté visualizando la presentación haga clic en el icono del altavoz del sonido.

8. Se puede activar la casilla **Ocultar con reproducción detenida** para que el recuadro del vídeo no se vea cuando se reproduzca la presentación.

9. Se puede activar la casilla **Repetir la reproducción hasta su interrupción** para que la película se reproduzca automáticamente una y otra vez hasta que, por ejemplo, se cambie de diapositiva.

10. Se puede activar la casilla **Rebobinar después de la reproducción** para que la película retroceda hasta su inicio al terminar, de modo que si se reproduce de nuevo, lo hará desde el principio y no desde otro punto.

Para eliminar la película, haga clic en su recuadro y pulse la tecla **SUPR**.

28.8 INSERCIÓN DE TABLAS

Ciertos datos resultan más informativos si se presentan en forma de tabla. PowerPoint proporciona una función con la que podremos incorporar tablas con esta finalidad.

Pueden incorporarse tablas a las diapositivas mediante el botón **Tabla** que puede encontrarse en el grupo **Tablas** de la pestaña **Insertar** en la cinta de opciones. Cuando se pulsa este botón, PowerPoint despliega una rejilla, junto con un menú, en la que debemos indicar el número de filas y columnas que debe contener la nueva tabla (haciendo clic en una y arrastrando hasta indicar el número de filas y columnas que deberá tener la nueva tabla).

También puede hacerse recurriendo a la opción **Insertar tabla**, en la que deberá elegir la opción **Tabla**, que lleva a un cuadro de diálogo en el que se establecen las filas y columnas que tendrá (puede verlo en la figura junto al margen derecho).

En esta versión de PowerPoint, se puede añadir una hoja de cálculo de Excel, tal y como se puede apreciar en la figura anterior junto al margen (opción **Hoja de cálculo de Excel**). Esto permite añadir una tabla con toda la potencia de cálculo que ofrece Excel.

Cuando la tabla se encuentra en la diapositiva, la cinta de opciones lleva a la pestaña **Diseño** para que modifiquemos la tabla a nuestro gusto:

Con la misma finalidad, se dispone también de la pestaña **Presentación**, con cuyas funciones completamos las tareas que pueden realizarse en una tabla cuando se encuentra en una diapositiva de PowerPoint.

Como puede apreciarse, las funciones de estas dos pestañas son prácticamente idénticas a las que ofrece Word y que ya estudiamos en el apartado *Diseño de la tabla* del capítulo 7: *Tablas*. Le sugerimos que las repase si lo necesita.

Tenga presente que una tabla en una diapositiva de PowerPoint es un objeto flotante, por lo que puede desplazarlo por la superficie de esta como lo haría con cualquier otra figura hueca, es decir, haciendo clic en su borde y, sin soltar el botón del ratón, arrastrándola en la dirección deseada.

28.9 INSERCIÓN DE CONECTORES

Los conectores son líneas que unen dos objetos distintos de una diapositiva. Estas líneas mantienen conectados ambos objetos aunque estos se desplacen a otros lugares, por lo cual resultan ideales, por ejemplo, para generar organigramas y diagramas de flujo. Los conectores están integrados en la lista de **Formas** (pestaña **Insertar**, grupo **Ilustraciones**), dentro del apartado de **Líneas**, y pueden ser de varios tipos (véalo en la figura anterior).

Para crear uno de estos conectores, después de haberlo elegido en la lista de formas, haga clic en uno de los objetos que desea conectar y, a continuación, sobre el otro (antes de hacer el segundo clic asegúrese de que la línea conectora llega hasta el punto adecuado). Ambos objetos quedarán unidos por una línea, que será recta, curva, o del tipo elegido en las formas, y, aunque cambie de lugar los objetos, entre ambos seguirá trazada la línea que los una.

Una vez que la línea esté uniendo dos objetos, puede desconectarlos para conectar otros. Para ello, ayúdese de sus extremos, haciendo clic en ellos y, sin soltar el botón del ratón, arrastrando hasta otro objeto (o hasta otra parte del mismo objeto).

Algunas líneas conectoras presentan puntos controladores amarillos entre medias de sus extremos que podemos desplazar para ajustar el trayecto de la línea según necesitemos.

Para eliminar un conector, haga clic en él y pulse la tecla **SUPR**.

28.10 INSERCIÓN DE FECHA Y HORA

Si necesita que se muestre la fecha o la hora en una diapositiva podrá hacerlo con el botón **Fecha y hora** del grupo **Texto** en la pestaña **Insertar** de la cinta de opciones:

Fecha
y hora

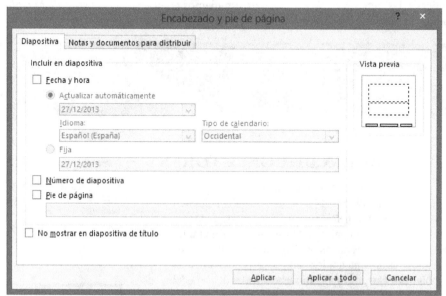

Como puede verse, se trata del cuadro de diálogo de encabezados y pies de página, por lo que se maneja igual que hemos descrito en el apartado *Encabezados y pies para diapositivas* de este mismo capítulo.

Simplemente, active la casilla **Fecha y Hora** y despliegue la lista del botón **Actualizar automáticamente** para elegir el formato de la fecha. Si lo prefiere, podrá activar el botón **Fija** para que la fecha no cambie cada día y quede, por tanto, invariable.

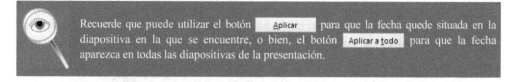

Recuerde que puede utilizar el botón ⬛ Aplicar ⬛ para que la fecha quede situada en la diapositiva en la que se encuentre, o bien, el botón ⬛ Aplicar a todo ⬛ para que la fecha aparezca en todas las diapositivas de la presentación.

28.11 CREACIÓN DE LAS NOTAS DEL ORADOR

Como ya hemos dicho, las anotaciones pueden ser fundamentales para el orador. Generalmente, el diseñador de la presentación es el mismo que posteriormente dará el discurso, por lo que él mismo deberá crear sus notas, conociendo de antemano aquellos temas clave en los que necesite un recordatorio como sencillo sistema de ayuda. Las notas están asociadas a las diapositivas, de forma que, durante la presentación, cuando se alcanza una que las lleva, el orador las tendrá a mano para recordar por dónde continúa su discurso. Estas notas pueden conseguir incluso que eludamos una situación comprometida a causa de un olvido.

Para crear notas de orador, podemos recurrir al botón **Página de notas** que se encuentra en el grupo **Vistas de presentación** de la pestaña **Vista** en la cinta de opciones. Este botón cambia la ventana de PowerPoint para que podamos crear o modificar las anotaciones.

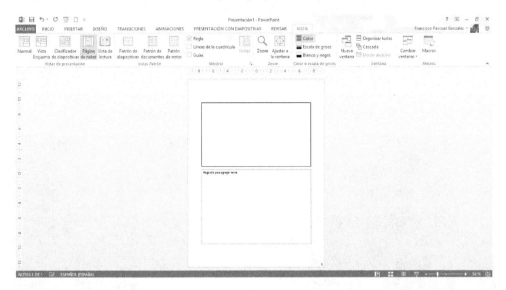

En la parte inferior de la página correspondiente a la diapositiva actual aparece un recuadro con el mensaje **Haga clic para agregar texto**. Es en ese lugar donde debemos escribir las anotaciones, por lo que, efectivamente, haremos clic y comenzaremos a escribir.

Si la vista le resulta demasiado reducida, utilice el zoom para ampliarla y escribir con mayor comodidad (puede consultar acerca del zoom en el apartado *Presentación de funciones en pantalla* del capítulo 25: *Básico en PowerPoint*).

28.12 COMENTARIOS

En las diapositivas pueden "pegarse" anotaciones que permitan, por ejemplo, recordar tareas que haya que terminar. Al igual que los papeles adhesivos, podemos colocarlos de forma visible para que nos recuerden algo constantemente.

Los comentarios se crean con el botón **Nuevo comentario** que se encuentra en el grupo **Comentarios** de la pestaña **Revisar** en la cinta de opciones. Al hacerlo, aparece el panel de tareas con el nombre del usuario autorizado de PowerPoint, para que se escriba el comentario:

Cuando termine de teclear el comentario y haga clic fuera de él para continuar trabajando en la diapositiva únicamente quedará su etiqueta en pantalla: . Bastará con que haga clic en dicha etiqueta para ver el texto del comentario en el panel de tareas. Si necesita modificar dicho texto, haga clic sobre él en el propio panel.

A la hora de ejecutar la presentación, los comentarios no aparecen.

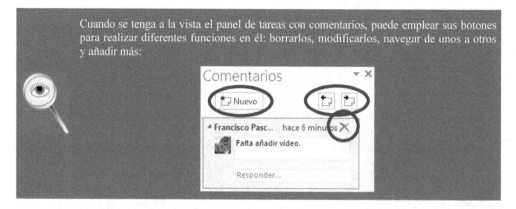

Cuando se tenga a la vista el panel de tareas con comentarios, puede emplear sus botones para realizar diferentes funciones en él: borrarlos, modificarlos, navegar de unos a otros y añadir más:

28.13 ANIMACIÓN DE DIAPOSITIVAS

Una presentación mejora sustancialmente si se añaden a sus objetos ciertos efectos de animación. PowerPoint ofrece una pestaña completa de la cinta de opciones y la colaboración del panel de tareas para aplicar **Animaciones** a los objetos que se añaden a las diapositivas. Se trata de la pestaña que lleva ese mismo nombre:

El sistema más fácil que ofrece PowerPoint para la creación de animaciones consiste en acceder a una diapositiva, seleccionar el objeto que se desea animar y seleccionar uno de los efectos de animación de la lista desplegable del grupo **Animación**.

Por otro lado, se puede desplegar el botón **Agregar animación**. Este ofrece entre sus opciones varias animaciones y, al final, varias para establecer la animación al detalle:

⭐ Más efectos de entrada...

⭐ Más efectos de énfasis...

⭐ Más efectos de salida...

☆ Más trayectorias de la animación...

Las tres primeras de estas opciones ofrecen varios efectos clasificados, mientras que la última permite modificar el recorrido que realizará el objeto animado. Las veremos enseguida.

En cualquier momento se puede pulsar el botón ⏱ Panel de animación cuyo aspecto puede verse en la figura junto al margen y que permite ordenar las animaciones que se vayan asignando a los objetos de la presentación. Este panel ofrece el botón ▷ Reproducir a partir de que pondrá en marcha la animación seleccionada en la lista del panel.

28.14 ANIMACIÓN DE OBJETOS

Al desplegar el botón **Agregar animación** se obtiene un menú entre cuyas opciones se encuentran las siguientes:

1. **Más efectos de entrada** contiene animaciones adecuadas para presentar el objeto en la pantalla.

2. **Más efectos de énfasis** contiene animaciones adecuadas para resaltar objetos que ya estén en pantalla.

3. **Más efectos de salida** contiene animaciones adecuadas para hacer desaparecer objetos.

4. **Más trayectorias de la animación** contiene opciones para establecer la dirección y ruta que deberá seguir un objeto animado con movimiento.

Al seleccionar estas opciones se obtendrá un cuadro de diálogo con bastantes más animaciones.

Como en el caso de las diapositivas, disponemos de varios modos de animar la figura dependiendo de la intensidad con la que necesitemos llamar la atención con la animación: **Básica**, **Sutil**, **Moderado** y **Llamativo** (o **Básica**, **Líneas y curvas**, etc.). Elija una (podrá ver su efecto en cuanto haga clic en ella) y pulse [Aceptar].

Cuando un objeto está animado lleva un número en su esquina superior izquierda:

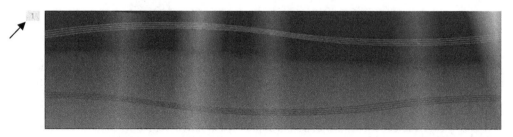

Ese número indica el orden de animación: si es un **1** se trata del objeto que se animará en primer lugar al aparecer la diapositiva, si es un **2**, será el segundo, etc.

En la cinta de opciones podrá emplear otros elementos que hasta ahora estaban inhabilitados debido a que aún no había ninguna animación asignada al objeto:

1. Si vuelve a desplegar el botón **Agregar animación**, podrá elegir más animaciones incluso para objetos que ya tuvieran.

2. La lista desplegable **Inicio** (Al hacer clic ▾) permite elegir la acción que debemos realizar durante la proyección para que comience la animación. Por ejemplo, **Al hacer clic** significa que

la animación se pondrá en marcha cuando el orador (o quien maneje la presentación durante su proyección al público) haga clic en el objeto.

- **Con la anterior** implica que la animación se pondrá automáticamente en marcha al mismo tiempo que la animación anterior, sin que el usuario tenga que hacer nada para ponerla en marcha.

- **Después de la anterior** implica que la animación se pondrá automáticamente en marcha en cuanto termine la anterior, sin que el usuario tenga que hacer nada para ponerla en marcha.

 Dependiendo del efecto de animación que elijamos, la siguiente lista puede variar y no mostrar tamaño, sino otros datos como la **Dirección**. En cualquier caso, su finalidad es la de indicar la cantidad de movimiento que llevará a cabo la animación.

3. Si se trata de una animación con trayecto, se podrá desplegar la lista **Opciones de efectos**, que permite impedir o no su modificación (**Bloqueado/Desbloqueado**), alterar la trayectoria de desplazamiento del objeto (**Modificar puntos**) o cambiar su dirección de movimiento (**Invertir la dirección de la ruta**), mientras que si se trata de una animación de otra clase, se acomoda a sus requerimientos; por ejemplo, si se trata de una que gire la figura, se podrá establecer la dirección de giro y cuánto girará.

4. Con el cuadro de texto **Duración** se puede establecer la velocidad (en segundos) con la que se ejecutará la animación cuando se esté mostrando al público.

5. Con **Retraso** podrá establecer cuánto esperará la animación antes de que se ponga en marcha.

A medida que vayamos añadiendo animaciones a otros objetos de la misma diapositiva, la lista del panel de tareas irá aumentando:

Puede anular la animación de un objeto seleccionándola en la lista y pulsando la tecla **SUPR** en el teclado.

Cada una de esas animaciones puede desplegarse para que se establezca el modo con el que se pondrán en marcha:

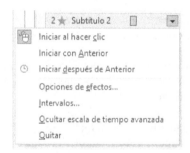

1. **Iniciar al hacer clic** comienza la animación cuando se haga clic en la diapositiva (durante la visualización de la presentación).

2. **Iniciar con Anterior** comienza la animación al mismo tiempo que la anterior.

3. **Iniciar después de Anterior** comienza la animación cuando termina la anterior.

4. **Opciones de efectos** ofrece más características de animación tales como añadir un sonido, o si se desea cambiar los colores del objeto durante su animación.

5. **Intervalos** ofrece datos sobre la duración del efecto, el tiempo que debe tardar en iniciarse la animación y si se debe repetir cuando termine.

6. **Mostrar/Ocultar escala de tiempo avanzada** hace aparecer (u oculta) una regleta con la que se puede establecer la duración de la animación en segundos.

7. **Quitar** desactiva la animación.

28.15 TRANSICIONES

Una transición es la forma en la que aparecerá una diapositiva durante su proyección. Para añadir y administrar estas transiciones se utiliza el grupo **Transición a esta diapositiva** de la pestaña **Animaciones** de la cinta de opciones:

El primer conjunto de botones, a la izquierda, contiene varias animaciones y una, llamada **Ninguna**, que podemos emplear para quitarlas.

Por otra parte, disponemos de más botones para ajustar la animación de transición:

1. Utilice la lista desplegable **Opciones de efectos** para ajustar las características de la transición.

2. Utilice la lista desplegable **Sonido** para elegir el que debe escucharse durante el efecto. Ofrece varios sonidos en la relación, así como las opciones **[Sin sonido]** (para eliminarlo), **Otro sonido** (para elegir uno de nuestro disco) y **Repetir hasta el próximo sonido** (para que se escuche indefinidamente hasta que suene otro).

3. Utilice la lista desplegable **Duración** para elegir la velocidad (en segundos) con la que se realizará la transición.

4. Con que utilice las opciones anteriores será suficiente para que la transición se aplique a la diapositiva en la que se encuentre; sin embargo, puede pulsar el botón ⌐┐ Aplicar a todo para que funcione en todas las diapositivas de la presentación.

5. Con la casilla **Al hacer clic con el mouse** se ordena pasar a la siguiente diapositiva cuando el orador haga clic con el ratón sobre la anterior, mientras que con la casilla **Automáticamente después de** se accede a la siguiente diapositiva cuando transcurran los segundos establecidos. Se pueden activar las dos casillas para conseguir ambos efectos.

Si desea eliminar una transición, seleccione la opción **Ninguna** en la lista principal del panel (**Aplicar a las diapositivas seleccionadas**).

28.16 PRESENTACIONES PERSONALIZADAS

Ya hemos comentado anteriormente que pueden definirse presentaciones personalizadas que contengan ciertas diapositivas con el fin de poder mostrar o no partes de la presentación. A cada parte de la presentación (o presentación personalizada) deberemos darle un nombre para distinguirla de las demás.

Todo su manejo se lleva a cabo con el botón **Presentación personalizada** situado en el grupo **Iniciar presentación con diapositivas** que se encuentra en la pestaña **Presentación con diapositivas** de la cinta de opciones. Al desplegarlo y seleccionar **Presentaciones personalizadas** se obtiene un cuadro de diálogo:

1. Con el botón Nueva... se crea una. Genera un cuadro de diálogo (el mismo que si pulsamos el botón Editar...) en cuyo cuadro de texto **Nombre de la presentación con diapositivas** se puede escribir el nombre que quiera darle a la presentación personalizada.

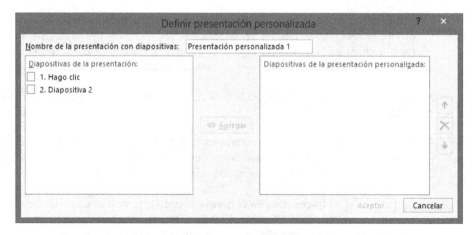

- El método consiste en trasladar elementos de la lista **Diapositivas de la presentación** a **Diapositivas de la presentación personalizada**. Las diapositivas que se lleven a esta segunda lista serán las que se vean durante la proyección.

- Agregar . Añade un elemento de la lista **Diapositivas de la presentación** a la lista **Diapositivas de la presentación personalizada**.

- . Elimina un elemento de la lista **Diapositivas de la presentación personalizada** que previamente hayamos seleccionado.

- Los botones y permiten cambiar el orden en el que se mostrarán las diapositivas. Seleccione una en la lista y utilice los botones para desplazarla.

2. En el cuadro de diálogo principal, Quitar elimina una presentación personalizada.

3. El botón Copiar duplica una presentación personalizada. Es útil cuando se necesitan dos presentaciones personalizadas casi iguales, en cuyo caso duplicamos una y la modificamos todo lo que sea necesario sin tener que volver a crearla completamente.

4. El botón Mostrar pone en marcha la presentación preliminar para que podamos comprobar que está bien diseñada.

28.17 CREAR VÍDEOS

Se puede crear una película de vídeo a partir de una presentación. La película contendrá el contenido de todas las diapositivas y sus efectos de animación y transición. Para llevar esto a cabo, se accede a la pestaña **Archivo** y se selecciona **Exportar**. Entre las opciones que ofrece está **Crear un vídeo**.

En el panel de la derecha hay varias opciones para elegir el modo de crear la película:

1. El botón que hasta ahora ofrece el dato **Pantallas de PC y de alta definición** permite establecer el dispositivo para el que se crea la película. Según se seleccione una opción u otra en esta lista, PowerPoint creará un formato diferente para el vídeo, adaptado a las cualidades de dicho dispositivo.

2. La lista **No usar narraciones ni intervalos grabados** permite indicar si la película reflejará dichas narraciones e intervalos. La misma lista ofrece opciones para generar esas narraciones e intervalos.

Las **narraciones** son bandas sonoras habladas en las que un orador relata el contenido de las diapositivas para que se escuche durante su reproducción.

Cuando se crean estas narraciones, PowerPoint muestra la presentación para que el narrador pueda relatar en voz alta su grabación, que se registra con un micrófono conectado al equipo. El sistema registra el tiempo que la diapositiva está a la vista, de modo que así tiene una forma de saber cuánto tiempo ha de estar presente durante su proyección y ajustarse así al discurso correspondiente. A ese tiempo se le denomina **intervalo**.

Cuando se han establecido todas las opciones, se pulsa el botón **Crear vídeo** para que el sistema solicite el nombre que tendrá en el disco y se disponga a crearlo.

28.18 CONFIGURAR PRESENTACIONES

Una utilidad que puede emplear para perfeccionar la presentación está en el botón **Configuración de la presentación con diapositivas**. Se encuentra en el grupo **Configurar** de la pestaña **Presentación con diapositivas**. Al pulsarlo se obtiene un cuadro de diálogo como el siguiente:

Configuración de la presentación con diapositivas

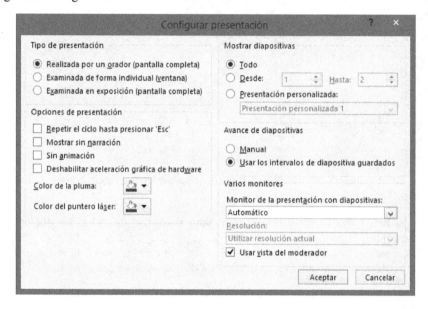

1. El grupo **Tipo de presentación** ofrece varios botones para elegir la clase de presentación que vamos a crear. Debemos activar los botones y casillas que ofrece este grupo para elegir las características de la presentación.

2. El grupo **Mostrar diapositivas** permite indicar qué diapositivas forman la presentación.

3. El grupo **Opciones de presentación** permite establecer el modo en que debe proyectarse la presentación al público.

4. Con **Avance de diapositivas** podemos indicar si las diapositivas se sucederán por acción del usuario (**Manual**), o bien, en un tiempo establecido (**Usar los intervalos de diapositiva guardados**).

5. Utilice el grupo **Varios monitores** si necesita que la presentación se proyecte al público en más de una pantalla (por ejemplo, en la pantalla general que el público ve y en la pantalla del orador).

28.19 EMPAQUETAR PARA CD-ROM

PowerPoint también permite compactar una presentación en discos para poder llevarla a otros equipos fácilmente. Este sistema se activa desplegando la pestaña **Archivo** y seleccionando las opciones **Exportar** y **Empaquetar presentación para CD**. Esto muestra a la derecha de la ventana el botón **Empaquetar para CD-ROM**. Lleva a un cuadro de diálogo:

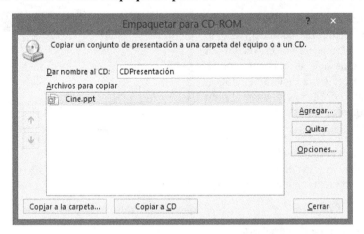

1. Escriba un nombre para el disco en **Dar nombre al CD**.

2. Si necesita más archivos para el disco, añádalos al CD con el botón ⬚Agregar...⬚.

3. Sin embargo, todos los archivos incluidos en su presentación que estén vinculados en lugar de insertados, serán incluidos automáticamente por el sistema en el disco. Ahora bien, esta función se puede desactivar utilizando el botón ⬚Opciones...⬚. Al pulsarlo se obtiene un cuadro de diálogo en el que, además de la función anterior, se puede añadir un reproductor de diapositivas por si el ordenador en el que se muestre la presentación no tiene instalado PowerPoint. También se puede añadir una contraseña y las fuentes TrueType que se hayan empleado en la presentación.

4. Cuando esté listo, coloque un disco grabable vacío en la unidad y pulse el botón ⬚Copiar a CD⬚ para iniciar la grabación.

28.20 OCULTAR DIAPOSITIVAS

Si alguna diapositiva de la presentación debe ocultarse al público durante un tiempo, puede pulsarse el botón **Ocultar diapositiva** del grupo **Configurar**, que se encuentra en la pestaña **Presentación con diapositivas** de la cinta de opciones. Si se pulsa este botón, PowerPoint no mostrará la diapositiva en la que se encuentre durante la presentación, a menos que vuelva a activar la misma opción.

Ocultar diapositiva

28.21 ACCIONES

A cualquier objeto añadido a una diapositiva pueden asociarse acciones. La idea consiste en que, durante la reproducción de la presentación, el usuario pueda interactuar con el objeto en cuestión (hacer clic en él, arrastrar el ratón sobre él, etc.) y obtener ciertos resultados (ser llevado a una diapositiva, ejecutar un archivo, etc.).

Para asociar una acción a un objeto de cualquier diapositiva, se selecciona y se pulsa el botón **Acción** del grupo **Vínculos** que se encuentra en la pestaña **Insertar** de la cinta de opciones. Esto lleva a un cuadro de diálogo (figura junto al margen).

1. Si selecciona **Hipervínculo a**, cuando el usuario haga clic en el objeto de la diapositiva, será llevado a otra a elegir en su lista desplegable.

2. Si selecciona **Ejecutar programa**, tendrá que establecer un programa instalado en su equipo (o una macro, o la acción de otro objeto) que será puesto en marcha cuando el usuario haga clic en el objeto.

3. Puede añadir un sonido para que se escuche cuando el usuario haga clic en el objeto. Para ello se activa la casilla **Reproducir sonido** y se elige uno.

4. Si se activa **Resaltar al hacer clic**, PowerPoint se encargará de destacar el objeto cuando el usuario haga el clic en él.

Todas las funciones anteriores se pueden aplicar igualmente si, en el cuadro de diálogo anterior, se accede previamente a la ficha **Acción del mouse**. El resultado es que en lugar de esperar a que el usuario haga clic en el objeto de la diapositiva, bastará con que se deslice el ratón sobre él para disparar la acción.

Podemos agregar a la diapositiva botones pensados específicamente para activar acciones. Estos botones se encuentran al final de la lista que despliega el botón **Formas** (pestaña **Insertar** de la cinta de opciones). Se elige uno y se dibuja como cualquier otro objeto. Cuando esto sucede, aparece el cuadro de diálogo anterior para que especifiquemos la acción que se llevará a cabo cuando se haga clic en el botón.

OUTLOOK

INTRODUCCIÓN A OUTLOOK

Microsoft Outlook es una agenda electrónica informatizada a la que se le han añadido funciones extras que resultan muy prácticas para organizar el trabajo de una oficina.

En el sector de la oficina, un sistema organizador resulta realmente útil, ya que permite planificar perfectamente las futuras ocupaciones de una o varias personas.

Outlook es un programa de este tipo: un organizador. Básicamente se utiliza como una agenda clásica, con la ventaja añadida de que incorpora toda la automatización que un ordenador puede proporcionar.

El aspecto que Outlook va a ofrecer es el de una agenda con botones que llevan a las distintas operaciones que pueden realizarse:

- Correo electrónico
- Calendario
- Lista de contactos
- Tareas
- Diario
- Notas

Todas esas funciones incluyen, como vamos a ver, un sistema de aviso previo que nos anuncia el trabajo que tenemos que realizar o la reunión con otra(s) persona(s) con la antelación que deseemos.

Microsoft Outlook permite trabajar en red, lo que significa que podrían utilizarlo varios usuarios de una red de ordenadores conectados entre sí desde sus respectivos terminales. Esto aumenta sustancialmente su productividad, puesto que cualquier usuario podría conectar más fácilmente con cualquier otro en la red para citarse con él, recordar tareas asociadas a él, o intercambiar correo electrónico con él.

Sin embargo, Outlook también puede emplearse sin conexión a la red, lo que reduciría su capacidad de actuación a un único usuario que manejase el ordenador en el que Outlook esté instalado.

Al tratarse de un programa que incluye administración de correo electrónico, la primera vez que se ejecuta Outlook aparece un asistente que nos ayuda a configurar las cuentas de correo.

El primer paso de este asistente es puramente informativo, por lo que podemos pulsar en su botón Siguiente > sin más:

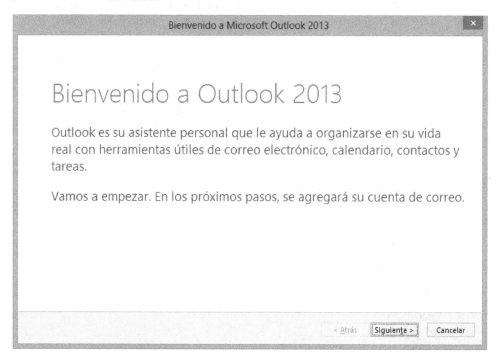

Al hacerlo obtenemos el segundo paso:

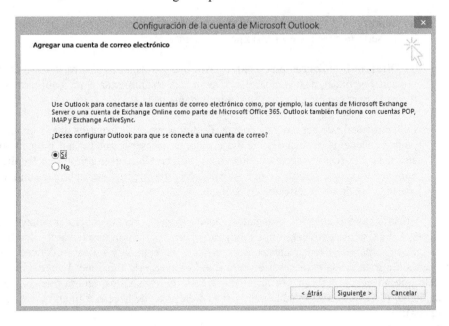

Responda afirmativamente si dispone de una cuenta de correo que desee gestionar con Outlook para enviar y recibir correo. Si opta por el botón **No**, el asistente se saltará un gran número de pasos dado que entonces no serán necesarios. Si responde **Sí**, el Siguiente > paso ofrecerá este aspecto:

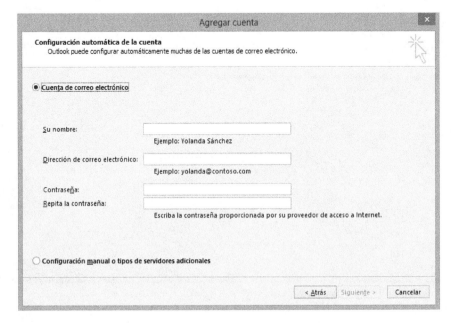

En este paso debe teclear:

1. **Su nombre**. Tal y como lo escriba lo recibirán los destinatarios de su correo, por lo que sería interesante escribirlo perfectamente.

2. Su **Dirección de correo electrónico**, para que los usuarios que reciban su correo puedan responder a sus mensajes. De nuevo, es importante no equivocarse al teclearlo para recibir las respuestas adecuadamente.

3. La **Contraseña** de acceso a su cuenta. Dado que solo los usuarios que la conozcan podrán acceder a los mensajes de esa cuenta, es necesario conocerla. Como en otros sistemas, es necesario teclearla dos veces (una en **Contraseña** y otra en **Repita la contraseña**) para garantizar que se escribe correctamente sin que nadie que esté presente pueda verla reflejada en pantalla.

Cuando haya establecido esos datos, pulse `Siguiente >` para acceder a un nuevo paso del asistente. El sistema empleará unos momentos para configurar su cuenta con los datos de los que ya dispone e intentar ajustar los servidores de entrada y salida de correos y sus contraseñas. Se trata de datos necesarios para que la mensajería funcione. Luego, como es probable que no pueda detectar por sí mismo alguno de esos datos, tendrá que teclearlos manualmente (esta información se la suministra la empresa de acceso a Internet que tenga contratada):

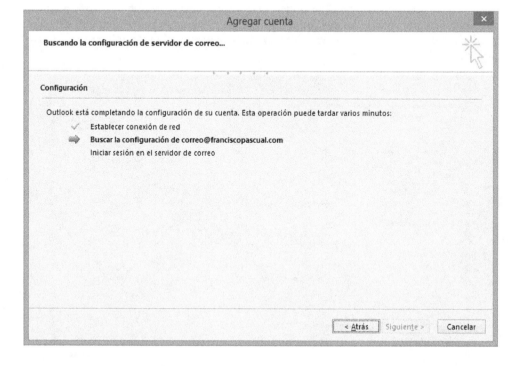

Al pulsar el botón | Siguiente > | Outlook intenta de nuevo conectar con la cuenta sin cifrado. Si encuentra la información requerida, lo indicará. En cualquier caso, se trata del último paso del asistente, en el que solo habrá que pulsar el botón | Finalizar |.

Más adelante veremos cómo configurar las cuentas de correo manualmente. Al fin y al cabo, el asistente que acabamos de detallar solo aparece la primera vez que se accede a Outlook.

28.22 COMIENZO

Una vez en Outlook, presentará el aspecto siguiente:

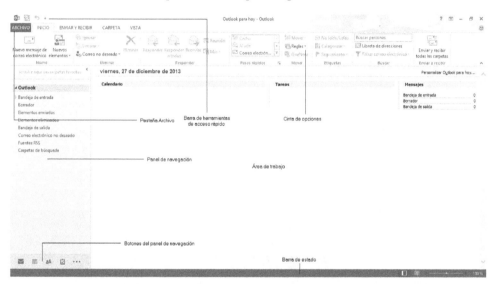

1. **Pestaña Archivo**. Contiene las opciones principales para trabajar con el documento completo (**Abrir, Importar, Exportar, Imprimir**, etc.).

2. **Barra de herramientas de acceso rápido**. Contiene botones con las funciones más utilizadas. Podemos añadir y eliminar los botones que deseemos a esta barra.

3. **Cinta de opciones**. Contiene botones con las funciones del programa organizadas por pestañas. Al pulsar sobre los botones, las tareas que tengan asociadas entran en funcionamiento. Haciendo clic en las pestañas se cambia de cinta para acceder a otros botones y, por tanto, a otras funciones.

4. **Barra de estado**. Muestra en todo momento la situación en que se encuentra el usuario.

5. **Área de trabajo**. Es el área de Outlook en la que se desarrolla el trabajo. Puesto que la naturaleza de cada apartado de Outlook es distinta, el área de trabajo

contiene elementos diferentes según el apartado que se haya elegido en el **Panel de navegación**.

6. **Panel de navegación**. Contiene los botones con los que podemos navegar por las distintas tareas de Outlook: haciendo clic en un botón o icono, el área de trabajo nos ofrece lo necesario para trabajar con esa materia.

7. **Botones del panel de navegación**. Cada botón despliega iconos cuyas funciones están orientadas a resolver la tarea indicada por su nombre. Se puede arrastrar la barrita azul que hay sobre el conjunto de grupos para mostrar más o menos grupos.

Capítulo 29

TRABAJO CON OUTLOOK

Antes de ver el manejo de las tareas de Outlook, vamos a comentar cómo podemos movernos por los elementos de la ventana que los contiene, puesto que esto resulta tan útil como necesario.

29.1 LA VENTANA DE OUTLOOK

Como veíamos antes, la ventana de Outlook tiene varios elementos agrupados con varios botones, iconos, etc. Estos elementos nos ayudarán a generar las tareas que proporciona Outlook en un entorno sencillo y fácil de manejar; para lo cual basta con hacer clic en ellos como hemos hecho con cualquier otro botón anteriormente.

La función general de Outlook es la de ayudar a planificar el trabajo del usuario, por lo que los elementos que presenta están destinados a contener esas funciones. Además, también ofrece un completo sistema para administrar correo electrónico.

Como veíamos antes, la ventana de Outlook presenta un aspecto como el siguiente:

La línea que separa el área de trabajo de la barra de Outlook (el panel de navegación) se puede emplear para ampliar o reducir el tamaño de ambos. Haga clic en ella y, sin soltar el botón del ratón, arrastre a izquierda o derecha hasta que ambas zonas dispongan del tamaño más adecuado.

Igualmente, la línea que separa los botones del panel de navegación del resto de este se puede ajustar para otorgar más espacio a un área o a otra.

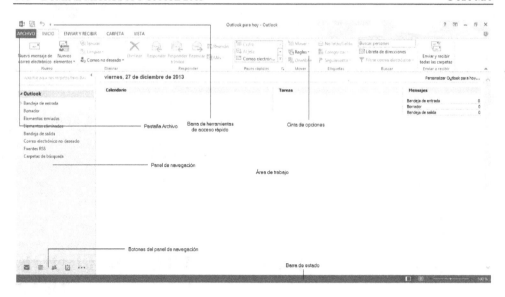

29.2 CALENDARIO

El apartado del calendario en Outlook tiene como finalidad realizar las mismas funciones que se esperan en una agenda personal: crear citas, anotar futuras tareas, etc.

El aspecto que presentará Outlook si activamos el calendario (▦) desde el panel de navegación es el siguiente:

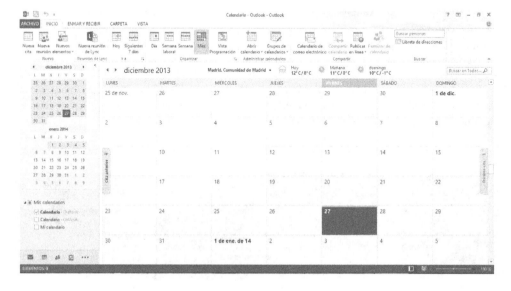

Como podemos apreciar en la figura, el área de trabajo del calendario se encuentra dividida en partes:

1. A la izquierda, en la parte superior, podemos ver un minicalendario con el que es sencillo navegar por los meses próximos. Basta con emplear las flechas que se encuentran a izquierda y derecha del mes actual (en nuestro ejemplo es ◀ diciembre 2013 ▶). También se puede hacer clic en uno de los números del día correspondiente de un mes para acceder a toda su planificación de la jornada.

2. Debajo nos encontramos la zona **Mis calendarios**, en la que podremos colocar nuestros propios calendarios así como compartirlos con otros usuarios, enviarlos por correo electrónico, etc.

3. En el área de trabajo se encuentra el calendario en sí, de tamaño amplio para poder apreciar bien sus detalles. La hora actual aparece resaltada para distinguirlo de los demás. En principio, el calendario muestra los datos de la franja horaria en la que nos encontremos correspondiente al día actual, pero se puede cambiar de modo de vista para inspeccionar por semanas, meses y otros.

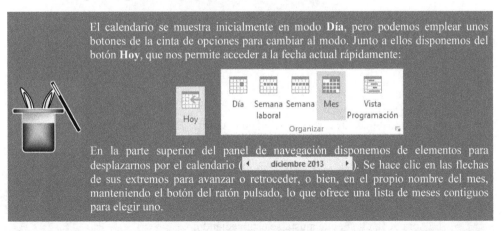

El calendario se muestra inicialmente en modo **Día**, pero podemos emplear unos botones de la cinta de opciones para cambiar al modo. Junto a ellos disponemos del botón **Hoy**, que nos permite acceder a la fecha actual rápidamente:

En la parte superior del panel de navegación disponemos de elementos para desplazarnos por el calendario (◀ diciembre 2013 ▶). Se hace clic en las flechas de sus extremos para avanzar o retroceder, o bien, en el propio nombre del mes, manteniendo el botón del ratón pulsado, lo que ofrece una lista de meses contiguos para elegir uno.

Observe que en la parte superior derecha de la ventana de Outlook dispone de un cuadro de texto para búsquedas: Buscar en Todos... 🔍 . Puede emplearlo para localizar anotaciones del calendario, como citas o tareas. Será necesario que teclee, al menos, una palabra completa del título que le haya dado a la anotación.

29.2.1 Citas

La función de citas que ofrece Outlook permite concertar una reunión con alguien en una fecha determinada y a una hora determinada. Esta función cuenta, incluso, con un sistema de aviso que nos notificará el momento de la reunión con antelación.

Si deseamos anotar una nueva cita, podremos utilizar el botón **Nueva cita** del grupo Nuevo en la pestaña **Inicio** de la cinta de opciones. Esto mismo también puede hacerse mediante un doble clic en la hora del día en que debe tener lugar la cita.

No es necesario situarse antes en una hora concreta, ya que se puede modificar esta posteriormente. Al solicitar la creación de una nueva cita, obtendremos la siguiente ventana:

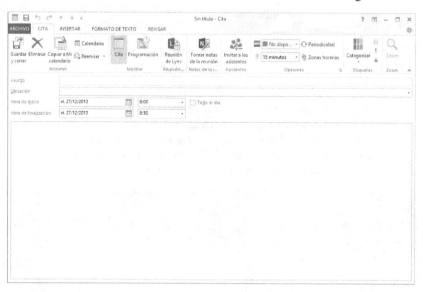

1. Puede escribirse el motivo de la cita en **Asunto**. Ese mensaje aparecerá en la lista de las citas y en el momento del aviso previo que ofrece Outlook.

2. Puede establecer el emplazamiento de la cita con la lista **Ubicación**. Cada lugar que se escriba queda registrado por si es necesario utilizarlo de nuevo, en cuyo caso no será necesario escribirlo, sino que bastará con seleccionarlo en la lista.

3. La hora de la cita puede ajustarse estableciendo:

    *   La fecha y hora de **Inicio** a la que se haya concertado la cita.

- La fecha y hora de **Finalización** (si se conoce).

- Podremos indicar si se trata de una cita que deba durar la jornada completa (o que sea nuestra única cita ese día) mediante la casilla **Todo el día**.

 Puede pulsar el botón de la cinta de opciones para que aparezcan esas zonas junto a las listas de hora de comienzo y fin. De esa manera se anota la cita con respecto a otro uso horario. Puede resultar útil si la cita se ha concertado con alguien que se encuentre en otro punto lejano del planeta.

4. Con la lista **Aviso** (15 minutos) Outlook notifica o no la cita con antelación:

   - Puede indicarse dicha antelación en **X minutos**, **horas**, y hasta **2 semanas**.

   - El aviso puede acompañarse con un sonido que llame la atención. Para ello, se emplea la última opción de la lista: **Sonido**. Muestra un cuadro de diálogo en el que hay que seleccionar el sonido que se reproducirá a modo de aviso:

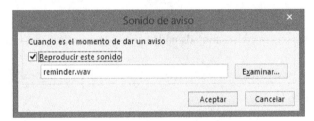

5. La cita puede marcarse de una forma u otra para futuras consultas propias. La lista No dispo... permite elegir si esa entrada en la agenda debe marcarse como **Disponible, Provisional, No disponible** o **Fuera de la oficina**.

6. En la lista más grande situada en la parte inferior del cuadro de diálogo podemos teclear anotaciones relativas a la cita.

7. Puede desplegar la lista **Categorizar** para elegir un color con el que resaltar la cita. Por ejemplo, puede elegir el color rojo para las citas importantes. La cita se muestra con ese color en el calendario.

8. Puede activar el botón Periodicidad para que la cita se produzca asiduamente. Este botón lleva a un cuadro de diálogo en el que hay que especificar la periodicidad. Lo detallaremos enseguida.

9. Puede activar el modo Privado mediante el botón correspondiente. Con esto se asegura de que otros usuarios no ven los detalles de la cita.

10. Se le puede asignar mayor o menor relevancia a la cita mediante los botones ! Importancia alta y Importancia baja , respectivamente.

11. Cuando se pulsa el botón **Guardar y cerrar**, la cita queda anotada en la agenda. Este botón debe pulsarse tanto al finalizar la creación de la cita como al modificar su contenido.

Veamos un ejemplo. Si rellenásemos el cuadro como sigue:

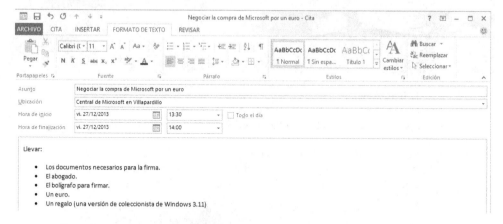

Esta cita quedaría anotada en la agenda según vemos en la siguiente figura:

	23	24	25	26	**27** 13:30 Negociar la compra de Microsoft por un euro; Central de Microsoft en ...	28	29
	30	31	1 de ene. de 14	2	3	4	5

▲ Mis calendarios
  ☑ **Calendario** - Outlook
  ☐ Calendario - Outlook
  ☐ Mi calendario

En este ejemplo, 15 minutos antes de la cita, Outlook nos avisaría mediante un sonido mostrando el motivo de la cita en un cuadro de diálogo, que aparecería tapando el resto de las ventanas Windows:

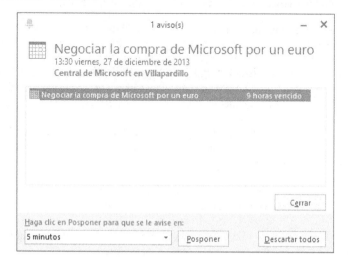

1. Utilice el botón Posponer si desea que se le vuelva a avisar posteriormente. El período de tiempo que se tardaría en avisar de nuevo sería el que se indicase en la lista de la parte inferior del cuadro que, hasta ahora, muestra **5 minutos antes de comenzar**. Si no se pulsa este botón, Outlook no volverá a avisarnos de la cita.

2. Con Descartar todos cerrará el cuadro de diálogo y cancelará la cita. Si la lista mostrara varios avisos coincidentes, se cancelarían todas las citas del aviso.

3. Haciendo doble clic en el texto de la descripción accederá de nuevo a la ventana de edición de la cita para modificar sus datos.

29.2.2 Modificación y borrado de citas

Una vez que tengamos las citas, podemos modificar alguno de sus datos en caso de que, al crear la cita, hayamos cometido algún error. También podremos eliminar una cita del calendario si ya ha vencido o incluso si se anula antes de la reunión.

Para editar una cita, haga doble clic en ella en el calendario. Esta operación abre el mismo cuadro de diálogo que vimos en la creación de nuevas citas. Una vez en él, lo usaremos como en el caso de crear la nueva cita con el fin de modificar los datos.

Un modo sencillo de cambiar la hora de la cita consiste en hacer clic en ella en el calendario y, sin soltar el botón del ratón, arrastrar arriba o abajo hasta colocarla en la hora deseada, donde liberaremos el botón del ratón y la cita quedará establecida.

Si lo que se quiere es eliminar la cita del cuaderno, debemos hacer clic en ella en el calendario y pulsar el botón **Eliminar** de la barra de herramientas.

29.2.3 Citas periódicas

En las ocasiones en que sea necesario citarse con alguien a diario, o de forma repetitiva, podemos utilizar **Cita periódica**, que nos permitirá concertar reuniones regulares cada cierto tiempo.

El sistema para concertar este tipo de reuniones es similar al que hemos visto en el apartado anterior, con el dato añadido de la periodicidad.

Para generar citas periódicas, debemos desplegar el botón **Nuevos elementos** (grupo **Nuevo**, pestaña **Inicio**) y, entre sus opciones, seleccionar **Más elementos**, donde encontraremos **Cita periódica**. El cuadro de diálogo para la creación de este tipo de citas es el mismo que mencionábamos para las citas comunes, aunque, antes de entrar en él, Outlook nos mostrará otro en el que deberemos establecer la periodicidad:

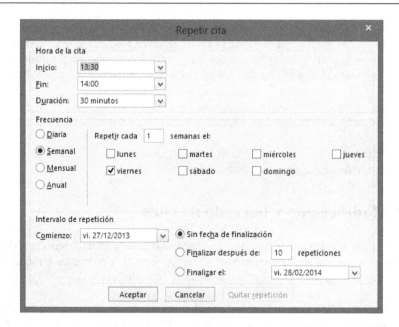

Como vemos, este cuadro muestra una cita **Semanal** que comienza el mismo día en que se crea la cita periódica (en nuestro caso cada **martes** comenzando el *5 de abril de 2011*).

Las citas pueden concertarse según:

1. La periodicidad, usando el grupo **Frecuencia**: **Diaria**, **Semanal**, **Mensual** o **Anual**.

2. El día de la semana, usando los datos situados a la derecha del grupo **Frecuencia**. Este grupo varía dependiendo de lo que hayamos elegido a la izquierda. Así, si elegimos **Diaria**, en lugar de obtener un cuadro de texto en el que teclearemos la periodicidad (por ejemplo, **Cada 2 días**), podremos elegir si la cita será los días laborables.

3. Su comienzo y duración, utilizando el grupo **Intervalo de repetición**:

   - Indique la fecha en que deben iniciarse las reuniones periódicas en la lista **Comienzo**.

   - Indique en el cuadro de texto **Finalizar el** la fecha en que finalizarán las reuniones periódicas. Si desconoce la fecha en que debe terminar la cita periódica, active **Sin fecha de finalización**, mientras que si el número de citas que debemos mantener es fijo, podremos establecerlo mediante **Finalizar después de X repeticiones**. También podemos dar por terminada la repetición de la cita en una fecha concreta seleccionándola en la lista **Finalizar el**.

29.2.4 Reuniones

Otra de las utilidades de Outlook es la de permitir la convocatoria de reuniones. Siempre que deseemos reunirnos con una o varias personas accederemos al **Calendario** y pulsaremos el botón **Nueva reunión** del grupo **Nuevo** (pestaña **Inicio** de la cinta de opciones). Ofrece una ventana como la siguiente:

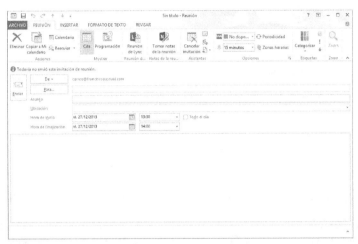

Como vemos, este cuadro es similar al de las citas, por lo que lo manejaremos igual que aquel. Aun así, si deseamos modificar la lista de asistentes a la reunión, podremos utilizar el botón ⬚ Para... ⬚ en cuyo cuadro de diálogo estableceremos dichos datos. Una vez establecidos todos los datos de la reunión, pulsaremos el botón **Enviar**, que utilizará el servidor de correo electrónico para transmitir el mensaje de la reunión a todos los asistentes. Si opta por esto último y dispone de más de una cuenta de correo electrónico, también podrá elegir con cuál de ellas va a enviar el mensaje de reunión desplegando aquí el botón ⬚ De ▾ ⬚.

29.3 TAREAS

En el panel de navegación de la ventana de Outlook podemos ver el botón de las tareas (🗒). Se trata de una lista que nos permite recordar los trabajos pendientes que aún no se hayan terminado. Al pulsarlo obtenemos los elementos necesarios para programar y administrar tareas.

Para crear una nueva tarea, debemos hacer clic en el cuadro en el que aparece escrito el mensaje **Escriba una nueva tarea** (vea la figura junto al margen).

Buscar en Todos los elementos de tareas (Ctrl+B)	🔎
Organizar por: Marca: fecha de vencimiento	Hoy ▲
Escriba una nueva tarea	
◢ ⚑ Hoy	
Acabar el libro	☑ ☐ ⚑

Ahí escribiremos la descripción de la tarea (sería recomendable escribir algo breve y conciso) y pulsaremos **INTRO** para fijarla en la lista de tareas.

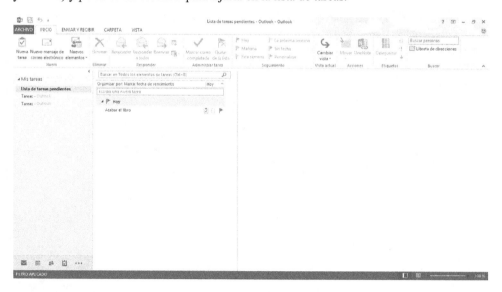

Una vez escrita, podremos verla en dicha lista y bastará con hacer doble clic en ella para editar sus características. Obtendremos una ventana en la que podremos indicarlas:

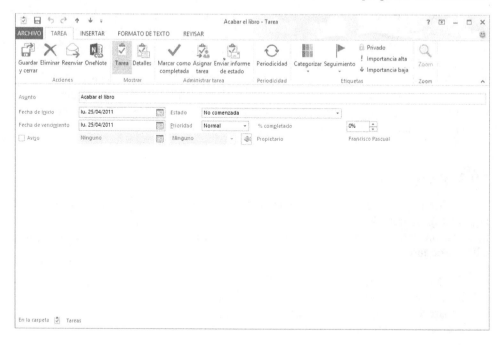

1. En el cuadro de texto **Asunto** aparecerá escrito el título que debe recordarnos la tarea. Si se desea cambiar el asunto, no habrá más que escribirlo.

2. Con **Inicio** indicaremos la fecha en que comienza el trabajo.

3. La lista **Vencimiento** debe contener la fecha en que debe finalizar la tarea.

4. La lista **Estado** señalará la situación actual del trabajo. Podremos elegir entre **No comenzada**, **En curso**, **Completada**, **A la espera de otra persona** y **Aplazada**. Si se encuentra en marcha, podremos ir indicando el porcentaje **completado** de la tarea para tener una idea clara de cuánto se lleva terminado y cuánto queda por cumplir.

5. También se puede establecer una **Prioridad** de la tarea con respecto a las demás. En esa lista podremos elegir entre **Baja**, **Normal** y **Alta**. La prioridad solo se manifiesta con un símbolo que muestra la urgencia del mensaje para que el usuario lo lea antes, aunque dependerá de este hacerlo o no.

6. Outlook puede notificar el inicio o el final de la tarea si se activa la casilla **Aviso**:

   - En la parte izquierda, utilizaremos las listas desplegables de la fecha y la hora para indicar el momento en el que Outlook debe avisarnos.

   - Con el botón estableceremos el sonido que nos avisará.

7. Utilice la lista más grande del cuadro de diálogo para escribir una descripción más completa de la tarea.

8. Despliegue el botón **Seguimiento** para establecer que ha de realizar un rastreo de la tarea posteriormente para inspeccionar su evolución. Se trata de elegir una opción de la lista mediante un icono que indica cuándo tendrá lugar esa inspección.

9. Las funciones de **Categorizar** y **Privado** tienen la misma función que en las citas. Le sugerimos que las repase si lo considera necesario para recordarlas.

10. Puede asignar la tarea a otras personas mediante el botón **Asignar tarea**. Al hacerlo, la ventana cambia ofreciendo elementos típicos de correo electrónico como seleccionar el destinatario o la cuenta de correo con la que desea enviar el mensaje de asignación de la tarea. Si durante la asignación desea anularla, dispone del botón **Cancelar asignación** en la cinta de opciones para hacerlo.

11. También puede enviar por correo electrónico un informe que describa el estado de la tarea. Para ello, dispone del botón **Enviar informe de estado** de la cinta de opciones.

12. Pulse el botón **Marcar como completada** cuando termine la tarea. De ese modo Outlook la considerará finalizada, la hará desaparecer de la lista y ya no estará pendiente.

13. Cuando termine de establecer los datos, la tarea quedará incorporada a la lista del cuadro perteneciente al calendario cuando pulse el botón **Guardar y cerrar**. Este botón debe pulsarse tanto al finalizar la creación de la tarea como al modificar su contenido.

Como ocurría para las citas, si desea eliminar una tarea, selecciónela con el ratón en la lista y pulse el botón **Eliminar** de la barra de herramientas.

29.4 CONTACTOS

También resulta útil tener a mano datos de personas que puedan aportarnos un beneficio en cualquier momento. Igualmente resulta muy práctica para el correo electrónico, ya que podremos elegir el destinatario de esta lista, en lugar de teclearlo.

Para todo ello, Outlook ofrece un apartado muy completo, denominado **Contactos**, que nos permite administrar todos los datos relacionados con las personas con las que nos relacionamos laboral o personalmente.

Cuando pulsamos el botón de **Contactos** ( ), obtenemos un listado inicialmente alfabético de todas esas personas, junto con una relación de botones con las letras del alfabeto para que, al hacer clic en uno, se acceda a las personas cuyo apellido comienza por esa letra, como en un listín telefónico. También disponemos de un gran número de alternativas para mostrar los datos de los contactos (en el grupo **Vista actual** que aparece en el panel de navegación cuando accedemos a los contactos).

Podremos añadir datos de personas mediante el botón **Nuevo contacto** de la barra de herramientas o pulsando el botón **Nuevo contacto** de la cinta de opciones.

En lugar de **Nuevo contacto**, puede desplegar el botón **Nuevos elementos** y seleccionar **Contacto de la misma compañía** para que sus datos laborales ya estén añadidos y nos ahorre el trabajo de teclearlos.

Si se pulsa, se obtiene el cuadro de diálogo siguiente.

En él:

1. Anote el nombre y los apellidos con el botón Nombre completo... . Este botón ofrece una ficha en la que podremos dar todos los datos relativos al nombre de la persona de contacto (**Tratamiento**: **Sr.**, **Dr.**, etc.; **Nombre**, **Apellidos**, etc.):

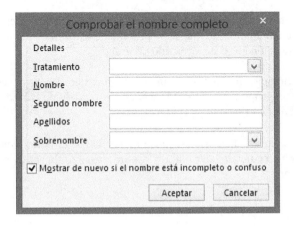

2. Relacionados con el nombre están los datos:

- **Organización**, en la que se escribe la compañía en la que trabaja nuestro contacto.

- **Cargo**, puesto de trabajo que ocupa en la empresa.

- **Archivar como**, que permite especificar el título de la ficha en el listín.

3. Rellene los demás datos (direcciones, teléfonos, cuentas de correo electrónico, etc.). No son imprescindibles, por lo que puede rellenar únicamente aquellos que conozca. Puede, incluso, añadir una fotografía digital de la persona en cuestión siempre y cuando disponga de ella.

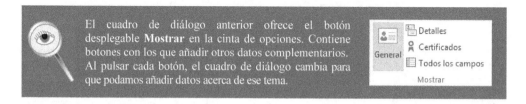

El cuadro de diálogo anterior ofrece el botón desplegable **Mostrar** en la cinta de opciones. Contiene botones con los que añadir otros datos complementarios. Al pulsar cada botón, el cuadro de diálogo cambia para que podamos añadir datos acerca de ese tema.

La lista de personas de contacto tiene como ventaja que puede utilizarse cuando se va a establecer una cita, o bien, cuando se organiza una reunión. En otros apartados de Outlook también tiene cierta utilidad, siempre que intentemos contactar con alguien cuyos datos tengamos en la lista.

29.5 LISTAS DE DISTRIBUCIÓN (GRUPOS DE CONTACTOS)

Se trata de agrupar varias personas de trabajo en un único elemento. Estas listas facilitan el trabajo en caso de que se vaya a mantener correo electrónico con personas que tengan cierta relación entre sí (formando un grupo).

Por ejemplo, podrá enviar un mismo mensaje de correo electrónico a todos los miembros de un grupo si, en lugar de enviar un mensaje de correo a uno o más usuarios, elige una lista de distribución.

Para crear una lista de distribución, despliegue el botón **Nuevo grupo de contactos** (accediendo antes a los **Contactos**). Al hacerlo, obtendrá la siguiente ventana:

Nuevo grupo de contactos

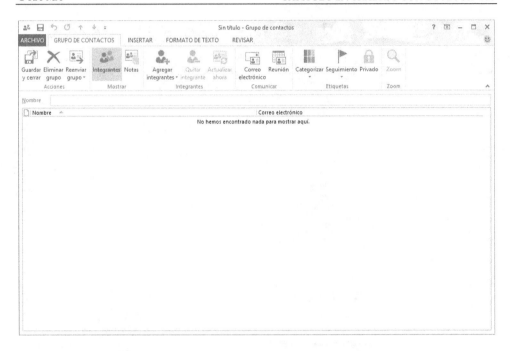

El sistema consiste en dar **Nombre** a la lista e incorporar todos los usuarios que deseemos con el botón **Agregar integrantes** de la cinta de opciones. De esta forma, cuando vayamos a enviar un mensaje de correo o concertar una reunión con todas esas personas, elegiremos el nombre de la lista, en lugar de ir seleccionando los contactos uno a uno. En esta ventana se puede seleccionar un contacto y quitarlo de la lista mediante el botón **Eliminar grupo**.

Si se pulsa el citado botón **Agregar integrantes**, se despliegan varias opciones para elegir desde dónde se van a incorporar. Por ejemplo, es muy común optar por la opción **Desde los contactos de Outlook**, dado que ahí probablemente dispongamos de todos los destinatarios que empleamos habitualmente.

Al hacerlo, el cuadro de diálogo con el que se podrán seleccionar los integrantes del grupo es el siguiente:

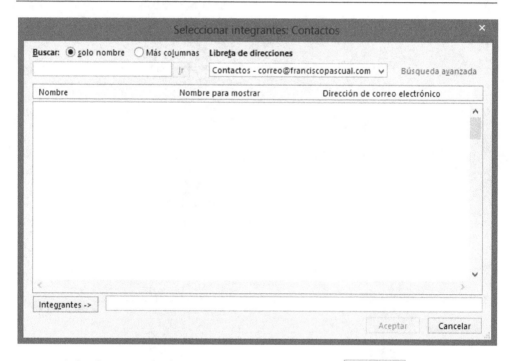

Seleccione un miembro de la lista y pulse el botón [Integrantes ->] hasta completar todos los que desee añadir al grupo.

Una vez que haya seleccioando los usuarios del grupo, si necesita eliminar uno que haya añadido por error, puede seleccionarlo en el cuadro de texto junto al botón y borrarlo mediante la tecla **SUPR**.

Cuando se termina y se vuelve a la ventana anterior, se pulsa el botón **Guardar y cerrar** para que los cambios queden registrados y el grupo esté disponible en cualquier función de Outlook. Podremos reconocer el grupo porque su nombre es el que hemos tecleado en la ventana anterior.

Guardar
y cerrar

29.6 NOTAS

Las notas permiten crear pequeños textos informativos destinados a nosotros mismos a modo de recordatorio, tal y como haríamos pegando una hojita adhesiva en la pantalla del ordenador. Para ello, Outlook ofrece un apartado muy completo denominado **Notas** que nos permite apuntar con detalle todos los datos relacionados con dichos trabajos pendientes.

Para acceder a esta función no disponemos inicialmente de un botón del mismo tamaño que los botones de los demás apartados, pero, en la parte inferior del panel de navegación, podemos pulsar el botón ···, que ofrece, entre otras, la opción **Notas**.

Cuando accedemos a las notas por primera vez, el área de trabajo de la ventana de Outlook aparecerá vacía hasta que insertemos una. Para ello, pulsaremos el botón **Nueva nota** de la cinta de opciones, que hace aparecer una ventanita de texto que hará las veces de papel adhesivo en cuyo interior podremos escribir un mensaje (puede ver una muestra junto al margen).

En esta ventanita escribiremos el texto de la nota de la forma más resumida posible para que no resulte incómodo de colocar ni de leer en el futuro. Una vez escrito el mensaje, pulse sobre el botón ⊠ de la ventanita para cerrarla. Suponiendo que escribiésemos el texto *Texto de nota*, la nota quedará almacenada como sigue:

Bastará con hacer doble clic para poder cambiar su contenido. Si desea eliminar una nota, haga clic en ella y pulse el botón **Eliminar** o la tecla **SUPR** (no le pedirá confirmación, de modo que asegúrese de haber seleccionado la nota adecuada antes de borrarla, aunque siempre se puede deshacer la acción).

Si no la cierra, la ventanita queda flotando como cualquier otra en la pantalla, de modo que puede minimizar Outlook y la nota seguirá estando a la vista.

Recuerde, por tanto, que puede anotar tantos mensajes recordatorios como desee y que solo deberá acceder al icono de **Notas** para poder verlas todas. Nuestro consejo es que si se acostumbra a anotar mensajes de este tipo, visite el icono de **Notas** a diario para recordar todo lo que allí haya escrito.

29.7 DIARIO

Este apartado de Outlook permite administrar el trabajo diario con el resto de los programas de Microsoft Office. Como cualquier otro diario, el de Outlook contiene un calendario por páginas en el que podremos escribir datos relativos a nuestra agenda de trabajo. Todo ello se maneja desde la carpeta **Diario**. Para acceder a él, pulsamos el botón ··· situado en la parte inferior del panel de navegación y, en el menú que ofrece, seleccionamos **Carpetas**. Entre ellas, en el mismo panel, ahora podrá ver el **Diario**, donde podrá hacer clic para hacerlo aparecer.

El diario de Outlook ofrece el siguiente aspecto genérico:

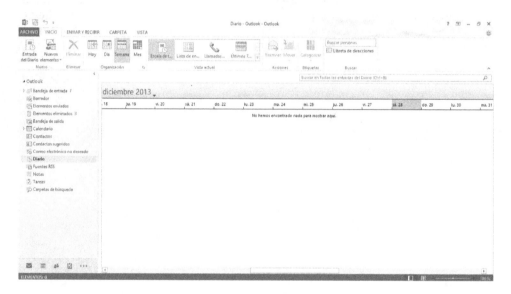

En realidad, esta ventana tiene la función clásica de un diario en el que se nos recuerda la fecha en la que se realizaron trabajos ordenados por antigüedad.

Cuando se añade una nueva entrada de diario, aparece en el día correspondiente.

Para crear una manualmente, se utiliza el botón **Entrada del Diario** de la cinta de opciones, lo que nos ofrece una ventana como la siguiente:

Entrada
del Diario

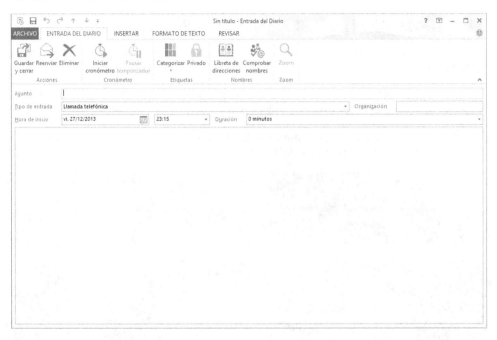

Como puede observar, los datos del cuadro hacen referencia al asunto por el que se escribe el apunte en el diario o la descripción de este (en el cuadro más grande, en cuyo interior no solo podemos incorporar una descripción sino un archivo de Office, es decir, un texto, una hoja de cálculo, etc.):

1. Utilice **Asunto** para teclear un título que le ayude a reconocer el trabajo en el futuro.

2. Despliegue **Tipo de entrada** para elegir qué clase de trabajo va a anotar en el diario: un texto de **Microsoft Word**, una **Llamada telefónica**, una **Tarea** de Outlook, etc.

3. Puede anotar la **Organización** relacionada con la tarea (la empresa o compañía).

4. Con las listas desplegables de **Comienzo** se indica la fecha y hora en las que se deberá comenzar el trabajo que estamos anotando en el diario. También puede elegir la **Duración** del trabajo, aunque, si lo prefiere, puede utilizar los botones **Iniciar cronómetro** y **Detener cronómetro** para anotarla.

5. También puede anotar en la entrada de diario las personas que estén relacionadas con el trabajo mediante el botón **Libreta de direcciones**.

6. Active el botón **Privado** si no desea que nadie pueda ver la entrada de diario.

Para eliminar una entrada del diario, haga clic en ella y pulse el botón **Eliminar** de la cinta de opciones (o la tecla **SUPR** del teclado).

29.8 ADMINISTRAR ELEMENTOS BORRADOS

Entre las carpetas del correo disponemos de una cuyo nombre es **Elementos eliminados**.

Al activarla aparecen todos los elementos que se hayan borrado (citas, tareas, mensajes de correo, etc.). Su función es idéntica a la que realiza la papelera de reciclaje.

1. En la lista de elementos eliminados, haga clic en uno y pulse el botón **Eliminar** de la cinta de opciones (o la tecla **SUPR**) para eliminar definitivamente el elemento.

Una vez que elimine un elemento de la bandeja de elementos eliminados, no podrá volver a recuperarlo.

Puede seleccionar varios elementos antes de borrarlos: haga clic en uno y, manteniendo pulsada **MAYÚSCULAS** haga clic en otro, con lo que quedarán seleccionados todos los que haya entre ambos. Si desea seleccionar elementos salteados, haga clic en ellos manteniendo pulsada la tecla de **CONTROL** (o **CTRL**). Por otro lado, puede borrar definitivamente todos los elementos de la carpeta con el botón secundario del ratón y seleccionando **Vaciar carpeta** en el menú que aparece.

2. Para volver a colocar un objeto en su sitio, si es que no se debió eliminar, se selecciona y se despliega el botón   Mover▾ . En el submenú que se obtiene, se selecciona la carpeta a la que se desea llevar (si la vemos a primera vista en el submenú) o se elige **Otra carpeta**.

Si se hace esto último, aparece un cuadro de diálogo que contiene una lista de las carpetas. Solo hay que seleccionar aquella a la que se desea llevar el elemento.

Puede resultarle más cómodo arrastrar el elemento desde la carpeta de **Elementos eliminados** hasta cualquier otra con el ratón.
Por otra parte, la función que acabamos de detallar para devolver a su lugar original un elemento eliminado puede realizarse con cualquier elemento en cualquier momento. Por ejemplo, si desea mover un elemento de la bandeja de entrada a la de salida utilice el método anterior: seleccionando el elemento, accediendo al menú **Edición**, activando **Mover a una carpeta** y eligiendo la **Bandeja de salida**.

Capítulo 30

CORREO ELECTRÓNICO

Una de las funciones más importantes de Outlook es intercambiar correo electrónico (*e-mail*) con otros usuarios. Los mensajes de correo contienen texto al que pueden acompañar otros elementos como imágenes o sonidos, y pueden intercambiarse con usuarios de una red de cualquier tipo, tanto en Internet, como una red de área amplia (WAN) o de área local (LAN). El correo electrónico, al igual que el convencional, no ofrece una comunicación inmediata entre ambos comunicantes.

Nuestros mensajes quedan almacenados en buzones de correo hasta que el destinatario "abra" dicho buzón ejecutando un comando de su programa cliente de correo, que buscará todos los mensajes que le hayan enviado desde la última vez que abrió el buzón.

Outlook comprueba todas las cuentas de correo al entrar para leer los mensajes que nos hayan enviado desde la última sesión.

30.1 *E-MAIL*

Cualquier programa cliente de correo electrónico como Outlook tiene, al menos, dos partes para administrar los mensajes:

1. **Bandeja de entrada**, que lleva el control de los mensajes que se reciben.

2. **Bandeja de salida**, que controla los que vamos a enviar.

En Outlook tenemos acceso a todas las bandejas de correo cuando hacemos clic en el botón **Correo** (✉) de la parte inferior del panel de navegación.

30.2 BANDEJA DE ENTRADA

Como decíamos antes, la bandeja de entrada almacena los mensajes de correo electrónico que llegan a nuestro equipo informático.

Al hacer clic en esta bandeja en el panel de navegación, el área de trabajo de Outlook mostrará un aspecto como el siguiente:

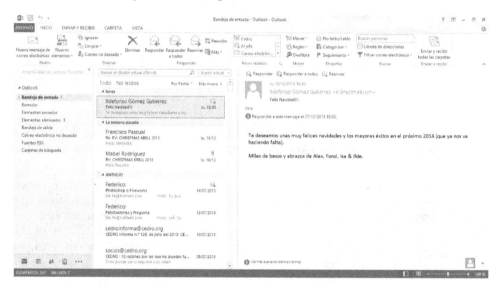

Podemos diferenciar tres columnas muy importantes:

1. En el panel de navegación, la lista de bandejas en las que podemos almacenar correo: de entrada, de salida, de borrador, de elementos eliminados y de elementos enviados, como mínimo.

2. En la columna central, vemos un listado de mensajes. Cada uno muestra los datos principales de aquellos almacenados en la bandeja que hayamos seleccionado en la columna izquierda.

3. En la columna derecha (la más ancha de las tres), vemos el contenido detallado del mensaje que hayamos elegido en la columna central.

Aunque en el momento de entrar en Outlook el sistema abre el buzón de todas las cuentas que tengamos configuradas para descargar nuevo correo, en cualquier momento puede realizar manualmente esa tarea mediante el botón **Enviar y recibir todas las carpetas** (pestaña **Inicio**). Si se hace esto y estamos conectados a la Red, la lista de mensajes se actualizará, añadiéndose en ella aquellos que hayan dejado para nosotros en el buzón.

Para ver el contenido de un mensaje, bastará con hacer clic en él, lo que hace aparecer su contenido en el panel inferior de la ventana de Outlook, aunque en su lugar, podemos hacer doble clic para leer el mensaje en una ventana aparte algo más cómodamente.

Si queremos responder a un mensaje, lo seleccionamos en la lista y pulsamos el botón **Responder**. Esto crea un nuevo mensaje y nos lleva a él para que lo rellenemos con el texto de respuesta. Cuando se responde a un mensaje, Outlook crea en él una copia del texto original (al que vamos a responder) y añade la dirección de la persona que nos lo envió automáticamente.

Si se opta por el botón **Responder a todos** podremos escribir una respuesta al mensaje que se enviará a todos los usuarios que recibieron el mensaje que ha originado nuestra respuesta.

Otra alternativa consiste en enviar una copia del mensaje recibido a otro u otros destinatarios. A esta acción se la denomina **Reenviar** y podemos emplear ese botón de la cinta de opciones para ello. En ese caso, Outlook lleva al cuadro de diálogo de diseño del mensaje con el contenido original y espera a que establezcamos las direcciones de los destinatarios a los que se lo vamos a reenviar.

Cualquier mensaje de la lista que aparezca en la bandeja de entrada puede borrarse haciendo clic en él y pulsando la tecla **SUPR** o el botón **Eliminar** de la cinta de opciones.

30.3 BANDEJA DE SALIDA Y ENVÍO DE MENSAJES DE CORREO

La bandeja de salida tiene la función contraria a la de entrada. Aunque su aspecto es el mismo y su contenido también está formado por mensajes, se trata de datos que están esperando a ser enviados.

Hasta la llegada de las tarifas planas de conexión a Internet, la bandeja de salida de cualquier usuario de redes estaba siempre más poblada que en la actualidad. Ahora que las conexiones son permanentes, la bandeja de salida no necesita ir almacenando los mensajes a enviar por mucho tiempo, ya que, según llegan a esta se procede a su transferencia y, una vez enviados, desaparecen de esa bandeja, probablemente para instalarse en la de elementos enviados. Hace años, los mensajes se iban escribiendo durante el día y solo se enviaban todos seguidos durante los minutos de conexión a Internet, con lo que se iban acumulando en la bandeja de salida según se iban escribiendo.

Como ya sabemos, esta bandeja se encuentra dentro del botón de grupo **Correo**. También la localizamos colgando de las **Carpetas personales**.

El aspecto de esta bandeja es idéntico al de la de entrada y se maneja igual. Sin embargo, existen ciertas funciones especiales inherentes a esta bandeja.

Tanto desde la bandeja de entrada como desde la de salida, podemos crear un nuevo mensaje para enviar por correo electrónico. Se realiza mediante el botón **Nuevo mensaje de correo electróinico** de la cinta de opciones (pestaña **Inicio**), que permite crear un nuevo mensaje que enviaremos más tarde por correo electrónico.

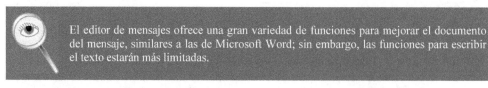

El editor de mensajes ofrece una gran variedad de funciones para mejorar el documento del mensaje, similares a las de Microsoft Word; sin embargo, las funciones para escribir el texto estarán más limitadas.

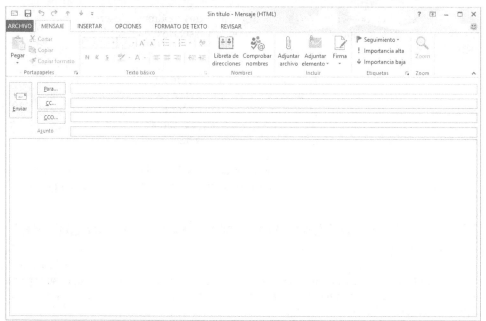

1. En este cuadro debemos establecer el nombre y dirección de correo del destinatario de nuestro mensaje, para lo cual utilizaremos el botón Para... . Este botón nos lleva a un cuadro en el que estableceremos o elegiremos dichos datos.

2. Con el botón CC... **(Copia de cortesía)** establecemos aquellos otros usuarios que recibirán una copia del mensaje que vayamos a enviar.

3. Con el botón CCO... **(Copia de cortesía oculta)**, los destinatarios que incluyamos recibirán una copia del mensaje, pero si también lo reciben otros, estos últimos no sabrán que fue enviada una copia a los primeros.

4. En el cuadro de texto **Asunto** estableceremos el motivo por el que enviamos el mensaje.

5. En el cuadro más grande (correspondiente al papel para escribir) teclearemos el mensaje completo que se va a enviar. En el apartado *Edición del mensaje de correo*, detallaremos sus funciones de procesamiento de texto (la alineación, la sangría, los tipos de letra, etc.).

6. Cuando se ha terminado de crear el mensaje, se remite mediante el botón **Enviar**. Si se dispone de más de una cuenta de correo, también se podrá elegir con cuál se va a enviar el mensaje de reunión con el botón $\boxed{\text{De} \blacktriangledown}$.

Los botones $\boxed{\text{Para...}}$ y $\boxed{\text{CC...}}$ llevan a un cuadro de diálogo que muestra nuestra lista completa de personas de contacto para que elijamos el destinatario:

Seleccionar nombres: Contactos   ✕

Buscar: ⦿ sólo nombre   ◯ Más columnas   **Libreta de direcciones**

| | Ir | Contactos - correo@franciscopascual.com ⌄ | Búsqueda avanzada |

Nombre	Nombre para mostrar	Dirección de correo electrónico

$\boxed{\text{Para ->}}$

$\boxed{\text{CC ->}}$

$\boxed{\text{CCO ->}}$

Aceptar   Cancelar

Seleccione el destinatario en la lista **Nombre** haciendo clic con el ratón y utilice los botones $\boxed{\text{Para ->}}$, $\boxed{\text{CC ->}}$ y $\boxed{\text{CCO ->}}$ (**Copia de cortesía oculta**, veremos su utilidad enseguida) para elegir dónde colocarlo. Puede realizar esta tarea varias veces antes de salir del cuadro para enviar el mismo mensaje a varios destinatarios.

Más adelante detallaremos funciones especiales para editar los mensajes de correo.

30.4 ELEMENTOS ENVIADOS

Una de las carpetas del correo es la de **Elementos enviados**. Cuando se activa este icono, Outlook muestra el mismo aspecto que para la bandeja de entrada, aunque su contenido son los mensajes que ya hemos enviado.

De nuevo, entran en escena los botones para la clasificación de los mensajes, el botón **Eliminar** para borrarlos y el doble clic en un mensaje para ver su contenido.

30.5 LIBRETA DE DIRECCIONES

La libreta de direcciones contiene una lista de datos relativos a personas con las que tenemos contacto, tal y como hemos visto en el apartado **Contactos**. Podremos acceder a ella mediante el botón ⬚ Libreta de direcciones de la cinta de opciones (pestaña **Inicio**, grupo **Buscar**) con el fin de añadir, modificar o borrar datos en su contenido.

Ofrece un cuadro de diálogo para el manejo de la libreta:

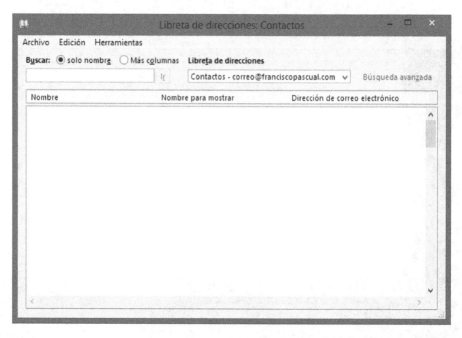

Para empezar, si necesita localizar una persona de la libreta, teclee su nombre en el cuadro de texto **Buscar**, aunque, si la tiene a la vista en la ventana será suficiente con hacer clic en ella.

Por otra parte, puede mantener almacenados datos de distintas personas en varias "libretas"; por ejemplo, aparte de la libreta en sí (opción **Contactos** de la lista desplegable **Libreta de direcciones**), puede elegir **Contactos sugeridos** (en la misma lista desplegable) para que aparezcan en la lista todos los contactos de los que haya recibido correo, incluso aunque no los tenga almacenados en Outlook.

Tenga presente que la libreta permite añadir más contactos, eliminarlos o buscar el que necesite para realizar alguna tarea con él, como enviarle un mensaje de correo electrónico.

30.5.1 Añadir contactos y grupos a la libreta

Al tratarse de una agenda, aunque electrónica, la libreta contiene apartados para que se agreguen datos relativos a una persona, tanto de la vida privada como de los negocios.

Para añadir datos de un individuo a la libreta, utilizaremos la opción **Nueva entrada** del menú **Archivo**. Al hacerlo, obtendremos el siguiente cuadro de diálogo:

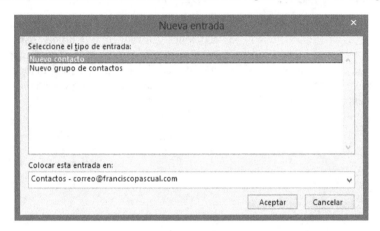

Según este cuadro podremos añadir una nueva persona de contacto a nuestra lista (**Nuevo contacto**) o un grupo de personas (**Nuevo grupo de contactos**). Cualquiera de los dos se almacenará en la libreta que seleccionemos desplegando la lista **Colocar esta entrada en** (nuestra recomendación es que lo añada en la lista de **Contactos** de Outlook).

Para añadir datos a una lista de distribución, utilizaremos el mismo cuadro anterior, eligiendo la opción **Nuevo grupo de contactos** y pulsando el botón Aceptar.

En ambos casos seremos llevados a un cuadro de diálogo en el que habrá que rellenar la información pertinente, tal y como hemos visto en el apartado *Contactos*.

30.5.2 Editar y eliminar datos de usuarios y de grupos

Si necesita modificar algún dato de cualquier persona de la lista de la libreta, haga doble clic en ella. Esto le lleva al mismo cuadro de diálogo que utilizó para crear la persona o el grupo para que modifique su contenido.

Si lo que necesita es eliminar los datos de una persona o de una lista de distribución (un grupo), selecciónela y pulse la tecla **SUPR**. Este botón hará desaparecer los datos de la persona en cuestión. La libreta le pedirá que confirme el borrado mediante un cuadro de diálogo en el que deberá responder afirmativamente para que los datos de la persona de contacto desaparezcan.

Si necesita eliminar varias entradas de la lista, podrá seleccionarlas haciendo clic en cada una manteniendo pulsada la tecla **CONTROL** (o **CTRL**). Si todas las que desea seleccionar se encuentran contiguas, haga clic en la primera y, después, manteniendo pulsada la tecla de **MAYÚSCULAS**, haga clic en la última: todas las entradas de la lista que haya entre ambas quedarán seleccionadas.

30.6 EDICIÓN DEL MENSAJE DE CORREO

Antes hemos visto la forma de crear un mensaje vacío para enviarlo por la red. Sin embargo, aún no hemos detallado las funciones que podemos emplear para redactar el mensaje con todas las aplicaciones prácticas que ello conlleva. Así pues, regresemos al momento en el que habíamos creado un nuevo mensaje y veamos esas funciones. Al pulsar el botón **Nuevo mensaje de correo electrónico** en las bandejas de entrada o de salida de Outlook, obtenemos la ventana de edición del mensaje:

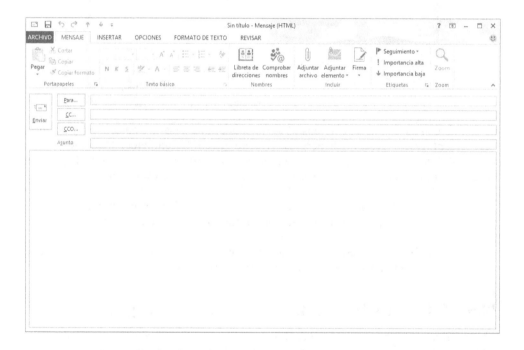

Una vez que estemos en ella y hayamos establecido el destinatario, las copias de cortesía, el asunto, etc., podemos comenzar por elegir si enviaremos un mensaje que solo contenga texto, o bien, uno que contenga texto, imágenes y otros elementos gráficos.

30.6.1 Funciones útiles para la creación de mensajes de correo

Mientras escribe un mensaje de correo, puede disponer de las distintas pestañas que ofrece la cinta de opciones. Contienen ciertas herramientas con las que se puede mejorar el mensaje. Veamos las más importantes:

 Algunos de los botones que vamos a mostrar en los siguientes párrafos podrían aparecer más pequeños y sin rótulo, dependiendo del tamaño de la ventana con la que trabaje para escribir su mensaje. Sin embargo el icono que representa cada botón es el mismo y podría utilizarlo para reconocerlo fácilmente.

1. La pestaña **Mensaje** contiene las funciones más habituales, de forma que no haya que recurrir a otras para aplicar las más comunes. Por esa razón, vamos a obviar las que estudiaremos después en su pestaña correspondiente:

   Despliegue el botón ⚑ Seguimiento ▾ para establecer que ha de realizar un rastreo de la tarea posteriormente para inspeccionar su evolución. Se trata de elegir una opción de la lista mediante un icono que indica cuándo tendrá lugar esa inspección.

2. La pestaña **Insertar** contiene funciones con las que añadir elementos especiales al texto del mensaje: tablas, archivos adjuntos, tarjetas de presentación, firmas, imágenes, etc.

   - Con el botón **Adjuntar archivo** puede añadir al mensaje un archivo o varios que se enviarán junto con el mensaje. Este botón le llevará al clásico cuadro de diálogo en el que deberá seleccionar los archivos que necesita enviar. Lo detallaremos más adelante.

   - Con el botón **Elemento de Outlook** puede añadir al mensaje diversos elementos de Outlook: otros mensajes, calendarios, pestañas de personas de contacto, etc.

- Con el botón **Tarjeta de presentación** adjuntamos una ficha de persona de contacto en formato estándar y con un aspecto similar al de cualquier tarjeta comercial.

- Con el botón **Calendario** añadimos al mensaje un calendario de fecha concreta incluyendo sus citas y anotaciones tomadas con Outlook.

- Con el botón **Firma** agregamos un mensaje final al texto. Suele diseñarse incluyendo el nombre completo con un aspecto agradable y el puesto o profesión que se ejerce. Lo detallaremos más adelante.

- El resto de botones ejecutan funciones típicas de procesador de texto. Si repasa la parte dedicada a Word podrá recordar su manejo fácilmente.

3. La pestaña **Opciones** contiene varias funciones relacionadas con el mensaje completo y no solo con una parte de su texto contenido.

- Con los elementos del grupo **Temas** podemos unificar colores, fuentes y el aspecto en general del mensaje. Resulta un modo rápido de aplicar buen aspecto al documento.

- El botón **CCO** añade un cuadro de texto con ese nombre debajo de **CC** (Copia de cortesía). Se trata de **Copia de cortesía oculta**. Los destinatarios que incluyamos ahí recibirán una copia del mensaje, pero si también lo reciben otros, estos últimos no sabrán que fue enviada una copia a los primeros. Para asignar destinatarios, este botón funciona igual que ⟨Para...⟩ y ⟨CC...⟩.

- Con el botón **Utilizar botones de voto**, los destinatarios recibirán un sencillo formulario para que elijan una de las opciones que se ofrecen. Las opciones que recibirán se eligen al pulsar el botón en cuestión, ya que ofrece un listado para que elijamos una.

- La casilla **Solicitar una confirmación de entrega**, hace aparecer un mensaje al destinatario que solicita un acuse de recibo en el momento de recibirlo. Si el destinatario no lo acusa, no recibiremos confirmación alguna, pero si lo hace, obtendremos un mensaje que nos garantizará que lo ha recibido. La casilla **Solicitar una confirmación de lectura** es similar, pero solicita el acuse después de haber leído el mensaje, en lugar de hacerlo a su llegada.

- Con el botón **Guardar elemento enviado en** se realiza una copia del mensaje después de enviarlo. Para ello, lleva a un cuadro de diálogo en el que hay que seleccionar la carpeta en la que se situará la copia.

- Con el botón **Retrasar entrega**, podemos especificar una fecha y hora futuras que consideremos adecuada para enviar el mensaje. Esta función lleva a un cuadro de diálogo en el que se deben establecer esos datos de envío.

- Con el botón **Dirigir respuestas a** nos aseguramos de que si el destinatario responde al mensaje, lo envíe automáticamente a una dirección concreta de correo, en lugar de la original con la que nosotros se lo enviamos a él.

4. La pestaña **Formato de texto**:

- Ofrece, en su grupo **Formato**, elementos para elegir las capacidades de texto del mensaje. Si seleccionamos Aa Texto sin formato , a los caracteres del mensaje no se les podrá adornar con fuentes, tamaños, colores, ni ningún otro atributo. Si optamos por Aa HTML el mensaje podrá tener las mismas características que una página web y podrá contener mejoras de aspecto como las antes mencionadas. También podrán tenerlas los mensajes escritos con formato Aa Texto enriquecido , si bien se trata de un sistema menos estandarizado y podría ser que su mensaje no se leyera perfectamente en algunos clientes de correo distintos a Outlook.

- También contiene funciones especiales para mejorar el aspecto del texto escrito en el mensaje. Se trata de funciones clásicas de formato que puede recordar de los formatos de Word. Le sugerimos que las repase si necesita recordarlas.

30.6.2 Adjuntar archivos

Una de las funciones que pueden resultar más útiles aplicadas al correo electrónico es el envío de archivos adjuntos al mensaje.

Si necesita enviar un archivo a otro usuario de la red, puede generar un mensaje con Outlook e incorporarlo como parte de este, de modo que, cuando el destinatario reciba el mensaje, recibirá igualmente el archivo en cuestión.

Para realizar esta función deberá recurrir a la cinta de opciones en la que puede encontrar el botón **Adjuntar archivo** en dos pestañas: **Mensaje** e **Insertar**.

Al pulsar este botón se obtiene un cuadro de diálogo como el que utilizamos para abrir o guardar archivos y en él se debe buscar el archivo que va a enviar al destinatario.

Esta tarea puede realizarla tantas veces como desee para un mismo mensaje, ya que puede enviar varios archivos adjuntos al mismo.

Bajo los botones Para... y CC... y el **Asunto**, aparece el cuadro de texto **Adjuntar**. En él se muestran los iconos y nombres de los archivos que van a enviarse con el mensaje.

Si ha añadido un archivo erróneamente, selecciónelo con el ratón haciendo clic en él (en el cuadro de texto **Adjuntar**) y pulse la tecla **SUPR** (suprimir) en el teclado. Al ser eliminado de la lista, ese archivo no será enviado.

30.6.3 Firmas

Outlook permite diseñar firmas que se insertan al final de un mensaje de correo. Se trata de construir un pequeño mensaje con su nombre con aspecto atractivo. Cuando diseñe una firma, se puede hacer aparecer automáticamente al final de cada correo que escriba.

Para añadir una firma despliegue el botón **Firma** de la cinta de opciones (en la pestaña **Insertar**). Este botón ofrece una lista de las firmas que se tengan definidas junto con la opción **Firmas**. Si elige una ya definida, se escribirá en el punto del texto del mensaje en el que se encuentre el cursor para elegir una, si elije la última opción obtendrá un cuadro de diálogo para diseñar su nueva firma (que una vez acabada, engrosará la lista de firmas que despliega el botón). El cuadro de diálogo para diseñar una firma es el siguiente:

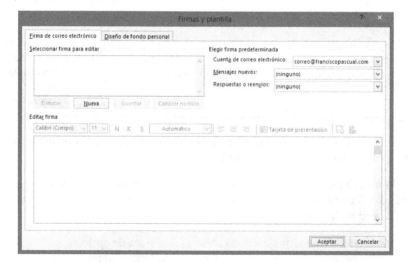

1. Pulse el botón [Nueva] para agregar una firma. Obtendrá un pequeño cuadro de diálogo en el que deberá darle nombre. Por ejemplo, el suyo. Cuando lo acepte, volverá al cuadro que mostramos en la figura anterior.

2. Utilice la barra de herramientas para mejorar el texto: fuente, alineación, color, etc.

3. Teclee el texto en el cuadro que hay bajo la barra de herramientas (recuerde que puede seleccionar parte del texto —por ejemplo, un apellido—, y aplicarle solo a él ciertas características, como el color de la tinta).

4. Cuando realice los cambios que considere oportunos, pulse el botón [Guardar] para registrarlos. A partir de entonces, cuando elija esa firma en un mensaje se verá con el aspecto que haya diseñado.

5. Si desea borrar una firma, selecciónela en la lista y pulse el botón [Eliminar], igualmente, si prefiere un nombre distinto al que ya haya dado a la firma, pulse el botón [Cambiar nombre], que le llevará de nuevo al cuadro de diálogo con el que se teclea.

Si lo desea, podrá diseñar su firma real con un programa de dibujo y archivarla en el disco, en cuyo caso, podrá emplear el botón 🔲 del cuadro de diálogo anterior para seleccionar ese archivo y que su firma real aparezca al final de cada nuevo mensaje de correo que envíe.
También puede desplegar la lista **Mensajes nuevos** para elegir una firma que se colocará automáticamente al final de cada nuevo mensaje que vaya a enviar.

30.6.4 Seguridad en un mensaje

Si va a enviar un mensaje de correo confidencial y no desea que nadie no autorizado lo inspeccione, puede utilizar las funciones de seguridad que ofrece Outlook; aunque la seguridad informática no siempre es infalible al cien por cien.

Podemos asegurar el mensaje desde dos frentes distintos: cifrar el mensaje y firmarlo digitalmente. Ambas tareas se realizan activando el botón 🔲 que se encuentra en la esquina inferior derecha del grupo **Etiquetas** en la pestaña **Mensaje** de la cinta de opciones. Al hacerlo obtendremos un cuadro de diálogo que contiene el botón [Configuración de seguridad...]:

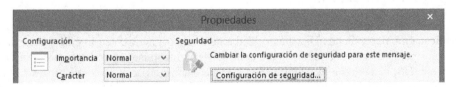

Al pulsarlo obtendremos otro:

Cifrar un mensaje consiste en codificarlo para que cualquier otro usuario que no sea el destinatario del mensaje obtenga un contenido ilegible si intenta verlo. Así pues, si desea cifrar el mensaje, active la casilla **Cifrar el contenido del mensaje y los datos adjuntos**.

Cuando se firma digitalmente un mensaje se está añadiendo un código especial, denominado identificador digital, que posee el usuario emisor del mensaje. Este identificador consta de una clave pública y una clave privada. El dueño del identificador conoce, naturalmente, ambas claves; sin embargo, alguien que desee leer un mensaje cifrado de ese individuo necesitará conocer su clave pública (y si la conoce es porque su dueño se la ha comunicado). Por otro lado, el receptor del mensaje se asegura de que quien envía el mensaje es realmente el que lo firma y que nadie ha alterado dicho mensaje.

Para firmar digitalmente un mensaje, deberá activar la casilla **Agregar firma digital a este mensaje**. Una vez que active esta casilla, todos los demás elementos necesarios para incluir la firma se habilitarán para adaptar la firma a las necesidades de ese mensaje en particular. Por ejemplo, puede activar el botón Cambiar configuración... para seleccionar la firma que va a emplear, o activar la casilla **Enviar este mensaje firmado con texto no cifrado** para que puedan leer ese mensaje los destinatarios que no dispongan del protocolo de cifrado S/MIME.

Un usuario que necesite el identificador digital debe obtenerlo de una autoridad de certificación independiente. Dicha autoridad tendrá una página web en Internet, que exigirá los datos personales del solicitante para comprobar su identidad. Si no hay problemas (que es lo común), se le envía el identificador y puede usarse a partir de entonces. En España también se pueden obtener de la Fábrica de Moneda y Timbre a través de las Administraciones de Hacienda.

Hay varios tipos de identificadores digitales con distintos niveles de seguridad, en función de los datos que reciba la autoridad de certificación para comprobar la identidad del solicitante.

Para poder utilizar el identificador digital de un usuario de la red, debe pedir que le envíe correo firmado digitalmente (lo cual incluirá su identificador). También puede buscarse en la base de datos de la web de la autoridad de certificación, aunque este dato no siempre estará disponible (dependerá de si su propietario lo autoriza o no).

30.7 CUENTAS DE CORREO

Microsoft Outlook puede configurarse con varias cuentas de correo. Esas cuentas permiten mantener varios buzones a los que otros usuarios nos podrán enviar mensajes de correo. Podremos crear cuentas, modificar sus datos y eliminarlas cuando no las empleemos más. Todo ello lo vamos a detallar en los próximos apartados.

30.7.1 Configuración de cuentas de correo

Para crear una cuenta de correo debemos acceder a la pestaña **Archivo** y activar la opción **Configuración de la cuenta**, que lleva a un cuadro de diálogo con el que podremos crear, modificar o eliminar cuentas de correo:

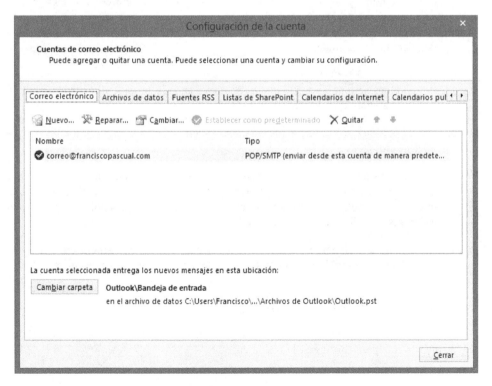

Este cuadro contiene una serie de botones en la parte superior con los que podemos crear, modificar y eliminar las cuentas de correo para emplearlas con Outlook.

Tenga en cuenta que la mayor parte de los servidores de correo que emplean clientes como Outlook son del tipo POP/SMTP, lo que significa que una vez que se abre el buzón, los mensajes se descargan al ordenador cliente (el del usuario) y una vez allí no queda copia de esos mensajes en el servidor, por lo que ya no podrá leerlos en otro programa cliente.

Si su cuenta de correo es IMAP o web, no tendrá ese problema, ya que los mensajes suelen quedarse en el servidor en esos casos y podrá leerlos una y otra vez desde cualquier ordenador y cliente de correo.

Veamos primero un listado de las funciones del cuadro y luego las detallaremos:

1. Con el botón [Nuevo...] podrá configurar una nueva cuenta de correo para leer los mensajes de su buzón con Outlook. Lleva a un cuadro de diálogo en el que hay que establecer ciertos datos que detallaremos enseguida.

2. Con el botón [Reparar...] se puede reparar una cuenta hasta cierto punto. Si alguna de sus cuentas de correo falla, puede intentar aplicar esta función para que Outlook intente corregir el error.

3. Con el botón [Cambiar...] puede modificar su cuenta de correo. Por ejemplo, si cambia de servidor, o desea darle otro nombre, puede emplear este botón, que le llevará a un cuadro de diálogo con todo lo necesario para la modificación. Lo detallaremos enseguida.

4. Con el botón [Establecer como predeterminado] puede conseguir que una cuenta de correo, la que elija, se emplee por defecto, es decir, cuando no se indique ninguna a la hora de trabajar con mensajes de correo.

5. Con el botón [Quitar] puede eliminar una cuenta de correo que esté mal o que ya no necesite.

6. Si tiene más de una cuenta de correo, puede colocarlas en un orden concreto para que, al leer sus buzones, la operación se realice en ese orden. Para ello, seleccione una cuenta y pulse los botones [↑] o [↓] para llevarla a posiciones superiores o inferiores de la lista, respectivamente.

7. Puede emplear el botón [Cambiar carpeta] para establecer otra carpeta en la que se almacenarán los archivos de Outlook que contienen los mensajes de correo.

30.7.2 Nuevas cuentas de correo

Cuando pulse el botón [Nuevo...] del cuadro de diálogo anterior obtendrá el primer paso de un asistente para configurar la nueva cuenta:

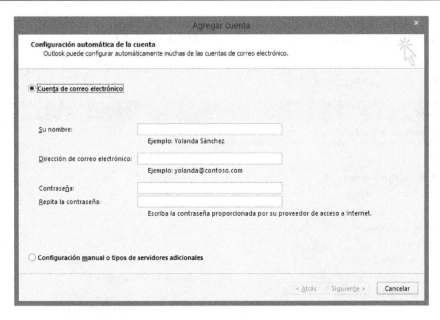

Este paso permite indicar el modo en el que vamos a añadir la cuenta a Outlook mediante los botones de opción **Cuenta de correo electrónico** y **Configuración manual o tipos de servidores adicionales**.

Si se opta por el primero, el asistente seguirá un camino de pasos más automatizado, como ya describimos en la **Introducción a Outlook**, pero podemos crear la cuenta manualmente activando el segundo, en cuyo caso, el siguiente paso será este:

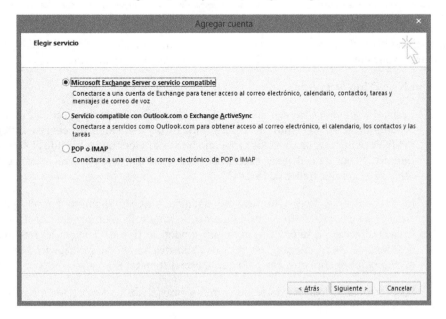

De nuevo habría que elegir qué clase de cuenta de correo va a emplear. Una para Internet. Nosotros detallaremos el tipo **POP o IMAP**, el más habitual.

Así pues, si lo seleccionamos y pulsamos [Siguiente >] accedemos a otro paso que muestra el aspecto siguiente:

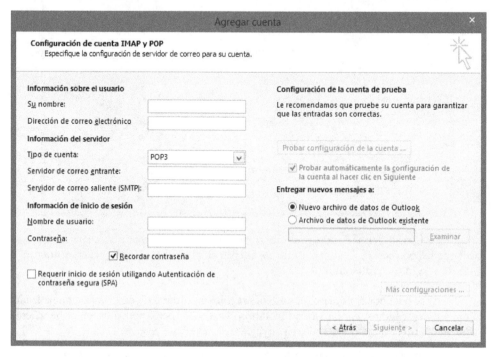

En este paso, de nuevo deberá teclear el nombre, dirección de correo y contraseña (que puede evitar teclearse cada vez que se vaya a acceder al buzón si mantiene activada la casilla **Recordar contraseña**); pero, además, necesitará añadir más información:

1. Elija el **Tipo de cuenta** de correo: **POP3**, **IMAP** o **HTTP**.

2. Teclee los nombres de sus dos servidores de correo (entrante y saliente) en los cuadros de texto **Servidor de correo entrante** y **Servidor de correo saliente (SMTP)**. Estos dos datos se los proporcionará el servidor que le facilite el acceso a Internet. Si se trata de una cuenta de correo en una red de área local, se los ofrecerá el administrador de la red.

3. En el cuadro de texto **Nombre de usuario** teclee el nombre por el que le reconocerá el servidor de acceso a Internet. Este dato se lo ofrecerá el servidor que le facilite acceso a Internet (o el administrador de su red), aunque le preguntará cuál será el que prefiera y, en caso de estar disponible, se lo asignará (en caso negativo, le sugerirá otro parecido que sí esté disponible).

Puede probar si los servidores de correo y otros datos son correctos mediante el botón [Probar configuración de la cuenta ...].

Si selecciona correo **HTTP** para acceder a sus mensajes de correo web (Hotmail, Yahoo, etc.), el paso que acabamos de describir habría ofrecido la mayor parte de los datos del cuadro anterior. La única diferencia la marca la lista desplegable **Proveedor de servicios HTTP**, que ofrece una lista de proveedores que Outlook es capaz de reconocer para controlar su correo con ellos. Ahora bien, si elige **Otros** en esa lista, necesitará especificar la dirección web en la que se encuentra el servidor de dicho proveedor de correo **HTTP** (en el cuadro de texto **Dirección URL del servidor**).

Al pulsar en [Siguiente >] se va al último paso del asistente, que se limita a informar de que la cuenta ya está creada, con lo que concluye la creación de la cuenta de correo.

30.7.3 Modificar cuentas de correo

Para modificar una cuenta de correo debemos acceder a la pestaña **Archivo** y activar la opción **Configuración de la cuenta**, que lleva a un cuadro de diálogo con el que podremos crear, modificar o eliminar cuentas de correo. Se selecciona la cuenta y se pulsa el botón [Cambiar...], lo que nos llevará a un nuevo cuadro conocido. Con él se modifican los datos responsables de que la cuenta funcione, tal y como hicimos durante su creación.

Capítulo 31

HERRAMIENTAS MÁS ÚTILES DE OUTLOOK

Para concluir los capítulos dedicados al organizador electrónico, vamos a ver otras operaciones que se pueden llevar a cabo con Outlook y que pueden resultar muy prácticas. Se trata de utilidades genéricas que puede emplear en la mayor parte de los apartados de Outlook para obtener resultados prácticos.

31.1 VISTAS

Algunos de los apartados de Outlook, como los contactos, las tareas o las notas, pueden verse de distintos modos gracias a las vistas. Es debido a que contemplando los contenidos de diferentes formas se capta mejor su esencia y se deciden las acciones a realizar con mayor facilidad.

Para cambiar de vista, en aquellos apartados que lo permiten, podemos acceder a la cinta de opciones y emplear el grupo **Vista actual** (pestaña **Inicio**). Siempre muestra un cuadro desplegable con diferentes vistas adaptadas al apartado de Outlook con el que estemos trabajando. De modo que no dispondremos de las mismas opciones cuando trabajemos con los contactos que cuando lo hagamos con las notas.

31.2 BÚSQUEDA DE DATOS

Outlook dispone de una función que permite encontrar rápidamente datos distribuidos por el calendario, la bandeja de entrada y demás elementos que se hayan creado en Outlook. Para ello ofrece un cuadro de texto, generalmente en la parte superior de la ventana de Outlook, etiquetado con las palabras **Buscar en**.

Tecleando en él la información que tratamos de localizar y pulsando **INTRO**, el sistema se pondrá en marcha en un intento de hallar los elementos en cuestión.

En cuanto hagamos clic en ese cuadro, la cinta de opciones ofrecerá una pestaña especial para ayudarnos a encontrar lo que busquemos. A continuación ofrecemos a modo de ejemplo la que aparece cuando lo que se trata de localizar es un mensaje de correo electrónico:

Algunos elementos útiles de esta pestaña son:

1. Los botones del grupo **Ámbito** (**Todos los elementos de correo**, **Carpeta actual**, **Todas las subcarpetas** y **Todos los elementos de Outlook**), que permiten establecer el ámbito de búsqueda.

2. El botón desplegable de **Búsquedas recientes**, que permite volver a localizar un dato buscado con anterioridad sin necesidad de volver a detallarlo.

3. El botón desplegable **Herramientas de búsqueda**, que ofrece más objetos que faciliten la búsqueda como, por ejemplo, su opción **Búsqueda avanzada**, que ofrece un cuadro de diálogo para ello:

31.3 CREACIÓN DE CARPETAS PERSONALES EN LAS BANDEJAS

Para mantener mejor organizada la información que vamos desarrollando en Outlook, es recomendable crear carpetas en las bandejas. Si recibimos mucho correo electrónico, podemos crear varias carpetas en las que colocar los mensajes recibidos por temas. De este modo es más fácil localizar un mensaje, ya que si todos se encuentran en una sola carpeta el caos es mucho mayor.

Para crear una carpeta en cualquier bandeja, por ejemplo, en la de entrada, hacemos un clic en ella y activamos la pestaña **Carpeta** de la cinta de opciones. En ella disponemos del botón **Nueva carpeta**, que, al ser pulsado, crea la carpeta y espera a que tecleemos su nombre y pulsemos **INTRO**. Vea unos ejemplos junto al margen.

Luego podemos arrastrar hasta ellas otros elementos como, por ejemplo, mensajes. Este es un modo manual de hacerlo, pero disponemos de funciones automáticas que podrían colocarnos elementos automáticamente en las carpetas. Para ello recurrimos a las reglas.

31.4 REGLAS

Son funciones que automatizan las tareas que llevamos a cabo habitualmente con Outlook. Estas funciones realizan trabajos automáticos como mover mensajes a una carpeta en cuanto llegan, eliminarlos, marcarlos para seguimiento, reproducir sonidos cuando llegan mensajes concretos, o avisarnos por SMS cuando sucede.

Para administrar las reglas de Outlook, accedemos a la pestaña **Inicio** (siempre que estemos en el **Correo**) de la cinta de opciones y, en su grupo **Mover**, desplegamos el botón Reglas ▾ para seleccionar la opción **Administrar reglas y alertas**, que nos llevará al siguiente cuadro de diálogo:

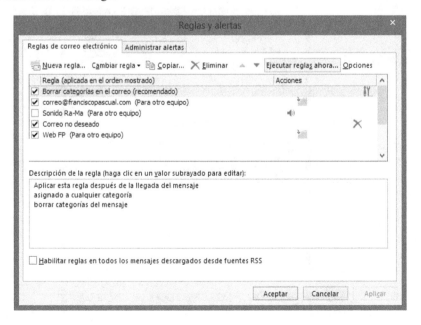

Los botones que muestra este cuadro en su parte superior permiten gestionar el trabajo con las reglas:

1. Con el botón `Nueva regla...` podemos crear una. Lo detallaremos enseguida.

2. Desplegando el botón `Cambiar regla ▾` podemos modificar la acción que realiza y en qué circunstancias. También podemos cambiar su nombre y elegir otro tipo de acción distinta a la que hasta ahora lleva a cabo.

3. El botón `Copiar...` duplica una regla. De este modo, si necesitamos dos muy similares, no necesitamos crear la segunda desde cero, sino que podemos copiarla y modificar ligeramente su función, lo que nos ahorrará tiempo y trabajo.

4. Con el botón `✕ Eliminar` borramos una regla.

5. Con los botones `▲` y `▼` podemos reordenar las reglas en la lista para que se ejecuten unas antes que otras. En ocasiones, gracias al resultado de una regla podemos aplicar otra correctamente, por lo que podría ser necesario colocarlas en el orden adecuado.

6. El botón `Ejecutar reglas ahora...` lleva a un cuadro de diálogo que nos permite elegir qué reglas deseamos poner en marcha en ese momento. Las reglas funcionan por sí mismas automáticamente, por ejemplo, cuando recibimos correo; sin embargo, podemos aplicar sus funciones en cualquier momento mediante este botón. El cuadro de diálogo es el siguiente:

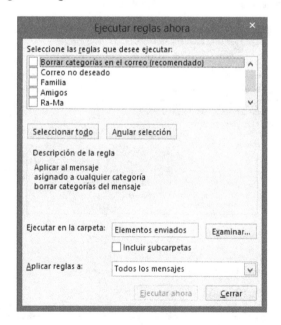

Solo hay que activar la casilla de aquellas reglas que se desea poner en marcha y pulsar el botón [Ejecutar ahora]. El cuadro no desaparece hasta que se pulsa [Cerrar].

31.4.1 Crear reglas

Para crear reglas hay que pulsar el botón [Nueva regla...] como vimos en el apartado anterior. Esto nos lleva a un asistente que nos guiará por pasos:

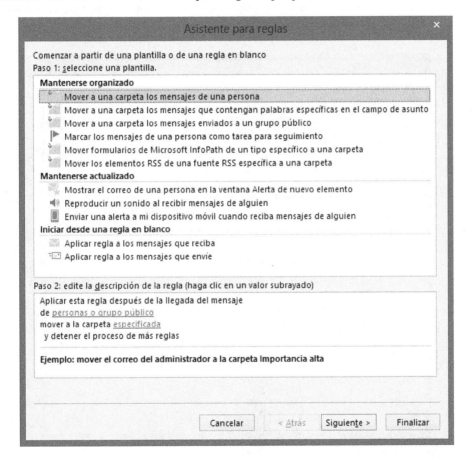

La lista de este cuadro nos ofrece las distintas acciones que podemos programar. Hay que seleccionar una y, dependiendo de ella, los siguientes pasos del asistente nos llevan por un camino o por otro.

La programación de las reglas nos obliga a ser muy detallistas, pero por ese mismo motivo resulta sencillo seguir los pasos necesarios para crearlas. Vamos a mostrar los pasos necesarios para que Outlook distribuya automáticamente mensajes de correo a las carpetas adecuadas. Le animamos a que pruebe las demás para comprobar que realmente el trabajo para la creación de reglas es bastante rutinario y en cuanto se crean algunas, se domina el tema con facilidad.

Si en el cuadro anterior elegimos **Mover a una carpeta los mensajes de una persona** podemos construir el resto de la regla desde la parte inferior del cuadro de diálogo, o bien, pulsar el botón   Siguiente >   para desglosar el trabajo en más pasos. Nosotros optaremos por esto último ya que se trata de un modo más completo de realizar la tarea. Al pulsar, pues, ese botón, accedemos al próximo paso del asistente (recuerde que este paso será diferente si selecciona otro tipo de regla).

En este paso se comprueba en qué condiciones llega el mensaje. Según lo haga de un modo u otro, podremos aplicar una decisión posteriormente. Por ejemplo, podríamos marcar la casilla **de personas o grupo público**, indicando así que los mensajes a tratar por la regla serán los que procedan de ciertas personas o de ciertos grupos de personas. También podríamos marcar la casilla a través de la cuenta especificada para aplicar la regla a los mensajes que provengan de una cuenta de correo concreta. Todas esas casillas se pueden combinar para lograr un resultado más completo.

Cuando se han marcado, la parte inferior del cuadro ofrece, en color azul y subrayado, aquellos datos que necesita para completar la condición de llegada de los mensajes. Así, si se hace clic en personas o grupo público, aparece un cuadro de diálogo en el que hay que elegir esas personas o listas.

También tendremos que hacer clic en especificada para elegir la carpeta a la que se llevarán los mensajes procedentes de esos usuarios, si bien esto se puede realizar con mayor detalle en el siguiente paso, pulsando el botón Siguiente > .

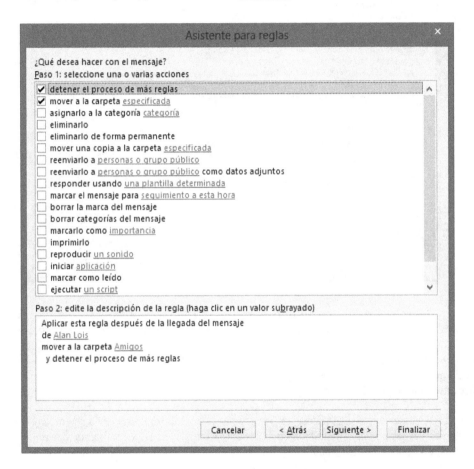

Cuando se pulsa el botón Siguiente > se accede a otro paso del asistente en el que establecemos qué excepciones deseamos que haya para la regla.

Cada casilla de este cuadro indica una posible excepción. Es decir, por regla general, el trabajo se aplica a todo lo que hayamos elegido en los pasos anteriores; sin embargo, podemos filtrar ciertos casos en los que no interesa que la regla se aplique. Por ejemplo, podríamos activar la casilla **excepto si el asunto contiene cierto texto** para que la regla no se aplique si los mensajes que lleguen contengan un texto concreto en el asunto. En ese caso, habrá que hacer clic en cierto texto para poder escribirlo.

Cuando se pulsa el botón Siguiente > se accede al último paso del asistente en el que podemos ver las acciones detalladas que realiza la regla y en el que debemos dar nombre a esta para reconocerla fácilmente:

31.5 IMPRIMIR DATOS CON OUTLOOK

Cada uno de los distintos apartados de Outlook permite imprimir su contenido en un papel. Por ejemplo, si se encuentra en la bandeja de entrada (o en la de salida) podrá imprimir el contenido de los distintos mensajes que allí se encuentren.

La mayor parte de las opciones que se emplean en cada caso son las mismas, por ejemplo, en todos los apartados de Outlook podrá elegir un número de copias para obtener varios ejemplares en lugar de uno solo.

Sea cual sea la vista en la que se encuentre, podrá intentar **Imprimir** su contenido seleccionando la opción que lleva ese mismo nombre en la pestaña **Archivo**.

31.5.1 Imprimir mensajes de correo

Si se encuentra en cualquiera de las vistas que ofrece mensajes de correo electrónico (bandeja de entrada, bandeja de salida, borrador o elementos enviados), podrá acceder a la pestaña **Archivo** para **Imprimir** el contenido de aquel mensaje que seleccione en la lista previamente. Obtendrá el siguiente cuadro de diálogo:

Imprimir

Imprimir	Especifique cómo desea que se imprima el elemento y, a continuación, haga clic en Imprimir.

Impresora

Adobe PDF
Listo

Opciones de impresión

Configuración

Tabla

Memorando

1. Podemos elegir la **Impresora** que vamos a emplear en la lista correspndiente. Por regla general, un ordenador está conectado a una única impresora; sin embargo, es posible que un ordenador tenga conectadas dos o más impresoras, ya sea directamente, o bien, mediante una red. Si todas están correctamente instaladas, no tendremos más que elegir la que necesitemos en cada momento utilizando la lista **Impresora**. Esta opción está disponible en este cuadro sea cual sea el elemento de Outlook que vaya a imprimir.

2. El botón **Opciones de impresión** permite elegir, en otro cuadro de diálogo, el modo en el que la impresora reproducirá el mensaje o mensajes de correo.

3. El grupo **Configuración** permite establecer la distribución de los datos al imprimirlos.

4. A la derecha de todos estos elementos podrá observar que dispone de una vista previa del documento a imprimir antes de hacerlo, para cotejar la información y garantizar que todo está bien antes de desperdiciar papel y tinta ante posibles errores.

Puede imprimir datos de todos los apartados que gestiona Outlook (Calendario, Tareas, Notas, etc.). El sistema de impresión es similar al que hemos mostrado para los mensajes de correo, aunque con pequeñas variaciones originadas por la diferente naturaleza de la información a imprimir.

31.6 IMPORTAR Y EXPORTAR CUENTAS Y CONTACTOS

Siempre que se instala Outlook en un ordenador, existe la posibilidad de que hasta entonces estuviésemos utilizando otro sistema de gestión de correo electrónico que tenga su propia libreta de direcciones y cuentas de correo electrónico. En este caso, puede resultar muy práctico importar a Outlook esos elementos para evitar tener que configurarlos de nuevo. De esta forma podremos importar las cuentas de correo y nos evitaremos tener que crearlas otra vez.

Para realizar esta tarea accederemos a la pestaña **Archivo** y seleccionaremos la opción **Abrir**. Ahí se encuentra el botón **Importar o Exportar**, que, al ser pulsado, lleva a un asistente:

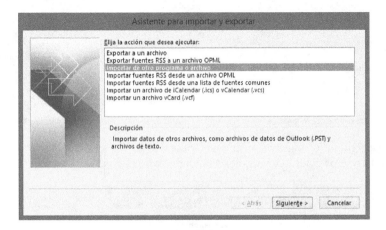

En él se muestran todos los elementos que pueden importarse: en nuestro caso elegiremos **Importar de otro programa o archivo**, con lo que ya estaremos listos para pulsar Siguiente > y acceder así al próximo paso del asistente.

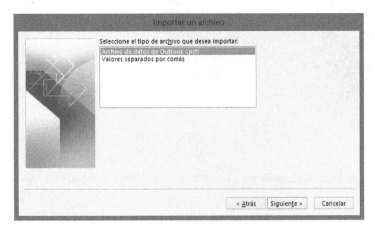

Este paso muestra una lista de sistemas que Outlook puede reconocer para importar sus datos. Escoja el que desee. Cuando lo haya hecho, pulse Siguiente > para acceder al último paso del asistente:

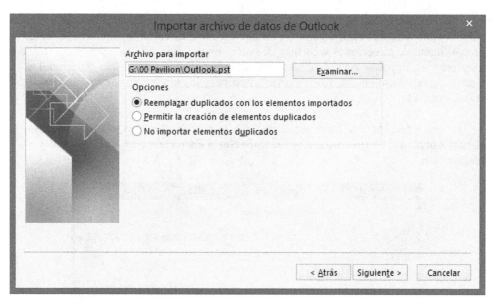

Especifique el lugar en el que se encuentra el archivo a importar y qué ha de hacerse con aquellos datos que ya existan en Outlook. Luego pulse Siguiente >.

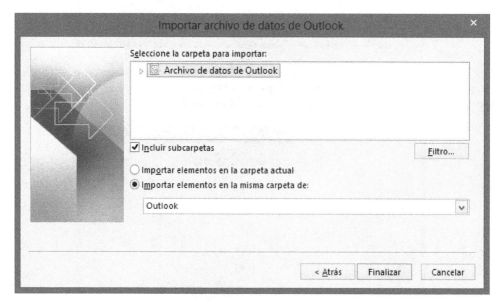

Si el archivo contiene subcarpetas, es el momento de indicar cuál de ellas contiene la información que deseamos importar, si bien podemos seleccionar la principal y marcar la casilla **Incluir subcarpetas** para importarlas todas. Luego especificamos en qué carpeta de Outlook se han de agregar los datos impoartados y pulsamos el botón Finalizar .

31.7 OPCIONES DE OUTLOOK

La pestaña **Archivo** de Outlook ofrece **Opciones** como elemento para modificar la forma de trabajar del sistema. Nos lleva al siguiente cuadro de diálogo:

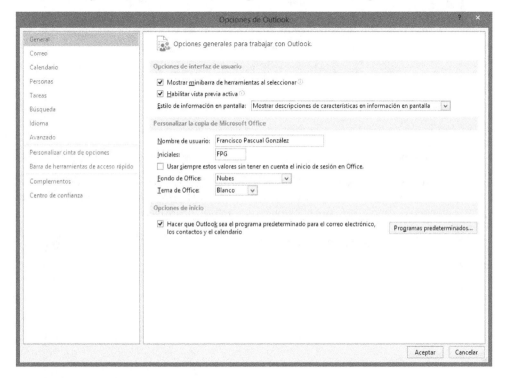

Se puede ver, por la lista de categorías que ofrece este cuadro a su izquierda, que todos los apartados de Outlook pueden ser modificados:

1. La categoría **Correo** permite modificar funciones tales como activar la carpeta de elementos enviados o guardar automáticamente los mensajes sin enviar. Tenga presente que esta categoría es muy densa y que dispone de muchas funciones accesbles con la barra de desplazamiento que se encuentra a su derecha.

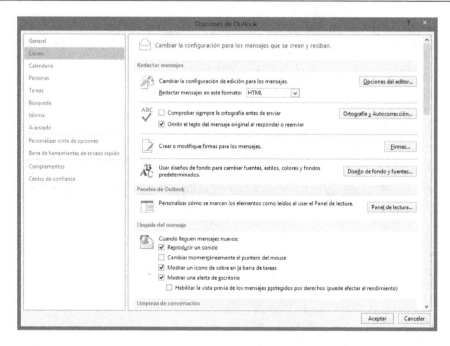

2. La categoría **Calendario** permite modificar funciones como los días que se consideran laborables de cada semana, cuál es el primer día de la misma, la hora laboral de inicio y de fin, el color inicial del calendario, etc.

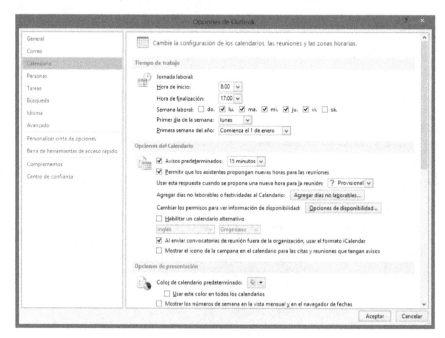

3. La categoría **Personas** permite modifica funciones como la creación automática de contactos para los destinatarios que aún no están almacenados en la libreta.

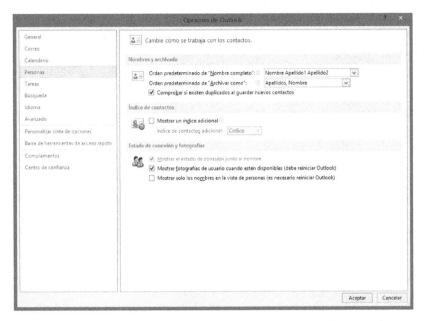

4. La categoría **Tareas** permite modificar funciones como el color de las tareas vencidas (las que deberíamos haber terminado y se ha superado el plazo) o de las completadas.

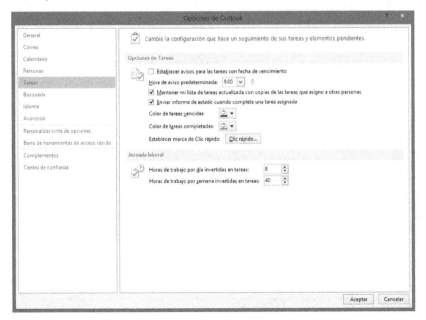

ÍNDICE ALFABÉTICO

8-24-21
MEYER
O

CPSIA information can be obtained
at www.ICGtesting.com
Printed in the USA
LVHW101923110821
695091LV00009B/233

9 781681 657608